Immobilienkauf für Dummies
Schummelseite

WIE SIE DIE ERSTEN SCHRITTE ZUM KAUF IHRER EIGENEN VIER WÄNDE MANAGEN

- ✔ Mein Traum, mein Haus: Ob Doppelhaushälfte, Loft oder Apartment – es gibt viele Wege, sich das eigene Heim zu finanzieren.
- ✔ Häuslebauer ja oder nein: Nehmen Sie sich die Zeit, um zu prüfen, ob Sie sich wirklich die eigenen vier Wände leisten können und leisten wollen.

WIE SIE IHR TRAUMOBJEKT FINDEN UND WAS SIE ALLES ÜBER DIE IMMOBILIE WISSEN MÜSSEN

- ✔ Internet, Makler, Zeitungen: Die Quellen, um das richtige Objekt zu finden, sind nahezu unerschöpflich.
- ✔ Lage, Nachbarn, Qualität: Die vielen Kriterien, welchen wahren Wert Ihr Wunschobjekt tatsächlich in sich birgt, müssen Sie alle abklopfen.
- ✔ Strom, Dämmung, Heizung: Heutzutage ist der Energieverbrauch einer Immobilie ein entscheidendes Kriterium für den Kauf.

WAS SIE BEI DER FINANZIERUNG IHRES EIGENEN HEIMS BEACHTEN SOLLTEN

- ✔ Das eigene Budget und eventuell Ihren persönlichen körperlichen Einsatz
- ✔ Den Kaufpreis und die Kaufnebenkosten des Objekts
- ✔ Die täglichen Kosten jeder Immobilie
- ✔ Die Kreditgeber: Banken, Bausparkassen, Versicherer, Staat und Kommunen

SO ZAHLEN SIE VIELLEICHT WENIGER

Welche Fakten Sie bei der Kaufpreisverhandlung unbedingt berücksichtigen sollten:

- ✔ Bremsen Sie den Makler aus.
- ✔ Spielen Sie auf Zeit.
- ✔ Pokern Sie frech um den Preis.
- ✔ Behalten Sie Mitbewerber im Auge.

Immobilienkauf für Dummies

Schummelseite

VORAUSSETZUNGEN FÜR EINE IMMOBILIE ALS ERFOLGREICHE KAPITALANLAGE

- ✔ Die Basis für Ihr Objekt als erfolgreiche Kapitalanlage sind Lage, Mietmarkt und Steuersparmodelle.
- ✔ Für die zielgerichtete Suche nach dem perfekten Mieter brauchen Sie Zeit und ein glückliches Händchen.
- ✔ Ein sorgsam ausgearbeiteter Mietvertrag erleichtert Ihnen die ungewohnte Rolle als Vermieter.

URLAUBSORT UND EINNAHMEQUELLE – DAS EIGENE FERIENDOMIZIL

- ✔ Ein sorgsam ausgewähltes Objekt in guter Lage lässt sich ideal an andere Urlauber vermieten und spült Ihnen Geld in die Kasse.
- ✔ Nehmen Sie sich Zeit, um das jeweils gültige Recht des Landes genau zu studieren, um Ihren Immobilienkauf im Ausland reibungslos abzuwickeln.
- ✔ Die Verpflichtung eines Verwalters erleichtert es Ihnen, Ihre Ferienimmobilie in tadellosem Zustand zu halten.

FALLEN, VOR DENEN SICH IMMOBILIENKÄUFER HÜTEN MÜSSEN

- ✔ Unrealistisch kalkulieren
- ✔ Auf Gutachter und Experten verzichten
- ✔ Zu niedrige Tilgungsraten festlegen
- ✔ Die Extrakosten rund um das Baudarlehen übersehen
- ✔ Unter Zeitdruck agieren
- ✔ Zu wenig Geld für die Instandhaltung zurücklegen
- ✔ Nur auf die eigene Menschenkenntnis vertrauen
- ✔ Auf Sondertilgungen verzichten
- ✔ Zu viele Kompromisse eingehen
- ✔ Allein nur für die Immobilie schuften

Immobilienkauf für Dummies

Steffi Sammet und Stefan Schwartz

Immobilienkauf für dummies®

3. Auflage

WILEY

WILEY-VCH Verlag GmbH & Co. KGaA

Immobilienkauf für Dummies

Bibliografische Information der Deutschen Nationalbibliothek

Die Deutsche Nationalbibliothek verzeichnet diese Publikation in der Deutschen Nationalbibliografie; detaillierte bibliografische Daten sind im Internet über http://dnb.d-nb.de abrufbar.

3. Auflage 2018

© 2018 WILEY-VCH Verlag GmbH & Co. KGaA, Weinheim

All rights reserved including the right of reproduction in whole or in part in any form.

Alle Rechte vorbehalten inklusive des Rechtes auf Reproduktion im Ganzen oder in Teilen und in jeglicher Form.

Wiley, the Wiley logo, Für Dummies, the Dummies Man logo, and related trademarks and trade dress are trademarks or registered trademarks of John Wiley & Sons, Inc. and/or its affiliates, in the United States and other countries. Used by permission.

Wiley, die Bezeichnung »Für Dummies«, das Dummies-Mann-Logo und darauf bezogene Gestaltungen sind Marken oder eingetragene Marken von John Wiley & Sons, Inc., USA, Deutschland und in anderen Ländern.

Das vorliegende Werk wurde sorgfältig erarbeitet. Dennoch übernehmen Autoren und Verlag für die Richtigkeit von Angaben, Hinweisen und Ratschlägen sowie eventuelle Druckfehler keine Haftung.

Coverfoto: © psdesign1/stock.adobe.com
Lektorat und Projektmanagement: Evelyn Boos-Körner, Schondorf am Ammersee
Korrektur: Petra Heubach-Erdmann, Düsseldorf
Satz: SPi Global, Chennai
Druck und Bindung: CPI books GmbH, Leck

Print ISBN: 978-3-527-71571-8
ePub ISBN: 978-3-527-81973-7

Über die Autoren

Steffi Sammet begegnete in ihrem Berufsleben immer wieder dem Thema Immobilien. Ob Kauf oder Mieter, Zwangsversteigerung oder Neubau – in ihrer früheren Tätigkeit als Wirtschaftsredakteurin beim Nachrichtenmagazin *Focus* beschäftigte sie sich etliche Male mit den Vor- und Nachteilen, Chancen und Risiken und den Alltagsgeschichten, die ein Immobilienkauf mit sich bringt.

Als freiberufliche Autorin und Projektleiterin schreibt die studierte Germanistin seit 2005 auch heute noch ab und zu über Immobilien. Ihr Wissen über »Betongold« nützte sie inzwischen für sich selbst, als sie vor einigen Jahren eine Immobilie kaufte. Steffi Sammet verfasst für Magazine und renommierte Tageszeitungen Artikel vor allem rund um die Themen Arbeitsmarkt, Karriere, Gehalt und Existenzgründung. Auch als Blattmacherin ist sie immer wieder aktiv. Für Unternehmen erarbeitet sie White Paper, Newsletter sowie Reden und wirkt an Geschäftsberichten mit.

Immobilienkauf für Dummies ist Steffi Sammets fünftes Buch und neben *Existenzgründung für Dummies* und *Freiberufler für Dummies* bereits das dritte in der *... für Dummies*-Reihe.

Stefan Schwartz hat in seinem Leben drei Eigentumswohnungen erworben und weiß aus eigener Erfahrung um die Chancen und Risiken beim Immobilienkauf. Zudem ist er mit Eltern groß geworden, die regelmäßig umzogen, wenn sie ein noch schöneres und noch besser gelegenes Haus gefunden hatten.

Der Drang nach Veränderung zieht sich konstant durch das Leben des studierten Volkswirts. Er begann seine berufliche Laufbahn mit einer kaufmännischen Ausbildung und als Werkstudent bei einem DAX-Konzern. Während des Studiums begann er für Zeitschriften zu arbeiten. Diese Tätigkeit faszinierte ihn so, dass er ab 1993 über Wirtschaftsthemen beim Nachrichtenmagazin *Focus* schrieb. Im Jahr 2000 machte er sich mit Kollegen selbstständig und gründete eine Agentur für Finanzkommunikation. Nach deren erfolgreichem Verkauf 2004 arbeitete er zwei Jahre als Angestellter eines großen Agenturnetzwerkes, bevor er sich erneut veränderte. Seit 2007 berät Schwartz als Freiberufler Mittelständler und Beratungsunternehmen in Kommunikationsfragen und erstellt für diese Texte jeder Art – vom Namensbeitrag in Zeitschriften über Studien bis hin zum Geschäftsbericht. Lässt es die Zeit zu, treibt er zudem noch Buchprojekte voran.

Immobilienkauf für Dummies ist Stefan Schwartz sechstes Buch und bereits das dritte in der *...für Dummies*-Reihe.

Auf einen Blick

Über die Autoren	7
Einführung	19

Teil I: Auf in die eigenen vier Wände ... 25
Kapitel 1	Vom Traum bis zum Einzug: der Weg in die eigene Immobilie	27
Kapitel 2	Warum sich der Kauf einer Immobilie lohnt	41

Teil II: Recherchieren: das Traumobjekt finden und prüfen ... 49
Kapitel 3	Welche Immobilie hätten Sie denn gern?	51
Kapitel 4	Wie Sie die richtige Immobilie finden	69
Kapitel 5	Auf Herz und Nieren prüfen	81
Kapitel 6	Präsentieren, präparieren, parieren: der Poker um den Preis	99

Teil III: Finanzieren: Jetzt geht es um die Kohle ... 109
Kapitel 7	So viel Haus können Sie sich leisten	111
Kapitel 8	Wer Ihnen das ganze Geld gibt: die Bank	131
Kapitel 9	Wer Ihnen sonst noch Geld gibt	159
Kapitel 10	Was Sie alles bezahlen müssen	191

Teil IV: Kaufen: alles Wissenswerte rund um den Vertrag ... 233
Kapitel 11	Der Vertrag aller Verträge	235
Kapitel 12	Die letzten Schritte bis zum Eigentümer	251

Teil V: Vermieten: die Immobilie als Kapitalanlage ... 261
Kapitel 13	Der andere Blick auf die Immobilie: worauf Anleger achten müssen	263
Kapitel 14	Geld anlegen in Steinen – so funktioniert es reibungslos	275
Kapitel 15	Die ungewohnte Rolle als Vermieter	279

Teil VI: Vermieten und Urlauben: ein Domizil in den Bergen oder am Meer ... 293
Kapitel 16	Träume realisieren: wann sich der Kauf lohnt	295
Kapitel 17	Alpträume vermeiden: was bei Ferienimmobilien zu beachten ist	311

Teil VII: Der Top-Ten-Teil ... 321
Kapitel 18	Zehn Punkte, die Immobilienkäufer unbedingt beachten müssen	323
Kapitel 19	Zehn Fallen, in die Sie nicht tappen sollten	333
Kapitel 20	Die zehn wichtigsten Internetadressen für Immobilienkäufer	343

Stichwortverzeichnis ... **351**

Inhaltsverzeichnis

Über die Autoren	**7**
Einführung	**19**
Über dieses Buch	20
Konventionen in diesem Buch	20
Was Sie nicht lesen müssen	20
Törichte Annahmen über den Leser	21
Wie dieses Buch aufgebaut ist	21
Teil I: Auf in die eigenen vier Wände	21
Teil II: Recherchieren: das Traumobjekt finden und prüfen	22
Teil III: Finanzieren: Jetzt geht es um die Kohle	22
Teil IV: Kaufen: alles Wissenswerte rund um den Vertrag	22
Teil V: Vermieten: die Immobilie als Kapitalanlage	22
Teil VI: Vermieten und Urlauben: ein Domizil in den Bergen oder am Meer	22
Teil VII: Der Top-Ten-Teil	23
Symbole, die in diesem Buch verwendet werden	23
Wie es weitergeht	24

TEIL I
AUF IN DIE EIGENEN VIER WÄNDE 25

Kapitel 1
Vom Traum bis zum Einzug: der Weg in die eigene Immobilie ... **27**

Ich kaufe mir dann mal was Eigenes	28
Wann sich der Kauf einer Immobilie lohnt	28
Die Phase der Entscheidung	28
Bauen, bauen lassen oder doch lieber einen Altbau erwerben?	29
Orientierungshilfen – Internet-Plattformen, Nachbarn, Immobilienexperten	29
Warum Sie Ihre Wunschimmobilie unbedingt von allen Seiten prüfen müssen	30
Pokern um den Preis – die richtige Verhandlungsstrategie	31
Alles rund um die Finanzierung der eigenen vier Wände	31
Eine Immobilie kostet – Tag für Tag	31
Was Kosten spart – Dämmung, Heizung, Strom	32
Bausparer, Versicherungen, Staat – es gibt noch mehr Geldgeber	33
Der Vertrag aller Verträge	34
Jede Menge Papier – der Kauf- beziehungsweise Bauvertrag	34
Schritt für Schritt zum Eigentum	35

Die Immobilie als Kapitalanlage 35
    Die Finanzen – das Plus gegenüber dem Fiskus 36
Die Immobilie als Feriendomizil 37
    Akribische Recherche – wann sich der Kauf eines Feriendomizils lohnt ... 37
    Ein Ferienhaus kostet Geld und Zeit – was Sie beachten müssen 38
Große Pläne – viele Herausforderungen 38
    Drum prüfe, wer sich länger bindet 38
    Fiese Fallen 39

Kapitel 2
Warum sich der Kauf einer Immobilie lohnt 41
Der Run auf die Ballungsräume 41
Mieterland Deutschland 43
Mieten oder tilgen? 44
    Was für die Immobilie spricht 45
    Was gegen eine eigene Immobilie spricht 47
    Endlich meins – der unschätzbare Vorteil einer Immobilie 48

TEIL II
RECHERCHIEREN: DAS TRAUMOBJEKT FINDEN UND PRÜFEN ... 49

Kapitel 3
Welche Immobilie hätten Sie denn gern? 51
Die Grundsatzfrage: Haus oder Wohnung? 51
Und noch eine Grundsatzfrage: Neu oder alt? 54
Die dritte entscheidende Frage: Bauen oder bauen lassen? 56
    Der Künstler am Haus – der Architekt 56
    Weniger Stress, weniger Individualität – bauen mit Bauträgern 59
    Das Beste aus zwei Welten – der Generalunternehmer 64
    Hausbau von der Stange – das Fertighaus 66
    Auf einen Blick: Was spricht für welche Form des Bauens? 67

Kapitel 4
Wie Sie die richtige Immobilie finden 69
Hunderttausende Immobilien warten auf Sie 69
    Der Fundort Nummer eins – das Internet 69
    Schwarz auf weiß – Anzeigen in Zeitungen 70
    Selbst inserieren 71
    Das Schwarze Brett – Aushänge bei Banken und Maklern 71
Suchen Sie selbst Ihre Traumimmobilie 71
    Ständig kommunizieren – der Kontakt zu Multiplikatoren 71
    Selbstständig recherchieren – fragen kostet nichts 72
    Begrenzt plakatieren – trommeln schadet nichts 73
Ersteigern Sie das Haus Ihrer Wahl 74
    Der erste Schritt – Recherche 74
    Der zweite Schritt – persönliche Begutachtung 74

Der dritte Schritt – das Gespräch mit der Bank. 75
Der entscheidende Schritt – die Versteigerung. 76
Der Makler – ungeliebt, aber oft unverzichtbar 76
Alles Verhandlungssache 77
Makler haben das Recht auf eine faire Bezahlung 78
Was Makler leisten können – und sollten. 79
Was der Vertrag mit einem Makler beinhalten sollte 80

Kapitel 5
Auf Herz und Nieren prüfen. 81
Die Lage. 81
Stadt oder Land? 82
Zentrum oder Peripherie?. 82
Wie Sie die richtige Lage für Ihr Traumhaus finden 82
Der unverzichtbare Blick ins Grundbuch 83
Kein Kauf ohne Besuch beim Nachbarn. 86
Der Blick von außen. 86
Der Blick von innen 87
Fleißaufgaben: Prüfen Sie Bebauungsplan, Infrastrukturprojekte
und Energieausweis 88
Die Pläne der Städte und Gemeinden – der Bebauungsplan 89
Brücke, Bundesstraße, Biotop – Infrastrukturprojekte und ihre Folgen . . . 91
Der Energieausweis ist Pflicht 92
Besonderheit bei Wohnungen: die Eigentümerversammlungen. 93
Der wichtige Rat vom Gutachter: Lassen Sie Experten das Objekt checken. 95

Kapitel 6
Präsentieren, präparieren, parieren: der Poker
um den Preis 99
Wertvolle Verhandlungsstrategien für den Immobilienkauf. 100
Pokern um den Preis 100
Zocken mit der Zeit 103
Geld sparen – Makler ausspielen. 104
Konkurrenz um das Objekt berücksichtigen 106

TEIL III
FINANZIEREN: JETZT GEHT ES UM DIE KOHLE 109

Kapitel 7
So viel Haus können Sie sich leisten 111
Kassensturz auf dem Konto 111
Mein Budget, meine Vorsorge – was Sie nicht für die Immobilie
ausgeben dürfen 115
Das Leben nach dem Beruf – die Altersvorsorge 115
Krank für den Rest des Lebens – die Berufsunfähigkeit. 118
Eine Versicherung für Ihre Familie. 119

Do it yourself – die Muskelhypothek 120
    Umfangreiche Recherche – üppiges Sparpotenzial 121
    Geschickte Hände – hilfreiches Detailwissen 124
    Hobby ade! Der Faktor Zeit 125
    Ein professioneller Coach hilft 127
    Wie sage ich es meiner Bank? 128
Bloß kein Sturz vom Dach! Warum eine Unfallpolice nötig ist 129

Kapitel 8
Wer Ihnen das ganze Geld gibt: die Bank 131
Die Bank und ihre Konditionen 131
    Die Bonität – kann ich oder kann ich nicht? 132
    Die Schufa – Schattenkönigin im Finanzreich 133
    Der Eigenanteil: je mehr Startguthaben, desto besser 134
Was Banken alles anbieten und wann welches Produkt sinnvoll ist 136
    Alle Jahre wieder – das Annuitätendarlehen 137
    Volle Konzentration auf die Schulden – das Tilgungsdarlehen 139
    Alles auf einmal – das endfällige Darlehen 140
    5 Jahre, 10 Jahre, 15 Jahre – das Lottospiel mit den Zinssätzen 140
    Nix ist fix – was für und was gegen einen variablen Zinssatz spricht 144
    Die Extra-Rate – warum die Sondertilgung so wertvoll ist 145
Vergleichen und Verhandeln spart ein paar Tausender 147
Was die Bank so alles außer Geld bekommt – und was Sie geben sollten 149
    Die Grundschuld 150
    Die Risikolebensversicherung 151
    Die Sicherungsabtretung 152
    Das Garantieversprechen 153
    Die Bürgschaft 153
    Viele Optionen – begrenzter Spielraum 154
Banker scherzen nicht – welche Rechte und Pflichten sich aus dem
Geschäft mit der Bank ergeben 154
30 Jahre – die gleiche Immobilie in einer anderen Welt 156

Kapitel 9
Wer Ihnen sonst noch Geld gibt 159
Der Bausparvertrag – eine Besonderheit mit vielen Vorteilen 159
    Wie funktioniert das Bausparprinzip? 160
    Für wen lohnt sich das Bausparprinzip? 165
Wie Lebensversicherungen zur Hausfinanzierung dienen 171
So hilft Ihnen der Staat beim Kauf einer Immobilie 173
    Zinsgünstige Kredite von der KfW 174
    Wenn der Bürgermeister bei der Hausfinanzierung mithilft 179
    Ein Zuschuss und Amen – Geld vom Pfarrer für die eigene Immobilie ... 181
    Wohn-Riester als Finanzhilfe 183
Tante Frieda oder der Segen einer wohlhabenden Familie 187

Kapitel 10
Was Sie alles bezahlen müssen 191
    Der große Batzen – der Kaufpreis.......................... 191
    Die lästigen Zusätze – die Kaufnebenkosten................ 193
        Die Grunderwerbsteuer 193
        Die Notar- und Gerichtsgebühren.................... 193
        Die Maklergebühren 194
        Die Kaufnebenkosten auf einen Blick 194
    Die unvermeidliche Gebühr – die Grunderwerbsteuer 195
    Die Extra-Portion – die Renovierung bei Gebrauchtimmobilien. 198
    Die Folgekosten – eine Immobilie kostet Tag für Tag......... 200
        Die kommunalen Gebühren......................... 200
        Die Grundsteuer................................... 204
        Die Versicherungen 206
        Die Energiekosten 209
        Die alltäglichen Kosten für eine Immobilie auf einen Blick .. 210
        Die Rücklagen für größere Reparaturen............... 211
        Die Rücklagen für den Worst Case – was tun bei Jobverlust oder längerer Krankheit?................................ 213
    Weniger Ausgaben – wie Sie die Folgekosten reduzieren 214
        Energiesparmöglichkeiten für Ihre Immobilie.......... 215
        Die Energiebilanz einer Immobilie................... 216
    Wo Sie Kosten reduzieren können – die drei großen Energiesparer......... 219
        Kuschlige Wärme zum Wohlfühltarif – die Heizung 220
        Hauptsache dicht – die Dämmung 225
        Prickelnde Posten – Warmwasser und Strom 228
        Auf dem Weg zum energieautarken Zuhause 230

TEIL IV
KAUFEN: ALLES WISSENSWERTE RUND UM DEN VERTRAG 233

Kapitel 11
Der Vertrag aller Verträge.................................... 235
    Was alles in einen Kaufvertrag gehört 235
        Die wesentlichen Inhalte des Kaufvertrags 236
        Die wichtigsten Paragrafen auf einen Blick 237
    Augen auf beim Wohnungskauf 239
    Ein Bauvertrag ist speziell................................ 245
        Wofür stehen die AGB?............................. 246
        Und was bitte ist VOB?............................. 246
        Und wo steht, was da eigentlich gebaut wird?.......... 247

Kapitel 12
Die letzten Schritte bis zum Eigentümer 251
    Der Ernst beginnt – der Termin beim Notar 251
        Der Termin vor dem Termin......................... 251
        Eine Unterschrift für sechsstellige Summen 252
        Zug um Zug zum Eigentümer – was nach Ihrer Unterschrift passiert 253

Wenn was schiefgeht 256
    Gekauft ist gekauft, gilt nicht immer........................ 256
    Auf dem Schlichtungsweg ins neue Haus...................... 256
    Der Poker um die letzte Rate 257
    Wenn das Bauunternehmen pleitegeht 258

TEIL V
VERMIETEN: DIE IMMOBILIE ALS KAPITALANLAGE 261

Kapitel 13
Der andere Blick auf die Immobilie: worauf Anleger achten müssen 263

Die wesentlichen Kriterien für eine Immobilie als Kapitalanlage.............. 263
    Im Grünen, im Zentrum oder in ländlichen Gefilden – die Lage.......... 265
    Studenten oder Senioren – für welche Mieter ist Ihre Wohnung gedacht? 266
    Barriere ade – auf dem Weg zur altersgerechten Wohnung............. 268
Die Miete immer im Blick – wie Sie feststellen, ob sich eine Immobilie rechnet 269
    Eine exakte Kalkulation ist die halbe Miete 269
    Genaues Wissen über den örtlichen Mietmarkt ist unerlässlich.......... 270

Kapitel 14
Geld anlegen in Steinen – so funktioniert es reibungslos 275

Die Pflicht: eine solide Finanzierung................................ 275
Die Kür – der Fiskus zahlt mit..................................... 276
    Welche Steuervorteile Sie einkalkulieren können................... 276
    Warum sich Renovierungen lohnen 278

Kapitel 15
Die ungewohnte Rolle als Vermieter 279

So finden Sie den passenden Mieter 279
Was ein Mietvertrag alles enthalten muss........................... 283
Auf welche Fallstricke Vermieter achten müssen...................... 286
    Langjährige Mieter... 289
    Mietnomaden 290

TEIL VI
VERMIETEN UND URLAUBEN: EIN DOMIZIL IN DEN BERGEN ODER AM MEER.. 293

Kapitel 16
Träume realisieren: wann sich der Kauf lohnt................ 295

Gründe für eine Ferienimmobilie 295
Wie Sie das richtige Objekt finden 296
    Tiefschwarz statt rosarot: Ein Ferienhaus ist eine Kapitalanlage 296
    Erst urlauben, dann kaufen: Zeitdruck ist ein schlechter Ratgeber 297
    Recherchieren wie zu Hause: ein Objekt richtig prüfen................ 297

Die Gretchenfrage: Eigennutzung oder Vermietung? 300
    Sind Sie ein Vermietertyp? 300
    Die Kompromisslösung: Vermietung an Family, Friends und Fans 301
Was Vermieter beachten sollten 302
    Lage, Lage, Lage: Kurze Wege ziehen Mieter an 302
    Ohne Marketing droht Leerstand 304
    Vermieter werden ist nicht schwer, Vermieter sein dagegen sehr 306
Wie Vermieter profitieren 308
    Regelmäßige Geldzuflüsse auf dem Konto 308
    Wie sich der Fiskus an Mietobjekten beteiligt 309

Kapitel 17
Alpträume vermeiden: was bei Ferienimmobilien zu beachten ist 311

Die Finanzierung: immer mit Reserven planen 311
    Spiel- statt Haushaltsgeld: Am Anfang steht der Budgetcheck 312
    So rechnen künftige Vermieter 312
    Die Kapitalgeber: Alle Varianten sind möglich 314
    Der Kauf: So kommen Sie zu Ihrem Eigentum 316
    Die Bewirtschaftung: Das kostet Sie Ihr Urlaubstraum 318

TEIL VII
DER TOP-TEN-TEIL 321

Kapitel 18
Zehn Punkte, die Immobilienkäufer unbedingt beachten müssen 323

Ist das wirklich mein Ding? Warum Sie Ihr Wunschobjekt mit viel Bedacht
auswählen sollten 323
Reicht mein Geld für die Traumimmobilie? Der Kaufpreis deckt längst
nicht alle Kosten ab 324
Kalkuliere ich die Muskelhypothek exakt? Die großen Folgen falscher
Annahmen und unlösbarer Aufgaben 325
Kostbares Papier oder wertloser Fetzen? Der Kaufvertrag muss hieb-
und stichfest sein 325
Machen Bauträger oder Handwerker alles richtig? Prüfen Sie die
Baufortschritte regelmäßig 326
Sparen lohnt! Geben Sie sich nur mit der besten Energiebilanz zufrieden 328
Beobachten zahlt sich aus! Behalten Sie das Zinsniveau im Auge 328
Wie finanzstark ist der Bauträger? Warum Sie möglichst viel über Ihren
Partner wissen sollten 329
Ist noch Geld auf der hohen Kante? Bauen Sie ein Rücklagenpolster auf 330
Reicht das Geld nicht? Ziehen Sie die Rettungsleine rechtzeitig 330

Kapitel 19
Zehn Fallen, in die Sie nicht tappen sollten 333

Unrealistisch kalkulieren 333
Auf Gutachter und Experten verzichten 334

Zu niedrige Tilgungsraten festlegen 335
Die Extrakosten rund um das Baudarlehen übersehen 336
Unter Zeitdruck agieren 336
Zu wenig Geld für die Instandhaltung zurücklegen 338
Nur auf die eigene Menschenkenntnis vertrauen 338
Auf Sondertilgungen verzichten 339
Zu viele Kompromisse eingehen 340
Allein nur für die Immobilie buckeln 341

Kapitel 20
Die zehn wichtigsten Internetadressen für Immobilienkäufer ... 343

www.aktion-pro-eigenheim.de 343
www.immobilienscout24.de 344
www.haus-selber-bauen.com 345
www.bundesfinanzministerium.de 345
www.baufi24.de 346
www.mietspiegel.com 346
www.wohnungsboerse.net 347
www.demda.de 347
www.bsb-ev.de 348
www.zukunft-haus.info 349

Stichwortverzeichnis ... 351

Einführung

Wie oft haben Sie schon mit Ihrem Partner oder Ihren Freunden abends bei einer guten Flasche Rotwein darüber philosophiert, was Ihnen Ihre eigenen vier Wände alles bieten müssten? Eine große Wohnküche, eine prall gefüllte Bibliothek, einen perfekt ausgestatteten Hobbyraum, ein Garten zum Toben für die Kleinen oder vielleicht sogar ein Schwimmbad? Möglicherweise schlummert der Traum vom Eigenheim aber auch schon seit Jahren in Ihrem Inneren, ohne dass Sie dies jemals ausgesprochen hätten. Vielleicht hatten Sie angesichts einiger privater oder finanzieller Veränderungen in Ihrem Leben erst vor Kurzem die Eingebung, endlich Ihren Traum von der eigenen Immobilie zu verwirklichen.

Es spielt keine Rolle, wie lange Sie sich schon überlegen, ob Sie sich die eigenen vier Wände zulegen wollen oder nicht: *Immobilienkauf für Dummies* wird Ihnen helfen, Ihre Immobilienträume zu verwirklichen.

Vor lauter Freude, möglicherweise in einigen Wochen oder Monaten schon nicht mehr in die alte muffige Mietwohnung im fünften Stock oder das renovierungsbedürftige Reihenmittelhaus gehen zu müssen, dürfen Sie aber keinesfalls vergessen, sich bewusst zu machen, was es bedeutet, sich möglicherweise 30 Jahre lang finanziell zu binden. Es werden immer mal wieder neue oder zusätzliche Herausforderungen auf Sie zukommen – sei es finanzieller, technischer oder anderweitiger Art. Damit gilt es, über einen langen Zeitraum souverän umzugehen. Denn wer sein eigener Hausherr sein will, muss

- Disziplin haben,
- Pläne beurteilen,
- Rechenmodelle prüfen,
- Geduld mitbringen,
- Zeit investieren,
- Engagement zeigen.

Nein, nein, Sie müssen jetzt nicht verzweifelt das Buch zur Seite legen, nur weil Sie glauben, dass Sie nicht alle Anforderungen erfüllen. Zu all diesen Herausforderungen finden Sie in *Immobilienkauf für Dummies* wertvolle Tipps, Hinweise, Checklisten und Rechenbeispiele. Zahlreiche Beispiele zeigen Ihnen, ob die Wahl Ihrer Immobilie, Ihre Finanzierungspläne oder auch Ihre Sanierungsabsichten Hand und Fuß haben. Sie lesen in diesem Buch, worauf Sie als stolzer Haus- oder Wohnungseigentümer unbedingt achten müssen.

Nach der Lektüre von *Immobilienkauf für Dummies* machen Sie sich bestimmt keine Sorgen mehr, ob Sie das alles tatsächlich meistern. Vermutlich haben Sie gar keine Zeit mehr, letzte Zweifel zu hegen. Wahrscheinlich sind Sie schon längst unterwegs, um Ihren Traum von den eigenen vier Wänden endlich in die Tat umzusetzen.

Alle Checklisten aus dem Buch sowie eine Reihe von Musterverträgen finden Sie als Download im Internet unter http://www.downloads.fuer.dummies.de Sie liegen im Word-Format vor, sodass Sie sie ganz einfach abwandeln können, wenn Sie mögen.

Über dieses Buch

In *Immobilienkauf für Dummies* erfahren Sie, wo Sie Ihre Traumimmobilie finden, wie Sie die eigenen vier Wände am besten finanzieren und welche neuen Aufgaben auf Sie als stolzer Hauseigentümer zukommen. Am Ende des Buches wissen Sie, wie Sie Ihr Traumobjekt auf Herz und Nieren prüfen, welche Daten und Fakten Sie unbedingt berücksichtigen müssen und wie Sie sich und Ihre Familie vor finanziellen Risiken schützen können.

Wir sind uns sicher, dass dieses Buch viele Informationen enthält, die Sie längst kennen. Auf der einen oder anderen Seite stoßen Sie aber bestimmt auch auf Tipps oder Hinweise, mit denen Sie sich noch nicht oder zumindest nicht ausreichend beschäftigt haben. Möglicherweise helfen Ihnen auch die zahlreichen Rechenbeispiele oder Musterverträge weiter, die ideale Finanzierung zu finden beziehungsweise klassische Anfängerfehler zu vermeiden.

Immobilienkauf für Dummies zeigt Ihnen auch ausführlich die letzten Schritte, die Sie endlich zum Eigentümer einer Wohnung oder eines Hauses machen. Sie finden Hinweise über Abläufe beim Notar, aber auch jede Menge Tipps, wie Sie sich am besten verhalten, wenn Sie Ihr Haus von einem Bauträger erwerben oder wenn Sie im Ausland eine Ferienimmobilie kaufen.

Konventionen in diesem Buch

Damit Sie sich in diesem Buch leicht zurechtfinden, haben wir wie in allen anderen *Dummies* bestimmte Konventionen verwendet. Das macht es an der einen oder anderen Stelle für Sie sicherlich einfacher, wesentliche Aspekte schneller zu registrieren:

- ✔ **Fettdruck** wird verwendet, um die wichtigen Elemente bei Schritt-für-Schritt-Anleitungen oder Aufzählungen hervorzuheben.
- ✔ *Kursiv* werden neue Wörter oder Begriffe geschrieben.
- ✔ `In dieser Schriftart` werden Internetadressen und Formeln dargestellt.

Was Sie nicht lesen müssen

Ab und zu tauchen in diesem Buch grau hinterlegte Textkästen auf, in denen wir Ihnen unter anderem Beispiele vorstellen. Die können Sie ebenso überspringen wie die Passagen, die Sie gerade nicht interessieren, oder Themen, bei denen Sie sich sowieso schon gut auskennen. Sie müssen *Immobilienkauf für Dummies* keinesfalls von A bis Z durcharbeiten – Sie können ungehindert an jeder erdenklichen Stelle des Buches ein- und wieder aussteigen.

Törichte Annahmen über den Leser

Ob Sie in Ihrer Freizeit gern regelmäßig ins Stadion gehen, um den 1. FC Köln bei seinen Bundesligapartien anzufeuern, oder sich lieber irgendwo an den Rhein setzen, um Shakespeare zu lesen. Ob Sie sich am liebsten Pfannkuchen mit Pflaumenmus oder einen Schweinebraten mit Knödel zubereiten, wenn Sie schon mal in der Küche stehen – all das spielt für uns keine Rolle, wenn wir über Sie nachdenken. Allerdings sind wir uns sicher, dass wir dennoch ein paar wesentliche Gedanken, die Sie derzeit beschäftigen, kennen:

- Sie überlegen, sich den Traum von den eigenen vier Wänden zu verwirklichen.
- Sie wollen sich über alles Wesentliche und Wissenswerte rund um dieses Thema informieren.
- Sie möchten erfahren, worauf Sie achten müssen und welche Möglichkeiten sich Ihnen bei der Realisierung Ihres Vorhabens bieten.
- Sie wollen nichts dem Zufall überlassen.

Fein, Sie nicken! Dann haben wir Ihre Situation genau richtig eingeschätzt. Um Ihnen den Schritt zum stolzen Haus- oder Wohnungseigentümer zu erleichtern, haben wir alle wichtigen Informationen für Sie gesammelt und aufbereitet. Auch wenn Sie Ihr Traumobjekt letztendlich selbst auswählen und die Finanzierung selbst bestimmen müssen – mit dem Rüstzeug, das wir Ihnen bieten, sind Sie bestens für Ihre Zukunft als Immobilieneigentümer präpariert.

Wie dieses Buch aufgebaut ist

Immobilienkauf für Dummies besteht aus sieben Teilen. Je nachdem, wie gut Ihre Vorkenntnisse ohnehin schon waren oder wie intensiv Sie sich seit Wochen oder Monaten mit dem Thema auseinandergesetzt haben, können einige Kapitel für Sie wichtiger als andere sein. Eine feste Reihenfolge müssen Sie beim Lesen nicht einhalten, um nach der Lektüre dieses Buches detailliert informiert zu sein.

Teil I: Auf in die eigenen vier Wände

Vielleicht träumen Sie schon seit Jahren von einem eigenen Haus? Möglicherweise finden Sie im Moment die Zinsen für einen Immobilienkredit äußerst attraktiv? Unter Umständen ist es aber auch ein ganz anderer Grund, der Sie dazu treibt, sich eine eigene Immobilie anzuschaffen. Egal, warum Sie gerade jetzt ein Haus oder eine Wohnung kaufen wollen – die Herausforderungen für den Weg ins Eigenheim bleiben die gleichen. Teil I von *Immobilienkauf für Dummies* gibt Ihnen einen ersten Überblick über die wesentlichen Aspekte der Wohnungs- oder Hausauswahl sowie der Finanzierung. Sie erfahren auch, mit welchen Kosten Sie nach dem Kauf Ihrer Immobilie immer rechnen müssen. Und natürlich klärt Teil I auch die Frage, was es bedeutet, eine Immobilie als Kapitalanlage zu halten.

Teil II: Recherchieren: das Traumobjekt finden und prüfen

Um tatsächlich den Traum von den eigenen vier Wänden zu finden, müssen Kaufinteressenten zunächst herausfinden, welche Ansprüche sie an ihr Eigenheim haben. Teil II informiert Sie, wie und wo Sie Ihre Immobilie finden können. Weiter lesen Sie viel Wissenswertes über die Vor- und Nachteile vom Kauf einer neuen beziehungsweise einer gebrauchten Immobilie. Teil II erklärt Ihnen zudem, welche Fleißaufgaben Sie erledigen müssen, um Ihr Wunschobjekt genauestens auf Herz und Nieren zu prüfen – schließlich wollen Sie nach dem Kauf nicht feststellen, dass Sie sich eine völlig überteuerte Ruine angeschafft haben. Am Ende von Teil II erfahren Sie auch noch, wie Sie möglicherweise den Kaufpreis nach unten drücken können.

Teil III: Finanzieren: Jetzt geht es um die Kohle

In diesem Teil lesen Sie, wie Sie ermitteln, ob Sie sich überhaupt eine Immobilie leisten können. Teil III informiert Sie auch, wie Sie den Überblick über Ihre Finanzen behalten und alle wesentlichen Zahlen auf einen Griff parat haben. Vom Kaufpreis über die lästigen Nebenkosten bis hin zu den Rücklagen im Falle von Krankheit oder Jobverlust finden Sie hier viele wichtige und informative Details. Und Sie erfahren, dass es nicht unbedingt ein Kreditinstitut sein muss, das Ihnen das Geld für den Kauf Ihrer Immobilie leiht.

Teil IV: Kaufen: alles Wissenswerte rund um den Vertrag

Unbestritten, das Kleingedruckte des Immobilienkredits erfordert viel Aufmerksamkeit, doch damit haben Sie Ihr Soll noch nicht erfüllt: Auch beim Kaufvertrag müssen Sie genau hinschauen. Teil IV beschreibt, worauf Sie in dem Dokument achten müssen. Sie erhalten auch wichtige Informationen über den Termin beim Notar. Teil IV erklärt auch, was Sie im Falle einer Bauabnahme gegenüber dem Bauträger unbedingt beachten sollten.

Teil V: Vermieten: die Immobilie als Kapitalanlage

Wer sich Wohneigentum anschafft, um es als Kapitalanlage zu halten, muss einige Dinge anders angehen als Käufer, die ihre eigenen vier Wände selbst nutzen wollen. Teil V zählt alle wesentlichen Kriterien für eine Immobilie als Kapitalanlage auf und informiert Sie, wie Sie feststellen, ob sich Ihre Immobilie rechnet oder nicht. Wertvolle Tipps und informative Details, wie Sie sich in der ungewohnten Rolle als Vermieter zurechtfinden, finden Sie ebenfalls in Teil V.

Teil VI: Vermieten und Urlauben: ein Domizil in den Bergen oder am Meer

Viele Menschen träumen davon, sich an ihrem bevorzugten Urlaubsort eine eigene Ferienimmobilie zu kaufen. Ob am Meer oder in den Bergen, Teil VI informiert Sie ausführlich darüber, worauf Sie beim Kauf einer Finca oder einer Hütte achten müssen. Ferner erfahren Sie auch, wann sich der Kauf lohnt, wenn Sie die Immobilie auch vermieten wollen, um Einnahmen zu generieren. Wir geben Ihnen wertvolle Tipps, was Sie bei einer Ferienimmobilie sonst noch alles bedenken müssen – vom Poolboy bis zum Verwalter. Schließlich können Sie dort nicht einfach jeden Tag vorbeischauen und für Ordnung sorgen.

Teil VII: Der Top-Ten-Teil

In Teil VII haben wir alle Hinweise, Tipps und Stolperfallen zusammengestellt, die Sie vor, während und nach dem Kauf Ihrer Wunschimmobilie berücksichtigen sollten. Hier dreht sich alles um Sie, Ihr Geld und Ihre eigenen vier Wände. Diesen Teil lesen Sie idealerweise immer dann, wenn Sie das Gefühl haben, sich zu verzetteln, und wieder den Überblick gewinnen wollen.

Symbole, die in diesem Buch verwendet werden

Neben dem Text finden Sie ab und zu Symbole, die Folgendes bedeuten:

Dieses Symbol kennzeichnet Tipps, die Sie bei der Wahl und der Finanzierung Ihrer Immobilie berücksichtigen sollten.

Hier geht es um Passagen, die vertiefende Details und Erläuterungen bieten.

Vorsicht: Sie können sich die Finger verbrennen, wenn Sie die Warnung auf die leichte Schulter nehmen oder nicht beachten.

Diese Stellen sollten Sie stets im Hinterkopf behalten. Sie können Ihnen im entscheidenden Moment gut weiterhelfen.

Hier finden Sie Beispiele.

An den so markierten Stellen finden Sie Checklisten, Mustertexte et cetera, die wir Ihnen unter www.fuer-dummies.de zum Download anbieten, damit Sie sie auf Ihre Bedürfnisse anpassen und ausfüllen können.

Wie es weitergeht

Da wir nicht wissen, welche Informationen, Hinweise oder Musterbeispiele Ihnen bereits zur Verfügung stehen, können wir Ihnen natürlich nicht sagen, wie und wo Sie am besten in *Immobilienkauf für Dummies* einsteigen. Wir raten Ihnen jedoch, sich Zeit zu nehmen und dieses Buch in aller Ruhe durchzublättern. Bestimmt finden Sie dann schon ein oder zwei Kapitel, die Sie besonders interessieren. Möglicherweise wollen Sie aber Ihr Wissen, das Sie bereits haben, vertiefen und lesen ein Kapitel zu diesem Themenbereich. Ganz Mutige starten möglicherweise nicht irgendwo in der Mitte, sondern fangen tatsächlich am Anfang an ...

Um sich ideal zu orientieren beziehungsweise die für Sie interessanten Kapitel zu finden, sollten Sie das Inhaltsverzeichnis nicht vergessen. Eine weitere hilfreiche Stütze ist der Index, mit dem Sie ebenfalls schnell bestimmte Themen oder Stichworte entdecken können.

Teil I
Auf in die eigenen vier Wände

IN DIESEM TEIL ...

Verschaffen Sie sich einen ersten Überblick, was es alles braucht, um Ihren Traum von den eigenen vier Wänden zu realisieren. Die nachfolgenden Kapitel vertiefen dann die einzelnen Themen und zeigen Schritt für Schritt, wie Sie Ihr Traumhaus finden, finanzieren und realisieren.

Rollenwechsel: Haben Sie schon einmal daran gedacht, sich als Vermieter zu betätigen? Immobilien können eine gute Kapitalanlage sein, in Ihrer Umgebung genauso wie an Ferienorten. Teil V und VI beschäftigen sich dann im Detail mit den Chancen – und den Herausforderungen – einer Investition in Steine.

Egal ob Eigentümer oder Vermieter: Es gibt viele gute Gründe, sich intensiv mit dem Thema Immobilienkauf auseinanderzusetzen. Der Überblick über den deutschen Markt macht deutlich, dass Sie sich von Schlagzeilen um Preisexplosionen nicht nervös machen lassen sollten. Es sei denn, auch Sie wollen unbedingt nach München-Schwabing oder nach Prenzlauer Berg in Berlin ziehen. Denn da gibt es eindeutig mehr Nachfrage als Angebot. Ansonsten gilt: Sie haben die Wahl!

IN DIESEM KAPITEL

Immobilienkauf im Schnelldurchlauf

Die wichtigsten Schritte bis zum Traumhaus

Tricks und Fallen

Kapitel 1
Vom Traum bis zum Einzug: der Weg in die eigene Immobilie

Sie finden sie überall: stolze Immobilieneigentümer, die ihre eigenen vier Wände besitzen. Im Freundes- und Kollegenkreis, im Sport- und Musikverein, im Kreis Ihrer Verwandten oder im Blumengeschäft nebenan, dessen Inhaberin sich erst neulich eine Doppelhaushälfte zugelegt hat.

Und wahrscheinlich hat jeder von ihnen erst einmal nur von einem Eigenheim geträumt – so wie Sie jetzt! Falls Sie früher oder später zu dem Schluss kommen, dass Sie sich eine Immobilie kaufen wollen, sollten Sie sich schon jetzt gründlich darauf vorbereiten – und dabei hilft Ihnen *Immobilienkauf für Dummies*. Das Buch könnte in Zukunft Ihr täglicher Berater, Ihr kritischer Begleiter und Ihr hilfreicher Tippgeber werden, wenn Sie sich auf die Suche nach einer geeigneten Immobilie, einer bezahlbaren Finanzierung oder einem passenden Bauträger machen.

Dieses erste Kapitel zeigt Ihnen, wie Sie Ihre Pläne für den Kauf einer Immobilie Schritt für Schritt realisieren. Sie erfahren:

✔ wie Sie das passende Objekt finden

✔ warum Sie die ausgewählte Immobilie detailliert auf den Prüfstand stellen müssen

✔ worauf Sie bei der Finanzierung achten sollten

✔ welche Elemente der Kaufvertrag unbedingt enthalten muss

✔ warum noch viel mehr Entscheidungen notwendig sind

Wenn Sie sich nach der Lektüre dieses Kapitels fragen, ob Sie all die Ratschläge und Tipps beachten beziehungsweise all die Berechnungen und Kalkulationen tatsächlich durchführen müssen, sollten Sie sich die vielen Vorteile bewusst machen, die Sie auf dieser Basis als

Immobilienkäufer für Ihre Entscheidungen und Verhandlungen nutzen können. Die Liste reicht von A wie »anschauen« bis Z wie »Zahlungsausfall«.

Ich kaufe mir dann mal was Eigenes

Mit Ihrem Wunsch nach einem Eigenheim sind Sie nicht allein: Jährlich wechseln in Deutschland weit mehr als eine Million Häuser und Wohnungen den Besitzer; zugleich wird eine sechsstellige Zahl neuer Immobilien gebaut. Und das keinesfalls nur in den angesagten Vierteln der Großstädte. Schon deshalb sollte sich niemand seinen Traum von der eigenen Immobilie aus dem Kopf schlagen, nur weil in der Zeitung von Preisexplosionen die Rede ist. Denn die finden vor allem in den Ballungsräumen und dort an erster Stelle in den angesagten Vierteln statt. Je weiter man sich davon entfernt, desto stärker wendet sich das Blatt: Einzelne Kommunen versuchen bereits, mit finanziellen Zuschüssen junge Familien aufs Land zu locken.

Richtig günstig wird eine Immobilie aber auch dort nicht – in der Regel ist und bleibt die Immobilie die größte Investition im Leben eines Bundesbürgers. Sicher, Wohnen kostet auch als Mieter Geld und stattdessen kann man diese Summe ebenso gut in die eigenen vier Wände stecken. Doch in lockerer Form entlarvt bereits das zweite Kapitel manchen Werbespruch der Banken als eben solchen.

Wann sich der Kauf einer Immobilie lohnt

Trotz der finanziellen Belastung ist der Wert einer Immobilie unbezahlbar. Denn:

- ✔ Mit einer Immobilie bilden Sie Vermögen.
- ✔ Mit einer Immobilie sorgen Sie für Ihr Alter vor.
- ✔ Eine Immobilie kann gegen Inflation schützen.
- ✔ Eine Immobilie bietet Freiheit in den eigenen vier Wänden.
- ✔ Eine Immobilie verändert sich mit Ihnen.

Sie sehen: Es gibt jede Menge guter und rationaler Gründe für eine Immobilie. Das bedeutet aber keineswegs, dass diese Entscheidung »alternativlos« sei, wie mancher Politiker so gern sagt. Es gibt durchaus auch Argumente für ein Leben als Mieter: Sie sind flexibler, können Ihre Wohnsituation schneller Ihrer Lebenssituation anpassen und können mehr Geld in Wertpapieren anlegen. Das zweite Kapitel stellt die einzelnen Argumente vor, damit Sie sich eine fundierte Meinung bilden können.

Die Phase der Entscheidung

Auf großen Immobilienplattformen im Internet finden Sie mehr als eine Million Angebote. Wie soll man da nur das Richtige finden? Der Teil II dieses Buches hilft Ihnen, systematisch die Auswahl einzuengen und sich Schritt für Schritt Ihrem künftigen Zuhause zu nähern. Es beginnt mit der Beantwortung von Grundsatzfragen, wie der nach der Präferenz für einen Neu- oder Altbau, und beschäftigt sich danach mit unterschiedlichen Recherchewegen. Verlassen Sie ruhig die ausgetretenen Trampelpfade und suchen Sie Ihr neues Zuhause auch bei Zwangsversteigerungen oder per Annonce im Supermarkt.

So langsam wissen Sie, was Sie wo suchen? Gut! Dann beginnen die Feinarbeiten. Ein Blick ins Grundbuch gehört ebenso dazu wie das Gespräch mit den Nachbarn. Wenn sich danach so langsam das Objekt Ihrer Wahl herausschält, ist Ihr Verhandlungsgeschick gefragt. Denn ein bisschen was geht beim Preis immer.

Bauen, bauen lassen oder doch lieber einen Altbau erwerben?

Eine Immobilie zu kaufen kann vieles bedeuten: Das Spektrum reicht vom Studentenapartment bis zur Villa am Stadtpark. Die Auswahl verkleinert sich bereits, wenn Sie sich über drei Grundsatzfragen Gedanken machen:

1. Suchen Sie ein Haus oder eine Wohnung?
2. Wollen Sie eine bestehende Immobilie erwerben oder einen Neubau wagen?
3. Wollen Sie selbst bauen oder setzen Sie auf einen Bauträger?

Anhand zahlreicher Checklisten hilft Ihnen Kapitel 3, erste Entscheidungen zu treffen. So gibt es eine Zusammenstellung der Punkte, auf die Sie bei Besichtigung einer gebrauchten Immobilie achten sollten. Ausführlich geht das Kapitel auf das Für und Wider der Zusammenarbeit mit einem Architekten oder Bauträger ein und zeigt, wie diese Experten für Neubauten arbeiten.

 Bevor Sie sich bei einem Neubau für ein Unternehmen entscheiden, besorgen Sie sich in jedem Fall Referenzen. Im Gespräch mit früheren Kunden eines Architekten oder Bauträgers finden Sie schnell heraus, wie gut die Zusammenarbeit funktioniert, wo Defizite liegen und worauf Sie besonders achten müssen.

Orientierungshilfen – Internet-Plattformen, Nachbarn, Immobilienexperten

Die Suche nach Ihrem Traumhaus wird vermutlich nicht ganz einfach sein. Denn Sie haben da schon Ihre eigenen Vorstellungen von der Lage, von der Ausstattung und natürlich auch vom Preis. Glücklicherweise können Sie sich zu Beginn des 21. Jahrhunderts mit ein paar Mausklicks schon einmal einen ersten Überblick über mögliche Angebote verschaffen. Verlassen Sie sich aber nicht allein auf die digitale Welt. Immobilien finden sich auch:

✔ in Lokalzeitungen

✔ in kostenlosen Anzeigenblättern

- in Annoncen auf Schwarzen Brettern
- in Aushängen bei örtlichen Banken und Maklern
- durch eigene Anzeigen
- durch aktive Ansprache von Nachbarn leer stehender Immobilien

Ein echtes Schnäppchen können Sie bei Zwangsversteigerungen machen; Kapitel 4 erklärt Ihnen, worauf Sie dabei besonders achten müssen. Und wenn alles nichts hilft, bleibt noch der Weg zum Makler. Das Kapitel schlägt eine Bresche für einen Berufsstand, der durchaus sein Geld wert sein kann, wenn man ihn zu nutzen versteht.

Deutschlands Amtsgerichte veröffentlichen sämtliche Termine für Zwangsversteigerungen vorab. Wenn Sie es sich bequem machen wollen, nutzen Sie Angebote von Dienstleistern wie dem Argetra-Verlag (www.argetra.de); die fassen sämtliche Termine online zusammen.

Warum Sie Ihre Wunschimmobilie unbedingt von allen Seiten prüfen müssen

Logisch, viele Immobilienkäufer können nicht beurteilen, ob die Leitungen noch in einem 1a-Zustand sind oder die Heizung noch zehn oder 20 Jahre läuft, da sie nicht vom Fach sind. Das macht aber nichts: Sobald Sie sich ernsthaft für ein Objekt interessieren, holen Sie sich eben Fachleute ins Haus, um es vom Keller bis zum Speicher durchchecken zu lassen. Das Urteil eines Experten sollte Ihnen ein paar Euro wert sein.

Ein kleiner Trost für den zusätzlichen finanziellen Aufwand: Es gibt andere Fleißarbeiten, die Sie selbst erledigen können:

- Grundbuch prüfen
- Bebauungsplan analysieren
- Infrastrukturprojekte recherchieren
- Bauträger kennenlernen
- Höhe der Instandhaltungsrücklage herausfinden und beurteilen

Je genauer Sie über alle Stärken und Schwächen Ihres Wunschobjekts Bescheid wissen, desto leichter fällt es Ihnen, den wahren Wert der Immobilie einzuschätzen. Ihnen ist klar, worauf Sie sich beim Kauf des ausgewählten Objekts einlassen, und Sie haben die perfekte Ausgangsposition für den kommenden Verhandlungspoker.

Kapitel 5 informiert Sie ausführlich darüber, warum Sie Ihr Objekt unbedingt bis ins kleinste Detail prüfen müssen und was den Wert der Immobilie nachhaltig beeinflusst.

Pokern um den Preis – die richtige Verhandlungsstrategie

Überlegen Sie nur einmal, wie Sie bei Ihrem letzten Autoverkauf diskutiert, gefeilscht und gepokert haben, um ja den besten Preis für Ihre geliebte alte Möhre herauszuholen. Wenn Sie eine Immobilie erwerben wollen, müssen Sie letztendlich genauso vorgehen – nur dass es diesmal Sie sind, der den Preis drücken will! Welche Schritte Sie dabei bewältigen müssen, liegt auf der Hand:

- ✔ Sie machen sich über das aktuelle Angebot am Markt schlau.
- ✔ Sie analysieren den Zustand der Immobilie.
- ✔ Sie bringen die Mängel der Immobilie ins Gespräch.
- ✔ Sie erkundigen sich, ob es Mitbewerber für das Objekt gibt.
- ✔ Sie spielen mit dem Faktor Zeit.
- ✔ Sie geben ein Angebot ab – frech, aber fair.

Mehr zu allen wesentlichen Aspekten rund um den Verhandlungspoker für Ihr Wunschobjekt lesen Sie in Kapitel 6.

Alles rund um die Finanzierung der eigenen vier Wände

Der Immobilienkauf ist in der Regel die größte Investition im Leben eines Bundesbürgers. Und nur wenige Glückliche haben genügend Geld auf der hohen Kante, um diese größte Investition aus Erspartem zu finanzieren. Der Rest verschuldet sich in bis dahin unbekanntem Ausmaß bei einer Bank. Aber keine Bange: Dem Kredit steht ja ein Wert gegenüber: Ihr eigenes Haus!

Teil III stellt in übersichtlicher Form alle Aspekte der Finanzierung vor und erklärt, wer Ihnen alles Geld gibt und zu welchen Konditionen. Zuvor erklärt er eingängig, dass es nicht der Preis Ihres künftigen Eigenheims ist, den Sie finanzieren müssen. Auch der Staat, der Notar und der Makler wollen ihren Anteil. Und er macht deutlich, wie viel Haus Sie sich eigentlich leisten können; das Thema finden Sie in Kapitel 7.

Eine Immobilie kostet – Tag für Tag

Manchmal bringt die Höhe der Nebenkosten für eine Immobilie selbst hartgesottene Finanzplaner zum Staunen: Hier mal eine Rechnung, dort wieder eine Ausgabe – am Jahresende summieren sich die Beträge für eine Immobilie oftmals auf stattliche Summen.

Ob Haus oder Wohnung – an Nebenkosten fallen stets an:

✔ Grundsteuer

✔ Versicherungen (Brandschutz, Gebäudeschutz)

✔ Städtische Gebühren

✔ Energiekosten

Wahrscheinlich genügt Ihnen ein Blick, um zu sehen, dass Sie hier mit ein paar Hundert Euro nicht mehr dabei sind. Informationen, wie Sie genau die Nebenkosten ermitteln, die Ihr Objekt verursacht, können Sie in Kapitel 10 finden.

Was Kosten spart – Dämmung, Heizung, Strom

Energieeffizienz, Energiebilanz, Passivhaus, Niedrigenergiehaus: Schon heute sind diese Worte in aller Munde, wenn es um den Bau oder den Erwerb einer Immobilie geht. Und glauben Sie uns, diese oder ähnliche Begriffe werden auch in Zukunft ein führendes Thema sein, wenn es um den Kauf von Häusern oder Wohnungen geht.

Die Energiekosten zählen zu den großen Ausgabeposten, die Sie für Ihr Eigenheim aufwenden müssen. Kein Wunder also, dass sich viele darauf konzentrieren, hier möglichst viel einzusparen – und die technischen und baulichen Möglichkeiten dazu sind vorhanden. Potenzial zur Verringerung der Energiekosten bieten unter anderem:

✔ dreifach verglaste Fenster

✔ gedämmte Außenwände

✔ Erdwärme

✔ Fotovoltaikanlagen

✔ Pelletsheizung

✔ Intelligente Armaturen in Bad und Küche

✔ Warmwasserspeicher

In Kapitel 10 finden Sie alles Wissenswerte über das Thema Energieeffizienz, Einsparpotenziale und ökologische Immobilien.

Partner, Profi, Profiteur – typische Konditionen der Banken

Ohne Wenn und Aber: Das Geld für Ihre Immobilie muss irgendwoher kommen – und als Erstes denken die meisten Leute in solch einem Fall an ihre Bank. Nicht zu Unrecht, denn einen großen Teil der Immobilienkredite in Deutschland haben die Schuldner bei Sparkasse, Commerzbank und Co aufgenommen.

Wer sein Haus oder seine Wohnung über eine Bank finanzieren will, muss ihr viele Informationen über seine Vermögenslage sowie über seinen beruflichen Status zur Verfügung stellen. Dazu zählen unter anderem:

- die persönlichen Vermögensverhältnisse
- die Höhe des Einkommens
- Auskünfte über die Festanstellung oder die Selbstständigkeit
- der Familienstatus

Um abzuwägen, ob das Angebot der Bank akzeptabel, attraktiv oder unannehmbar ist, müssen Immobilienkäufer einige Fragen klären:

- Wo liegt das aktuelle Niveau der Bauzinsen?
- Welchen Zinssatz verlangt die Bank für die Zinsbindungsfristen von fünf, zehn oder 15 Jahren?
- Wie hoch wäre der Baukredit, den Ihnen die Bank überhaupt geben würde?
- Wie viel Prozent des Darlehens soll die Rate jährlich tilgen?
- Gewährt die Bank ein Recht auf Sondertilgungen?
- Wie hoch sind die Gebühren für das Immobiliendarlehen?
- Empfiehlt die Bank zusätzlich den Abschluss eines Bausparvertrags – wenn ja, warum?

 In einem Immobiliendarlehen schlummern aufgrund der üblicherweise sehr langen Laufzeiten einige Risiken. Clevere Kreditnehmer lassen sich daher verschiedene Kreditoptionen für ihre Baudarlehen von der Bank errechnen.

Um in die Gespräche mit der Bank gut vorbereitet zu gehen, müssen Immobilienkäufer einige Zeit investieren und sich mit allerlei Details beschäftigen. Wer seinem Bankberater aber als gleichwertiger Gesprächspartner gegenübersitzt, verbessert seine Verhandlungsposition enorm. In Kapitel 8 stecken viele Informationen und Aspekte rund um das Thema Banken und ihre typischen Konditionen für Immobiliendarlehen.

Bausparer, Versicherungen, Staat – es gibt noch mehr Geldgeber

Neben den Banken können Sie sich für den Kauf Ihrer Immobilie auch noch andere Geldquellen erschließen. Das sind in erster Linie:

- Bausparkassen
- Versicherungen
- Staat

- Bundesländer und Kommunen
- Kirchen

Um herauszufinden, welche Institution Ihnen das beste Angebot unterbreitet, müssen Sie einige Zeit muntere Zahlenspiele betreiben – sprich, alle Optionen genau durchrechnen, welche Variante Sie am wenigsten Geld kostet.

Einige Programme wie das Förderprogramm der Kreditanstalt für Wiederaufbau (KfW) lassen sich mit den Förderprogrammen einzelner Kommunen toll kombinieren. Gleiches gilt für die verbilligten Darlehen oder die vergünstigten Grundstücke, die die Kirchen vor allem Familien mit Kindern anbieten.

Alle wichtigen Details und Informationen über potenzielle Geldquellen für einen Immobilienkauf beziehungsweise für attraktive Förderprogramme finden Sie in Kapitel 9.

Der Vertrag aller Verträge

Nach monatelanger Vorplanung wird es jetzt ernst: Die Unterschrift unter den Kaufvertrag steht an. Keine andere Ihrer Signaturen wird vermutlich mit ähnlich gravierenden wirtschaftlichen Konsequenzen verbunden sein wie diese eine Unterschrift. Daher sollten Sie das Vertragswerk unbedingt noch einmal sehr sorgfältig prüfen, bevor Sie den Füller zücken. Und wir sprechen mit Absicht von einem Vertragswerk. Denn in der Regel gibt es zu dem Vertrag noch jede Menge Anhänge und weiterführende Beschreibungen.

Seien Sie beim Vertragswerk so penibel, wie es irgend geht. Denn nur was Sie jetzt schriftlich fixieren, können Sie hinterher einfordern und im Zweifelsfall auch einklagen. Mündliche Zusagen zu mitverkauftem Mobiliar oder der Qualität der Fliesen im Bad haben dagegen keine nachhaltige Wirkung.

Jede Menge Papier – der Kauf- beziehungsweise Bauvertrag

Auflassungsvormerkung, Vollstreckungsunterwerfung, Sachmängelhaftung: Wenn Juristen ins Spiel kommen, werden die Worte länger und nicht unbedingt verständlicher. Doch keine Bange: Weder ein Kauf- noch ein Bauvertrag ist ein Buch mit sieben Siegeln. Je intensiver Sie sich vorab damit beschäftigen, desto entspannter können Sie dem Termin beim Notar entgegensehen. Denn viele Klauseln beschreiben lediglich den Prozess, der Sie endgültig zum Haus- oder Wohnungseigentümer macht. Andere Klauseln sind durchaus mit Vorsicht zu genießen; Kapitel 11 zeigt Ihnen, worauf Sie besonders achten müssen.

Nutzen Sie den Sachverstand der Notare und lassen Sie sich bei einem Vorabgespräch den gesamten Vertrag ausführlich erläutern.

Auch für Bauherren enthält dieses Kapitel jede Menge nützlicher Informationen. Denn diese müssen sich mit dem Thema Bauvertrag beschäftigen. Der besteht aus

- ✔ dem eigentlichen Vertrag
- ✔ den Allgemeinen Geschäftsbedingungen des Verkäufers
- ✔ in vielen Fällen dient darüber hinaus die VOB/B als Geschäftsbedingungen
- ✔ der Bau- und Leistungsbeschreibung

Egal ob Bau- oder Kaufvertrag: Lassen Sie dieses Vertragswerk auf jeden Fall vor dem Unterschriftstermin von einem unabhängigen Experten prüfen. Das kann ein Anwalt Ihrer Wahl sein. Aber auch Verbraucherschutzorganisationen bieten hier wertvolle Hilfe.

Schritt für Schritt zum Eigentum

In der Regel unterzeichnen Deutsche den Kaufvertrag für ihr Eigenheim bei einem Notar. Warum? Nicht, weil sie sechsstellige Summen in Stein investieren, sondern weil sie dabei auch für vergleichsweise wenig Geld Grund und Boden erwerben. Denn beim Grundstückskauf ist in Deutschland die notarielle Beurkundung nun einmal vorgeschrieben. Was beim Notar wirklich geschieht und worauf Sie jetzt noch achten sollten, erläutert Kapitel 12.

Anschaulich beschreibt dieses Kapitel danach, wie Sie nach dem Notartermin Schritt für Schritt zum wahren Eigentümer Ihrer Traumimmobilie werden. Denn erst wenn das Geld auf dem Konto des Verkäufers ist, gehört Ihnen wirklich ein Stück Deutschland.

Und noch etwas können Sie in diesem Kapitel erfahren, auch wenn Sie das sicher nicht gern lesen: Was passiert eigentlich, wenn es nach dem Notartermin noch Ärger gibt oder im Fall eines Neubaus Ihr Bauträger in die Insolvenz schliddert? Angesichts dieser niemals auszuschließenden Bedrohung sollten Sie drei Ratschläge beherzigen:

1. Kontrollieren Sie regelmäßig den Baufortschritt auf Ihrer Baustelle und weisen Sie sofort auf Mängel hin.

2. Zahlen Sie nur für die Leistungen, die auch wirklich mängelfrei erbracht sind.

3. Sichern Sie sich durch eine Vertragserfüllungsbürgschaft oder einen Sicherheitseinbehalt ab.

Die Immobilie als Kapitalanlage

Vielleicht wohnen Sie ja schon in Ihrer eigenen Immobilie und überlegen jetzt, sich eine weitere Immobilie zuzulegen, um sie zu vermieten. Es spielt keine Rolle, warum Sie eine Immobilie als Kapitalanlage erwerben möchten. Fakt ist, dass Sie – abgesehen von der Finanzierung – in solch einem Fall in vielen Punkten auf andere Extras achten müssen als für eine selbst genutzte Immobilie.

Damit Sie Ihr Projekt erfolgreich realisieren und die Rendite erzielen, die Sie sich errechnet haben, gilt es unter anderem, folgende Punkte zu berücksichtigen:

- ✔ die Lage der Immobilie
- ✔ die Ausstattung: altengerecht, modern und so weiter
- ✔ die Höhe der Miete
- ✔ der regelmäßige Eingang der Mietzahlungen

Die Finanzen – das Plus gegenüber dem Fiskus

Wer eine Immobilie als Kapitalanlage erwirbt, konnte bei seinem Finanzamt früher schon mehr herausholen als derzeit. Der Gesetzgeber hat in den zurückliegenden Jahren immer mal wieder an der einen oder anderen Stellschraube gedreht und so die Steuervorteile für Vermieter verringert.

Je nach Modell kann es sich aber vor allem in den ersten Jahren nach dem Erwerb einer Immobilie lohnen, die Vorgaben des Fiskus zu nutzen, um von Steuervorteilen zu profitieren. Geltend machen können Vermieter:

- ✔ den Kaufpreis für das Gebäude
- ✔ die laufenden Kosten für das Objekt

Wer auf Nummer sicher gehen will, lässt sich von seinem Steuerberater über einen langen Zeitraum hinweg mögliche Steuerersparnisse ausrechnen. So kann er ziemlich genau kalkulieren, was wann an Steuerzahlungen auf ihn zukommt.

Die Herausforderung für jeden Immobilieneigentümer, der sein Objekt vermietet, besteht vor allem darin, solvente, zuverlässige Mieter zu finden. Fällt die monatliche Zahlung für die Wohnung aus, schlägt sich das innerhalb kürzester Zeit sofort auf die Rendite nieder. Mehr zum Thema Steuern und Rendite rund um die Immobilie als Kapitalanlage finden Sie in den Kapiteln 13 und 14.

Die Basis – der Mietvertrag

Er ist das A und O eines erfolgreichen Vermietungsprojekts: der Mietvertrag. Ist er hieb- und stichfest, steht Ihren Plänen, mit Ihrer Immobilie Rendite zu erwirtschaften, nichts mehr im Weg – vorausgesetzt, Sie haben den perfekten Mieter gefunden.

Ein guter Mietvertrag muss unter anderem enthalten:

- ✔ Name, Adresse und Telefonnummer oder E-Mail-Adresse des Vermieters und des Mieters
- ✔ Angaben über die vermietete Immobilie wie die Adresse, die Wohnräume, die Größe des Grundstücks, die Garage und Ähnliches

- ✔ Die Höhe der vereinbarten Miete und die dazugehörigen Nebenkosten sowie den Zahlungsrhythmus

- ✔ Hinweise auf die gesetzlichen Kündigungsfristen, sofern Vermieter und Mieter das Mietverhältnis nicht auf Zeit abschließen

- ✔ Angaben zur Kündigungsweise – idealerweise schriftlich

- ✔ Die Höhe der Mietkaution

- ✔ Verpflichtung des Mieters, während der Mietzeit Schönheitsreparaturen zu übernehmen

- ✔ Die Erlaubnis für den Mieter, die Behebung von Bagatellschäden bis zu einer gewissen Höhe selbst beziehungsweise durch Dritte durchzuführen

Je genauer Sie im Mietvertrag einzelne Punkte klären, desto weniger Ärger gibt es normalerweise im Streitfall.

Wie Sie den passenden Mieter finden und auf welche Fallstricke Sie als Vermieter aufpassen müssen, können Sie in Kapitel 15 lesen.

Die Immobilie als Feriendomizil

Sie fahren schon jahrelang an den gleichen Strandabschnitt an der Nordsee oder ins gleiche Tal in Südtirol – und jetzt wollen Sie sich endlich ein zweites Zuhause in der Region anschaffen? Perfekt! Damit sich der Kauf Ihrer Ferienwohnung oder Ihres Ferienhauses auch lohnt, müssen Sie jedoch einiges beachten.

Akribische Recherche – wann sich der Kauf eines Feriendomizils lohnt

Gerade in Zeiten, in denen die Banken kaum Zinsen für Guthaben zahlen, denken viele Menschen »Eine Ferienimmobilie wäre jetzt genau das Richtige für mich.« Kein Wunder, viele haben ihr eigenes Häuschen abbezahlt und auf dem Konto wächst nach und nach das Guthaben. Warum also nicht in eine Hütte im Seitental oder eine Finca auf Mallorca investieren?

So einfach wie die Buchung eines Urlaubs via Internet oder mithilfe des Reisebüros geht das allerdings nicht. Wie beim Kauf einer Immobilie in Deutschland müssen Sie

- ✔ sich darüber klar werden, ob Sie die Immobilie nur selbst nutzen oder auch vermieten wollen;

- ✔ sich sehr viel Zeit für dieses Projekt nehmen – unter Zeitdruck trifft man zumeist nicht die optimale Entscheidung;

- ✔ potenzielle Objekte intensiv prüfen;

- ✔ eine solide und nachhaltige Finanzierung sicherstellen;
- ✔ genauestens überlegen, wie Sie die Immobilie betreuen lassen, wenn Sie nicht im Lande sind.

Die Frage, ob Sie Ihre Ferienimmobilie nur selbst nutzen oder auch an andere Urlauber vermieten, hängt von Ihrem Budget ab. Je mehr Kapital Ihnen zur Verfügung steht, desto weniger sind Sie auf Einnahmen durch Miete angewiesen.

Ein Ferienhaus kostet Geld und Zeit – was Sie beachten müssen

Der Entschluss, ein Häuschen am Strand oder im Hinterland oder vielleicht eine Hütte in einem hoch gelegenen Tal zu kaufen, bringt drei große Herausforderungen für Sie mit sich:

- ✔ Sie brauchen das notwendige Kapital.
- ✔ Sie müssen sich nach dem jeweiligen nationalen Recht richten und landestypische Vorgaben berücksichtigen.
- ✔ Sie sollten Ihr Feriendomizil in beste Hände geben, damit es das ganze Jahr hinweg gut betreut ist.

Finanzierung, Kauf und Bewirtschaftung bescheren Ihnen viel Arbeit. Dennoch müssen Sie sich nicht abschrecken lassen: Die Kapitel 16 und 17 erklären im Detail, was Sie alles beachten und bedenken müssen und wo Sie sich idealerweise Hilfe holen.

Große Pläne – viele Herausforderungen

Sie haben endlich Ihr Wunschobjekt gefunden und der Verkäufer hat Ihnen bereits den Zuschlag gegeben? Glückwunsch, dann läuft ja alles nach Plan! Jetzt dürfen Sie sich allerdings nicht entspannt zurücklehnen: Je nachdem, wie weit Ihre Finanzierungs-, Neu- oder Umbaupläne schon gediehen sind, kommt noch jede Menge Arbeit auf Sie zu.

Für die Kontrolle, ob die getroffenen Entscheidungen richtig sind, helfen Checklisten und regelmäßige Prüfungen. Auch kritische Fragen, ob man jetzt nicht doch in eine typische Falle für Immobilienkäufer getappt ist, können Sie wieder auf den rechten Weg leiten.

Drum prüfe, wer sich länger bindet

Egal ob Sie sich nun eine Villa, eine Doppelhaushälfte oder eine Wohnung zulegen wollen: Es gibt etliche Themen, die Sie stets im Auge behalten sollten. Dazu zählen:

- ✔ Ihre Vermögenslage
- ✔ Ihre monatlichen finanziellen Einnahmen und Ausgaben

- ✔ die Leistungen der Handwerker beziehungsweise des Bauträgers
- ✔ die Energiebilanz Ihrer Immobilie
- ✔ die Instandhaltungsrücklage
- ✔ der rechtlich unantastbare Kaufvertrag

Angesichts der zahlreichen Aufgaben und Herausforderungen, die ein Immobilienkäufer meistern muss, ist es nur verständlich, dass der eine oder andere bei manchen Punkten nachlässig agiert. Wer aber gar nicht erst in solch einen Strudel geraten will, nimmt sich fest vor, immer und immer wieder mit kritischem Blick zu kontrollieren, ob er alle wesentlichen Aspekte samt möglichen Folgen noch fest im Griff hat.

Fiese Fallen

Natürlich träumen Sie davon, endlich Ihre Kisten zu packen und ins eigene Heim zu ziehen! Einen wertvollen Tipp sollten Sie allerdings stets beachten: Behalten Sie während der Kaufentscheidung, der Kreditverhandlung, des Baus oder Umbaus und in jeder anderen Phase Ihres Immobilienkaufs die klassischen Fallen im Hinterkopf, die Immobilienkäufer schon des Öfteren in schwere Bedrängnis gebracht haben. Wovor Sie sich hüten sollten, lesen Sie in Kapitel 19.

So gut gerüstet können Sie jetzt loslegen und Ausschau nach einem tollen Eigenheim halten. Und denken Sie daran: Auch wenn dieses Buch zum größten Teil von vielen Herausforderungen und unerlässlichen Arbeiten handelt – wenn Sie erst einmal vor Ihrem brennenden Kamin die Füße ausstrecken und genüsslich und sorgenfrei ein Glas Rotwein trinken, dann wissen Sie, dass sich jede Minute all Ihres Engagements und Ihres Einsatzes für die eigenen vier Wände gelohnt hat. Und jedem, der es hören will, können Sie ruhig erklären: »My home is my castle.«

> **IN DIESEM KAPITEL**
>
> Der Run auf die Ballungsräume
>
> Das Haus als Kapitalanlage und Altersvorsorge
>
> Fünf gute Gründe, ein Leben lang Mieter zu bleiben

Kapitel 2
Warum sich der Kauf einer Immobilie lohnt

In den deutschen Ballungsräumen ziehen die Preise für Wohnungen zum Teil um zehn Prozent und mehr jährlich an. Dagegen fällt es in ländlichen Regionen schwer, selbst bei erheblichen Preisnachlässen überhaupt einen Interessenten für ein Haus zu finden. Was ist los am deutschen Immobilienmarkt? In diesem Kapitel erhalten Sie einen Überblick über das Geschehen auf dem Multimilliarden-Markt für Häuser und Grundstücke in Deutschland.

Darüber hinaus erfahren Sie, warum es derzeit die Erbengeneration mit Macht in die eigenen vier Wände zieht und wo die Grenzen des Wunsches nach Eigentum liegen. Anhand einfacher Vergleichsrechnungen zu Miete und Tilgung eines Kredits können Sie nachvollziehen, was Sie Wohnen im Laufe Ihres Lebens so kosten wird.

Der Run auf die Ballungsräume

Der deutsche Immobilienmarkt ist in Bewegung: Um durchschnittlich vier Prozent stiegen die Preise für konventionell gefertigte Wohngebäude in jüngster Vergangenheit zwischen Kiel und Konstanz. Laut Statistischem Bundesamt ist das der höchste Anstieg der Baupreise seit November 2007. Doch hinter dieser schnöden Zahl verbergen sich ganz unterschiedliche Entwicklungen. Leerständen in der Pfalz oder im Westerwald stehen pro Jahr zweistellige Preissteigerungen in München und anderen gefragten Ballungsräumen gegenüber. Besonders schnell ziehen die Preise in gefragten Lagen wie München-Schwabing oder in Hamburg an der Außenalster an.

Für diesen Preisanstieg gibt es gleich mehrere Gründe:

- ✔ Wohnraum ist in den Ballungsgebieten knapp.

- ✔ Seit Jahren gibt es den Trend, dass ältere Gutverdiener, deren Kinder aus dem Haus sind, wieder zurück in die Städte ziehen.

- ✔ Viele Ausländer haben die Vorteile des Immobilienbesitzes in deutschen Metropolen entdeckt.

- ✔ Die Sehnsucht der Deutschen nach sicheren Geldanlagen vergrößert sich mehr und mehr – und Immobilien zählen nach Überzeugung der Mehrheit dazu.

Eine tückische Melange, die es Normalverdienern immer schwerer macht, ihren Traum vom Eigenheim in den Großstädten zu verwirklichen.

Ganz anders sieht die Situation jenseits der Grenzen Berlins, Hamburgs oder Münchens aus: Hier kommt es zum Teil zu erheblichen Preisrückgängen. Und die Gründe entsprechen denen für den Preisanstieg in den Metropolen – nur mit umgekehrten Vorzeichen:

- ✔ Wohnraum in ländlichen Gebieten ist per se schon reichlich vorhanden.

- ✔ Viele Kommunen halten Bauland in Reserve.

- ✔ Der ländliche Raum leidet unter der Flucht der Jungen.

- ✔ Zudem zieht es viele Ältere zurück in die Städte.

- ✔ In die Weiten des Harzes oder der Rhön verirrt sich kein ausländisches Kapital.

Neben den üblichen Zuzügen und Familienneugründungen stabilisiert hier derzeit »nur« der Wunsch nach einer sicheren Geldanlage den Immobilienmarkt. Sprich: Im ländlichen Raum wartet manches Schnäppchen auf Sie.

Der ländliche Raum beginnt früher, als Sie jetzt vielleicht denken. Denn der Boom der Ballungsräume endet in der Regel dort, wo der öffentliche Nahverkehr und insbesondere die S-Bahn-Systeme enden. Zum Teil gibt es hier von Dorf zu Dorf Abweichungen der Quadratmeterpreise von mehreren Hundert Euro. Bei einer entsprechenden Wohnfläche summiert sich das schnell zu satten fünfstelligen Summen. Wenn Sie also kein Problem damit haben, jeden Morgen mit dem Auto zur Arbeit oder wenigstens zur nächstgelegenen P+R-Station zu fahren und/oder die Kinder über Jahre hinweg mit dem Auto zu diversen Hobbys zu kutschieren, finden Sie im Umland der Städte durchaus bezahlbaren Wohnraum – in den Metropolen selbst ist dies dagegen verdammt schwierig.

Schon in diesen ersten Absätzen erkennen Sie ein Thema, das sich wie ein roter Faden durch dieses Buch ziehen wird: das Thema Lage. Denn Immobilienmärkte sind regionale, ja lokale Märkte, und es ist an Ihnen, zu entscheiden, wo Sie sich genau niederlassen möchten. Die Wahl Ihres Wohnorts hat entscheidende Konsequenzen für die Höhe des Kaufpreises und die Höhe eines möglichen Wiederverkaufspreises.

Doch das ist längst nicht alles: Die Lage entscheidet auch über Ihre künftige Lebensqualität. Das bezieht sich auf Fahrwege, die Infrastruktur vor Ort, die Ruhe, die Möglichkeiten,

Ihren Hobbys nachzugehen, oder den Freiheitsgrad für Ihre Kinder. In diesem Buch finden Sie zahlreiche Hinweise und Checklisten, wie Sie Ihren Wunschort finden und was Sie vor Ort alles prüfen sollten.

Mieterland Deutschland

Das Thema Lage ist das entscheidende Thema für Ihre Wohnsituation, egal ob Sie Mieter oder Eigentümer sind. Traditionell ist Deutschland ein Land der Mieter. Anders als beispielsweise in Großbritannien oder den USA erwerben junge Berufstätige nicht direkt nach Unterschrift unter ihren ersten Arbeitsvertrag die erste eigene Wohnung oder das erste kleine Haus, sondern tauschen ihre Studenten- oder Lehrlingsbude erst einmal gegen eine größere Mietwohnung ein. Und mancher bleibt danach auch sein ganzes Leben Mieter. Mancher ist gut – die Mehrzahl macht das.

Das Statistische Bundesamt hat ermittelt (siehe Tabelle 2.1), dass 56 Prozent der Haushalte in Deutschland zur Miete wohnen und lediglich 44 Prozent im Eigentum leben – Tendenz steigend. Dabei gibt es zwei Grundregeln: Wer Kinder hat, erwirbt eher ein Eigenheim. Das Gleiche gilt für Bezieher höherer Einkommen. So steigt die Eigentümerquote in Deutschland auf knapp 60 Prozent bei Haushalten, in denen drei Personen oder mehr leben; in der Regel sind dies Vater, Mutter und Kind. Und Haushalte mit einem monatlichen Nettoeinkommen von mehr als 3.200 Euro wohnen sogar zu fast 70 Prozent in den eigenen vier Wänden.

	Insgesamt	Eigentümer	Mieter/Untermieter
Haushalte in Tausend	38.456	44 %	56 %
- mit einer Person	15.281	28 %	72 %
- mit zwei Personen	13.304	52 %	48 %
- mit drei Personen und mehr	9.872	59 %	41 %
- mit Bezugsperson unter 30 Jahren	4.457	9 %	91 %
- mit Bezugsperson von 30 bis 59 Jahren	20.533	45 %	55 %
- mit Bezugsperson über 60 Jahren	13.466	55 %	45 %
Mit einem Einkommen von < 500 €	715	15 %	85 %
Einkommen von 500 bis 1.300 €	9.291	23 %	77 %
Einkommen von 1.300 bis 3.200 €	18.342	44 %	56 %
Einkommen > 3.200 €	7.312	70 %	30 %

Tabelle 2.1: Wie wohnen die Deutschen (Quelle: Statistisches Bundesamt)

Ist also das Thema Immobilienkauf nur etwas für Familien und Besserverdiener? Der zweite Punkt ist valide, denn der Kauf einer Immobilie erfordert erhebliche finanzielle Ressourcen, auch über den Kaufpreis hinaus. Wer es gerade so schafft, eine Immobilie zu finanzieren, wenn er sämtliche Extras aus seinem Budget streicht, sollte sich die Entscheidung für die eigene Wohnung beziehungsweise das eigene Haus gut überlegen.

Bevor er allerdings die Flinte ins Korn wirft, sollte er erst einmal prüfen, ob es nicht noch alternative Möglichkeiten gibt, seinen Traum zu verwirklichen: Gerade jüngere Familien greifen häufiger auf Darlehen oder sogar Schenkungen der Eltern zurück oder leisten einen erheblichen Teil der Arbeit auf der Baustelle selbst. Aber auch dann gilt: Eine Immobilie sollte immer mehr Lust als Last sein und man sollte sich von Anfang an klarmachen, welche finanziellen Belastungen man wirklich schultern kann. Mehr dazu lesen Sie in Kapitel 7.

Neuen Spielraum gewinnen viele durch eine Erbschaft: Bis 2020 werden einer Studie des Deutschen Instituts für Altersvorsorge zufolge in Deutschland rund 2,6 Billionen Euro aus rund 7,7 Millionen Erbschaftsfällen an die nächste Generation weitergegeben. 2,6 Billionen Euro, das ist eine Zahl mit elf Nullen! Und rechnet man diese Zahl auf jeden einzelnen Fall herunter, ergibt sich eine Summe von mehr als 300.000 Euro. Und damit kann man schon eine Menge Immobilie erwerben.

Genau dies ist auch der Plan vieler: Das Institut für Altersvorsorge schätzt, dass sechs von zehn geerbten Euro in Häuser und Wohnungen fließen. Der Traum vom eigenen Haus kann damit für Hunderttausende Familien Realität werden. Der Pferdefuß: Ein guter Teil des Vermögens der Deutschen steckt in Immobilien: Insgesamt vier Billionen Euro des insgesamt zehn Billionen Euro großen Vermögens der Deutschen liegt in den eigenen oder fremden vier Wänden. Und ein guter Teil dieser Immobilien steht im ländlichen Raum, wo es gar nicht so einfach ist, das Elternhaus zu Geld zu machen. Bei einer überschlägigen Rechnung über die Finanzierung sollte man daher eine mögliche Erbschaft, wenn überhaupt, nur mit einem gehörigen Abschlag in die grobe Kalkulation mit einbeziehen.

Mieten oder tilgen?

Bei Ihrem Wunsch nach Ihren eigenen vier Wänden spielt sicher eine Aussage eine Rolle: »Bis wir 60 Jahre alt sind, werden wir 200.000 oder 300.000 Euro an Miete gezahlt haben. Für das Geld können wir auch etwas kaufen!« Stimmt! Fangen wir einfach mal an zu rechnen und legen eine Hypothek über 200.000 Euro mit drei Prozent Zinsen und einem Prozent Tilgung zugrunde. Die belastet Sie zu Beginn mit knapp 650 Euro im Monat. Wenn Ihre Monatsmiete darüber liegt, sparen Sie sogar noch Geld.

Allerdings ist ein Prozent Tilgung viel zu wenig. Denn so werden Sie es nie schaffen, bis zur Rente Ihr Häuschen abzuzahlen. Nehmen wir also mal zwei Prozent Tilgung an – und lassen alle anderen Angaben erst einmal unverändert. Ihre monatliche Anfangsbelastung steigt jetzt schon mal auf rund 830 Euro. »Die haben wir locker«, sagen Sie jetzt. Aber beachten Sie bei dem Vergleich, dass wir hier von der Nettokaltmiete sprechen. Denn auch wenn Sie Eigentum erwerben, müssen Sie künftig Ihre Nebenkosten zahlen und zugleich noch eine Rücklage für mögliche Reparaturen bilden.

Wenn Sie diese Tilgungsrate jetzt der durchschnittlichen Miete deutscher Haushalte gegenüberstellen, sehen Sie rasch, dass eine Immobilie das Budget in der Regel erheblich belastet. Denn diese Durchschnittsmiete liegt in Deutschland bei knapp sieben Euro pro Quadratmeter, eine 100-Quadratmeter-Wohnung ist also für knapp 700 Euro zu haben.

Wir sind aber noch nicht fertig. Nach mehreren Jahren Euro-Krise könnten zum Beispiel die Zinsen wieder steigen – und sich damit Ihre Anschlussfinanzierung verteuern. Bei noch ausstehenden 100.000 Euro Kreditsumme erhöht jeder Zinsanstieg um einen Prozentpunkt Ihre Belastung zu Beginn um 1.000 Euro pro Jahr beziehungsweise gut 80 Euro pro Monat. Und es gab durchaus schon Zeiten, da lagen die Zinsen für Immobilienkredite mehr als doppelt so hoch wie derzeit.

Damit Sie besser einschätzen können, welche Belastung mit einem Kredit verbunden ist und welche Kredithöhe Sie aufbringen können, wenn Sie nicht mehr für Wohnen ausgeben möchten, als derzeit für Ihre Kaltmiete, studieren Sie doch einfach Tabelle 2.2.

Miete/Monatliche Rate gerundet	Darlehen über 20 Jahre inkl. Zinsen von 3 %	Miete/Monatliche Rate gerundet	Darlehen über 30 Jahre inkl. Zinsen von 3 %
	Zins 3 %		Zins 3 %
500	120.000	600	67.500
670	160.000	800	190.000
1.000	240.000	1.200	285.000
1.300	320.000	1.600	380.000
1.700	400.000	2.000	475.000

Tabelle 2.2: Welches Darlehen Ihrer jetzigen Miete entspricht

Das klingt jetzt wie ein Plädoyer für Ihre Mietwohnung, ist es aber nicht. Es geht lediglich darum, aufzuzeigen, dass Sie sich von dem einfachen Vergleich Ihres Bankberaters nicht täuschen lassen sollten. Denn der rechnet jetzt auch noch flugs Mietsteigerungen in seinen Vergleich »Mieten versus Tilgen« ein – und kommt zu dem Ergebnis, dass Sie unbedingt einen Immobilienkredit unterschreiben sollten. Ach was!

Was für die Immobilie spricht

Ihre eigene Immobilie ist daher in der Regel keine Möglichkeit, Geld zu sparen. Sie ist aber eine sehr gute Möglichkeit, Vermögen zu bilden und damit Ihre Altersvorsorge zu stärken. Denn mit jeder Tilgungsrate gehört Ihnen ein Stück mehr von Ihrem Haus beziehungsweise Ihrer Wohnung. Es gibt wohl kaum eine bessere Form, regelmäßig zu sparen, als in die eigene Immobilie einzuzahlen.

Das hat einen einfachen Grund: Jeden anderen Sparplan können Sie unterbrechen, weil Sie sich jetzt doch einmal ein neues Auto gönnen oder endlich mal in die Karibik fahren möchten. Für solche Wünsche hat Ihr Hypothekenfinanzier überhaupt kein Verständnis. Und damit haben Sie gar keine andere Wahl, als Monat für Monat zu tilgen. Das heißt:

✔ **Mit einer Immobilie bilden Sie Vermögen:**

Moment, mag jetzt mancher Zweifler einwenden: Das stimmt doch nur, wenn sich dieses Vermögen eines Tages auch wieder in Geld verwandeln lässt. Nicht unbedingt, lautet die Antwort. Solange Sie in Ihrem Haus zufrieden leben und es hoffentlich schon in jungen Jahren so gestaltet haben, dass Sie hier im Alter gut leben können, zahlen Sie definitiv keine Miete und leben nicht von, sondern in Ihrem Vermögen. Zum Schwur kommt es aber in der Tat, wenn Sie aus irgendwelchen Gründen noch einmal umziehen möchten. Denn erst beim Verkauf sehen Sie, welches Vermögen Sie wirklich gebildet haben. Bis dahin gilt aber:

✔ **Eine Immobilie ist ein wichtiger Bestandteil der Altersvorsorge:**

Angesichts einer alternden Bevölkerung kann heute kein Erwerbstätiger mit Bestimmtheit sagen, in welchem Alter und in welcher Höhe er wirklich seine Rente erhält. Was man aber mit Bestimmtheit fixieren kann, ist der Zeitpunkt der Zahlung der letzten Rate für den Immobilienkredit. Und ab dann wohnen Sie mietfrei für den Rest Ihres Lebens. Und Hand aufs Herz: Ist es nicht ein gutes Gefühl, zu wissen, dass man im Alter ein Dach über dem Kopf hat und entsprechend weniger liquide Mittel braucht? Und da gibt es noch ein weiteres gutes Gefühl:

✔ **Die Immobilie dient als Inflationsschutz:**

So wenig wir heute mit Gewissheit sagen können, wann wir wie viel Rente bekommen, so schwer fällt es auch, einzuschätzen, ob und wie weit der Euro stabil bleibt. Wenn die Inflation zu galoppieren beginnt, ist insbesondere das Geldvermögen in Gefahr, da in der Regel die Habenzinsen hinter der Inflationsrate hinterherhinken. Ihr abbezahltes Haus zählt dagegen zu den Sachwerten – und die haben sich in der Vergangenheit in wirtschaftlich turbulenten Inflationszeiten weltweit vergleichsweise gut geschlagen. Das heißt nicht, dass nicht auch Ihr Haus an Wert verliert, wenn das Vermögen von Millionen Bundesbürgern schrumpft. Das heißt aber, dass Sie auch in solchen Zeiten mietfrei wohnen können und nach Überwindung der Krise unverändert und ungeschmälert über Ihr Eigenheim verfügen.

Jetzt aber genug mit der Ökonomie. Denn vermutlich haben Sie nicht begonnen, sich mit dem Thema Immobilienkauf zu beschäftigen, weil Sie alternative Formen der Geldanlage interessieren. Vielmehr geht es um Ihr Leben und die Frage, wie und wo Sie es verbringen möchten. Und da gilt:

✔ **Eine Immobilie bietet Freiheit in den eigenen vier Wänden:**

Laut Musik hören, im Garten buddeln, mit Freunden auf der Terrasse grillen: In Ihrem Haus können Sie alles machen, was Ihnen einfällt und was Ihr Geldbeutel erlaubt. Na ja, fast alles, denn auch als Hauseigentümer dürfen Sie weder Ihre Nachbarn die ganze Nacht mit lauter Musik nerven noch Ihr Haus in einer Weise um- und ausbauen, die dem geltenden Bebauungsplan widerspricht. Aber solange Sie sich an die Gesetze halten, sind Sie frei. Und das ist ein tolles Gefühl.

✔ **Eine Immobilie gibt Ihrer Familie den nötigen Freiraum:**

In vielen Fällen ist die Geburt eines Kindes oder dessen Eintritt in den Kindergarten beziehungsweise die Grundschule der entscheidende Anlass, sich mit dem Kauf eines Hauses zu beschäftigen. Denn es ist nun einmal viel einfacher und entspannter, die Kinder im Garten spielen zu lassen, anstatt sie zu einem Spielplatz zu bringen, sie dort zu beaufsichtigen oder wieder abzuholen. Im eigenen Garten können sie bolzen, toben und brüllen – okay, da wäre wiederum die Frage mit den Nachbarn zu klären. Aber selbst Querulanten jenseits des Jägerzauns können den Freiraum Ihrer Familie nicht entscheidend einengen.

✔ **Eine Immobilie verändert sich mit Ihnen:**

Spätestens nach dem Auszug der Kinder fragen sich viele, was sie nun mit dem eigenen Haus anfangen sollen. »Das ist doch viel zu groß«, lautet ein Standardargument. Fragt sich nur, ob dieser Satz wirklich stimmt. Denn wollten Sie nicht schon immer die Küche vergrößern und das Gästezimmer mit einem eigenen Bad ausstatten? In Ihren eigenen vier Wänden können Sie das machen, in einer Mietwohnung kaum. Und wenn Sie keine Lust auf Rasenmähen mehr haben, können Sie Ihren Garten für einige Jahre auch im japanischen Stil anlegen, mit viel Stein und Wasser – ganz wie Sie mögen.

Diese Ausführungen gelten uneingeschränkt für ein Eigenheim. Bei Eigentumswohnungen sind Ihrer Kreativität dagegen mehr Grenzen gesetzt, denn Sie müssen sich bei Umbauten im Außenbereich mit Ihren Miteigentümern abstimmen. Je besser aber Ihre Hausgemeinschaft funktioniert, desto einfacher lassen sich auch in einer Wohnanlage Wünsche verwirklichen und über die Jahre Veränderungen vornehmen.

Fazit: Es gibt eine Menge guter Gründe für eine eigene Immobilie. Aber es gibt auch Gegenargumente.

Was gegen eine eigene Immobilie spricht

Das entscheidende Argument gegen die Immobilie steckt bereits in diesem Wort; es leitet sich nämlich vom lateinischen *im-mobilis* her. Und das heißt nun einmal: nicht bewegliche Sache. Sprich:

✔ **Mit einer Immobilie sind Sie unflexibel:**

Wenn Ihr Unternehmen Sie ins Ausland versetzt oder Sie einen erheblich besser dotierten Job in einer anderen Stadt angeboten bekommen, können Sie Ihre Mietwohnung einfach kündigen und umziehen. Mit einer Immobilie ist das nicht ganz so einfach. Entweder suchen Sie unter Zeitdruck einen Käufer oder Sie mutieren zum Vermieter und bieten Ihre Wohnung beziehungsweise Ihr Haus zur Miete an. Wenn die Miete Ihre Finanzierungskosten und die Kosten für einen Verwalter deckt, kann das durchaus eine Alternative sein. Haarig wird es dann, wenn Sie über Monate keinen Mieter finden. Denn Ihre Hypothek läuft weiter.

Das lockende Jobangebot in 300 Kilometer Entfernung birgt aber noch eine weitere Tücke:

✔ **Mit einer Immobilie sind Sie örtlich gebunden:**

Vielleicht haben Sie das auch schon mal in Ihrem Freundeskreis beobachtet: Die Karriere steckt in einer Sackgasse, der Job nervt und die Ehe leidet. Und dennoch harrt Ihre Freundin beziehungsweise Ihr Freund vor Ort aus. Sein Argument: »Wir haben doch gebaut!« Unabhängig von der Tatsache, dass Sie bei einem Ortswechsel einen Käufer oder einen Mieter finden müssen, engt der Immobilienerwerb bereits das Denken ein. Sie überlegen überhaupt nicht mehr, ob Ihre Familie und Sie eventuell an einem anderen Ort zufriedener leben könnten, sondern finden sich damit ab, bis zur Rente Ihr Haus abzubezahlen. Eine Sackgasse, in der noch eine weitere Gefahr droht:

✔ **Eine Immobilie kann an Wert verlieren:**

Egal ob im Ruhrgebiet oder in der Uckermark: In vielen wirtschaftlich schwächeren Regionen gehen die Preise für Häuser und Wohnungen zurück. Für Sie als stolzer Immobilienbesitzer bedeutet das: Sie zahlen eine Hypothek ab, die höher ist als der mögliche Wiederverkaufspreis. In den USA hätten Sie jetzt die Möglichkeit, den Schlüssel bei Ihrer Bank abzugeben, denn dort haften Sie lediglich mit der jeweils beliehenen Immobilie. Nicht so in Deutschland. Hier haften Sie mit Haus und Hof für eine pünktliche Bedienung Ihres Immobilienkredits. Und wenn das Beleihungsobjekt an Wert verliert, schrumpft Ihr Vermögen, selbst wenn Sie sich Monat für Monat krummlegen, um die Rate an Ihre Bank zu überweisen. Das heißt:

✔ **Eine Immobilie kann Ihr Vermögen reduzieren:**

Wie? Haben Sie nicht gerade gelesen, eine Immobilie diene der Vermögensbildung? Das stimmt auch weiterhin, nur kommt es ganz darauf an, wo die Immobilie liegt und wie sich die Preise dort entwickeln. Stellen Sie sich einmal vor, Sie hätten Ihr Haus nicht gekauft, sondern würden weiter zur Miete leben. Dann hätten Sie jeden Monat eventuell 300 Euro mehr in der Kasse. Wenn Sie dieses Geld konsequent in renditestarke Aktien oder Fonds anlegen würden, könnten Sie pro Jahr eine Rendite von beispielsweise drei Prozent erwirtschaften. Dadurch steigt Ihr Vermögen binnen zehn Jahren um 42.500 Euro. Diesen Betrag müssen Sie erst einmal mit Ihrer Immobilie erwirtschaften.

✔ **Eine Immobilie kann Ihre Existenz bedrohen:**

Und noch eins lässt sich nicht verschweigen: Hunderttausenden Bundesbürgern hat der Kauf eines Eigenheims bereits das Genick gebrochen. Sie wurden arbeitslos, krank, verloren ihren Partner oder ihren Lebensmut. All dies interessierte aber die Bank nicht, die weiter auf pünktlicher Zahlung der Monatsrate beharrte. Anstatt sich zu verkleinern, versuchten diese Menschen, ihr Haus zu erhalten, bis es zur Zwangsversteigerung oder, schlimmer noch, zur Zwangsräumung kam. Für Sie als künftigen Immobilienbesitzer bedeutet dies: Planen Sie unbedingt Puffer in Ihre Finanzierung ein und ziehen Sie im Fall der Fälle rechtzeitig die Reißleine!

Endlich meins – der unschätzbare Vorteil einer Immobilie

Wir schätzen, dass Sie die letzten Aspekte nicht wirklich lesen wollten. Aber es hilft nichts: Der Kauf einer Immobilie birgt Gefahren – und Sie sollten wissen, worauf Sie sich einlassen. Abschrecken lassen sollten Sie sich aber keineswegs von Ihren Plänen. Denn dieses Buch hilft Ihnen, gängige Fehler zu vermeiden und vor allem Ihre finanzielle Kalkulation auf eine solide Basis zu stellen.

Vergessen Sie bei aller Vorsicht nie, warum Sie sich auf das vermutlich größte finanzielle Abenteuer Ihres Lebens einlassen: Sie schaffen für sich und Ihre Familie das perfekte Zuhause; ein Zuhause, in dem Sie tun und lassen können, was Sie wollen. Ein Zuhause, in dem Ihre Kinder in einer von Ihnen gestalteten Umgebung groß werden und vielleicht eines fernen Tages mit den eigenen Kindern wieder einziehen. Eine Immobilie ist und bleibt eine Investition für Ihr Leben und für das Leben Ihrer Kinder.

Teil II
Recherchieren: das Traumobjekt finden und prüfen

IN DIESEM TEIL ...

Reihenhaus oder Villa, Drei-Zimmer-Etagenwohnung oder Penthouse, eine Immobilie im Grünen oder ein Domizil im pulsierenden Zentrum: Die Auswahl an Immobilien ist schier unendlich. Wie Sie aus Hunderttausenden Objekten Ihre Traumimmobilie herausfiltern, erfahren Sie in diesem Teil.

Die erste Anlaufstelle für Immobilienkäufer sind sicher die großen Internetplattformen. Doch gerade im ländlichen Raum sollte man Lokalzeitungen, Anzeigenblätter und selbst Schwarze Bretter nicht außer Acht lassen. Und was spricht eigentlich dagegen, einfach mal bei einem Traumhaus zu klingeln? Ein ganzes Kapitel widmet sich den vielfältigen Annäherungswegen an das eigene Haus.

Grundmauern, Grundbuch, Bebauungsplan, Nachbarschaft: Bevor man sich endgültig für eine Immobilie entscheidet, sollte man zahlreiche Faktoren prüfen. Viele Themen können Sie selbst anpacken. Doch wenn es um die Substanz Ihres neuen Eigenheims geht, ist der Rat von Experten in der Regel unverzichtbar.

> IN DIESEM KAPITEL
>
> Haus oder Wohnung
>
> Neu- oder Altbau
>
> Architekt oder Bauträger

Kapitel 3
Welche Immobilie hätten Sie denn gern?

»Wir wollen bauen!« Wer das mit Überzeugung sagt, hat bereits einige Entscheidungen getroffen: Denn wer so spricht, denkt in der Regel an ein Eigenheim – und nicht an eine Wohnung. Und wer bauen will, fügt den rund 40 Millionen Immobilien in Deutschland eine weitere hinzu und schließt aus, in die vier Wände eines anderen zu ziehen. Sie sehen: Eine Immobilie kaufen kann vieles bedeuten: den Bau eines Hauses, den Kauf einer Wohnung, die Beauftragung eines Bauträgers oder den Erwerb eines Reihenhauses aus den 1970er Jahren. Das folgende Kapitel ermöglicht es Ihnen, Schritt für Schritt zu überlegen, welchen Weg Sie beim Kauf Ihrer Immobilie gehen wollen und welche Art der Immobilie am besten zu Ihnen – und Ihrem Budget – passt.

Die Grundsatzfrage: Haus oder Wohnung?

Immobilie = Häuschen im Grünen = Garten: Diese Gleichung ist vermutlich bereits Bestandteil unseres genetischen Codes. Erzählt man im Freundeskreis zum ersten Mal, dass man über den Kauf einer Immobilie nachdenkt, kommt zumeist die Reaktion: »Ach wie schön, ein eigener Garten!« Diese Reaktion ist umso erstaunlicher, als Deutschland traditionell ein Land der Mieter und damit der Wohnungsbewohner ist. Lediglich knapp elf Millionen Haushalte in Deutschland nennen ein Einfamilienhaus ihr Eigen. Der Rest lebt in der Regel in Wohnungen. Wenn Sie jetzt also anfangen, darüber nachzudenken, in die eigenen Wände zu investieren, sollten Sie sich erst einmal klar werden, ob diese vier Wände in einem größeren Objekt liegen können oder ob Sie doch am liebsten um die eigenen vier Wände herumlaufen möchten und der eigene Garten unverzichtbar ist.

Ihre Antwort hierauf hängt wiederum ganz entscheidend von einer einzigen Frage ab: Wo wollen Sie eigentlich wohnen? Denn je näher Sie ans Stadtzentrum heranwollen, desto dünner und teurer ist das Angebot an Eigenheimen. Sprich: Wer in der Stadt bleiben möchte, sollte sich intensiv mit dem Wohnungskauf beschäftigen, wer sich auch mit einer Lage am Stadtrand oder auf dem Land anfreunden kann, zählt eher zum Lager der Hauskäufer.

Die Entscheidung über Ihren Wohnort wiederum hängt von einer ganzen Reihe von Kriterien ab. Dazu zählen

- Ihr Arbeitsplatz,
- Ihr persönliches Umfeld,
- Ihre familiäre Situation,
- das Umfeld Ihrer Kinder,
- das vorschulische und schulische Angebot am Wohnort,
- die benötigte öffentliche Infrastruktur (Gesundheit, Verkehr).

Es würde zu weit führen, an dieser Stelle eine Empfehlung für oder gegen ein Wohnen in der Stadt beziehungsweise auf dem Land auszusprechen. Bei Ihren Überlegungen sollten Sie aber drei grundlegende Trends berücksichtigen:

1. Der Trend zum mobilen Arbeitsplatz und zum Home Office ist unumkehrbar. Und das heißt: Künftig müssen Sie nicht mehr unbedingt jeden Morgen zum Arbeitsplatz pendeln, sondern können zumindest einen Teil Ihrer Arbeit von daheim aus erledigen – eventuell mit Blick ins Grüne.

2. Ebenso unumkehrbar ist der demografische Wandel. Er führt dazu, dass insbesondere in Mittel- und Ostdeutschland die ländliche Bevölkerung zum Teil deutlich sinkt. Und das wiederum wird zu einem Rückbau der öffentlichen Infrastruktur samt Schulangebot führen, was wiederum den Wiederverkaufswert Ihres Eigenheims schmälern könnte.

3. Und zu guter Letzt sollten Sie auch ihren eigenen Alterungsprozess nicht ganz verdrängen. Wer heute noch von der Einsamkeit des großen Waldgrundstücks schwärmt, sehnt sich in zehn oder 20 Jahren vielleicht nach Nähe zu Altersgenossen und Ärzten.

Das klingt nach einer Rechnung mit vielen Unbekannten. Sie sollten jetzt aber auf keinen Fall die nächsten Jahre an einer Lösung hierfür arbeiten, sondern einfach nur einmal kritisch hinterfragen, ob Sie sich vor diesem Hintergrund immer noch am Ort Ihrer Wahl auf Immobiliensuche begeben wollen. Nicht mehr, aber auch nicht weniger!

Die Realität: Begrenzter Radius erleichtert Entscheidungsfindung

So wie der Familie K. aus Köln geht es vielen Immobiliensuchenden: Er hat eine gut dotierte Stelle im Stadtzentrum und braucht eine schnelle Anbindung zu Hauptbahnhof und Flughafen. Sie arbeitet halbtags bei einem großen Konzern im Norden der Stadt und möchte schon der Kinder wegen nicht allzu viel Zeit mit der

> Fahrt zur Arbeit und nach Hause verbringen. Sprich: Der Radius für ihre Immobiliensuche ist von Beginn an eingeschränkt; er umfasst circa 30 Kilometer vom Stadtzentrum bis in die nördliche und westliche Peripherie der Stadt.
>
> Beide kannten diese Gegend seit Jahren und wussten bereits, was sie nicht wollten: Sie wollten weder in die Nähe der großen Industrieanlagen im Norden noch in die Stadtteile im nördlichen Umland, deren Skyline durch Bausünden der 1970er Jahre geprägt war. Letztendlich standen sie damit vor einer einzigen Frage: eine Wohnung direkt in der City oder ein Haus am westlichen Stadtrand mit S-Bahn-Verbindung zu Airport und Bahnhof. Mit Blick auf die beiden Kinder fiel die Entscheidung für das Haus – und die beiden erwarben dort nach reichlicher Überlegung ein Reihenhaus.

Haus oder Wohnung? Das war die Ausgangsfrage. Die Antwort hängt aber nicht nur von der Lage Ihrer Traumimmobilie ab. Tabelle 3.1 hilft Ihnen bei der Entscheidungsfindung.

Kriterium	Eigenheim	Eigentumswohnung
Lage	Das Angebot steigt mit der Entfernung vom Zentrum.	Erheblich mehr Auswahl selbst mitten in der City
Verkehr	Auf Individualverkehr zugeschnitten	Bessere Erschließung mit öffentlichen Verkehrsmitteln
Öffentliche Infrastruktur	Je ländlicher, desto geringer	Je städtischer, desto besser
Kosten für den Erwerb	Tendenziell höher, schon aufgrund des benötigten Grundstücks	Tendenziell niedriger
Kosten für den Unterhalt	Der Nachteil: Die Kosten sind in der Regel höher. Der Vorteil: Die Kosten sind individuell beeinflussbar.	Der Nachteil: Zum Teil müssen Sie Gemeinschaftskosten mittragen. Der Vorteil: Die Kosten sind tendenziell geringer.
Autonomie	»My home is my castle.«	Abstimmung mit Miteigentümern unerlässlich
Bewegungsfreiheit	In der Regel gehört ein Garten zum Haus.	Wenn Sie Glück haben, gibt es einen Gemeinschaftsgarten; sonst bleibt der Balkon.
Individualität	Wer das nötige Geld mitbringt, kann sich im Eigenheim jeden Wunsch erfüllen.	Beim Innenausbau haben Sie Wahlmöglichkeiten, aber ansonsten können Sie einem Mehrfamilienhaus nur schwer Ihren Stempel aufdrücken.
Umbau	Ein Anbau für die betagte Mutter; ein viertes Kinderzimmer für den Nachzügler: Wenn der Bebauungsplan es zulässt, können Sie Ihr Haus auch nachträglich an Ihren Bedarf anpassen.	Anbauen oder Aufstocken lässt sich Ihre Wohnung nicht. Was manchmal geht, ist, eine zweite Wohnung im gleichen Haus zu erwerben – für die Kinder, die Eltern oder einen Pfleger.
Verkauf	Je individueller, desto spezieller – und das kann die Suche nach einem Käufer erschweren.	Gerade in der Nähe von Ballungsräumen herrscht normalerweise rege Nachfrage.

Tabelle 3.1: Was für ein Eigenheim spricht – und was für eine Wohnung

Und noch eine Grundsatzfrage: Neu oder alt?

Rund 40 Millionen Immobilien gibt es in Deutschland. Pro Jahr entstehen hierzulande etwa 270.000 neue Häuser und Wohnungen. Dieses Verhältnis zeigt die große Bedeutung des Marktes für gebrauchte Immobilien. Klar, wenn Sie von einem neuen Auto träumen, ist das sicher auch kein fünf Jahre alter Ford Galaxy oder ein betagter Golf. Aber so wie Sie beim Autokauf dann am Ende doch mal einen Blick auf die Gebrauchten werfen, sollten Sie auch beim Kauf Ihrer Immobilie den Markt für Bestandsimmobilien nicht ignorieren.

Was für ein gebrauchtes Objekt spricht:

- ✔ Es ist im Durchschnitt 25 Prozent günstiger als ein Neubau.
- ✔ Es ist in der Regel sofort bezugsfertig.
- ✔ Gerade in den Stadtzentren gibt es nur noch wenige Neubauten; wer hier heimisch werden will, muss sich im Bestand umsehen.
- ✔ Sie kaufen nicht die Katze im Sack, sondern können die Immobilie auf Herz und Nieren prüfen; allein oder in Begleitung eines Gutachters.

Tabelle 3.2 gibt einen Überblick, auf welche Punkte Sie bei einer gebrauchten Immobilie achten sollten.

Unter www.fuer-dummies.de finden Sie diese Tabelle als Word-Datei, sodass Sie sie für alle Gebrauchtimmobilien, die eventuell für Sie infrage kommen, ausfüllen können.

Kriterium	Zufriedenstellend	Nicht zufriedenstellend	Irrelevant
Lage			
Einkaufsmöglichkeiten			
Freizeitangebot			
Ärztliche Versorgung			
Schulen/Kindergärten			
Verkehrsanbindung			
Nachbarschaft			
Haus von außen			
Hof/Garten			
Außenmauern			
Außenbeleuchtung			
Garage/Stellplätze			
Zugangsweg (barrierefrei)			

Tabelle 3.2: Checkliste für Gebrauchtimmobilien

Kriterium	Zufriedenstellend	Nicht zufriedenstellend	Irrelevant
Haus von innen			
Treppenhaus			
Fahrstuhl			
Mülltonnen			
Keller			
Größe			
Zentralheizung			
Zustand Rohre und Leitungen			
Stromanschluss			
Kellerfenster (Sicherheit)			
Zustand			
Waschküche (Wasserenthärtungsanlage)			
Dachgeschoss			
Isolierung			
Dachboden			
Ausstattung innen			
Bad/WC (inkl. Belüftung)			
Gäste-WC			
Anschlüsse Küche			
Bodenbeläge			
DSL-/Kabelanschluss			
Grundriss			
Flur (Größe, Stauraum)			
Raumaufteilung			
Räume (Größe, Zustand, Schnitt)			
Terrasse/Balkon			
Allgemeines			
Wohnungstür (Sicherheit)			
Türöffner			
Heizkörper			
Elektroinstallation			
Fenster (Isolierung, Rollläden, Sicherheit)			

Tabelle 3.2: Checkliste für Gebrauchtimmobilien (Fortsetzung)

Wenn Sie diese Checkliste gründlich durcharbeiten, haben Sie zu Recht ein gutes Gefühl. Denn Sie wissen jetzt ziemlich genau, was Sie am Ende kaufen. Anders ist die Situation beim Erwerb einer neuen Immobilie. In der Regel schreiten Sie zu einem Zeitpunkt zum Notar, wo gerade einmal ein Schild den Acker ziert, auf dem steht: »Hier entsteht ein ...«

Aber unabhängig von dieser Unsicherheit gibt es auch eine Menge sehr guter Gründe für den Kauf oder gar den Bau einer neuen Immobilie:

- ✔ Ihre Einflussmöglichkeit auf Grundriss und Ausstattung ist größer: Ein drittes Kinderzimmer, ein zusätzliches Arbeitszimmer, ein begehbarer Kleiderschrank – im Neubau ist alles noch machbar.

- ✔ Gerade im Vergleich zu Altbauten ist die Raumaufteilung bei neuen Immobilien erheblich funktionaler: Lang gezogene Flure, opulente Treppenhäuser oder Wohnküchen am hinteren Ende des Hauses würde heute kein Architekt mehr planen.

- ✔ Fernseher, iPad, diverse Rechner: Alle diese Geräte brauchen Strom und immer mehr zugleich eine Anbindung an das Internet. Bei Neubauten ist der letzte Stand der Technik bereits mit eingeplant, bei älteren Immobilien hilft oft nur die Verlegung von vielen Metern Kabel.

- ✔ Bei der Wärme- und Schalldämmung gab es in den vergangenen 20 Jahren enorme Fortschritte. Wer in den Neubau investiert, schläft ruhiger und spart jede Menge Heizungskosten.

Die dritte entscheidende Frage: Bauen oder bauen lassen?

Ihr Herz hängt am Neubau eines eigenen Hauses? Sehr gut. Dann müssen Sie nur noch eine einzige Frage klären, bevor Sie loslegen: Wollen Sie Ihr eigenes maßgeschneidertes Traumhaus zusammen mit einem Architekten errichten oder verzichten Sie auf ein Stück Individualität zugunsten einer Lösung von Bauträger, Generalunternehmer oder Fertighaushersteller?

Der Künstler am Haus – der Architekt

In Deutschland gibt es der Bundesarchitektenkammer zufolge etwa 134.000 Architekten; das heißt, es kommt ein Architekt auf knapp 750 Bundesbürger. Sie haben also die Wahl! Besonders viele Architekten tummeln sich in den Großstädten sowie in der Hochburg der Häuslebauer, Baden-Württemberg. In den ostdeutschen Ländern und in abgelegenen Regionen wie dem Sauerland oder dem Bayerischen Wald buhlen dagegen weniger professionell ausgebildete Hochbauarchitekten um Ihre Gunst.

Aber wie finden Sie den richtigen Architekten, der zu Ihnen und Ihrer Traumimmobilie passt? In vielen Fällen bahnt sich ein solcher Kontakt über Jahre an: Ein Architekt hat schon zur Zufriedenheit von Kollegen, Freunden oder Familienangehörigen gearbeitet? Eine bessere Referenz gibt es kaum. Wenn Sie dagegen der Erste sind, der eine Zusammenarbeit mit einem Architekten erwägt, müssen Sie selbst aktiv werden. Bei den örtlichen Architektenkammern findet sich ein Überblick über sämtliche hier tätigen Architekten samt Spezialgebieten; als Freiberufler kommen Architekten nämlich nicht umhin, ihrer Kammer beizutreten und Beiträge zu entrichten.

Einen ersten groben Überblick gewinnt man bereits, wenn man die Website der Bundesarchitektenkammer www.bak.de aufruft. Sie bietet eine Suchmaske, wo Sie Ihre Suche unter anderem nach Postleitzahl und Ort eingrenzen können. Es ist von Vorteil, einen Architekten mit Ortskenntnis zu beauftragen, denn der kennt aus vielen anderen Projekten die örtlichen Handwerksbetriebe ebenso wie die örtlichen Behörden aus dem Effeff.

Bewaffnet mit der Liste ortsansässiger Architekten sollten Sie es sich vor Ihrem Rechner bequem machen – und sich ganz in Ruhe anschauen, wie sich die einzelnen Damen und Herren online präsentieren. Passt der Stil der Gebäude zu Ihrem Geschmack? Verfügt das Büro überhaupt über Erfahrungen bei der Konzeption individueller Häuser? Danach müssen Sie im persönlichen Gespräch herausfinden, ob die Chemie stimmt. Schließlich werden Sie über Monate mit Ihrem Architekten zusammenarbeiten und dieser trägt die Verantwortung für die vermutlich größte Investition Ihres Lebens.

Keine Angst vor großen Namen! Auch wenn renommierte Architekten auf ihrer Website in der Regel entsprechend renommierte Objekte präsentieren – öffentliche Gebäude oder große Industriebauten –, sind sie oft auch beim ganz normalen Hausbau aktiv. Gerade im ländlichen Raum ist und bleibt dies ihr »Brot- und Buttergeschäft«. Sie sollten bei der Zusammenarbeit mit einem solchen Büro aber unbedingt darauf bestehen, von Beginn an mit dem Architekten zu sprechen, der letztendlich für Ihr Objekt verantwortlich ist. Der Maestro selbst wird sich nämlich höchstens einmal kurz den Entwurf anschauen.

Im Idealfall haben Sie Ihren Architekten bereits an Bord, bevor Sie Ihr Grundstück erwerben und irgendwelche Ausgaben tätigen. Je enger Sie ihn als Partner einbinden, umso besser kann er auf Ihre Wünsche und Ihre Ideen eingehen. Mehr noch: In manchem Fall macht er das Unmögliche möglich und konzipiert Ihnen beispielsweise ein Traumhaus auf einem völlig verschnittenen – und daher günstigen – Grundstück.

Generell gilt: Ein Architekt kann Sie von der ersten Planung bis zum Einzug begleiten – muss er aber nicht. Der gesamte Bauprozess ist in neun sogenannte Leistungsphasen unterteilt, wobei es erst in Phase 8 wirklich ans Bauen geht. Und für jede einzelne Phase können Sie den Architekten beauftragen. Nachfolgend ein Überblick über die Phasen, die so in der zuletzt 2013 grundlegend aktualisierten Honorarordnung für Architekten und Ingenieure (HOAI) festgelegt sind.

1. **Grundlagenermittlung:** Hier geht es erst einmal um die Festlegung der Rahmenbedingungen. Dazu zählt eine Standortanalyse ebenso wie eine Prüfung der Umwelterheblichkeit und -verträglichkeit. Sie erhalten hier auch einen Überblick, wen es alles braucht, damit Ihr Haus fristgerecht entsteht.

2. **Vorplanung:** Ihr Eigenheim nimmt Gestalt an, zumindest auf dem Papier. Bei der Vorplanung ermittelt der Architekt Ihre Zielvorstellungen und erarbeitet ein erstes Planungskonzept. Er prüft dabei auch, ob sich Ihre ersten Ideen am gewünschten Standort realisieren lassen.

3. **Entwurfsplanung:** Aus den Skizzen entsteht in Phase 3 nach und nach ein kompletter Entwurf – auf dem Papier beziehungsweise am Rechner! Raum für Raum, Stockwerk für Stockwerk entwirft der Architekt Ihre Immobilie und versieht die einzelnen Baumaßnahmen auch mit Preisschildern.

4. **Genehmigungsplanung:** Sind Sie als Bauherr zufrieden, ist es jetzt die Aufgabe des Architekten, die zuständigen Behörden zu überzeugen. Im Zentrum stehen die Einreichung des Baugesuchs sowie die Begleitung des Genehmigungsverfahrens.

5. **Ausführungsplanung:** Sie denken, jetzt geht es los. Weit gefehlt! Stattdessen macht sich Ihr Dienstleister an die Feinarbeit. Das sind Ausführungs-, Detail- und Konstruktionszeichnungen bis hinunter zum Maßstab 1:1. So können Sie kontrollieren, ob auf dem Papier genügend Steckdosen vorhanden sind und die Nischen im Eingangsbereich ausreichend Stauraum bieten.

6. **Vorbereitung der Vergabe:** Diese Detailzeichnungen sind die Arbeitsgrundlage für Handwerker. Damit diese möglichst wenig falsch machen, ermittelt der Architekt vorab noch die benötigten Mengen und erstellt genaue Leistungsbeschreibungen nach Gewerken.

7. **Mitwirkung bei der Vergabe:** Nein, der erste Spatenstich ist immer noch nicht getan. Erst einmal müssen jetzt die passenden Bauunternehmen ausgewählt und beauftragt werden. Auch hier unterstützt der Architekt Sie und übernimmt auf Wunsch die Verhandlungen sowie die Überprüfung der Kostenvoranschläge.

8. **Objektüberwachung:** Es wird aber auch Zeit – jetzt wird gebaut. Wenn Sie nicht selbst in Gummistiefeln jeden Tag Ihre Baustelle inspizieren möchten, können Sie dies Ihrem Architekten überlassen. Er kümmert sich dann auch um den Zeitplan, die Führung eines Bautagebuchs, die Abnahme bestimmter Bauleistungen inklusive Feststellung von Mängeln sowie die Rechnungsprüfung.

9. **Objektbetreuung und Dokumentation:** Geschafft! In Phase 9 steht Ihrem Einzug fast nichts mehr im Wege. Der Architekt kann Sie vorab bei der Bauabnahme begleiten, hier mit geschultem Auge noch einmal auf Mängel hinweisen und deren Beseitigung vorantreiben. Zudem erhalten Sie zum Abschluss Ihres Neubauprojekts sämtliche Unterlagen samt einer Kostenübersicht, die hoffentlich nicht allzu sehr von der ursprünglichen Kalkulation abweicht.

Sie sehen: Architekten können Ihnen eine Menge Arbeit abnehmen. Allerdings hat dies auch seinen Preis. Den bestimmt die HOAI – in zwei Schritten. Beginnen wir mit der leichten Übung: Die Aufteilung des Honorars richtet sich nach den Leistungsphasen, die Sie in Tabelle 3.3 finden.

Sie sehen: Den größten Teil des Honorars erhält der Architekt für die Ausführungsplanung und die Überwachung des eigentlichen Baus. Man sollte sich sehr gut überlegen, ob man sich angesichts dieser Kosten insbesondere die Bauüberwachung spart. Denn gerade in dieser Phase machen sich das geschulte Auge des Architekten und seine langjährige Zusammenarbeit mit Handwerkern rasch wieder bezahlt.

Leistungsphase	Prozentsatz
Grundlagenermittlung	2 %
Vorplanung	7 %
Entwurfsplanung	15 %
Genehmigungsplanung	3 %
Ausführungsplanung	25 %
Vorbereitung der Vergabe	10 %
Mitwirkung bei der Vergabe	4 %
Objektüberwachung	32 %
Objektbetreuung	2 %

Tabelle 3.3: Die Kostenaufteilung nach Leistungsphasen

Setzen Sie nicht alles auf eine Karte! Wenn Sie einen Architekten gefunden haben, beauftragen Sie ihn erst einmal mit der Grundlagenermittlung und Vorplanung. Wenn Ihnen die Entwürfe gefallen, können Sie ihn weiterbeschäftigen; ansonsten haben Sie noch nicht allzu viel Geld verloren und können einen neuen Versuch starten.

Beim Architekten dürfen Sie eines nicht vergessen: Sie sind der alleinige Bauherr. Sprich: Sie schließen Verträge mit den einzelnen Handwerkern ab, Sie sind der Geschäftspartner aller am Bau Beteiligten. Ihr Architekt ist nur ein Dienstleister unter vielen. Wenn der allerdings seinen Job gut macht, nimmt er Ihnen einen großen Teil der Arbeitslast als Bauherr ab.

Das war der einfache Teil der Honorierung. Aber vermutlich haben Sie dabei eine entscheidende Größe vermisst: den Euro-Betrag. Der folgt jetzt. Generell gilt: Das Honorar des Architekten hängt von den anrechenbaren Kosten Ihrer neuen Immobilie ab: je teurer das Haus, desto teurer der Architekt. Und noch eine Faustregel gibt es: je komplizierter der Bau, desto teurer der Architekt. Diese Komplexität schlägt sich in der HOAI in den sogenannten Zonen I bis V nieder. I steht hierbei für einfache Wohnbauten, V für die maßgeschneiderte Villa; das individuelle Einfamilienhaus landet in der Regel in Zone III oder IV. Genug der Vorrede, in Tabelle 3.4 folgen die Kosten.

Was hier so aussieht wie in Stein gemeißelt, ist im wahren Leben ein Stück weit Verhandlungssache. So vereinbaren viele Bauherren anteilige Erfolgshonorare beispielsweise für eine pünktliche Fertigstellung oder eine zügige Genehmigung durch die zuständigen Behörden. Gerade bei den frühen Leistungsphasen lassen sich Architekten auch auf Pauschalpreise ein – in der Hoffnung auf Folgeaufträge.

Weniger Stress, weniger Individualität – bauen mit Bauträgern

Schätzungsweise 70 bis 80 Prozent aller Einfamilienhäuser in Deutschland werden mittlerweile von Bauträgern erstellt und verkauft. Das sind Bauunternehmen, Wohnungsbaugesellschaften, Makler oder auch Architekten, die einen Komplettservice aus einer Hand anbieten.

Anrechen-bare Kosten	Zone I		Zone II		Zone III		Zone IV		Zone V	
In Euro	Von	Bis	Von	Bis	Von	Bis	Von	Bis	Von	Bis
25.000	3.120	3.657	3.657	4.339	4.339	5.412	5.412	6.094	6.094	6.631
35.000	4.217	4.942	4.942	5.865	5.865	7.315	7.315	8.237	8.237	8.962
50.000	5.804	6.801	6.801	8.071	8.071	10.066	10.066	11.336	11.336	12.333
100.000	10.790	12.644	12.644	15.005	15.005	18.713	18.713	21.074	21.074	22.928
150.000	15.500	18.164	18.164	21.555	21.555	26.883	26.883	30.274	30.274	32.938
200.000	20.037	23.480	23.480	27.863	27.863	34.751	34.751	39.134	39.134	42.578
300.000	28.750	33.692	33.692	39.981	39.981	49.864	49.864	56.153	56.153	61.095
500.000	45.232	53.006	53.006	62.900	62.900	78.449	78.449	88.343	88.343	96.118
1.000.000	83.182	97.479	97.479	115.675	115.675	144.268	144.268	162.464	162.464	176.761
2.000.000	153.965	180.428	180.428	214.108	214.108	267.034	267.034	300.714	300.714	327.177
3.000.000	220.161	258.002	258.002	306.162	306.162	381.483	381.483	430.003	430.003	467.843
5.000.000	343.879	402.984	402.984	478.207	478.207	596.416	596.416	671.640	671.640	730.744
10.000.000	638.277	747.981	747.981	887.604	887.604	1.107.012	1.107.012	1.246.635	1.246.635	1.356.339

Tabelle 3.4: Honorartafel laut § 35 HOAI

Sie kaufen dabei Haus plus Grundstück von ein und derselben Firma. Der entscheidende Vorteil: Wenn alles gut läuft, erhalten Sie fristgerecht den Schlüssel zur fertigen Immobilie und hatten zwischendurch keine Scherereien mit Behörden, Handwerkern oder Nachbarn. Der entscheidende Nachteil: Zu häufig läuft es nicht so gut.

Ein wichtiger Grund: Auf diesen Milliardenmarkt drängen immer wieder schwarze Schafe. Denn der Begriff Bauträger ist nicht geschützt. Wer ein paar Grundstücke günstig ergattert und ein paar günstige Handwerker an der Hand hat, kann in Deutschland mit Hochglanzprospekten als Bauträger auf Kundenfang gehen.

Das Wort »schlüsselfertig« fehlt in keiner Werbung und suggeriert einen entspannten Einzug in die fertige Immobilie. Doch dieser Begriff ist überhaupt nicht normiert. Sie müssen daher auf jeden Fall in Ihrem Vertrag detailliert festlegen, was die Schlüsselfertigkeit konkret bedeutet. Ansonsten laufen Sie Gefahr, in eine Baustelle zu ziehen, wo Sie zwar mit einem Schlüssel Ihre Haustür abschließen können, aber ansonsten nichts fertig ist.

Keine Frage: Die überwiegende Mehrheit der Bauträger ist seriös und leistet gute Arbeit. Sie sollten sich aber in jedem Fall vor Abschluss eines Vertrages versichern, dass Ihr Bauträger zu dieser Gruppe gehört. Folgende Informationen können Ihnen dabei helfen:

✔ **Handelsregisterauszug:** Dieser zeigt, wie lange das Unternehmen existiert und wem es gehört.

✔ **Auskunftei:** Creditreform und andere Dienstleister halten Informationen über die Solidität von Unternehmen vor. Nutzen Sie das oder lassen Sie sich vom Bauträger eine Eigenauskunft vorlegen. Seriöse Unternehmen scheuen den Einblick in ihre Zahlen nicht.

✔ **Referenzen:** Sprechen Sie mit anderen Bauherren, bevor Sie einen Vertrag abschließen. Je länger die Referenzliste und je länger ein Unternehmen am Markt ist, desto geringer ist die Wahrscheinlichkeit, dass Sie einem Branchenfremden als Versuchskaninchen dienen.

✔ **Referenzobjekte:** Verwenden Sie einen Samstag darauf, sich ein oder zwei fertiggestellte Objekte vom Bauträger Ihrer Wahl anzuschauen. Suchen Sie das Gespräch mit den Eigentümern und bringen Sie in Erfahrung, ob und welche Mängel es gab und wie der Bauträger darauf reagierte.

Die Checkliste in Tabelle 3.5 hilft Ihnen, sich ein umfassendes Bild vom Bauträger Ihrer Wahl zu verschaffen.

Auch diese Tabelle finden Sie zum Download unter www.fuer-dummies.de.

	Tipp	Erledigt/ in Ordnung
1. Erfahrung		
Wie lange existiert das Unternehmen schon?	Je länger, desto besser	
Wie sieht es mit der Bonität aus?	Haben Sie keine Scheu, eine Bankauskunft einzuholen.	
Gibt es Referenzobjekte?	Schauen Sie sich mindestens drei Objekte an.	
Was sagen die Bewohner über den Bauträger?	Führen Sie die Gespräche zu zweit: Vier Ohren hören mehr.	
Wurden etwaige Mängel schnell und gut behoben?	Jedes Zaudern ist hier ein Warnzeichen.	
2. Unterlagen		
Wie aussagekräftig sind die bereitgestellten Online- und Print-Unterlagen?	Gute Bauträger sind transparent und informieren umfassend.	
Wie detailliert ist die Bau- und Leistungsbeschreibung?	Eigentlich sollten nach deren Lektüre keine Fragen mehr offenbleiben.	
3. Transparenz bei den Kosten		
Umfasst der genannte Preis sämtliche Kosten?	Gerne fehlen beispielsweise mal Erschließungs- und Anschlusskosten.	
Gibt es eine Übersicht über die Kosten, die über den unmittelbaren Bau hinaus anfallen?	Gute Bauträger erklären ihren Kunden, welche Kosten auf sie zukommen.	
Wie hält es der Bauträger bei Sonderwünschen?	Im Idealfall erhält jeder Ihrer Wünsche direkt ein Preisschild.	

Tabelle 3.5: Prüfe, wer sich ewig bindet: Checkliste zur Beurteilung von Bauträgern

Je mehr Fragen Sie mit Ja beantworten können, desto wahrscheinlicher können Sie damit rechnen, dass der Bauträger Ihren Auftrag zuverlässig, pünktlich und ohne Scherereien erledigt.

Da es für Laien schwer ist, zu beurteilen, ob der Bauträgervertrag den einen oder anderen Fallstrick enthält, der ihn später möglicherweise etliche Tausend Euro kostet, empfiehlt es sich, den Bauträgervertrag von einem Anwalt prüfen zu lassen. Gerade bei Sonderwünschen, den Erschließungskosten und dem Recht auf Nacherfüllung, Schadenersatz, Rücktritt oder Minderung lassen sich die Vertragsdetails für unerfahrene Bauherren oft nur schwer durchschauen. Die Prüfung eines Bauträgervertrags kostet etwa 300 bis 500 Euro.

Die Solidität Ihres Bauträgers können Sie noch an einem weiteren Punkt überprüfen: der Ausführlichkeit seines Angebots. Ein umfassendes Hausangebot enthält:

- ein detailliertes Preisangebot für das Objekt
- Vorschläge für den Grundriss inklusive Wohnfläche und Maßangaben
- eine vollständige Bau- und Leistungsbeschreibung
- einen Zahlungsplan
- einen Mustervertrag mit eventuellen Zusatzvereinbarungen
- eine Liste mit Referenzobjekten
- ausführliche Informationen über das Unternehmen des Bauträgers
- weitergehende Informationen zum Angebot des Bauträgers
- eine Bindefrist für das Angebot

Seriöse Bauträger lassen sich darüber hinaus nach Baufortschritt bezahlen und machen diese Fortschritte auch transparent. Schwarze Schafe dagegen versuchen, möglichst früh möglichst viel Geld von Ihnen zu bekommen und möglichst spät möglichst wenig an Handwerker zu zahlen. Ein Qualitätskriterium ist ein Vertragsentwurf, der der Makler- und Bauträgerverordnung (MaBV) entspricht. Diese regelt neben der festen Ratenzahlung unter anderem den Abschluss einer Versicherung, die im Insolvenzfall für den Bauträger einspringt. Alternativ schützt Sie auch eine Bankbürgschaft, die die Bank verpflichtet, im Fall der Fälle das Haus fertigzustellen.

Der entscheidende Punkt ist aber die Ratenzahlung. Die MaBV sieht Folgendes vor:

- 30 Prozent der Vertragssumme sind nach Beginn der Erdarbeiten bei Grundstückskauf fällig; 20 Prozent, falls das Grundstück im Erbbaurecht übertragen wird.
- Von der restlichen Vertragssumme sind fällig:

    40 Prozent nach Fertigstellung des Rohbaus

    8 Prozent bei Herstellung der Dachflächen und Dachrinnen

    3 Prozent bei der Rohinstallation der Heizungsanlagen

    3 Prozent bei der Rohinstallation der Sanitäranlagen

3 Prozent bei der Rohinstallation der Elektroanlagen

10 Prozent beim Fenstereinbau

6 Prozent für den Innenputz

3 Prozent für den Estrich

4 Prozent für Fliesenarbeiten

12 Prozent nach Bezugsfertigkeit und Zug um Zug gegen Besitzübergabe

3 Prozent für die Fassadenarbeiten

5 Prozent nach vollständiger Fertigstellung

Sie sehen, Sie zahlen Zug um Zug. Nach und nach müssen Sie auch noch einige Entscheidungen treffen: Denn auch wenn Bauträgerobjekte häufig standardisiert sind, erlauben sie in der Regel doch eine gewisse individuelle Ausgestaltung gerade beim Innenausbau. Um sicherzustellen, dass dieser Innenausbau Ihren Vorstellungen entspricht, sollten Sie daher im Vertrag auch regelmäßige Besichtigungstermine vorsehen und dabei auf Details wie die richtige Lage der Steckdosen, TV-Buchsen und Wasserhähne achten.

Finger weg von Bauträgern, die von Ihnen gleichzeitig Unterschriften unter zwei Verträge verlangen: einen Bauvertrag und einen Vertrag über den Grundstückskauf. Denn falls wider Erwarten der Grundstückskauf scheitert, sind Sie in einem rechtlich bindenden Bauvertrag gefangen.

Die MaBV sieht vor, dass Sie erstmals nach Beginn der Erdarbeiten einen Abschlag leisten. Zu diesem Zeitpunkt sollten Sie unbedingt bereits im Grundbuch als Eigentümer eingetragen sein. Denn wenn Ihr Bauträger jetzt Insolvenz anmeldet, stünden Sie ansonsten mit leeren Händen da: ohne Haus *und* ohne Grundstück.

Lassen Sie sich also von vollmundigen Versprechungen Ihres Bauträgers nicht täuschen! Checken Sie gründlich dessen Solidität und bestehen Sie auf einem Vertragsabschluss gemäß MaBV. Die folgenden Tipps schützen Sie vor schwarzen Schafen und stellen für seriöse Vertreter der Branche keine Hürde dar.

- ✔ Nutzen Sie einen Notar Ihrer Wahl! Sie tragen in der Regel die Kosten des Notars, also sollten Sie auch einen Notar Ihres Vertrauens auswählen und sich von ihm vor Vertragsabschluss beraten lassen.

- ✔ Prüfen Sie den Vertrag gründlich! Entscheidend ist, was im Vertrag steht. Und nicht, was Ihnen Prospekte oder gewiefte Verkäufer versprechen.

- ✔ Akzeptieren Sie keine schwammigen Klauseln, die eine Abweichung von der vereinbarten Baubeschreibung ermöglichen.

- ✔ Lassen Sie den Vertrag nicht beurkunden, falls der Bauträger nicht Eigentümer des Baugrundstücks ist und noch keine Baugenehmigung vorliegt.

- ✔ Achten Sie bei Vertragsabschluss darauf, dass die Bauträgerbank das Grundstück aus der Haftung für die Globalgrundschuld freigibt.

- ✔ Zurren Sie den Preis fest! Ihr Vertrag sollte in jedem Fall eine Formulierung enthalten, die festlegt, dass der genannte Preis für Haus und Grundstück den Gesamtbaukosten nach DIN 276 entspricht. Zusatzkosten sind schriftlich festzuhalten.

- ✔ Definieren Sie Baubeginn und Fertigstellungstermin! Und zwar konkret: Formulierungen wie 180 Tage nach Erteilung der Baugenehmigung führen im Zweifelsfall dazu, dass Sie noch jahrelang in Ihrer Mietwohnung bleiben müssen.

- ✔ Achten Sie auf die Gewährleistung. Nur wenn Sie eine Übersicht über sämtliche am Bau beteiligten Handwerker erhalten, können Sie hinterher bei Mängeln auch die eigentlich Verantwortlichen zur Rechenschaft ziehen. Verzichten Sie auf das Recht, Handwerker selbst mit Sonderwünschen zu beauftragen, da Sie dadurch Ihre Gewährleistungsansprüche gegenüber dem Bauträger schwächen. Er ist der Bauherr – und das soll er auch bleiben!

- ✔ Fünf Jahre Gewährleistung sind Standard. In der Regel machen sich bei einem Neubau eher früher als später typische Mängel wie Feuchtigkeit oder mangelnde Isolierung bemerkbar. Dennoch können Sie die Solidität Ihres Bauträgers auch dadurch testen, inwieweit er bereit ist, Ihnen auch über die übliche Frist von fünf Jahren hinweg eine Gewährleistung anzubieten.

- ✔ Nehmen Sie Ihr Haus höchstpersönlich ab! Immer wieder gibt es Verträge, wo ein vermeintlicher Sachverständiger die Abnahme des Hauses übernimmt – angeblich zu Ihrer Entlastung. Die Abnahme ist aber Ihre Chance, Mängel festzustellen und deren Beseitigung zu verlangen. Nehmen Sie daher, wenn möglich, einen Sachverständigen Ihrer Wahl zu diesem entscheidenden Termin mit.

- ✔ Zahlen Sie nach Leistungsfortschritt! Bevor Sie eine Rate überweisen, überzeugen Sie sich selbst, dass das Dach drauf oder die Fenster drin sind.

- ✔ Lehnen Sie es ab, Ihr Haus erst zu beziehen, wenn Sie die komplette Summe bezahlt haben. So vermeiden Sie, dass der Bauträger Ihr Leistungsverweigerungsrecht bei unvollständigen Bauleistungen und Mängeln aushebelt.

Das Beste aus zwei Welten – der Generalunternehmer

Sie wollen ein individuelles Haus, aber keinen Ärger in der Bauphase. Dann ist vielleicht der Generalunternehmer die richtige Lösung. Darunter versteht man Bauunternehmen, die sämtliche Bauleistungen aus eigener Kraft oder mithilfe von Subunternehmern anbieten – nicht mehr und nicht weniger. Sprich: Das Grundstück stammt von Ihnen und auch der Entwurf für Ihr Traumhaus liegt bereits vor. In der Regel hat diese Vorarbeiten ein Architekt erledigt. Um sich Komplikationen zu ersparen, sollten Sie in diesem Fall den Architekten Ihrer Wahl auch mit der Bauüberwachung beauftragen.

Bei der Auswahl eines Generalunternehmens gelten die gleichen Kriterien wie bei einem Bauträger. Bevor Sie einen Vertrag abschließen, sollten Sie dessen Solidität überprüfen und

Referenzen einholen. Suchen Sie den persönlichen Kontakt zu einigen früheren Bauherren, um herauszufinden, wie die Zusammenarbeit mit diesem Generalunternehmer läuft: Wie flexibel ist er? Wie termintreu? Wie reagiert er auf Mängel?

An der falschen Stelle gespart

Nach jahrelanger Suche hatte Horst Meier den Platz für seinen Altersruhesitz gefunden: In der Nähe des Zwischenahner Meeres wollte er für seine Frau und sich die perfekte Seniorenresidenz bauen. Er erwarb dazu ein in die Jahre gekommenes frei stehendes Haus auf einem parkähnlichen Grundstück und ließ sich von einem Architekten den Umbau skizzieren. Die Bauleitung traute er sich selbst zu und entschied sich für einen Generalunternehmer, der ihm das günstigste Angebot geschickt hatte – und den er in den Verhandlungen noch einmal tüchtig gedrückt hatte.

Nach Vertragsabschluss wartete Meier ungeduldig auf den ersten Spatenstich. Doch erst einmal tat sich gar nichts. Der Generalunternehmer verwies auf Schwierigkeiten, die gewünschten Materialien zu besorgen, dann auf krankheitsbedingte Engpässe in seinem Betrieb. Als es endlich losging, schwante dem Unternehmer im Ruhestand, dass er sich vielleicht doch zu viel aufgehalst hatte. Unterschiedliche Bautrupps werkelten auf seinem Grundstück und bei seinen täglichen Inspektionen hatte er Schwierigkeiten, sich verständlich zu machen. So entstand eine Mauer, wo keine hätte entstehen dürfen – und die Speisekammer wurde etwas zu eng. Er telefonierte, faxte und mailte seinem Vertragspartner hinterher, doch der machte sich zunehmend rar. Das Einzige, was der Bauherr regelmäßig bekam, waren Rechnungen.

Als er Zahlungen zurückhielt, ging an der Baustelle nichts mehr weiter. Kurze Zeit später meldete der Handwerksbetrieb Insolvenz an. Ein Schock! Reumütig kehrte er zu seinem Architekten zurück und bat diesen um die Fertigstellung mit Handwerkern seiner Wahl. Dieser nahm sich der Sache dann auch an – und mit sechsmonatiger Verzögerung und Mehrkosten von rund 50.000 Euro gelang doch noch die Fertigstellung.

Wie beim Bauträger gilt auch bei den Generalunternehmern: Die meisten Betriebe sind seriös und machen einen guten Job. Genau diese Betriebe haben aber auch nichts dagegen, wenn Sie sie im Vorfeld auf Herz und Nieren prüfen. Im Gegenteil: Bereitwillig stellen sie Ihnen Informationen zur Verfügung, um Ihnen den Entschluss, zu bauen, zu erleichtern.

Falls alles passt, kommt es zum Vertragsabschluss. Die folgenden Elemente sollte Ihr Vertrag mit einem Generalunternehmer auf jeden Fall enthalten. Weitere Informationen zum Vertrag finden Sie im Übrigen in Kapitel 11:

✔ Bau- und Liefervereinbarung, die in der Regel auf vorformulierten Verträgen der Generalunternehmer basieren

✔ Bau- und Leistungsbeschreibung samt technischer Merkblätter

✔ Schriftliche Fixierung Ihrer Sonderwünsche

✔ Allgemeine Geschäftsbedingungen des Anbieters beziehungsweise die Vergabe- und Vertragsordnung für Bauleistungen (VOB/B)

Der Vertrag mit einem Generalunternehmer bedarf nicht der notariellen Beurkundung. Daher ist es noch wichtiger als bei den anderen Spielarten des Hausbaus, den Vertrag vor Unterschrift gründlich zu überprüfen.

Hausbau von der Stange – das Fertighaus

Pro Jahr entstehen in Deutschland mittlerweile fast 20.000 Fertighäuser – und der Marktanteil steigt immer weiter; im Südwesten der Republik liegt der Fertigbauanteil mittlerweile bei 30 Prozent und mehr. »Nichts für mich«, mögen Sie dennoch einwenden, schließlich wollen Sie doch Ihr ganz persönliches Haus errichten. Doch der Name Fertighaus trügt: In Wirklichkeit können Sie mit diesem Bautyp durchaus ein individuelles Haus errichten – solange Sie sich an das Raster halten. Denn die Mehrzahl der Fertighäuser sind Holzhäuser mit einem bestimmten Raster für die Konstruktion, aber jede Menge Flexibilität für den Innenausbau.

Der große Charme des Fertighauses: Es vergehen nur wenige Monate zwischen dem ersten Spatenstich und dem Einzug. Denn viele Teile wie Decken und Wände werden industriell vorgefertigt und auf der Baustelle nur noch montiert. Und noch einen Vorteil gibt es bei den Häusern von der Stange: Sie können ein Haus des Anbieters Ihrer Wahl vor dem Kauf gründlich inspizieren. Quer durch die Republik verteilt gibt es ständige Hausausstellungen mit Musterhäusern verschiedener Anbieter.

Für ein Fertighaus brauchen Sie allerdings erst einmal ein Grundstück. Und dieses Grundstück muss dann auch zum Haus Ihrer Wahl passen. Das ist gar nicht immer so einfach, denn mal ist ein Grundstück abschüssig, mal der Grundwasserspiegel sehr hoch, mal die örtlichen Vorschriften für die Höhe von Neubauten sehr strikt, mal sogar die Materialwahl eingeschränkt. Sprich: Schon bei Ihren ersten Gesprächen mit Fertighausanbietern sollten Sie detailliert beschreiben können, was auf Ihrem Grundstück möglich ist – und was nicht.

Ansonsten gelten die gleichen Tipps wie bei Bauträgern und Generalunternehmern: Prüfen Sie den Anbieter Ihrer Wahl gründlich und holen Sie Referenzen ein! Achten Sie bei der Vertragserstellung auf eine detaillierte Leistungsbeschreibung und eine schriftliche Fixierung sämtlicher Extravereinbarungen.

Die führenden Fertighaushersteller haben sich in einem Verband zusammengeschlossen: dem Bundesverband Deutscher Fertigbau. Dessen Mitglieder haben sich zahlreichen Qualitätskriterien verpflichtet und lassen diese auch von unabhängigen Instanzen regelmäßig überprüfen. Dies erhöht ein Stück weit die Sicherheit für Sie, dass auch Ihr Haus die Qualität hält, die der Anbieter verspricht.

Mitglied in einem Verband hin oder her: Bevor Sie einen Vertrag mit einem Fertighaushersteller abschließen, sollten Sie ihn auf jeden Fall von einer unabhängigen Instanz prüfen lassen. Immer wieder weisen Verbraucherzentralen und andere Verbände zum Schutz von Bauherren darauf hin, dass solche Verträge Fehler enthalten.

Auf einen Blick: Was spricht für welche Form des Bauens?

Ihnen raucht der Kopf angesichts all der möglichen Varianten beim Bau und der beschriebenen Vor- und Nachteile? Bevor Sie jetzt noch zweimal vor- und zurückblättern, finden Sie alle Vor- und Nachteile in Tabelle 3.6 auf einen Blick:

	Architekt	Bauträger	Generalunternehmer	Fertighaushersteller
Individualität	Hoch	Beschränkt	Hoch	Beschränkt
Flexibilität	Hoch	Beschränkt	Mittel	Beschränkt
Planungssicherheit	Mittel	Hoch	Mittel	Hoch
Kosten	Eher höher	Eher niedriger	Je nach Grad der Individualität; günstige Ausführung möglich	Je nach Grad der Individualität; günstige Ausführung möglich
Kostensicherheit	Beschränkt	Hoch	Hoch	Hoch
Eigenleistung	Möglich	Beschränkt möglich	Beschränkt möglich	Sehr beschränkt möglich
Risiko	Bleibt beim Bauherrn	Liegt beim Bauträger	Nur begrenzte Übernahme	Liegt beim Hersteller (Ausnahme Grundstück)

Tabelle 3.6: Der perfekte Partner für Ihre Immobilie

Sie sehen: Für jede der hier vorgestellten Varianten gibt es gute Gründe. Welcher Form des Bauens Sie letztendlich den Vorzug geben, ist und bleibt allein Ihre Entscheidung – mit einer Einschränkung. Je näher Sie an die Zentren von Ballungsräumen heranrücken wollen, desto kleiner wird das Angebot an frei bebaubaren Grundstücken. Gerade in Neubauvierteln am Stadtrand kommen Sie häufig gar nicht umhin, mit einem Bauträger zusammenzuarbeiten. Denn der hat sich das gesamte Land bereits gesichert, als Sie noch gar nicht von Ihrem Haus zu träumen begonnen hatten.

> **IN DIESEM KAPITEL**
>
> Die besten Orte für die Recherche
>
> Chancen und Risiken bei Zwangsversteigerungen
>
> Der richtige Umgang mit Maklern

Kapitel 4
Wie Sie die richtige Immobilie finden

Wenn Sie auf Ihrem eigenen Grundstück ein Haus bauen wollen, brauchen Sie dieses Kapitel nicht zu lesen. Ansonsten lohnt sich die Lektüre auf jeden Fall. Denn hier erfahren Sie, wo Sie überall nach Ihrem Traumhaus Ausschau halten und welche unkonventionellen Wege bei der Suche zum Erfolg führen können.

Ausführlich beschäftigt sich dieses Kapitel mit Immobilienmaklern. Oft geschmäht, können diese Mittler zwischen Käufer und Verkäufer am Immobilienmarkt durchaus wertvolle Dienste leisten, wenn man sie richtig einzusetzen versteht. Dieses Kapitel zeigt Ihnen, wann sich der Einsatz eines Maklers lohnt, was das kostet und welche Spielregeln Sie beachten müssen.

Hunderttausende Immobilien warten auf Sie

Die Älteren mögen sich noch an die Zeiten erinnern, als am Wochenende die Tageszeitungen besonders umfangreich waren: Sie enthielten sämtliche Immobilienanzeigen in der Region. Wer sich auf Häusersuche begab, kam nicht umhin, sich die Wochenendzeitung zu kaufen und durchzuarbeiten. Heute sind die meisten Anzeigen nur ein paar Klicks entfernt im Internet. Doch auch im digitalen Zeitalter sollte man die Zeitung ebenso wenig als Fundort für Immobilien verachten wie traditionelle Mittler – allen voran die örtlichen Banken. Darüber hinaus lohnt es sich auch, wenig ausgetretene Pfade auszuprobieren.

Der Fundort Nummer eins – das Internet

Die schiere Zahl erschlägt bereits: Mehr als eine halbe Million Objekte finden sich in der Regel auf Deutschlands populärster Website für Immobilien, www.immobilienscout24.de. Mit dem Hinweis auf dieses Portal verraten wir Ihnen höchstwahrscheinlich nichts Neues. Vermutlich haben Sie schon am ersten Abend, als Sie zu überlegen begannen, ob nicht so langsam die Zeit für ein Eigenheim gekommen wäre, die populäre Website aufgerufen. Sie waren in guter Gesellschaft: Pro Monat tummeln sich zwölf Millionen Besucher auf dieser Website.

Wenn Sie hier die Postleitzahl Ihres Wunschortes eingeben, erhalten Sie rasch ein Gefühl für das bestehende Angebot und Preisniveau. Wenn Sie angesichts der Preise erschrecken, vergrößern Sie den Radius. Normalerweise gibt es in den Ballungsräumen eine unsichtbare Preisgrenze, sobald die Immobilie beispielsweise jenseits des jeweiligen S-Bahn-Netzes liegt.

Jetzt aber genug der Werbung für eine Website, die Sie eh schon kennen. Fairerweise muss man an dieser Stelle ergänzen, dass es weitere Portale wie www.immowelt.de gibt – und es kann sich durchaus lohnen, auch dort das Angebot einmal zu testen. Das Gleiche gilt für die Websites örtlicher Makler, Banken und Tageszeitungen. Informationen hierzu finden Sie in den folgenden Abschnitten.

Für alle Websites gilt: Nutzen Sie die Chancen des digitalen Zeitalters! Noch nie war es so einfach, einen Marktüberblick zu gewinnen. Und das wiederum stärkt Ihre Verhandlungsposition, wissen Sie doch schon beim ersten Gespräch mit einem potenziellen Verkäufer, was derzeit in der Region gezahlt wird. Mehr noch: Wenn Sie die Angebote auf einer Website regelmäßig verfolgen, gewinnen Sie auch rasch einen guten Eindruck, ob Sie sich auf einem Käufer- oder einem Verkäufermarkt bewegen: Je rascher neue Angebote wieder aus dem Bestand verschwinden, desto höher die Wahrscheinlichkeit, dass hier eine rege Nachfrage herrscht.

Falls der Preis Ihrer Traumimmobilie zu hoch ist, geben Sie nicht auf. Denn vielleicht hat auch alle anderen Interessenten der Mondpreis für das 1970er-Jahre-Häuschen mit geblümten Tapeten, orangefarbenem Bad und brauner Küche verschreckt. Wenn das Angebot nach einem Monat immer noch online ist, ist Ihre Stunde gekommen: Melden Sie sich einfach noch einmal bei dem Verkäufer und bekunden Sie erneut Ihr ernsthaftes Interesse. Falls bei dem dann so langsam der eigene Umzug vor der Tür steht, wächst seine Bereitschaft, noch einmal über den Preis zu reden.

Schwarz auf weiß – Anzeigen in Zeitungen

Ihre dominante Rolle im Immobilienmarkt haben die regionalen Tageszeitungen längst eingebüßt. Doch aus drei Gründen sollten Sie bei Ihrer Recherche durchaus einen Blick in die Zeitung werfen:

1. Die Wochenendausgaben der großen regionalen Tageszeitungen bieten unverändert einen guten Überblick über das Angebot in der Region – allen voran die größeren Bauvorhaben von Bauträgern.

2. Zum Teil haben die Verlage exzellente Kleinanzeigenportale entwickelt, in denen viele Anbieter in der Region präsent sind. Ein gutes Beispiel bildet www.kalaydo.de. Hier finden Sie mehr als 100.000 Immobilien insbesondere im Rheinland und angrenzenden Regionen.

3. Und dann gibt es da noch die kostenlosen Anzeigenblätter. Immer wieder finden sich hier unscheinbare Anzeigen privater Verkäufer, die die Kosten für die große Tageszeitung scheuen und sich mit dem Internet nicht auskennen. Wenn Sie durchklingeln oder ganz altmodisch auf eine Chiffre-Anzeige antworten, haben Sie mit etwas Glück die Chance, nahezu ohne unliebsame Konkurrenz ein Haus in der Nachbarschaft begutachten zu können.

Selbst inserieren

Selbstverständlich können Sie den Spieß auch umdrehen und offline oder online Ihre Vorstellungen einer Traumimmobilie preisgeben. Ganz chancenlos sind solche Angebote nicht, denn mancher Privatmann schätzt es gar nicht, wenn seine Kontaktdaten veröffentlicht werden. Viel lieber sucht er sich selbst aus, wen er kontaktieren möchte. Sie mögen darüber lächeln, aber wenn Ihnen diese Schrulle die Tür zu einem gepflegten Einfamilienhaus mit eingewachsenem Garten eröffnet, hat sich Ihre eigene Anzeige auf jeden Fall bezahlt gemacht.

Das Schwarze Brett – Aushänge bei Banken und Maklern

Wetten wir? Bevor Sie sich zum ersten Mal mit dem Thema Immobilie beschäftigt haben, fanden Sie die Aushänge in Ihrer örtlichen Sparkasse oder Volksbank eher albern. Wer guckt da schon hin? Sie, hoffentlich! Denn während Sie auf Ihren Kontoauszug warten oder auf einen freien Berater, können Sie mit einem Blick das Angebot vor Ort checken – und wenn etwas Interessantes dabei ist, gleich den nächsten Berater ansprechen. Sicher, in der Regel finden Sie diese Angebote auch auf den einschlägigen Websites, aber warum sollten Sie eine Gelegenheit zur Recherche ungenutzt lassen?

 Gleiches gilt für die Aushänge der Makler und der Versicherungsvertreter in Ihrer Einkaufsstraße. Auch hier gilt: Hingucken kostet nichts und Nachfragen kann dazu führen, dass sich ein interessantes Gespräch und möglicherweise ein Hinweis auf ein bald zum Verkauf stehendes Objekt ergibt.

Suchen Sie selbst Ihre Traumimmobilie

Sie sind nicht der Typ, um geduldig auf Ihr Traumhaus zu warten? Dann nehmen Sie Ihr Schicksal doch selbst in die Hand. Das Spektrum Ihrer Möglichkeiten reicht von konventionellen Methoden wie dem Besuch örtlicher Ämter bis zur Flugblattaktion.

Ständig kommunizieren – der Kontakt zu Multiplikatoren

Gerade in ländlichen Gebieten weiß jeder von jedem irgendetwas. Doch manche wissen mehr:

✔ Vereinsvorsitzende

✔ Bürgermeister

- ✔ Bankvorstände
- ✔ Geschäftsleute
- ✔ Nachbarn

Es lohnt sich, ganz ungezwungen diese Personen auf Ihr Interesse hinzuweisen, in die Gegend zu ziehen. Wenn es richtig gut läuft, fällt einem Ihrer Gesprächspartner dabei ein, dass die Müllers gerade überlegen, in die Stadt zu ziehen, weil die Kinder aus dem Haus sind. Der Nächste weiß vielleicht, dass sich seit Längerem eine Erbengemeinschaft um ein Haus streitet – und man dort doch einfach mal vorsprechen solle.

Gute Anlaufstellen sind darüber hinaus alle Beteiligten am Bauprozess:

- ✔ Architekten
- ✔ Bauträger
- ✔ Fertighausanbieter
- ✔ Stadtverwaltung

Entweder denken sie selbst gerade über ein Projekt nach – und freuen sich über Ihr Interesse – oder sie wissen aus ihrer täglichen Arbeit von Verkaufswilligen bzw. im Fall von Behörden von Neubauvorhaben. Ja, das ist zeitaufwendig, aber mit jedem Gespräch und mit jedem Besuch auf einer Baustelle oder einer Immobilie erhalten Sie ein besseres Gefühl, wie der örtliche Markt tickt und was Sie hier für Ihr Geld erwarten können.

Selbstständig recherchieren – fragen kostet nichts

Sie wundern sich seit Längerem, warum dieses unscheinbare Haus aus der Nachkriegszeit leer steht und der Garten verkommt? Dann unternehmen Sie doch etwas! Über Kataster- und Grundbuchämter lässt sich der Eigentümer in der Regel herausfinden, wenn Sie Ihr Kaufinteresse darlegen können. Und das Beste dabei: Diese Auskunft ist kostenlos. Wenn das nicht funktioniert, bleiben Ihnen noch weitere Möglichkeiten: Fragen Sie die Nachbarn oder die örtlichen Multiplikatoren, wer dort gewohnt hat. Recherchieren Sie den Namen im Internet; vielleicht lässt sich herausfinden, wo es den Eigentümer hin verschlagen hat.

 Ein Quell der Erkenntnis sind in diesem Zusammenhang in jedem Fall die Anwohner. Viele Nachbarn empfinden Ihre Fragen auch keinesfalls als unangenehm, haben sie doch selbst ein Interesse, dass das Haus nebenan in gute Hände gerät. En passant können Sie so beim Schwatz am Gartenzaun erfahren, ob das Haus schon mal zum Kauf stand, ob schon Makler dran waren und ob es irgendwelche größeren Mängel gibt.

Egal wie Sie an den Namen gekommen ist: Scheuen Sie sich jetzt nicht, den Mann oder die Frau – sprich die Eigentümer – auch anzusprechen. Das kostet ein wenig Überwindung, schließlich hat Ihr Gegenüber ja überhaupt kein Verkaufsinteresse signalisiert. Aber das heißt noch lange nicht, dass er mit dem aktuellen Zustand zufrieden ist. Denn eine leer stehende Immobilie verliert an Wert und verursacht auch noch Kosten. Sie werden daher überrascht sein, dass sich mancher Eigentümer über Ihren Anruf richtig freut, bieten Sie ihm doch einen willkommenen Anlass, sich endlich mit der weiteren Nutzung dieses Objektes zu beschäftigen.

Bei der eigenen Recherche muss man sich nicht unbedingt auf leer stehende Objekte beschränken. Wer sich unsterblich in dieses kleine verwunschene Häuschen am Ende der Sackgasse in der Nähe der Grundschule verliebt hat, kann sich durchaus überlegen, die Einwohner direkt anzugehen – am besten schriftlich. Schildern Sie, warum Sie gar nicht anders konnten, als diesen Brief zu schreiben, und fragen Sie ganz höflich, ob eventuell ein Interesse an einem Verkauf bestünde. Das klingt in Ihren Ohren impertinent? Warum? Hat der Hausbesitzer kein Interesse, schmeißt er Ihren Brief einfach weg und fühlt sich vielleicht doch ein wenig geschmeichelt ob Ihres Lobliedes. Aber in einem von zehn oder 20 Fällen lösen Sie vielleicht einen Denkprozess aus – und kommen so ohne Makler und ohne Mitbewerber ganz ungezwungen ins Gespräch.

Das Düsseldorfer Ehepaar Meier hat ein kostenloses und ein äußerst kostspieliges Hobby. Die beiden gehen gern wandern und die beiden bringen sehr gern ältere Immobilien auf Vordermann. Über die Jahre hinweg haben sie gelernt, beide Leidenschaften gewinnbringend zu verbinden. Zielstrebig streifen die mittlerweile über Sechzigjährigen durch Regionen, wo sie gern als Nächstes leben möchten – und notieren sich gewissenhaft etwas vernachlässigte Objekte auf attraktiven Grundstücken. Vom Spaziergang zurück setzt er sich dann an seinen Schreibtisch und verfasst individuelle Briefe, in denen er schildert, warum seine Frau und er die idealen Besitzer für das jeweilige Haus sind. Beim nächsten Spaziergang werfen sie die handgeschriebenen Briefe ein oder klingeln sogar, um ein erstes Gespräch zu starten. Zwar hat ihnen mancher Hausbesitzer schon empört die Tür vor der Nase zugeschlagen, doch häufiger, als man denkt, saßen sie auch nach zehn Minuten bei einer Tasse Kaffee auf der Terrasse – und konnten ihr Wunschobjekt begutachten. In zwei Fällen ergab sich daraus sogar ein Kauf, da der Vorbesitzer in der Tat schon länger an einen Verkauf gedacht hatte.

Begrenzt plakatieren – trommeln schadet nichts

Ihrer Fantasie in Sachen Eigenwerbung auf der Suche nach Ihrer Wunschimmobilie sind keine Grenzen gesetzt. Sie können

- ✔ selbst gefertigte Flugblätter in der Nachbarschaft verteilen, auf denen Sie schildern, warum Ihre Familie hier eine echte Bereicherung darstellen würde;

- ✔ das Schwarze Brett im Supermarkt oder im Rathaus nutzen, um auf sympathische Weise Interesse zu wecken;

- ✔ in Ihrem Auto einen Zettel befestigen, auf dem Sie mitteilen, dass Sie auf der Suche nach dem idealen Häuschen in dieser Gegend für Ihre Familie sind.

Letztendlich geht es dabei immer darum, Immobilien aufzuspüren, die noch gar nicht auf dem Markt sind – und das sind Immobilien, bei denen Sie keine Maklergebühren zahlen müssen und nicht im Wettbewerb mit anderen Familien stehen. Schon daher lohnt es sich, sich mit Kreativität und Spürsinn auf die Suche zu begeben.

Ersteigern Sie das Haus Ihrer Wahl

Bevor wir uns der konventionellen Immobiliensuche mit einem Makler zuwenden, möchten wir Ihnen eine weitere populäre Variante nicht vorenthalten: den Kauf einer Wohnung oder eines Hauses bei einer Zwangsversteigerung. Jährlich kommen knapp 50.000 Immobilien beim Amtsgericht unter den Hammer. Eine traurige Zahl, denn dahinter stecken 50.000 Schicksale. Häufig führt eine Scheidung, eine Krankheit oder der Verlust des Arbeitsplatzes dazu, dass der bisherige Eigentümer seine Raten nicht mehr bezahlen kann. Irgendwann verliert die kreditgebende Bank die Geduld und verwertet ihre Sicherheit – die Immobilie.

Des einen Leid, des anderen Freud. Zum Leidwesen der Verkäufer bleibt das Interesse bei vielen Immobilien begrenzt. Häufig braucht es sogar mehrere Termine, bevor eine Zwangsversteigerung zum Erfolg führt. Je geringer das Interesse, desto besser aber für Sie als Käufer: Denn dies eröffnet Ihnen die Möglichkeit, eine Immobilie zum Schnäppchenpreis zu erwerben! Aber Vorsicht: Wenn der Hammer bei Gericht fällt, gehört das Objekt Ihnen. Schon daher sollten Sie sich äußerst sorgfältig vorbereiten, bevor Sie an einer solchen Versteigerung teilnehmen.

Der erste Schritt – Recherche

Vergleichsweise einfach ist es, herauszufinden, welche Objekte überhaupt zur Versteigerung anstehen: Die Amtsgerichte veröffentlichen die Termine und Dienstleister wie der Argetra-Verlag (www.argetra.de) bieten im Internet Datenbanken mit allen anstehenden Terminen. Wenn ein Objekt für Sie interessant ist, sollten Sie im zweiten Schritt beim Amtsgericht das jeweilige Verkehrswertgutachten einsehen oder dieses von der jeweiligen Bank anfordern. Das Gutachten liefert eine erste Beschreibung der Lage und des Zustands der Immobilie.

Achten Sie bei dem Gutachten auf Details: Liegt der Termin zu lange zurück, können zwischenzeitlich weitere Mängel aufgetreten sein. Vermerkt der Gutachter, dass er das Objekt nicht von innen besichtigen konnte, erwerben Sie im Zweifelsfall eine Blackbox. Zumal der bisherige Eigentümer vermutlich auch Ihnen, wie dem Gutachter, vor dem Versteigerungstermin den Eintritt in sein Haus verwehren wird.

Ein Kapitel im Gutachten ist für Sie besonders wichtig – und das sind die Besonderheiten. Denn hier listet der Gutachter Bauschäden und Mängel auf.

Bevor Sie endgültig anfangen, sich detailliert mit dem Objekt zu beschäftigen, sollten Sie noch ein wenig weiterrecherchieren: Falls der Grundbuchauszug in der Versteigerungsakte fehlt, sollten Sie unbedingt dieses Grundbuch einsehen. Nur so können Sie sicherstellen, dass nicht weitere Lasten auf der Immobilie liegen. Denn was hätten Sie von einem Haus zum Schnäppchenpreis, wenn eine entfernte Verwandte des Vorbesitzers dort ein lebenslanges Wohnrecht hätte?

Der zweite Schritt – persönliche Begutachtung

Das Grundbuch ist sauber und das Gutachten liest sich ansprechend: dann nix wie hin zum Objekt Ihrer Wahl. Falls Sie nicht selbst vom Fach sind, sollten Sie unbedingt einen Experten mit zum Besichtigungstermin nehmen. Denn der kann wesentlich schneller als Sie die Mängel der Immobilie aufdecken. Je nach Größe und Zustand des Hauses lohnt es sich auch, Experten verschiedener Gewerke zurate zu ziehen. Sie dürfen nie vergessen: Bei einer Zwangsversteigerung tragen Sie allein das Risiko – es gibt keine Gewährleistung.

Zu einer gründlichen Recherche vor Ort gehört auch, mit Anwohnern zu sprechen. Denn die kennen in der Regel die Historie eines Gebäudes und seine Schwachstellen. Und falls Sie den Zuschlag bekommen, sind dies auch Ihre künftigen Nachbarn. Da sollte die Chemie doch stimmen, oder?

Darf ich eintreten?

Artikel 13 Grundgesetz besagt: Die Wohnung ist unverletzlich. Für Sie als möglicher Käufer heißt dies: Nur wenn der bisherige Eigentümer oder Mieter zustimmt, dürfen Sie die Wohnung betreten. Da hilft kein Drohen und Schimpfen. Es hindert Sie aber keiner daran, das Gespräch zu suchen und auf offene Art Ihr Interesse an einer Besichtigung zu bekunden. Vielleicht müssen Sie sich dafür erst einmal eine Stunde lang das gerade überstandene Scheidungsdrama oder den ganzen Frust über den letzten Arbeitgeber anhören, aber nur mit Geduld und Charme haben Sie eine Chance, den Widerstand des aktuellen Bewohners zu überwinden.

Der dritte Schritt – das Gespräch mit der Bank

Umfangreiche Informationen zur Finanzierung Ihrer Immobilie finden Sie in Teil III dieses Buches. An dieser Stelle daher nur so viel: Sie sollten im Vorfeld einer Zwangsversteigerung in jedem Fall mit dem Hauptgläubiger sprechen – also der Bank, die dabei ihre Sicherheit verwertet. In diesem Gespräch sollten Sie Ihr ernsthaftes Interesse bekunden und auch offen über Ihre Preisvorstellungen sprechen – aus einem einfachen Grund. Wenn Ihr Mindestgebot attraktiv genug ist, verzichtet die Bank darauf, selbst als Interessent in der Versteigerung aufzutreten. Sprich: Sie haben freie Bahn!

Parallel müssen Sie sich auch um Ihre eigene Finanzierung kümmern. Weisen Sie Ihre Bank unbedingt darauf hin, dass Sie an einer Zwangsversteigerung teilnehmen möchten, denn hier gibt es eine Besonderheit: Vor Abgabe Ihres Gebots sind zehn Prozent des Verkehrswertes fällig, das sind schnell mal einige Tausend oder sogar mehr als 10.000 Euro. Anders als früher können Sie das Geld nicht mehr bar auf den Tisch des Rechtspflegers legen. Vielmehr will der von Ihnen einen von Ihrer Bank ausgestellten Verrechnungsscheck oder einen Bundesbankscheck sehen, der kurz vor dem Versteigerungstermin ausgestellt wurde. Alternativ können Sie auch eine selbstschuldnerische Bankbürgschaft beibringen. Wenn Sie Ihrer Bank signalisieren, dass sie auch die Finanzierung der von Ihnen ersteigerten Immobilie übernehmen soll, wird sich Ihr Gegenüber überlegen, ob er Ihnen für diese Dienstleistung wirklich Gebühren in Rechnung stellt. Ansonsten werden nämlich schnell drei- oder vierstellige Summen fällig.

Ach ja: Der Rest des Kaufpreises bei einer Zwangsversteigerung ist binnen vier bis sechs Wochen nach der Versteigerung fällig. Die Finanzierung sollte daher unbedingt schon vor dem Termin stehen.

Der entscheidende Schritt – die Versteigerung

Jetzt wird es ernst: Der Tag der Versteigerung naht. Wenn Sie kein Profi sind, sollten Sie sich die Zeit nehmen, noch vor Ihrem Termin ein bis zwei Zwangsversteigerungen zu beobachten. Denn dann wissen Sie wesentlich besser, was an diesem Tag auf Sie zukommt. Und Sie vermeiden auch blöde Fehler wie das Erscheinen bei Gericht ohne Ausweis. Denn nur wer sich legitimiert, darf mitsteigern.

Die Zwangsversteigerung beginnt mit einem Bekanntmachungstermin: Dabei verliest der Rechtspfleger unter anderem den Grundbuchinhalt und die Versteigerungsbedingungen. Danach beginnt die gesetzliche Bieterstunde, die mindestens 30 Minuten dauert. Zu Beginn herrscht in der Regel Schweigen. Erst in den letzten fünf Minuten wird es hektisch, da vorher keiner sein Gebot preisgeben möchte. Sie müssen diesem Ritual nicht unbedingt folgen, sondern können auch frühzeitig einen Preis nennen. Eventuell schreckt das die Konkurrenz bereits ab. Zudem signalisieren Sie damit der Bank, dass sie nicht befürchten muss, dass ihre Sicherheit verramscht wird.

Bieten Sie krumme Zahlen und erhöhen Sie Ihr Gebot um krumme Summen; das verwirrt mögliche Mitbieter. Zudem sollten Sie sich bewusst Limits abseits der üblichen Preisgrenzen wie 99.000 oder 149.000 Euro setzen. Denn bei diesen Grenzen steigen viele Ungeübte aus – und Sie kommen mit 102.000 oder 151.000 Euro zum Zuge.

Freuen Sie sich am Ende der Versteigerung nicht zu früh, wenn Ihr Gebot das höchste war. Denn wenn es unter 70 Prozent des Verkehrswertes liegt, können die Gläubiger es ablehnen. Wenn es weniger als die Hälfte beträgt, müssen sie dies sogar. Diese Einschränkung entfällt bei einem zweiten Versteigerungstermin. Das zeigt: Zwangsversteigerungen sind zwar ein Paradies für Schnäppchenjäger, doch umsonst bekommen sie auch hier die eigenen vier Wände nicht.

Lassen Sie sich niemals dazu hinreißen, in einen Bieterwettbewerb einzusteigen. Sie sollten vorher wissen, was Sie maximal für diese Immobilie zu zahlen bereit sind, und sich an diese Grenze halten. Denn wenn Sie den Zuschlag zu einem höheren Preis bekommen, müssen Sie diesen auch bezahlen – und den Kredit womöglich viele Jahre länger abstottern als ursprünglich geplant.

Der Makler – ungeliebt, aber oft unverzichtbar

Egal ob Sie im Internet oder in der Zeitung nach Immobilien schauen: Viele Anzeigen stammen von Maklern. Und eigentlich ist es ja auch deren Beruf, Ihnen die ganze Arbeit im Vorfeld eines Kaufs zu erleichtern. Warum also verdrehen so viele Menschen die Augen, wenn sie auf das Thema Makler angesprochen werden?

Der wesentliche Grund sind sicher die Kosten: Denn für ihre Arbeit erhalten Makler einen prozentualen Anteil am Kaufpreis. Je nach Region und Verhandlungsgeschick sind dies fünf bis gut sieben Prozent. Bei einem Haus mit einem Wert von 400.000 Euro entspricht das 20.000 bis knapp 30.000 Euro – plus Mehrwertsteuer versteht sich. Hinzu kommt ein zweiter Faktor: Der Maklerberuf ist in Deutschland nicht geschützt. Das heißt: Jeder kann ein Gewerbe anmelden und ab dann Häuser und Wohnungen zur Miete oder zum Kauf vermitteln. Und angesichts der möglichen Honorare führt dies dazu, dass es neben vielen professionell arbeitenden Immobilienexperten auch eine Menge blutiger Laien gibt, die ihr Geld nicht wert sind.

Bevor Sie sich also mit einem Makler einlassen, sollten Sie dessen Qualifikation auf den Prüfstand stellen. Hilfestellung bieten Ihnen die großen Verbände, allen voran der Immobilienverband Deutschland (IVD), die hohe Anforderungen an eine Mitgliedschaft stellen und regelmäßige Schulungen verlangen. Sie können aber auch den Maklern vor Ort persönlich bei einem Gespräch in deren Büro auf den Zahn fühlen. Erkundigen Sie sich doch einfach bereits beim ersten Gespräch nach ein paar Details wie dem Alter der Heizung, Höhe der Nebenkosten oder Möglichkeiten für Anbauten. Ein Profi macht sich vorab zu all diesen Themen schlau; ein Amateur empfängt Sie dagegen auch schon mal im heimischen Wohnzimmer und flüchtet sich in Ausreden. Und das ist ganz bestimmt keine 20.000 Euro wert!

 Unseriöse Anbieter drängen unbedarften Kunden immer wieder unaufgefordert Exposés von Immobilien auf. Schicken Sie diese unbedingt zurück und weisen Sie beispielsweise darauf hin, dass Sie diese Immobilie schon lange kennen. Ansonsten laufen Sie Gefahr, dass dem Exposé im Fall eines Kaufs eine Rechnung folgt.

Alles Verhandlungssache

In Deutschland zahlen entweder Sie als Käufer den Makler komplett oder Sie zahlen die Hälfte seiner Provision. Eigentlich ein Unding, denn den Auftrag erhält er in der Regel vom Verkäufer. Der möchte möglichst wenig Aufwand mit dems Verkauf haben und nutzt daher einen Dienstleister – und das zum Nulltarif beziehungsweise zu halben Kosten. Nun denn, Sie ändern die Gepflogenheiten in Deutschland nicht. Und wenn Sie jetzt hoffen, dass das Bestellerprinzip bei der im Juni 2015 in Kraft getretenen Mietrechtsnovelle daran etwas ändern würde, haben Sie sich getäuscht. Denn die neue Bestimmung, wonach immer der Auftraggeber den Makler zahlt, gilt nur für Mietverhältnisse.

Sei es drum: Wenn Sie die Usancen kennen, können Sie auch beim Immobilienkauf ein paar Tausend Euro sparen. Wie?

1. Ein Makler erhält je nach Region zwischen fünf und etwas über sieben Prozent des Kaufpreises als Provision. Dieser Satz ist aber keinesfalls in Stein gemeißelt, sondern Verhandlungssache. Die Makler sind umso nachgiebiger, desto weniger Interessenten um ein Objekt rangeln. Denn Sie dürfen nicht vergessen: Ohne Verkauf erhält der Makler keinen Cent – und öfter, als Sie denken, schaut er in die Röhre.

2. Wenn Sie in der glücklichen Lage sind, auch Objekte in einer höheren Preisregion zu finanzieren, werden Sie auf noch mehr Entgegenkommen bei Ihrem Makler stoßen. Denn den Immobilienprofis ist durchaus bewusst, dass es auch einer wohlhabenden Klientel aufstoßen könnte, das Jahresgehalt eines Normalverdieners für die Vermittlung eines

Hauses auf den Tisch zu legen. Angebot und Nachfrage bestimmen hier den Preis; sprich: Auf Sylt herrschen andere Gesetze als in der Uckermark.

3. Beteiligen Sie den Verkäufer an Ihren Verhandlungen. Falls er nicht schon von Beginn an eine Teilung der Provision angeboten hat, sollten Sie ihn durchaus im Verlauf des Kaufprozesses darauf ansprechen; vor allem wenn Sie der einzige Interessent sind. Vergessen Sie nicht, dass die Aufteilung der Provision zwischen Käufer und Verkäufer in Deutschland üblich ist.

4. Die Maklerprovision ist abhängig vom Kaufpreis: Wer hier geschickt verhandelt, reduziert automatisch nicht nur die Provision, sondern auch die Steuern und vor allem die Finanzierungskosten.

5. Zwei Verträge für ein Objekt. Schnäppchenjäger kennen noch eine weitere Variante: Sie schließen zwei Verträge mit dem Käufer: In einem notariell beurkundeten Vertrag erwerben Sie Grundstück und Haus – und zahlen dafür auch Provision. In einem zweiten zivilrechtlichen Vertrag übernehmen Sie die Küche und weiteres Mobiliar; der Makler erfährt nichts. Und der Verkäufer erhält am Ende den Betrag, den er sich vorgestellt hat.

Damit Sie auf einen Blick präsent haben, was Sie der Makler je nach Kaufpreis kostet, machen Sie doch ein Eselsohr in diese Seite – und schauen Sie in Tabelle 4.1 rasch nach, welche Maklerkosten auf Sie zukommen, wenn Sie das Haus oder die Wohnung Ihrer Wahl gefunden haben.

Kaufpreis in Euro	Käufer zahlt komplette Provision (6 %) + USt.	Käufer zahlt halbe Provision (3 %) + USt.
100.000	6.000	3.000
200.000	12.000	6.000
300.000	18.000	9.000
400.000	24.000	12.000
500.000	30.000	15.000
600.000	36.000	18.000
700.000	42.000	21.000
800.000	48.000	24.000
900.000	54.000	27.000
1.000.000	60.000	30.000

Tabelle 4.1: Was Makler im Durchschnitt in Rechnung stellen

Makler haben das Recht auf eine faire Bezahlung

Immer wieder probieren Pfennigfuchser noch eine weitere Variante: Sie gehen den Eigentümer direkt an und verhandeln ausschließlich mit ihm. Mancher Verkäufer lässt sich auf diese Strategie auch ein, will er doch nur sein Objekt loswerden – egal ob mit Makler oder ohne. Was er allerdings vergisst: In der Regel hat er einen rechtsgültigen Vertrag mit diesem

Makler abgeschlossen und der ist daher berechtigt, auch ohne Arbeitseinsatz seine Provision einzufordern. Die Gerichte bestätigen seinen Anspruch auch meistens.

Vorsicht bei zwei Maklern: Viele Immobilienbesitzer entziehen ihr Objekt einem Makler, wenn der nicht binnen weniger Monate einen Käufer gefunden hat, und beauftragen den nächsten. Für Sie als Käufer birgt dieses Vorgehen eine gefährliche Tücke: Falls Ihnen der erste Makler das Haus bereits angeboten hat und Sie sich erst ein halbes Jahr später entscheiden, zuzuschlagen, laufen Sie Gefahr, gleich zwei Rechnungen zu bezahlen. Denn wenn Makler Nummer eins hieb- und stichfest nachweisen kann, dass er tatsächlich den Erstkontakt vermittelt hat, hat er ein Recht auf eine Provision.

Falle Zwangsversteigerung: Selbst wenn Sie ein Haus bei einer Zwangsversteigerung erwerben, können alte Maklerforderungen aufleben. Es kommt auch hier darauf an, wer Sie erstmals auf diese Immobilie hingewiesen hat. War das ein Makler oder auch eine Bank, fällt Provision an.

»Das kann doch nicht wahr sein«, werden Sie jetzt vielleicht schimpfen – ist es aber doch! Bei allem Ärger über die hohe Maklerrechnung sollten Sie nie vergessen, dass dieser Berufsstand ein hohes Risiko trägt und allein im Erfolgsfall honoriert wird. Und wenn Sie in Ihrem Job spitzkriegen würden, dass man Ihnen den Lohn für Ihre Arbeit vorenthält, würden Sie doch auch sauer, oder?

Was Makler leisten können – und sollten

Okay, der Einwand, das sei doch keine Arbeit, drängt sich hier auf. Aber das stimmt nicht. Es liegt an Ihnen, das Know-how und die Expertise eines Maklers zu nutzen. Und wenn Sie ihn mit Fragen bombardieren und ihn als Berater einzusetzen verstehen, kann der Mann oder die Frau Ihr Geld mehr als wert sein. Das Leistungsspektrum reicht dabei weit über die Zusendung eines Exposés und die Begleitung bei einer Besichtigung hinaus. Es umfasst unter anderem:

- ✔ **Informationen zum Preis:** Ein ortskundiger Makler ist in der Lage, den geforderten Kaufpreis in einen regionalen Zusammenhang zu stellen. Indem er Ihnen Angaben zu weiteren Objekten oder jüngsten Transaktionen macht, können Sie besser verstehen, warum Ihr Traumhaus nun gerade 299.000 Euro kosten soll. Ach ja, nachprüfen sollten Sie die Angaben aber dennoch – schließlich sitzen Sie einem Verkaufsprofi gegenüber.

- ✔ **Informationen zu Grundstück und Bebauungsplan:** Fühlen Sie Ihrem Makler auf den Zahn, inwieweit er sich mit den baurechtlichen Grundlagen einer Immobilie beschäftigt hat: Was ist auf dem Grundstück alles möglich? Welche Planungen gibt es für die Nachbarschaft? Sind alle festen Bauten inklusive Garage eigentlich genehmigt? Schließlich wollen Sie weder einen Schwarzbau kaufen noch Gefahr laufen, dass auf dem Nachbargrundstück eine Diskothek entsteht.

- ✔ **Informationen zur Historie:** Bei Altbauten reicht es nicht aus, den jetzigen Eigentümer kennenzulernen. Vielmehr sollten Sie wissen, ob im Untergrund womöglich Altlasten von einer früheren gewerblichen Nutzung lagern oder Sie im Garten beim Eingraben größerer Pflanzen auf die Mauern früherer Häuser stoßen. Ganz wichtig ist es auch, Details über eventuelle Vorschriften des Denkmalschutzes zu erfahren.

- ✔ **Informationen zu Nebenkosten:** Ein guter Makler weiß nicht nur den Preis eines Objekts, sondern kennt sämtliche Kosten – von der Grundsteuer bis zu den jährlichen Ausgaben für Heizöl und Strom. Er hat sich zudem vorab einen Überblick über aktuelle Versicherungen und Sonderthemen wie beispielsweise Hochwassergefahr verschafft – und klärt Sie hierüber auf.

Sie sehen: Wenn Sie fragen, können Sie von einem guten Makler jede Menge erfahren. Und dann fällt es Ihnen nicht mehr so schwer, nach dem Notartermin auch diese Rechnung zu begleiten.

Was der Vertrag mit einem Makler beinhalten sollte

Selbstverständlich können Sie den Spieß auch umdrehen und einen Makler mit der Suche nach Ihrem Traumhaus beauftragen. Das empfiehlt sich insbesondere, wenn man ortsunkundig ist und zudem auch noch möglichst wenig Zeit mit der Suche nach einer neuen Bleibe verbringen will. Auch in diesen Fall gilt: Überprüfen Sie die Seriosität des Maklers Ihrer Wahl und fühlen Sie ihm vor Vertragsabschluss auf den Zahn.

Damit Ihr Vertragspartner gute Arbeit leisten kann, sollten Sie mit ihm ein möglichst genaues Profil Ihrer Suche erstellen: Je genauer Sie spezifizieren können, wie groß, teuer und alt Ihre zukünftige Immobilie sein soll, desto eher vermeiden Sie Enttäuschungen. Ein Immobilienprofi weist Sie auch frühzeitig darauf hin, falls Ihre Parameter unrealistisch sind. Denn es gibt einfach kein frei stehendes Einfamilienhaus für weniger als 300.000 Euro im Münchner Süden – und wenn es dann doch eins gibt, wollen Sie dort garantiert nicht wohnen.

Nachfolgend finden Sie einen kurzen Überblick über die wichtigsten Inhalte eines Vertrags mit einem Makler. Studieren Sie ihn ruhig, auch wenn Sie sich selbst auf die Suche begeben: Schließlich wissen Sie dann, worauf sich Verkäufer in der Regel eingelassen haben.

- ✔ **Vertragsgegenstand:** Hier wird spezifiziert, was der Auftraggeber wo zu welchem Preis sucht.

- ✔ **Maklerprovision:** Neben der prozentualen Vergütung wird hier festgelegt, unter welchen Umständen der Betrag fällig wird. Häufig fordern Makler ihren Anteil auch, wenn sie auf Zwangsversteigerungsobjekte hinweisen.

- ✔ **Pflichten des Maklers:** Dieser Part regelt, ob der Makler parallel auch für Verkäufer tätig werden darf – und im Fall der Fälle damit doppelt kassieren kann.

- ✔ **Pflichten des Auftraggebers:** In der Regel ist der Kunde nicht an einen Makler gebunden, muss diesen aber unverzüglich informieren, wenn er ohne dessen Hilfe ein Objekt gefunden hat. Ebenso unverzüglich muss er darauf hinweisen, falls ein Makler ihm ein Objekt nennt, das er bereits kennt.

- ✔ **Vertragsdauer:** Der Vertrag ist entweder befristet oder endet im Erfolgsfall. Häufig bedingen sich Makler eine Kündigungsfrist aus, aber auch das ist Verhandlungssache.

> **IN DIESEM KAPITEL**
>
> Checkliste für die perfekte Lage
>
> Ein Blick in Grundbuch und Bebauungspläne
>
> Mit Nachbarn sprechen

Kapitel 5
Auf Herz und Nieren prüfen

Wege- und Durchfahrtsrechte, Instandhaltungsrücklage, Infrastrukturprojekte – nun ja, ganz so viel Spannung wie der abendliche Krimi im Fernseher oder ein Fußballbundesligaspiel bieten all diese Vorschriften, Unterlagen und Pläne sicherlich nicht. Wer aber beabsichtigt, sich auf Dauer auf einem bestimmten Grundstück niederzulassen, ist gut beraten, sich sehr genau mit diesen Themen auseinanderzusetzen. Oder hätten Sie gern eine Autobahn vor Ihrem Gartenzaun?

Dieses Kapitel zeigt Ihnen, welche Daten, Fakten und Unterlagen Sie einsehen und prüfen sollten, um nach dem Kauf keine bösen Überraschungen zu erleben. Sie erfahren unter anderem, was Sie alles über die Lage, die finanziellen Rücklagen für die Immobilie und die Qualität der technischen Ausstattung Ihres Wunschobjekts wissen müssen und wo Sie all diese Informationen finden.

Die Lage

Manch einer weiß schon längst, wo genau er bauen will, und hat sich vielleicht sogar schon das Grundstück gesichert. Doch die meisten können das Thema Immobilienkauf grundsätzlicher angehen. Und da lautet eine der ersten Fragen: Wo? Wo soll die Wohnung beziehungsweise das Haus stehen und welche Kriterien bei der Lage sind besonders wichtig? Bei dieser Entscheidung sollten Sie zwar zuallererst an Ihr eigenes Wohlbefinden denken und nach einem Standort suchen, der möglichst perfekt zu Ihnen und Ihrer Familie passt.

Zugleich sollten Sie aber immer daran denken, dass Sie eventuell in 20 oder 30 Jahren selbst wiederum einen Käufer finden müssen. Und je spezieller und individueller Sie heute planen und je weiter Sie sich von den Ballungsräumen entfernen, desto schwieriger dürfte ein Wiederverkauf werden – wenn die Kinder aus dem Haus sind oder Sie Ihren Ruhestand dann doch lieber im sonnigen Süden genießen möchten.

Um den Standort für Ihr Traumobjekt einzugrenzen, beantworten Sie zuerst zwei Grundsatzfragen: Stadt oder Land? Zentrum oder Peripherie?

Stadt oder Land?

Sie gehen gern in Restaurants, ins Theater und am Samstag bummeln? Dann schätzen Sie offenkundig städtisches Flair. Ob Sie mit diesen Vorlieben wirklich 30 Kilometer außerhalb der City glücklich werden, ist zu bezweifeln. Sicher, die Kinder sollen im Grünen aufwachsen und ohne Begleitung zur Schule gehen können. Und in der Stadt sind Einfamilienhäuser wesentlich teurer. Doch auch diese Argumente sollten überzeugte Städter nicht verleiten, den Dunstkreis ihrer Metropole zu verlassen. In der Regel gibt es in Straßenbahn- oder zumindest S-Bahn-Reichweite Stadtviertel und Vororte, von denen man ohne Schwierigkeiten und ohne Auto Tag und Nacht in die City gelangen kann.

Wem das alles weit weniger wichtig ist als Ruhe und ein großes Grundstück, der sollte sich bei seiner Immobiliensuche auf das Umland konzentrieren. Die Grundregel lautet: Je weiter Sie sich von den Zentren entfernen, desto günstiger wird das Wohnen – es sei denn, es zieht Sie in Urlaubsregionen wie das Bodenseegebiet oder an die Küste.

Bei Ihrer Entscheidung sollten Sie darauf achten, dass Ihr Arbeitsweg nicht zu lang wird. Denken Sie daran: Im ersten Jahr nehmen Sie es vielleicht noch lächelnd in Kauf, jeden Tag eine gute Stunde in Ihr Büro zu fahren – und wieder zurück. Aber irgendwann könnte Ihnen diese Zeit verdammt lang werden.

Zentrum oder Peripherie?

Egal ob Sie sich für die Stadt oder das Land entschieden haben, sollten Sie jetzt noch eine Antwort auf eine zweite Grundsatzfrage finden: Möchten Sie morgens bei einem kleinen Spaziergang Brötchen und Zeitung besorgen oder nehmen Sie in Kauf, für jede Strecke Ihr Auto oder Ihr Fahrrad aus der Garage zu holen? In diesem Fall bleiben Sie dafür weitgehend von Verkehrslärm und anderen störenden Faktoren der Zentren verschont.

Meist liegen die Neubaugebiete eher an der Peripherie, was Ihre Fahrtzeiten für die täglichen Besorgungen verlängert. Glücklicherweise aber achten die Kommunen immer stärker darauf, solche Gebiete von Anfang an mit der entsprechenden Infrastruktur zu versorgen. Sprich: In vielen Fällen entstehen ein Supermarkt samt Bäcker sowie zumindest ein Kindergarten parallel zu einer Reihenhaussiedlung. Ist das Neubaugebiet groß genug, siedeln sich auch Ärzte und Apotheker an. Wenn Sie dagegen allein auf weiter Flur bauen und den unverbaubaren Blick auf das nächste Naherholungsgebiet genießen wollen, sollten Sie sich bewusst machen, dass Sie für diesen Genuss in Form weiterer Fahrtwege auch bezahlen müssen.

Wie Sie die richtige Lage für Ihr Traumhaus finden

Sie sehen bereits: Es gibt eine Menge Kriterien, die Ihre Entscheidung über die Lage Ihres Eigenheims beeinflussen werden. In Tabelle 5.1 finden Sie eine Übersicht, mit der Sie gemeinsam mit Ihrer Familie eingrenzen können, welche Kriterien für Sie wichtig sind.

Unter www.fuer-dummies.de finden Sie diese Tabelle zum Download.

Kriterium	Wichtig	Unwichtig
Nähe zu einer Großstadt		
Nähe zu einer Kleinstadt		
Nähe zum Arbeitsplatz		
Einkaufsangebot vor Ort		
Schulisches Angebot vor Ort		
Ärzte und Apotheker vor Ort		
Anschluss an öffentlichen Nahverkehr		
Anschluss ans überregionale Verkehrsnetz (Autobahn)		
Ruhige Wohnlage		
Alleinlage		
Nähe zu Naherholungsgebiet		
Nähe zu Sportstätten		

Tabelle 5.1: Kriterien für die Wahl Ihres Wohnorts

Der unverzichtbare Blick ins Grundbuch

Wenn Sie sich für eine bestimmte Ortschaft oder einen Stadtteil entschieden haben, können Sie mit der Feinarbeit beginnen. Am Anfang steht der Blick ins Grundbuch.

Es gibt viele öffentliche Register in Deutschland, in die Sie jederzeit Einsicht nehmen können: Ob Handels-, Vereins- oder Güterrechtsregister – hier dürfen Sie ganz nach Lust und Laune blättern. Leider sieht der Gesetzgeber beim Grundbuchregister die Lage völlig anders: Angesichts der Vermögens- und Schuldenverhältnisse, die ersichtlich im *Grundbuch* stehen, hat er die Einsichtnahme für jedermann eingeschränkt. Wer jedoch ein sogenanntes berechtigtes Interesse nachweisen kann, darf das Grundbuch ausgiebig studieren.

Generell dürfen laut Gesetz das Grundbuch immer einsehen:

- Kreditgeber des Eigentümers,
- Gläubiger, um Forderungen gegenüber dem Grundstückseigentümer durchzusetzen,
- Grundstücksanrainer, die bestimmte Auskünfte über den benachbarten Eigentümer suchen,
- Behörden, Gerichte und Notare,
- öffentlich bestellte Vermessungsingenieure,
- die Eigentümer selbst.

Mit dieser Einschränkung will der Gesetzgeber drei Ziele erreichen:

1. Den Persönlichkeitsschutz der Eigentümer sichern
2. Bloße Neugierde vermeiden
3. Beabsichtigte unbefugte Zwecke unterbinden

Warum wir Ihnen das alles erzählen, wenn diese Vorgaben des Gesetzgebers es Ihnen so schwer machen, das Grundbuch einzusehen? Nun, weil es sich lohnt, sich eine Erlaubnis einzuholen! Immer wieder erlebt der eine oder andere Immobilienkäufer sein blaues Wunder, wenn er erst einmal in seiner Traumimmobilie wohnt, aber entdeckt, dass sie ein paar Haken hat.

Da allein das Interesse am Kauf eines bestimmten Grundstücks oder einer Immobilie den Grundbuchämtern in der Regel nicht ausreicht, um Ihnen Einblick in das Grundbuch zu gewähren, müssen Sie ein wenig Kreativität zeigen: Lassen Sie sich vom Eigentümer des Geländes eine Bestätigung ausstellen, dass er einer Einsichtnahme zustimmt. Danach legen Sie die Bescheinigung dem Grundbuchamt vor. Sicherlich gibt Ihnen die Behörde dann die Erlaubnis, den jeweiligen Auszug des Grundbuchs einzusehen.

Damit Sie während der Einsichtnahme auch tatsächlich alle wesentlichen Daten und Fakten rund um Ihr Wunschobjekt entdecken, sollten Sie natürlich wissen, wie das Grundbuch aufgebaut ist:

- Die Grundbuch-*Aufschrift* oder das Grundbuch-*Deckblatt* enthält Angaben zum Amtsgericht, dem Grundbuchbezirk, die Nummer des jeweiligen Blattes, den Schließungsvermerk und den Umschreibungsvermerk.

- Das *Bestandsverzeichnis* führt die Grundstücke auf, die mit jeweils einer Flurnummer ausgestattet sind und *Flurstücke* oder *Parzellen* genannt werden. Zudem sind im Bestandsverzeichnis unter anderem alle mit dem Grundstück verbundenen Rechte wie Wege- oder Kanalleitungsrechte vermerkt.

- Die *Abteilung I* des Grundbuchs hält die Eigentumsverhältnisse fest, ob der Eigentümer durch Auflassung, Erbfolge oder Zuschlagsbeschluss im Versteigerungsverfahren in das Grundbuch eingetragen worden ist.

- Die *Abteilung II* des Grundbuchs vermerkt alle Lasten und Beschränkungen des Grundstücks – außer dem Grundpfandrecht. Unter Lasten fallen beispielsweise Reallasten, Vorkaufsrechte, Nießbrauch oder Erbbaurechte. Beschränkungen umfassen Zwangsversteigerungs- oder Insolvenzvermerke.

- Die *Abteilung III* des Grundbuchs beinhaltet Notizen über Grundpfandrechte wie Grundschulden, die entstehen, wenn Immobilien- oder Grundstückskäufer eine Baufinanzierung aufnehmen und das Objekt als Sicherheit eintragen. Zudem finden sich in Abteilung III alle Informationen zur Hypothek und Rentenschuld.

Liegt der entsprechende Grundbuchauszug vor Ihnen, sollten Sie vor allem das Bestandsverzeichnis aufmerksam studieren, da es alle wesentlichen Informationen über die Nutzungsrechte rund um das Grundstück gibt. Dazu gehören unter anderem

- Geh- und Fahrwegerechte,

- Kanalleitungsrechte,

✔ Stromleitungsrechte,

✔ Durchfahrtsrechte.

Achten Sie genau auf die aufgeführten Details, denn die jeweils festgehaltenen Nutzungsrechte können sich auf einen bestimmten Bereich des Grundstücks beziehen oder sie gelten möglicherweise nur für festgeschriebene Tageszeiten. Will beispielsweise die Gemeinde ihr Recht ausschöpfen, durch Ihr Grundstück einen neuen Kanal zu ziehen, ist es natürlich ratsam, zu wissen, wo genau die Kommune ihre Bagger arbeiten lassen darf und wo nicht. Sind beispielsweise die neuen Terrassensteine erst einmal weggerissen, ist der Ärger über Schadensersatzzahlungen geradezu vorprogrammiert – und auf solch böse Überraschungen wollen Sie sicherlich verzichten, oder?

Heinz Z. war der Nachbar mit seiner dröhnenden Corvette schon beim ersten Besichtigungstermin aufgefallen: Etliche Male hörte er den Motor des schnittigen Flitzers aufheulen, wenn der Nachbar aus seiner Garage fuhr und auf der schmalen Straße mit lautem Getöse wegdonnerte. Kaum hatte er die Besichtigung der Immobilie abgeschlossen, stand für ihn sofort fest: »Das Haus muss ich haben und dem lauten Nachbarn verbiete ich, mit dem Auto die Straße vor dem Haus zu benutzen, da mich der Kauf ja auch zum Eigentümer von dem Abschnitt der kleinen Privatstraße macht.«

Nach den ersten drei Monaten in seinem Traumhaus registrierte Heinz Z. ernüchtert, dass der Autofreak nicht nur etliche Male am Tag an seinem Haus vorbeirauschte. Vielmehr musste er auch einsehen, dass er den Autofreak nicht so schnell loswird wie gedacht: Der PS-Liebhaber hat ein Geh- und Fahrrecht für den Straßenabschnitt vor Z.s Haus, an dem nichts zu rütteln ist. Für Heinz Z. steht fest: »Wenn ich vorher gewusst hätte, dass ich da überhaupt nichts machen kann, hätte ich das Haus nicht gekauft«.

Inwieweit Sie gegen bisher eingeräumte Nutzungsrechte vorgehen können oder nicht, hängt von jedem Fall einzeln ab: Möglicherweise gibt es den Wanderweg gar nicht mehr, der einst durch Ihre Hofeinfahrt geführt hat. Vielleicht braucht der Nachbar kein Durchfahrtsrecht mehr, weil er sein Anwesen inzwischen von der anderen Seite seines Grundstücks erreicht. Unter Umständen liegt Ihr Grundstück inzwischen aber auch am Rande eines Landschaftsschutzgebietes, an dessen Grenzen der Stromanbieter keine weiteren Leitungen ziehen darf.

Wer die im Grundbuch eingetragenen Nutzungsrechte rund um sein Grundstück auf Gültigkeit oder Bedarf prüfen lassen will, wendet sich idealerweise an einen Experten. Das gilt auch, wenn er detailliert wissen will, welche unabsehbaren Folgen diese Rechte möglicherweise noch nach sich ziehen könnten.

> **Ohne Prüfung verkauft – einfach so!**
>
> Wie wichtig es sein kann, sich vor dem Kauf eines Grundstücks oder eines angeblich herrenlosen Hauses über den Grundbucheintrag zu informieren, zeigen die merkwürdigen Immobilienmachenschaften der Stadt Leipzig, die im Frühjahr 2012 an die Öffentlichkeit drangen. Über Jahre hinweg hatte die Stadt vermeintlich herrenlose Grundstücke und Häuser verkauft, ohne zuvor mit der gebotenen Gründlichkeit nach den Eigentümern zu forschen.
>
> Zwar sind viele Grundstücke des ehemaligen DDR-Gebiets nicht im Grundbuch eingetragen, doch eine gründliche Recherche nach den rechtmäßigen Eigentümern der Areale hätten die Beamten der Stadt dennoch starten müssen. Nun tobt ein Rechtsstreit darüber, inwieweit die Käufer der Grundstücke tatsächlich die rechtmäßigen Eigentümer sind. Ein Großteil der ursprünglichen Eigentümer pocht verständlicherweise darauf, seinen Besitz wieder zurückzuerhalten.
>
> Stellen Sie sich vor, Sie hätten gerade ein schmuckes Häuschen auf solch einem Areal errichtet und dann kommt ein Gericht und erklärt, dass Sie dort leider nicht bleiben können!

Kein Kauf ohne Besuch beim Nachbarn

Bei aller gebotenen Konzentration auf die Fakten sollten Sie einen wesentlichen Faktor bei Ihrer Recherche nicht außen vor lassen: die Nachbarn! Schließlich leben Sie künftig mit diesen Menschen Wand an Wand oder Gartenzaun an Gartenzaun. Nehmen Sie sich also bei jedem Objekt, das in Ihre engere Wahl kommt, genügend Zeit, die Menschen vor Ort kennenzulernen. Bei dem Nachbarschaftscheck sollten Sie in zwei Stufen vorgehen.

Der Blick von außen

Vielleicht ist Ihnen das Gerümpel im Garten des Nachbarn schon bei Ihrem ersten Besichtigungstermin unangenehm aufgefallen. Oder Sie hat es gleich gestört, dass der Wohnungseigentümer gegenüber den Flur als Abstellfläche für seine Sportschuhe nutzt. Ignorieren Sie solche Beobachtungen nicht, sondern beziehen Sie diese bewusst in Ihre Kaufentscheidung mit ein. Gehen Sie dabei systematisch vor und berücksichtigen Sie hierbei unter anderem:

- ✔ den äußeren Zustand
- ✔ den Garten
- ✔ die Zufahrt
- ✔ die Garagen
- ✔ den Fuhrpark
- ✔ die Mülltonnen

An dieser Stelle geht es überhaupt nicht darum, das Wohnverhalten Ihrer Mitmenschen zu be- oder gar zu verurteilen. Vielmehr sollten Sie sich klar werden, ob Sie in dieser Nachbarschaft dauerhaft leben möchten und bestimmte Dinge wie die Rostbeule vor der Garage oder den unkrautübersäten Vorgarten tolerieren können. Manchen stört es bereits, wenn er das eigene Reihenhaus auf Hochglanz bringt und links und rechts der Putz abbröckelt. Abgesehen von allem Ärger kann dies auch den Wiederverkaufswert Ihres Hauses empfindlich schmälern. Also: Augen auf!

Auch nach zehn Jahren hat sich das Ehepaar Wild noch nicht an den Zustand in Nachbars Garten im Kölner Westen gewöhnt. Von ihrer akkurat gepflegten Terrasse blicken sie nämlich noch über die Gipfel Ihrer Tannen hinweg auf ein aufgebocktes heruntergekommenes Motorboot in Nachbars Garten. Regelmäßig werkelt der Hobbybastler am Wochenende an seiner Jacht herum – und nutzt dabei, dem Geruch zufolge, reichlich Öl und Farbe. Am Anfang gingen die Wilds ja noch davon aus, dass dieser Zustand nur einen Sommer anhalten und danach das Boot dorthin kommen würde, wo es von Nutzen ist – nämlich ins Wasser. Aber weit gefehlt: Das Boot thront am gleichen Platz wie vor zehn Jahren. Und mittlerweile steht daneben noch eine Jolle und im Vorgarten ein Monstrum, bei dem man genauer hinschauen muss, bis man es auch als Boot identifizieren kann. In ihrem Ärger gingen die Wilds so weit, den Nachbarn Geld anzubieten, wenn sie ihr Boot doch endlich zu Wasser lassen würden. Aber keine Chance: Der Hobbybastler winkte entrüstet ab.

Hüten Sie sich davor, ein Ärgernis zu ignorieren und sich einzureden, das würde sich nach Ihrem Einzug schon einrenken. Wer keinen Spaß an der Gartenarbeit hat, wird dies auch durch Ihr gutes Zureden nicht bekommen. Und Sie können niemanden dazu zwingen, sein Haus zu streichen. Entweder Sie tolerieren so etwas vom ersten Tag an oder Sie schauen sich besser nach einer Alternative um.

Der Blick von innen

Unabhängig davon, ob und wie Ihnen das Äußere der Häuser in der Nachbarschaft gefällt, sollten Sie auf jeden Fall an einem der nächsten Samstage mal dort klingeln – und zwar aus drei Gründen:

1. Nachbarn wissen eine Menge über die Geschichte eines Hauses, mögliche Mängel und eventuell geplante Infrastrukturprojekte in der Umgebung. Besonders wertvoll ist ihr Wissen in größeren Wohnanlagen und Reihenhäusern, denn dort kämpfen sie in der Regel mit den gleichen Mängeln wie künftig auch Sie. Das kann eine mangelnde Dämmung ebenso sein wie schlecht isolierte Fenster und feuchte Keller.

2. Im persönlichen Gespräch können Sie mehr über den Charakter Ihrer künftigen Nachbarn herausfinden und sich wiederum fragen, ob Sie deren Hobbys und Vorlieben tolerieren. Vielleicht feiert einer einfach gern und lang oder ist ein passionierter Musikliebhaber. Bevor Sie dem jetzt über Jahre weg regelmäßig die Polizei ins Haus schicken, sollten Sie sich besser gleich überlegen, ob dies der richtige Ort für Ihr künftiges Leben ist.

3. Im persönlichen Gespräch finden Sie auch heraus, ob die Chemie stimmt – und das ist ein Glücksfall. Es ist doch klasse, wenn man sich regelmäßig mit den Nachbarn auf dem Balkon oder der Terrasse trifft, sich gegenseitig mal aushilft oder auch einen Zweitschlüssel für den Fall der Fälle hinterlegen kann. Das ist ein Stück Lebensqualität – und glücklich der, der das in seiner Nachbarschaft vorfindet.

Horst Schmitz dachte, er hätte sein Traumhaus gefunden. Es lag am Rande des Schwarzwaldes in einer kleinen Ortschaft – direkt in den Weinbergen – mit freiem Blick und in Südlage. Perfekt! Na ja, fast perfekt. Denn er hatte das frei stehende Haus gekauft, ohne seine Nachbarn näher kennenzulernen. Und so wusste er beim Einzug noch nicht, dass der Familienvater schräg gegenüber als selbstständiger Busfahrer arbeitete und seinen Reisebus regelmäßig schon um 5 Uhr morgens in Gang setzte. Er wusste auch nicht, dass das jährliche Winzerfest auf dem Nachbargrundstück stattfand und einmal pro Jahr eine Woche lang Horden von Auswärtigen in seine Idylle brachte. Ach ja, und dann war da noch eine generell feierfreudige Nachbarschaft, die gern zum Wochenende die Tische auf die Straße stellte und gemeinsam grillte und trank. Für den Einsiedler eine Qual. Nach drei Jahren trennte er sich von dem Haus – und musste einen gehörigen Verlust einstecken.

Natürlich können Sie bei einem Plausch am Gartenzaun nicht alles über Ihre Nachbarn erfahren. Sie sollten aber bewusst die Punkte ansprechen, die Ihnen wichtig sind, und auf die Reaktionen achten. Denn auch Ihr künftiger Nachbar hat ein Interesse an einem vernünftigen Auskommen mit Ihnen. Und wenn Sie von Ihrem ausgeprägten Ruhebedürfnis sprechen, dürften bei einem Feierfreudigen alle Alarmglocken klingeln – schließlich will auch er den regelmäßigen Besuch einer Streife nach 22 Uhr verhindern.

Fleißaufgaben: Prüfen Sie Bebauungsplan, Infrastrukturprojekte und Energieausweis

Es gibt bestimmt viele Gründe, warum Sie sich ausgerechnet in das niedliche Häuschen direkt am Stadtrand verliebt haben. Und da die Immobilie nicht ausreichend Platz für Ihre drei Kinder bietet, lassen Sie in Gedanken das Dach des Hauses schon anheben, um den Speicher auszubauen? Klasse!

Nur müssen Sie sich an diesem Punkt die Frage gefallen lassen, ob Sie das überhaupt dürfen – und wissen Sie, ob nicht auf der Wiese hinter dem Haus demnächst ein riesiges Outlet Center entstehen soll? Zugegeben, das sind Bösartigkeiten von uns, aber im wahren Leben passiert es Immobilienkäufern immer wieder, dass sie aus ihren Träumen jäh erwachen, weil sie sich zu wenig über die Rahmenbedingungen rund um ihr Objekt gekümmert haben.

Ehe Sie schnurstracks zum Notar gehen, um den Kaufvertrag in trockene Tücher zu bringen, sollten Sie daher unbedingt einige Aspekte rund um die Lage Ihres Traumobjekts beziehungsweise die Vorgaben für Ihre zukünftigen eigenen vier Wände prüfen: Da wären in erster Linie

- ✔ der Bebauungsplan für das jeweilige Gemeindegebiet und
- ✔ alle Informationen über geplante Infrastrukturprojekte.

Die Pläne der Städte und Gemeinden – der Bebauungsplan

In ihren Bebauungsplänen legen die Kommunen Deutschlands fest, welche Flächen innerhalb der örtlichen Grenzen wofür genutzt werden dürfen. Meist gibt es für jeden Orts- und Stadtteil einen eigenen Bebauungsplan. Er besteht normalerweise aus

- ✔ einer Planzeichnung in der Regel im Maßstab von 1:500 und
- ✔ einem Textteil.

In einem Bebauungsplan finden sich Vorgaben zu:

- ✔ Baugrenzen
- ✔ Baulinien
- ✔ Grundstücksgrenzen
- ✔ Flurstücknummer
- ✔ Art der baulichen Nutzung
- ✔ Anzahl der Vollgeschosse
- ✔ Grundflächenzahl
- ✔ Geschossflächenzahl
- ✔ Bauweise
- ✔ Dachneigung
- ✔ Grenze des Baugebiets

Wer nun prüfen will, ob er seine Doppelhaushälfte zwei- oder dreigeschossig bauen darf oder wie viel Meter Abstand er zum Gebäude seines Nachbarn auf der linken oder rechten Seite halten muss beziehungsweise welche Vorgaben der Bebauungsplan überhaupt zu seinem ausgewählten Grundstück festlegt, der kann alle notwendigen Informationen einholen bei

- ✔ dem örtlichen Bauordnungsamt,
- ✔ dem regionalen Stadtplanungsamt,
- ✔ der Gemeindeverwaltung.

Eine Genehmigung müssen Interessierte nicht mitbringen, da das Baugesetzbuch jedem die Einsicht in Bebauungspläne gestattet.

Weitsichtige Immobilienkäufer studieren allerdings nicht nur den Bebauungsplan, den es für ihr Gebiet gibt: Vielmehr beschäftigen sie sich unter anderem auch mit

- der Baulast,
- den Abstandsflächen,
- der Art der baulichen Nutzung,
- offener und geschlossener Bauweise.

Die Baulast zählt zwar nicht zwingend zu den klassischen Inhalten eines Bebauungsplans, doch für Bauherren hat sie große Bedeutung: Wer beispielsweise einen Bauplatz auswählt, bei dem er die Vorgaben des Bebauungsplans zu Abständen, Zufahrten oder Stellplätzen nicht einhalten kann, muss eine andere Lösung suchen und seinen Nachbarn um Hilfe bitten. Die Baulast ist das Zugeständnis der Nachbarn, ihre Grundstücke für erforderliche Stellplatzflächen oder Ähnliches zu nutzen. Seine Einwilligung muss der Nachbar als Baulast in das Baulastenverzeichnis eintragen lassen.

Wer den Kauf eines Grundstücks plant, sollte vorher natürlich genau wissen, ob möglicherweise nicht auf seinem potenziellen Gelände Baulasten liegen, die er unter Umständen ablehnt.

Die Eintragungen zur Baulast finden sich in den meisten Bundesländern in den Bauordnungen – nur in Bayern und Brandenburg nicht.

Wollen Sie Ihr Haus in einer Baulücke errichten, sollten Sie tunlichst auch über die Abstandsflächen zwischen Ihrer zukünftigen Außenwand und der Grundstücksgrenze Bescheid wissen: Das Bauordnungsrecht der Bundesländer schreibt eine Abstandsfläche von etwa 0,4 bis 1 × die Außenwandhöhe des Gebäudes vor. Können Sie sich mit Ihren Nachbarn nicht auf eine Baulastlösung einigen, besteht die Gefahr, dass Sie Ihr Traumhaus längst nicht so großzügig bauen dürfen wie vielleicht geplant.

Selbst wenn Sie diese Millimeterarbeit absolviert haben, stehen Ihnen noch weitere Fleißaufgaben bevor – speziell dann, wenn Sie ein Grundstück in einem Neubaugebiet erwerben wollen. Sie möchten doch bestimmt wissen, ob das Baugelände ausgewiesen ist als

- reine Wohnbaufläche,
- gewerbliche Baufläche,
- Mischgebiet.

Oder ist es Ihnen egal, ob Sie später morgens vom Frühstückstisch aus vielleicht auf den Parkplatz eines Supermarktes oder die Rückseite eines mehrstöckigen Ärztehauses schauen?

Dass Sie schon längst geklärt haben, ob Sie Ihre Immobilie als Einzel-, Doppel- oder Reihenhaus errichten müssen, die eine Gesamtlänge von 50 Metern nicht überschreiten dürfen, ist an dieser Stelle keine Frage mehr, oder? Möglicherweise finden Sie im Bebauungsplan aber auch die Vorgabe, dass Sie die seitlichen Außenwände Ihres Hauses so an die Grenze bauen müssen, dass sich die Wände mit denen Ihres Nachbarn berühren – sprich, dass Sie nach geschlossener Bauweise vorgehen müssen.

Ob Baulast, Ausweisung als Mischgebiet oder offene Bauweise – über all diese Punkte sollten Sie im Vorfeld Ihres Kaufs bestens Bescheid wissen, damit Sie sich tatsächlich Ihr Traumhaus errichten können.

Viele Grundstücksverkäufer oder Bauträger erleichtern ihren potenziellen Kunden diese Recherche, indem sie in ihren Prospekten alle notwendigen Informationen aufgreifen und aufzählen. Machen Sie sich dennoch eine Liste mit allen Punkten, die Sie abfragen sollten, und arbeiten Sie diese Checkliste anschließend systematisch ab.

Brücke, Bundesstraße, Biotop – Infrastrukturprojekte und ihre Folgen

Die Lateiner unter Ihnen wissen natürlich, dass sich der Begriff Infrastruktur aus dem lateinischen Wort *infra* für »unten, unterhalb« ableitet. Wer all die Konjugationen und Deklinationen aus seiner Schulzeit vergessen hat, weiß dennoch auch so sofort Bescheid: Infrastrukturprojekte sind – grob gesagt – alle langlebigen Einrichtungen, die von langer Hand geplant und für die Öffentlichkeit geschaffen werden. Zu den klassischen Infrastrukturprojekten zählen beispielsweise:

✔ Müllverbrennungsanlagen

✔ Tankstellennetze

✔ Kanalbauten

✔ Brücken- und Tunnelbauten

✔ Flughäfen

✔ Autobahnen, Bundes- und Staatsstraßen

✔ Radwege, Gehwege, Wanderwege

✔ Bibliotheken

✔ Universitäten

✔ Kindergärten

✔ Krankenhäuser

✔ Rettungsdienste

✔ Museen

✔ Einkaufsmöglichkeiten

Die Liste können Sie beliebig fortsetzen, wenn Sie wollen. Aber wahrscheinlich reicht Ihnen schon der erste Blick auf die Auflistung, um zu sehen, dass Infrastrukturprojekte für die Umgebung, in der sie entstehen, meist große Folgen mit sich bringen wie

✔ zunehmenden Verkehr,

✔ steigenden Geräuschpegel und

✔ wachsenden Publikumsverkehr.

Falls Sie jedes Mal dem Pfeifkonzert der Singvögel lauschen und verträumt ins Grüne blicken, wenn Sie zum x-ten Male über Ihr Wunschgrundstück pirschen, von dem aus Sie die Stadtgrenze nur aus der Ferne sehen, dürfen Sie sich von dem Idyll nicht einlullen lassen. Die fünf grünen Wiesen, die derzeit der Bauer vom Hof nebenan bestellt, sind schnell verkauft – beispielsweise wenn die Gemeinde neue Flächen für Wohnbauten erwerben und ausschreiben will oder die Behörden endlich die jahrelang umstrittene Ortsumgehung genehmigen.

Damit der neue Bundesstraßenzubringer und der erweiterte Gewerbepark nicht plötzlich Ihre Immobilie einklemmen, sollten Sie sich genauestens erkundigen, wo welche Behörde was plant beziehungsweise welches Infrastrukturprojekt derzeit auf Eis liegt. Auskunft erhalten Sie bei Ihrer Gemeindeverwaltung.

Existiert eine Bürgerinitiative gegen ein Infrastrukturprojekt vor Ort, sollten Sie dort anklopfen und nach Informationen fragen. In der Regel wissen die Initiatoren sehr gut über den aktuellen Stand Bescheid.

In der kleinen Münchner Vorortgemeinde Unterföhring schwärmten die Bewohner des Neubauviertels rund um die Föhringer Allee gern von ihrem freien Blick ins Grüne. Die Begeisterung ließ jedoch rapide nach, als immer mehr schweres Baugerät anrückte. Inzwischen arbeiten in dem Gebäude der Allianz rund 6.000 Mitarbeiter – und in unmittelbarer Nachbarschaft hat die weltweit zweitgrößte Rückversicherung, die Swiss Re, einen Standort für knapp 600 Mitarbeiter errichtet. Wer jetzt unbedingt ins Grüne schauen will, muss sich auf sein Fahrrad schwingen und um die beiden Komplexe herumfahren.

Der Energieausweis ist Pflicht

Gerade ältere private Immobilienverkäufer winden sich nach wie vor, wenn es um das Thema Energieausweis geht. »Das Haus ist doch schon so alt« oder »Das brauchen wir nicht« zählen zu den immer noch gern genommenen Ausflüchten. Fakt ist aber: Jeder Verkäufer muss einen solchen Ausweis vorlegen; dazu verpflichtet ihn das Gesetz, konkret die Energieeinsparverordnung. Ausnahmen gibt es nur für Gebäude mit weniger als 50 Quadratmetern und für Baudenkmäler.

Die Angaben in dem Energieausweis können sich entweder auf den Energieverbrauch oder den Energiebedarf beziehen. In beiden Fällen versteht der Laie allerdings in der Regel nur Bahnhof; Kennzahlen und Angaben sind eher von Fachleuten für Fachleute. Die Ausstellung des Energieausweises übernehmen Experten unterschiedlichster Herkunft. Dazu zählen studierte Architekten, Bauingenieure und Bauphysiker genauso wie Handwerksmeister aus dem Bauhandwerk sowie unter bestimmten Voraussetzungen staatlich anerkannte oder geprüfte Techniker in den Bereichen Hochbau, Bauingenieurwesen oder Gebäudetechnik.

Drei Kennzahlen stechen hervor: Der Primärenergiebedarf, der Endenergiebedarf und der Energieverbrauchskennwert. Grob gesprochen sagt der erste Wert etwas über die Umweltverträglichkeit einer Immobilie aus. Allerdings können in unsanierten Gebäuden auch umweltschonende Energieträger hohe Emissionen und, für den Käufer im ersten Moment noch interessanter, hohe Kosten verursachen. Wie gut, dass mit dem Endenergiebedarf auch eine Aussage über den tatsächlichen Verbrauch getroffen wird. Der Kennwert, der verschiedene Faktoren berücksichtigt, ergibt dann eigentlich nur noch im Vergleich einen Sinn – die absolute Zahl kann man kennen oder auch gleich wieder vergessen.

Viel wichtiger als die nackten Zahlen sind aber die ebenfalls verpflichtend enthaltenen Modernisierungsempfehlungen. Wenn hier eine bessere Dämmung oder ein neuer Heizkessel angemahnt werden, heißt das im Klartext: Auf den Käufer kommen früher oder später hohe Folgekosten zu! Zumal der Gesetzgeber in regelmäßigen Abständen die Vorschriften für Immobilien verschärft.

Besonderheit bei Wohnungen: die Eigentümerversammlungen

Das grüne Haus an der Ecke mit der komplett verglasten Südseite? Oder ist es die alte Villa aus der Gründerzeit mit ihren vier Wohnungen, die es Ihnen angetan hat? Und jetzt wird in diesem Gebäude endlich ein Apartment verkauft? Fein, dann sollten Sie sofort Ihr Interesse bekunden – aber unterschreiben Sie den Kaufvertrag bitte erst, wenn Sie sich ausführlich über die Eigentümergemeinschaft beziehungsweise die *Instandhaltungsrücklage* für das Gebäude informiert haben.

In Deutschland regelt das Wohnungseigentumsgesetz (WEG) in Paragraf 21 die sogenannte Instandhaltungsrücklage – sie schreibt vor, dass die Eigentümer jährlich einen bestimmten Geldbetrag für ihr Gebäude zurücklegen müssen. Mancherorts nennen die Eigentümer die Instandhaltungsrücklage auch Reparaturfonds, Erneuerungsfonds, Instandhaltungsrückstellung oder einfach nur Rücklage. Aus dem Topf der Instandhaltungsrücklage decken die Eigentümer ab:

- ✔ notwendige Instandsetzungen
- ✔ fällige Instandhaltungsmaßnahmen
- ✔ gegebenenfalls notwendige Modernisierungsmaßnahmen

Da in den meisten Wohngebäuden Hausverwaltungen für Ordnung sorgen, obliegt ihnen in der Regel auch die Verwaltung der Instandhaltungsrücklage. Existiert kein Fonds, um Geld für Instandsetzungen oder -haltungen anzusammeln, kann jeder Wohnungseigentümer aus dem Gebäude auf Einrichtung eines entsprechenden Fonds bestehen.

Für die Höhe der jährlichen Instandhaltungsrücklage gibt es verschiedene Berechnungsgrundlagen. Sie wird normalerweise

✔ mit einem Betrag von 0,8 bis 1,0 Prozent des Kaufpreises kalkuliert,

✔ im Wirtschaftsplan für das Gebäude festgelegt,

✔ von der Wohnungseigentümerversammlung beschlossen,

✔ monatlich anteilig entrichtet.

Je mehr Quadratmeter Ihre Wohnung zählt, desto höher ist in der Regel Ihr Anteil an der Instandhaltungsrücklage.

Um zu beurteilen, ob beziehungsweise inwieweit die Eigentümer in dem Gebäude, in dem Sie gern ein Apartment kaufen würden, eine ausreichende Instandhaltungsrücklage gebildet haben, sollten Sie im Vorfeld des Kaufs unbedingt die letzten Protokolle der Eigentümerversammlungen einsehen. Sie dokumentieren in der Regel nicht nur den monatlich fälligen Betrag für den Fonds für jede Partei. Vielmehr zeigen sie auch auf, für welche Reparaturen oder Modernisierungsmaßnahmen die Eigentümergemeinschaft Geld in die Hand nimmt.

Verweigert Ihnen der Hausverwalter die Einsicht in die Protokolle, sollten Sie nicht sofort aufgeben: Am besten lassen Sie sich vom Verkäufer eine Vollmacht ausstellen, dass er Ihnen erlaubt, die Protokolle zu lesen. Wickelt ein Insolvenzverwalter den Kauf ab, reicht möglicherweise schon der Hinweis, dass Sie nicht mehr am Kauf interessiert seien, wenn Sie keinen Blick in die Unterlagen werfen könnten. Spätestens dann dürfte jeder Insolvenzverwalter alles daransetzen, Ihnen die Protokolle aushändigen zu lassen.

Warum Sie gleich so forsch auftreten dürfen? Nun, ganz einfach: Paragraf 24 des WEG regelt, dass »der Wohnungseigentümer oder ein Dritter, der vom Wohnungseigentümer ermächtigt wurde, jederzeit das Recht hat, Einsicht in die Beschluss-Sammlung zu verlangen«.

Damit Sie ungefähr abschätzen können, auf welchen Betrag sich die monatliche Instandhaltungsrücklage der Eigentümer summieren sollte, müssen Sie wissen, wie viel Quadratmeter Wohnfläche das Gebäude insgesamt bietet. Je nachdem, wann das Haus errichtet wurde, multiplizieren Sie die Anzahl der Quadratmeter mit dem entsprechenden Betrag, den Sie in Tabelle 5.2 sehen.

Zeitpunkt der Fertigstellung der Immobilie	Höhe der Rücklage jährlich
Vor 1 bis 5 Jahren	3 €/m²
Vor 6 bis 10 Jahren	6 € /m²
Vor 11 bis 15 Jahren	7,50 €/m²
Vor mehr als 16 Jahren	9 €/m²

Tabelle 5.2: Empfohlene Höhe der Instandhaltungsrücklage pro Quadratmeter je nach Alter des Gebäudes

Zählt das sieben Jahre alte Wohnhaus, in dem Sie eine Wohnung kaufen wollen, vier Einheiten mit jeweils 150 Quadratmeter Wohnfläche, sollten die Eigentümer eine jährliche Rücklage von mindestens 3.600 Euro bilden:

$$150 \text{ m}^2 \times 4 = 600 \text{ m}^2$$
$$600 \text{ m}^2 \times 6 \text{ Euro} = 3.600 \text{ Euro}$$

Jede Partei müsste demnach 75 Euro monatlich für die Instandhaltungsrücklage bezahlen. Gibt es in der Wohnanlage besondere Einrichtungen wie Schwimmbad, Sauna oder auch einen Lift, kann die Instandhaltungsrücklage auch deutlich höher sein. In München beispielsweise bezahlt so mancher Eigentümer bis zu 300 Euro monatlich und mehr für die Instandhaltungsrücklage.

Stoßen Sie während des Studiums der Protokolle auf Ungereimtheiten oder erscheint Ihnen die Instandhaltungsrücklage angesichts des Gebäudezustands zu gering, sollten Sie Vorsicht walten lassen und im schlimmsten Fall von Ihren Kaufplänen abrücken. Immerhin besteht angesichts einer zu geringen Instandhaltungsrücklage die Gefahr, dass nach dem Kauf bald

✔ größere Geldbeträge für den Aufbau einer angemessenen Rücklage auf Sie zukommen,

✔ nur die notwendigsten Reparaturmaßnahmen in Auftrag gegeben werden,

✔ das Gebäude durch Alterung und Witterung weiter Schaden nimmt.

 Teilungserklärung nicht vergessen: Bei Eigentumswohnungen liegt dieses Dokument genau fest, welche Teile des Mehrfamilienhauses und des Grundstücks der Eigentümergemeinschaft gehören und was Ihnen künftig ganz allein gehört.

Der wichtige Rat vom Gutachter: Lassen Sie Experten das Objekt checken

»Mehr Schein als Sein«: Den Spruch kennt in Deutschland wahrscheinlich jeder – und jeder weiß auch, dass sich Situationen, die Betroffene so umschreiben, häufig nicht als besonders rosig erweisen. Geht es in solchen Momenten um teure Investitionen, kostet das die Opfer nicht nur Nerven, sondern unter Umständen auch jede Menge zusätzliches Geld.

Wer seine Traumimmobilie besichtigt, sollte sich daher nie allein auf seine Eindrücke verlassen, die er vom Keller bis zum Dachboden sammelt: Leicht marode Fensterrahmen können unter frischer Farbe verschwinden. Ein ordentlich geschrubbter Heizungskeller samt allen Anlagen verrät nicht, ob sich im Kessel nicht schon der Rost festgefressen hat, und im halbdunklen Speicher ist es auch nicht gerade leicht zu erkennen, ob die tragenden Balken wirklich noch stabil oder von der eindringenden Feuchtigkeit schon morsch sind.

Idealerweise zögern clevere Kaufinteressenten, die ein Objekt in die nähere Wahl ziehen, gar nicht erst lange und nehmen spätestens beim zweiten Besichtigungstermin einen oder womöglich gleich mehrere Gutachter mit. Sie müssen auch nicht fürchten, dass sie für die Untersuchung beispielsweise der Heizung, des Kamins oder des Mauerwerks nicht den passenden Experten finden – in Deutschland tummeln sich Sachverständige aller Art, die sich mit den kleinsten Details auseinandersetzen – so wie es beispielsweise in der Medizin eben auch Orthopäden, Urologen, Neurologen oder Internisten gibt.

Wer sich erkundigt, findet Sachverständige für:

- Gebäudeschäden
- Schadstoffbelastungen in Wohnräumen
- Maler- und Lackierarbeiten
- Schallschutz in der Bautechnik
- Dachdecker- und Spenglerarbeiten
- Holzschutz
- Sicherheitstechnische Anlagen und Einrichtungen
- Sanitärtechnik, Heizungs-, Klima- und Lüftungstechnik
- Asbestschäden
- Schwingungen und Erschütterungen
- Gebäudetechnik

Wenn Sie Ausschau nach einem Sachverständigen halten, sollten Sie stets darauf achten, dass es sich bei dem Gutachter tatsächlich um einen Sachverständigen handelt. In der Regel sind Sachverständige von den entsprechenden Behörden zertifiziert und/oder öffentlich bestellt – beispielsweise von der IHK.

Es liegt auf der Hand, dass Sie vor allem dann einen Gutachter zurate ziehen, wenn Sie sich in eine gebrauchte Immobilie verliebt haben. Schließlich wollen Sie möglichst exakt über den Zustand des Hauses oder der Wohnung Bescheid wissen. Darüber hinaus können Immobilienkäufer, die gerade erst ihr schlüsselfertiges Objekt übernommen haben, mit dem einen oder anderen Gutachter durch die Immobilie ziehen, um festzustellen, ob die Handwerker auch wirklich alle Pläne reibungslos und exakt umgesetzt und alle Anlagen funktionstüchtig installiert haben.

Die Kosten für ein Gutachten berechnet der beauftragte Sachverständige normalerweise nach der Honorarordnung für Architekten und Ingenieure (HOAI) ab. Lassen Sie ein komplettes Gutachten erstellen, richtet sich das Honorar nach dem Verkehrswert der Immobilie. Liegt der Verkehrswert beispielsweise bei 400.000 Euro, müssen Immobilieninteressenten mit einem durchschnittlichen Honorar zwischen 1.000 und 2.000 Euro rechnen.

Manche Rechnung eines Sachverständigen kann deutlich höher ausfallen: Je komplexer oder auch größer das Objekt ist, das der Gutachter bewerten soll, umso teurer kann Sie seine Expertise kommen. Erkundigen Sie sich daher immer im Vorfeld eines Gutachtens, mit welcher Summe Sie etwa rechnen müssen.

Ein typisches Gutachten gliedert sich in verschiedene Abschnitte:

✔ einen zusammenfassenden Text

✔ die notwendigen Berechnungen

✔ eine Begründung der Ergebnisse

✔ einen Anhang, der alle verwendeten Unterlagen und Pläne beinhaltet

Und oft muss der Auftraggeber ein wenig Zeit mitbringen: Nicht selten dauert es zwei bis sechs Wochen, ehe der Sachverständige tatsächlich die Immobilie beziehungsweise die jeweilige Anlage in der Immobilie besichtigt, bewertet und die Ergebnisse schriftlich dokumentiert. Die Geduld lohnt sich aber in den meisten Fällen: Immer wieder stoßen Sachverständige auf den einen oder anderen Haken, mit dem Kaufinteressenten nicht gerechnet haben, der sie aber viel Geld kosten würde.

IN DIESEM KAPITEL

Gute Vorbereitung zahlt sich aus

Argumente für Rabatte

Zocken mit der Zeit

Kapitel 6
Präsentieren, präparieren, parieren: der Poker um den Preis

Na, wie oft sind Sie schon um Ihr Traumobjekt herumgepirscht und haben immer wieder durch die Fenster reingeschaut? Sie können es ruhig zugeben, dass Sie quasi täglich an dem netten Häuschen vorbeischauen und sich ausmalen, wie es wohl wäre, wenn das Schmuckstück Ihnen gehören würde.

Falls an dieser Stelle Ihr Traum von den eigenen vier Wänden immer platzt, weil das Angebot Ihr Budget sprengt, sollten Sie nicht gleich aufgeben. Möglicherweise hat der Verkäufer den Preis gezielt sehr hoch angesetzt, weil er weiß, dass Kaufinteressenten in der Regel immer verhandeln wollen. Unter Umständen steht das Haus aber auch schon einige Zeit leer, weil den Kaufaspiranten der Preis von vornherein zu hoch erscheint. Vielleicht ist der Verkäufer aber auch ein wüster Zocker, der einfach mal versucht, mehr aus seiner Immobilie herauszuholen, als sie tatsächlich wert ist.

Ob gebraucht oder neu – wer eine Immobilie erwerben will, sollte sich auf die anstehenden Kaufverhandlungen gut vorbereiten. Dieses Kapitel hilft Ihnen, mit der richtigen Strategie ans Werk zu gehen: Sie lesen, worauf Sie achten müssen, wenn der Verkäufer seinen gewünschten Kaufpreis rechtfertigt. Sie erfahren, warum es so wichtig ist, zu wissen, ob es Mitkonkurrenten um Ihr Wunschobjekt gibt. Uns natürlich finden Sie in diesem Kapitel auch viele Tipps, wie Sie sich in einer Kaufverhandlung ideal verhalten beziehungsweise wie Sie Manöver des Verkäufers mit Leichtigkeit parieren.

Wertvolle Verhandlungsstrategien für den Immobilienkauf

Ob schicke Galeriewohnung oder Gründerzeitvilla – steht ein interessantes Immobilienobjekt zum Verkauf, dauert es meist nicht lange bis zum Preisgeschacher. Da es in Deutschland keineswegs wie auf den Basaren in der Türkei oder in China üblich ist, knallhart um jeden Cent zu verhandeln, fehlen vor allem den Käufern oft die Erfahrung und die passende Strategie, um den Preis erfolgreich nach unten zu drücken. Dabei sind je nach Verhandlungsgeschick oft zwischen zehn und 20 Prozent Nachlass auf den Kaufpreis möglich.

Damit Sie nach Ihrem Notartermin nicht entsetzt feststellen, dass Sie weit mehr als notwendig für Ihre Immobilie bezahlt haben, sollten Sie sich auf die Preisverhandlungen akribisch vorbereiten und sich für alle Eventualitäten wappnen.

Pokern um den Preis

»Attraktive Doppelhaushälfte in bester Lage für 350.000 Euro«, »Alleinstehendes, großzügiges Liebhaberobjekt am Waldrand für 600.000 Euro«, Modernes Zweizimmerapartment im Stadtzentrum zum Schnäppchenpreis von 150.000 Euro«. Es ist nur allzu verständlich, dass die Verkäufer oder Bauträger ihre Objekte über den grünen Klee loben und obendrein auch noch behaupten, sie seien günstig, wenn nicht sogar äußerst günstig: Die Veräußerung einer Immobilie spült den Verkäufern in der Regel viel Geld in die Kasse – da ist die Versuchung oft groß, noch ein wenig mehr herauszuholen.

Ob noch vor oder unmittelbar nach dem Besichtigungstermin: Wer eine Immobilie in die engere Wahl zieht oder sich innerlich sogar schon entschieden hat, sie zu kaufen, sollte in etwa wissen, welche Quadratmeterpreise in der ausgewählten Gegend üblich sind. Entsprechende Informationen können Sie

- in den Immobilienteilen der Zeitungen finden,
- beim örtlichen Bauamt erfragen,
- bei den Maklern vor Ort recherchieren,
- über die Nachbarn erfahren.

Wie Sie weitere Details über die Quadratmeterpreise beziehungsweise den Verkehrswert Ihres Wunschobjekts herausfinden, können Sie in Kapitel 5 nachlesen.

Sobald Sie einigermaßen einordnen können, ob sich der Verkäufer an den Preisen des lokalen Immobilienmarktes orientiert, empfiehlt es sich, weitere Erkundigungen einzuziehen. Klären Sie,

- ob das Haus oder die Wohnung leer steht,
- wie lange das Objekt schon leer steht,
- wie viel der Verkäufer beim Kauf für das Objekt gezahlt hat.

Den meisten Verkäufern dürfte es nicht schwerfallen, auf diese Fragen ehrliche und offene Antworten zu geben. Strategisch clever müssen Sie dagegen vorgehen, wenn Sie noch weitere Details erfahren wollen. Für eine erfolgreiche Kaufpreisverhandlung ist es enorm hilfreich, zu wissen,

✔ ob der Verkäufer dringend Geld braucht,

✔ ob dem Verkäufer die Suche nach einem Käufer absolut lästig ist, weil sie Zeit kostet,

✔ warum der Verkäufer gelassen, hektisch oder nüchtern agiert,

✔ ob der Verkäufer generell eher ein geiziger oder ein großzügiger Mensch ist.

Verwickeln Sie den Verkäufer in ein nettes Gespräch. Fragen Sie ruhig nach, warum er die Immobilie verkaufen will und ob er sich ein neues Objekt anschafft. Lassen Sie ihn plaudern und geben Sie passende Stichworte, um mehr Informationen aus ihm herauszulocken. Auf Sätze wie: »Der Verkauf von so einer Immobilie muss eine Menge Zeit kosten«, oder »Schön, dass Sie Ihre Wohnung selbst verkaufen und das nicht einem Makler überlassen«, reagiert er womöglich und verrät Ihnen so ein paar wichtige Details – die müssen Sie meist jedoch zwischen den Zeilen heraushören!

Neben ihrem detaillierten Wissen über den lokalen Immobilienmarkt und hilfreichen Analysen über den Verkäufer haben Bieter normalerweise noch einen Trumpf für die Kaufpreisverhandlung in der Hand: Egal wie chic, neu oder begehrt – es gibt wohl kaum eine Immobilie, die nicht doch den einen oder anderen Schwachpunkt hat. Halten Sie daher bei der Besichtigung die Augen und Ohren offen und sprechen Sie anschließend die Schwächen des Objekts ohne Scheu an. Das können sein:

✔ ungünstig geschnittene Räume

✔ dunkle Zimmer

✔ renovierungsbedürftige Sanitäranlagen

✔ veraltete Heizkörper

✔ marode Fenster und Türen

✔ hoher Geräuschpegel von der Straße, dem Bahngleis oder dem Supermarkt

✔ Feuchtigkeit im Keller

✔ fehlende Isolierung des Dachgeschosses

✔ kein Garten, keine Garage

✔ kein Lift

✔ unordentliche Nachbarn

✔ fehlende Einbauküche oder Markise

Trampeln Sie aber nicht zu heftig auf den Schwächen Ihrer Wunschimmobilie herum. Hinter solch einem Gemecker vermutet der Verkäufer die Absicht, dass Sie den Kaufpreis vehement drücken wollen und die Immobilie nicht fair bewerten. Kaufinteressenten, die an dieser Stelle übertreiben, kann es passieren, dass der Verkäufer das Gespräch abblockt oder sich anderen Bewerbern zuwendet.

Wenn Sie die Kaufpreisverhandlung starten, sollten Sie natürlich schon wissen, wie viel Sie für den Kauf Ihrer eigenen vier Wände ausgeben können. Wer sicherstellen will, dass er tatsächlich richtig kalkuliert hat, geht mithilfe von Kapitel 9 noch mal alle wesentlichen Aspekte durch.

Anschließend notieren Sie sich am besten die Schwachstellen der Immobilie auf einem Blatt Papier und schätzen, inwieweit Sie angesichts dieser Mängel den Preis drücken könnten. Wenn Sie mit dem Verkäufer über konkrete Zahlen sprechen, sollten Sie unbedingt

- fair und sachlich argumentieren,
- nüchtern agieren,
- gelassen reagieren,
- spontane emotionale Entscheidungen vermeiden,
- ein Hintertürchen für weitere Verhandlungsrunden offenlassen.

 Geht es um Geld – und beim Kauf einer Immobilie geht es meist um sehr viel Geld –, kann die Atmosphäre eines Verhandlungsgesprächs schnell abkühlen oder im schlimmsten Fall hitzig werden. Auch wenn Sie das ausgewählte Objekt unbedingt kaufen wollen, sollten Sie sich fest im Griff haben und souverän agieren. Etliche Käufer und Verkäufer saßen schon beim Notar, um sich dann doch über 1.000 oder 2.000 Euro mehr oder weniger so zu streiten, dass der Verkauf der Immobilie noch platzte.

Wer Konflikten generell aus dem Weg geht und Meinungsverschiedenheiten oder Streit gar nicht verträgt, sollte sich gut überlegen, ob er die Kaufpreisverhandlungen persönlich vor Ort oder lieber am Telefon führt. Keine Frage, in der Regel ist ein persönliches Gespräch von Angesicht zu Angesicht vorteilhaft, da Gestik und Mimik des Gegenübers viel verraten.

Andererseits können Zornesfalten, blitzende Augen oder wiederholtes Abwinken mit beiden Händen vonseiten des Verkäufers Kaufinteressenten so verunsichern, dass sie sich nicht mehr trauen, weiter um den Preis zu pokern. Schüchterne, zurückhaltende Menschen greifen daher am besten zum Telefon, um den Anbietern ihre Preisgebote zu verkünden und zu erläutern.

 Wer sich eine Kaufpreisverhandlung nicht selbst zutraut, kann einen Experten damit beauftragen. Das kostet zwar ein wenig Geld, dafür muss man sich aber nicht Situationen aussetzen, die einen stark unter Stress setzen würden – und möglicherweise handelt ein Kaufberater sogar einen weit besseren Preis aus, als es dem Käufer selbst gelungen wäre.

Ob Profi oder Laie – einen garantierten Verhandlungserfolg gibt es nie. Überlegen Sie sich nur einmal, Sie würden Ihr Elternhaus verkaufen, wären aber nicht auf das Geld angewiesen. Würden Sie nicht auch jeden Bieter wieder nach Hause schicken, der Ihnen erzählt, dass dieses alte Haus kaum noch etwas wert ist? Denn für Sie hat die Immobilie natürlich nicht nur einen materiellen, sondern vor allem einen hohen ideellen Wert.

Will sich der Verkäufer nicht auf Preisverhandlungen einlassen oder weigert er sich strikt, auf Ihre Argumente einzugehen, sollten Sie sich gut überlegen, ob es wirklich unbedingt diese Immobilie sein muss.

Zocken mit der Zeit

Sie können es in jedem Karriereratgeber lesen: Wer seinen Chef um eine Gehaltserhöhung bitten will, sollte den richtigen Zeitpunkt erwischen. Was so trivial klingt, hat seine Gründe: Ein gut gelaunter, entspannter Chef gesteht seinem besten Mitarbeiter doch gern ein paar Euro im Jahr mehr zu. Muss sich der Vorgesetzte dagegen gerade auf ein schwieriges Strategiemeeting vorbereiten, hat er gar nicht den Kopf, sich mit der Anfrage seines Mitarbeiters auseinanderzusetzen. Die bittere Konsequenz: Er schmettert die Nachfrage wahrscheinlich ab.

Wie im Arbeitsleben entscheidet der richtige Zeitpunkt oft auch beim Kauf einer Immobilie über Erfolg und Misserfolg bei der Preisverhandlung. Kristallisiert sich das besichtigte Objekt als Favorit heraus, sollten Sie

✔ sich für die Verhandlung ausreichend Zeit nehmen,

✔ die Termine für die Verhandlungsrunden eher auf das Wochenende verlegen – da sind beide Parteien in der Regel entspannter und gelassener als werktags,

✔ Angebote zwischen Tür und Angel zwar zur Kenntnis nehmen, aber keine Entscheidungen treffen,

✔ vereinbarte Termine – sei es telefonisch oder persönlich – unbedingt pünktlich einhalten.

Manchmal kann es sich lohnen, mit dem Faktor Zeit zu zocken:

✔ Spüren Sie, dass Ihr Verkäufer es eilig hat, das Objekt an den Mann zu bringen, können Sie ihn locken. Bieten Sie ihm an, den Kauf zügig abzuwickeln – natürlich möglichst zu Ihren Preisvorstellungen!

✔ Zögerliche Verkäufer, die sich angesichts Ihrer Preisvorschläge zieren, sollten Sie daran erinnern, dass sie Monat für Monat Zinsverluste in Kauf nehmen müssen, wenn die Immobilie unverkauft bleibt.

✔ Besteht die Gefahr, dass die Bauzinsen demnächst steigen, können Sie den Verkäufer darauf aufmerksam machen, dass es mit jedem Prozentpunkt mehr schwieriger wird, Käufer zu finden.

✔ Gibt es keinen weiteren Bieter für das Objekt und erweist sich der Verkäufer in den Verhandlungen als harter Hund, können Sie Ihr Angebot abgeben und einfach abwarten, ob er Ihnen mit dem Preis nicht doch irgendwann entgegenkommt.

Geld sparen – Makler ausspielen

Über Makler gehen die Meinungen hierzulande weit auseinander: Für die einen sind sie Vermittler, deren Arbeit nur zusätzliche Kosten verursacht. Für die anderen sind sie tolle Helfer, wenn es um die Suche nach einer passenden Immobilie oder den Verkauf eines Objekts geht. In Deutschland sind sie trotz aller Kritik gut im Geschäft: Etwa die Hälfte der Immobilienverkäufe im privaten Bereich wickeln sie ab – und verlangen für jeden erfolgreichen Abschluss eine satte Provision oder Courtage.

Die Krux dabei: Es gibt keinerlei gesetzliche Vorschriften, wie viel ein Makler für die gelungene Vermittlung einer Immobilie überhaupt verlangen kann oder darf. Von Kiel bis Garmisch, von Saarlouis bis Görlitz – jede Region in Deutschland hat ihre eigene »ortsübliche Courtage«. Je nach Standort betragen die Maklerprovisionen zwischen drei und über sieben Prozent des Kaufpreises.

Kaufen Sie beispielsweise in Nürnberg eine Doppelhaushälfte für 380.000 Euro und lassen sich dabei von einem Makler helfen, der eine Provision von fünf Prozent fordert, kostet Sie das 19.000 Euro zusätzlich.

Es ist immer einen Versuch wert, mit dem Makler über die Höhe seiner Provision zu verhandeln. Mancher Vermittler gibt sich schon mal mit einer geringeren Courtage zufrieden. Je mehr Interessenten es jedoch für die Immobilie gibt, desto niedriger dürfte die Wahrscheinlichkeit sein, dass sich ein Makler auf günstigere Konditionen einlässt.

Natürlich gibt es Wege und Möglichkeiten, eine Immobilie auch ohne die Hilfe eines Vermittlers zu kaufen. Da – wie Sie ja bereits wissen – aber die Hälfte aller Verkäufer Makler einschalten, müssen Sie gleich von Beginn an clever zu Werke gehen.

Haben Sie ein Haus entdeckt, dessen Lage und dessen Äußeres Sie anspricht und das zum Verkauf angeboten ist, sollten Sie

✔ sich auf den einschlägigen Internetplattformen wie www.immobilienscout24.de schlaumachen, ob es dort provisionsfrei angeboten wird;

✔ in den Immobilienseiten der örtlichen Tageszeitungen suchen, ob es dort von einem oder mehreren Maklern oder vom Eigentümer selbst angeboten wird;

✔ sich beispielsweise bei den Nachbarn erkundigen, wer der Eigentümer ist und ihn konkret auf das Objekt ansprechen;

✔ beim Eigentümer – sofern Sie ihn ausfindig machen konnten – nachfragen, ob er sich das Recht bewahrt hat, seine Immobilie trotz des Auftrags an den Makler auch selbst zu verkaufen.

Zugegeben, wenn Sie nur den Namen des Eigentümers haben, ist es nicht ganz leicht, ihn zu kontaktieren – noch dazu, wenn er möglicherweise Müller, Meier oder Schmidt heißt. Lassen Sie sich davon nicht abschrecken: Mit etwas Kreativität können Sie ihn bestimmt finden:

✔ Erkundigen Sie sich beispielsweise bei den Nachbarn, ob er noch am Ort wohnt.

✔ Versuchen Sie, alte Freunde von ihm aufzutreiben.

✔ Fragen Sie nach, wo er arbeitet oder gearbeitet hat.

✔ Forschen Sie im Internet unter www.teleauskunft.de nach der Telefonnummer, wenn er keinen 0815-Namen hat.

✔ Hinterlassen Sie eine Nachricht an der Immobilie und bitten um Rückruf – möglicherweise schaut er ja noch regelmäßig an seinem Haus vorbei.

Irgendeiner dieser Wege bringt Sie sicherlich auf die richtige Fährte, um direkt mit dem Eigentümer über die Immobilie sprechen zu können.

 Einige Makler wissen nur zu gut, wie sie Kunden anlocken können. Sie werben damit, dass sie die angebotene Immobilie »provisionsfrei« vermitteln. Seien Sie bei solchen Aussagen auf der Hut: Meist haben die Vermittler ihre Provision schon in den Kaufpreis eingerechnet.

Ist der Kontakt zum Eigentümer hergestellt, können sich unterschiedliche Perspektiven eröffnen:

✔ Der Eigentümer verweist Sie rigoros an den beauftragten Makler – schade, aber einen Versuch war es wert.

✔ Der Eigentümer verhandelt persönlich mit Ihnen – perfekt!

✔ Der Eigentümer verhandelt persönlich mit Ihnen, informiert aber seinen Makler, dass er einen Interessenten an der Hand hat – Achtung, Falle!

Natürlich will ein ehrgeiziger Vermittler nicht tatenlos zusehen, wie sein Auftraggeber das Objekt selbst verkauft. Schließlich geht ihm dann viel Geld durch die Lappen. Also wird er zum Telefon greifen und Sie anrufen. Und spätestens ab diesem Zeitpunkt gilt für Sie höchste Alarmstufe!

Lassen Sie sich nämlich auf ein Gespräch mit dem Makler über das Objekt ein oder besichtigen gar gemeinsam mit ihm das Haus oder die Wohnung, ist er im Geschäft! Er kann Ihnen gegenüber seine geleisteten Dienste geltend machen und Provision verlangen. Kontaktiert Sie ein beauftragter Makler, obwohl Sie mit dem Eigentümer selbst verhandeln, sollten Sie

✔ höflich darauf verweisen, dass Sie seine Hilfe und Dienste nicht beanspruchen;

✔ jeglichen Versuch des Maklers, über das Objekt zu reden, sofort unterbinden;

✔ das Gespräch nicht unnötig ausdehnen, sondern konsequent beenden;

✔ bei dem Eigentümer nachfragen, ob er – wie der Vermittler behauptet – gewisse Dokumente oder anfallende Arbeiten über den Makler abwickeln will.

Hartnäckig und unverbesserlich

Sein Traumhaus entdeckte das Ehepaar Hofmann an einem Sonntagnachmittag: Das Pärchen überlegte lange, ob es die Telefonnummer, die auf einem alten Holzschild am Baum gegenüber des Hauses hing, am Sonntag anwählen sollte. Letztendlich überwog die Neugierde auf das Haus und die Hofmanns riefen an. Der Eigentümer war hoch erfreut und vereinbarte mit den Hofmanns einen Besichtigungstermin.

Nach der Besichtigung des Objekts und einer weiteren Woche Bedenkzeit erklärten die Hofmanns dem Verkäufer, dass sie ihm gern das Haus abkaufen würden. Er gab ihnen den Zuschlag. Nur eine Stunde später klingelte bei den Hofmanns das Telefon: Ein Mann nuschelte seinen Namen und einen nahezu unverständlichen Nachsatz. Er könne gern noch weitere Informationen zu dem Objekt geben und auch dabei helfen, alle nun anstehenden Schritte abzuwickeln. Nur weil die Hofmanns hartnäckig nachfragten, erfuhren sie, dass der Makler des Eigentümers am anderen Ende des Telefons war.

Auf ihren höflichen Hinweis, es sei alles geklärt und sie bräuchten keine Hilfe, reagierte der Makler nicht: Er fing sofort an, Details des Objekts zu schildern. Die Hofmanns legten auf. Bis zum Notartermin versuchte der hartnäckige Vermittler noch weitere vier Mal, mit den Hofmanns über das Haus zu sprechen. Allerdings vergeblich, denn die beiden waren nach dem ersten Anruf alarmiert und hoben am Ende gar nicht mehr ihr Telefon ab.

Konkurrenz um das Objekt berücksichtigen

Kaufinteressenten, die gern feilschen, können in Kaufverhandlungen für eine Immobilie unter bestimmten Umständen einiges rausholen: Sie spielen locker den Makler aus, zocken mit der Zeit oder pokern wild um jeden Euro des Kaufpreises.

Das lässt sich alles wunderbar machen – sofern Sie der einzige Interessent für das Objekt sind! Wer beobachtet, dass es weitere Bieter für die ausgewählte Immobilie gibt, kann meist nicht mehr frech drauflosfeilschen. Wer es trotz eines oder mehrerer Konkurrenten versuchen möchte, den Kaufpreis zu drücken, sollte zumindest einige Punkte beachten:

- ✔ Versuchen Sie, herauszufinden, wie viel Ihr Konkurrent für das Objekt bietet.
- ✔ Erkundigen Sie sich, ob der Bieter möglicherweise noch andere Immobilien in die engere Wahl zieht.
- ✔ Achten Sie darauf, wem der Eigentümer oder der Makler möglicherweise mehr zugeneigt ist – Ihnen oder Ihrem Konkurrenten.

✔ Versuchen Sie, herauszufinden, wie tatkräftig der Mitbieter agiert beziehungsweise wie viel Zeit er sich für eine Kaufentscheidung nehmen will.

✔ Bitten Sie den Eigentümer oder Makler, Sie nochmals zu informieren, ehe er dem Konkurrenten möglicherweise den Zuschlag für die Immobilie gibt.

Verrät Ihnen der Eigentümer das Angebot des oder der anderen Bieter und setzt Sie zeitlich unter Druck, dass Sie nur noch im Rennen bleiben, wenn Sie Ihr Angebot sofort erhöhen, sollten Sie nicht spontan reagieren. Unter Umständen will er so nur den Kaufpreis, den Sie vielleicht schon um einige Tausend Euro nach unten geschraubt haben, wieder in die Höhe treiben.

Vergessen Sie nie: An einem Haus hängen Emotionen. In vielen Fällen wurden hier Kinder groß oder die Eltern haben dort schon gelebt. Wenn der Verkäufer kein eiskalter Kaufmann ist, kann dies dazu führen, dass er, vielleicht auch unbewusst, den Kaufinteressenten bevorzugt, der sich am meisten Zeit für die Geschichte des Hauses und seiner Bewohner nimmt und zumindest mit Respekt das längst in die Jahre gekommene Küchenmobiliar oder den Partykeller in Augenschein nimmt. Eventuell macht es sogar Sinn, ein wenig Geld in die Ablöse von Dingen zu investieren, die dem Vorbesitzer offenkundig besonders teuer sind, – und damit die Konkurrenten auszustechen.

Generell gilt aber, wie im gesamten Geschäftsleben, dass man sich durch vermeintliche oder tatsächliche Offerten von Konkurrenten nicht von der eigenen Strategie abbringen lassen sollte. Das heißt: Wenn andere Käufer einen wesentlich höheren Preis bieten, der Ihr Budget sprengt: Finger weg! Wenn der Verkäufer kurzfristig auf einem Notartermin besteht, obwohl Sie Ihre Analyse noch nicht abgeschlossen haben: Finger weg! Denn vergessen Sie nie: Der Kauf dieser Immobilie ist vermutlich die größte Investition Ihres Lebens – und die sollte gut überlegt sein.

Teil III
Finanzieren: Jetzt geht es um die Kohle

IN DIESEM TEIL ...

Hier dreht sich alles um Ihr Geld: Sie erfahren, wie viel Immobilie Sie sich leisten können bzw. sollten. Dazu bedarf es eines schonungslosen Kassensturzes: Wer sich hier ein X für ein U vormacht, wird das über viele Jahre hinweg bereuen.

Alles Wissenswerte um den Geldgeber Nummer eins: die Bank. Lesen Sie, wie Sie das passende Institut finden, welche Konditionen Usus sind und worauf Sie im Gespräch achten sollten. Ein weiteres Kapitel widmet sich alternativen Kapitalquellen: Denn auch Bausparkassen, Versicherer, der Staat und oft auch die Familie können ihren Teil zu Ihrer Finanzierung beisteuern.

Geballtes Know-how für den Tag X und den Tag danach: Mit der Zahlung des Kaufpreises und der Nebenkosten enden die finanziellen Belastungen, die aus einer Immobilie resultieren, noch lange nicht. Informieren Sie sich über die Folgekosten sowie Möglichkeiten, sie zu reduzieren. Vor allem beim Thema Energiesparen gibt es oft ein erhebliches Sparpotenzial.

IN DIESEM KAPITEL

Vom Kassensturz zum Budget

Genügend Geld zum Leben

Mehr Budget dank Muskelhypothek

Kapitel 7
So viel Haus können Sie sich leisten

Kein Zweifel, bestimmt haben Sie schon längst eine grobe Idee, wie Ihr Haus aussehen soll. Aber wissen Sie auch, wie viel Haus Sie sich überhaupt leisten können? Nun, sicherlich haben Sie sofort parat, wie viel Miete Sie derzeit monatlich bezahlen und wie hoch die Nebenkosten sind. Das ist schon eine Menge, reicht aber bei Weitem nicht aus, um herauszufinden, wie groß Ihr finanzieller Spielraum tatsächlich ist.

Dafür müssen Sie zunächst genau ermitteln, wie viel Geld Ihnen monatlich frei zur Verfügung steht: 800 Euro? 1.100 Euro? 2.000 Euro? Vielleicht sind es aber auch nur 250 Euro? Falls Sie jetzt die Stirn runzeln, sollten Sie sich schleunigst an die Arbeit machen.

In diesem Kapitel zeigen wir Ihnen, warum es so wichtig ist, einen möglichst exakten Überblick über die Finanzen zu haben. Sie erfahren, welches Geld Sie keinesfalls für Ihren Immobilienkredit einplanen dürfen, und Sie lesen, warum jeder Hunderter extra für die Rate des Immobilienkredits massive Auswirkungen auf die Finanzierung Ihres Wunschobjekts hat.

Droht der Traum von den eigenen vier Wänden wegen Ihrer finanziellen Situation zu platzen, müssen Sie nicht resigniert aufgeben: In diesem Kapitel zeigen wir Ihnen zudem, wie Sie viele Tausend Euro sparen, wenn Sie selbst Hand an Ihr Eigenheim legen. Wir informieren Sie ausführlich über die sogenannte *Muskelhypothek*. Sie erfahren auch, wie Sie Ihren persönlichen Einsatz in die Kalkulation für Ihr Haus einbringen.

Kassensturz auf dem Konto

Klar, es ist schön, von einem großen Wohnzimmer mit offenem Kamin oder einem riesigen Hobbykeller mit Tischtennisplatte und Kicker zu träumen. Trotz aller Euphorie für die Planung der eigenen vier Wände müssen Sie zunächst einen detaillierten Überblick über Ihre

Finanzen gewinnen. Schließlich wollen Sie auch als Immobilieneigentümer täglich mindestens eine warme Mahlzeit essen, mal ins Kino gehen und sich einen Urlaub gönnen, oder? Und das Geld für Ihre monatliche Kreditrate müssen Sie ja auch irgendwie aufbringen.

Um ehrlich zu sein: Jetzt hilft nur Fleißarbeit. Am besten stellen Sie sich etwas Leckeres zum Trinken auf den Tisch, zücken Ihren Taschenrechner und notieren haarklein, was Sie so ausgeben. Wir kennen Ihre Kaufgewohnheiten nicht, möglicherweise hilft es Ihnen auch, wenn Sie sich ein wenig Schokolade als Nervennahrung parat stellen. Vielleicht sehen Sie zum ersten Mal Ihre Ausgaben auf einen Blick? Das kann Sie möglicherweise hart treffen.

Tabelle 7.1 gibt Ihnen einige Anhaltspunkte, an was Sie alles denken sollten, wenn Sie Ihre Ausgaben auflisten. Unter www.fuer-dummies.de steht sie für Sie zum Download bereit.

Ihre monatlichen Ausgaben müssen Sie jetzt nur noch Ihren Einnahmen gegenüberstellen und schon wissen Sie, wie viel Geld Ihnen am Ende des Monats übrig bleibt.

Wer sich ein bezugsfertiges Häuschen oder eine fertige Wohnung kauft, muss natürlich die Miete nicht mehr in seiner Ausgaben-Checkliste aufführen. Diesen Betrag kann er unter der Rubrik frei verfügbar verbuchen.

Wer sich dagegen eine Immobilie kauft, die erst noch fertiggestellt werden muss, darf den monatlichen Mietbetrag keinesfalls aus der Aufstellung streichen. Es kommt sehr oft vor, dass Immobilienkäufer für eine gewisse Zeit ihre Miete bezahlen und auch schon die ersten Kreditraten leisten müssen.

Gut, jetzt haben Sie also Ihre Ausgaben fein säuberlich sortiert vor sich liegen – was Sie nun mit Ihren Erkenntnissen machen, hängt ganz allein von Ihnen ab. Möglicherweise stellen Sie fest, dass Sie sich sehr wenig Extras leisten und Ihr Geld akribisch zusammenhalten. Wunderbar! Wer dagegen erschrocken registriert, dass ihm Monat für Monat eigentlich nur ein geringer Betrag übrig bleibt, weil er recht großzügig mit dem Einkommen umgeht, der muss sich überlegen, ob er angesichts seiner großen Pläne nicht doch lieber an der einen oder anderen Stelle spart.

Die Chancen, auf so manche überflüssige Ausgabe zu stoßen, sind meist groß, denn ein wenig Luxus gestatten sich doch die meisten, oder? Sie müssen ja nicht unbedingt einen Audi Q5 fahren, möglicherweise reicht Ihnen auch ein Mazda2 für die Fahrten, die Sie erledigen müssen. Und vielleicht hält Ihr Laptop oder Ihr Computer auch mal fünf bis sechs Jahre – Sie müssen ihn nicht automatisch nach zwei oder drei Jahren ausrangieren, nur damit wieder das neueste Modell auf Ihrem Schreibtisch steht.

Wer sich selbst ein Spardiktat verordnen möchte, nimmt am besten die Dinge zuerst unter die Lupe, die viel Geld verschlingen:

 Urlaub

 Auto

KAPITEL 7 So viel Haus können Sie sich leisten

Ausgaben	Januar	Februar	März	April ...
Miete				
Heizung				
Strom				
Gas				
Wasser				
Ernährung/Haushalt				
Körperpflege/Medikamente				
Kleidung/Schuhe				
Telefon/Handy/Internet				
Rundfunk/TV				
Zeitungs-/Zeitschriften-Abos				
Vereinsbeiträge				
Lebensversicherung				
Private Haftpflichtversicherung				
Krankenversicherung				
Krankenzusatzversicherung				
Hausratversicherung				
Rechtsschutzversicherung				
Auto/Verkehrsmittel				
Kfz-Versicherung				
Kfz-Steuer				
Private Altersvorsorge				
Bausparvertrag				
Kreditratenzahlungen				
Sparverträge				
Taschengeld Kinder				
Urlaub				
Ausrüstung/Ausgaben für Hobby/Freizeit/Bildung				
Geschenke				
Genussmittel				
Fahrgeld				
Sonstiges				
Sonstige Festausgaben				
Gesamt				

Tabelle 7.1: Ausgaben-Checkliste

✔ Hobbys

✔ Freizeitgestaltung

✔ Bekleidung

✔ Restaurantbesuche

Falls Sie jetzt genervt den Kopf schütteln und vor sich hin schimpfen, dass Sie wegen eines Hauskaufs nicht auf all die schönen Dinge in Ihrem Leben verzichten wollen, dann haben wir einen kleinen Trost für Sie parat: Möglicherweise vermissen Sie den einen oder anderen Kurzurlaub oder den fünften Besuch bei Ihrem Lieblings-Italiener im Monat gar nicht. Und vielleicht zeigt sich auch schon nach den ersten paar Monaten, in denen Sie Ihren Kredit tilgen, dass Sie gar nicht so heftig oder überhaupt nicht auf die Ausgabenbremse treten müssen.

Eine Münchner Familie entschied sich vor einigen Jahren, ein frei stehendes Haus zu kaufen. Da sehr wenig Startkapital vorhanden war, musste sie einen Kredit von mehr als 550.000 Euro aufnehmen. Nachdem der Kreditvertrag bei der Bank unterschrieben war, drehte die Familie in den ersten Monaten jeden Cent zweimal um, ehe sie mal zum Essen oder zum Skifahren ging. Nach etwa einem halben Jahr stellte sie fest, dass sie deutlich mehr Geld am Ende des Monats übrig hatte als vor dem Hauskauf. Entspannt hörten die Münchner auf, sich bei jeder Ausgabe zu fragen, ob sie sich das leisten können oder nicht – und die Rückkehr zu den alten Ausgabegewohnheiten hatte keinerlei negative Folgen für das Konto.

Dank Internet lässt sich mithilfe von Immobilienrechnern schnell ermitteln, wie viel Haus Sie sich tatsächlich leisten können. In der Regel müssen Sie die Rechner mit einigen Daten füttern und dann spucken sie Ihnen innerhalb von wenigen Sekunden ihre Berechnungen aus. Wir haben in Tabelle 7.2 zwei Beispiele für Sie herausgepickt.

Aktuelle Kaltmiete	500 €	1.000 €
Evtl. zusätzlich verfügbarer Betrag	350 €	850 €
Nominalzinssatz	3,0 %	3,0 %
Tilgung	1,0 %	1,0 %
Geschätzte Notarkosten	1,4 %	1,4 %
Maklerhonorar	3,6 %	3,6 %
Grunderwerbssteuer	3,5 %	3,5 %
Evtl. verfügbares Eigenkapital	10.000 €	30.000 €
Berechneter Darlehensvertrag	255.000 €	555.000 €
Die Gesamtkosten	265.000 €	585.000 €
Max. realisierbarer Kaufpreis	244.240 €	539.200 €

Tabelle 7.2: Berechnung – so viel Haus können Sie sich leisten

Mein Budget, meine Vorsorge – was Sie nicht für die Immobilie ausgeben dürfen

Es war schon immer Ihr lang ersehnter Traum, eine eigene Immobilie zu besitzen? Absolut verständlich! Aber trotz aller Begeisterung, dass Sie demnächst zu der großen Schar von Immobilieneigentümern gehören, dürfen Sie in Ihren Traum nicht jeden Cent investieren. Der eine oder andere Schutz ist auch weiterhin unerlässlich. Dazu zählen:

✔ Private Altersvorsorge

✔ Berufsunfähigkeitsschutz

✔ Absicherung der Familie im Todesfall

Das Leben nach dem Beruf – die Altersvorsorge

Der eine geht mit 63 Jahren, der andere plant sein gemütliches Rentendasein ab 65 Jahren und wieder andere wissen schon heute, dass sie bis 76 Jahre arbeiten müssen. Egal wann Sie in Ihren wohlverdienten Ruhestand gehen: Ab diesem Tag müssen Sie von Ihren Renteneinkünften und/oder von Ihrem Ersparten leben.

Machen Sie nicht den Fehler, der schon vielen Menschen im hohen Alter großen Kummer bereitet hat: Denken Sie nicht, dass Sie mit einer eigenen Immobilie im Alter finanziell aus dem Schneider sind. Natürlich müssen Sie in diesem Fall keine Miete bezahlen, aber Sie brauchen Lebensmittel und Kleidung, müssen unter Umständen für die eine oder andere Versicherung wie den Brandschutz für Ihr Haus aufkommen und möglicherweise wollen Sie auch noch ein wenig in der Welt herumreisen, schließlich hätten Sie ja dann die Zeit dazu. Eine Immobilie allein reicht Ihnen keinesfalls, damit Sie im Alter frei von Geldsorgen sind.

Je früher Sie sich also damit beschäftigen, wie Sie Ihr Einkommen im Alter bestreiten wollen, desto besser. Einen ersten Überblick, was Sie schon zurückgelegt haben beziehungsweise ob noch Handlungsbedarf besteht, erhalten Sie am besten, wenn Sie Ihre Liste auf den Tisch legen, auf der Sie Ihren Kassensturz dokumentiert haben. Hier finden Sie sicherlich den einen oder anderen Betrag, mit dem Sie privat bereits Monat für Monat für Ihre Rente vorsorgen. Anschließend sollten Sie noch einen Schritt weitergehen und Ihre schon erworbenen Ansprüche auflisten. Das können sein:

✔ Die staatliche Rente. Einmal pro Jahr informiert Sie die staatliche Rentenversicherung, wie viel Rente Sie eines Tages erwarten dürfen.

✔ Die Betriebsrente. Gerade in größeren Firmen ist die Betriebsrente unverändert eine gängige Form der Altersvorsorge.

✔ Die Riester-Renten oder andere Sparformen. Auch hier sammeln sich über Jahre erkleckliche Beträge an.

Wenn Sie all diese Beträge summieren, wissen Sie ungefähr, mit welchen Summen Sie im Alter rechnen können. Ob der Betrag für Ihren gewohnten Lebensstil reicht, müssen Sie anschließend selbst entscheiden. Falls Sie zu dem Schluss kommen »Das könnte eng werden«, sollten Sie eine weitere Übersicht erstellen, die drei Schritte umfasst:

1. Legen Sie fest, wie viel Geld Sie im Alter voraussichtlich unbedingt brauchen.

2. Wählen Sie geeignete Anlageformen aus beziehungsweise ergänzen Sie Ihre bisherigen um ein oder zwei weitere.

3. Setzen Sie monatliche Sparbeträge fest, um Ihr Ziel zu erreichen.

Bei dieser Aufstellung steht am Anfang selbstverständlich die Frage, wie viel Geld Sie denn gern im Alter hätten. Um diese zu beantworten, sollten Sie Ihr aktuelles Nettoeinkommen nehmen, sofern Sie damit den gewünschten Lebensstil bestreiten können, und davon ein Drittel oder ein Viertel abziehen. Anschließend haben Sie eine ungefähre Vorstellung davon, was Sie im Alter Monat für Monat ausgeben wollen. Dementsprechend hoch muss die Summe sein, die Sie ansparen sollten, um Ihren Lebensabend ohne Sorgen genießen zu können.

Erschrecken Sie jetzt nicht! In der Regel kommt bei einer solchen Rechnung ein enorm hoher Betrag heraus, der schon mal an der Millionengrenze kratzt – vor allem, wenn Sie nicht von den Ersparnissen, sondern von den Erträgen leben wollen. Wie Sie das schaffen möchten? Indem Sie parallel zu Ihrem Immobilienkauf – geschickt und gut beraten – das weitere Spektrum der Ihnen zur Verfügung stehenden Anlageformen nutzen. Die Optionen sind immens:

✔ Mietwohnungen

✔ Die eigene Immobilie

✔ Kapitallebensversicherung

✔ Private Rentenversicherung

✔ Freiwillige Beiträge zur gesetzlichen Rentenversicherung

✔ Aktien und Fonds

Der Dreh- und Angelpunkt für Sie sind sicher die eigenen vier Wände. Wer im Alter im eigenen abbezahlten Häuschen lebt, hat erheblich weniger laufende Ausgaben als ein Mieter. Aber wie die Warnung oben schon zeigt: Andere Ausgaben kommen trotzdem auf Sie zu. Es ist also keine sinnvolle Strategie, alles Ersparte in die Villa am Stadtrand zu stecken.

Es würde in diesem Buch zu weit führen, Sie umfassend über Ihre Möglichkeiten, fürs Alter vorzusorgen, zu informieren. Daher an dieser Stelle erst einmal ein Tipp:

Lassen Sie sich unbedingt umfassend und von mehreren Experten beraten! Anlaufstellen sind nicht nur die Bankfiliale um die Ecke, sondern auch Konkurrenzinstitute, Versicherer und Vermögensberater.

Vorsicht vor der Rentenlücke! Immer wieder legen Ihnen Berater gern eine Übersicht vor, aus der hervorgeht, dass Ihnen Millionen fehlen, um Ihre Rentenlücke zu schließen. Sprich: Die Differenz zwischen Ihrem aktuellen und dem Zielvermögen, das Sie benötigen, um Ihren Lebensstandard zu halten, ist angeblich erheblich. Hinterfragen Sie unbedingt alle Annahmen des Beraters. Berater berechnen Ihre Altersvorsorge häufig unter der Maßgabe des Vermögenserhalts. Das würde bedeuten, dass Sie Ihre Altersvorsorge allein aus Zinsen bestreiten und das eigentliche Vermögen unangetastet lassen beziehungsweise es ungeschmälert an die nächste Generation vererben. Das ist natürlich eine persönliche Entscheidung, aber Sie sollten wissen, dass Sie zumindest einen Teil Ihres Vermögens durchaus selbst verbrauchen können – und sich Ihre Rentenlücke dadurch erheblich vermindert!

Typisch Berater, werden Sie sich jetzt möglicherweise denken. Aber auch wenn manche Berater schwierige Zeitgenossen sind, in den Beratungsgesprächen werden Sie von ihnen sicherlich auf bewährte Faustregeln hingewiesen – und die sollten Sie unbedingt beherzigen. Dazu zählt beispielsweise das Thema Streuung: Wer in eine Rentenversicherung einzahlt, in eine Immobilie investiert und jeden Monat einen Aktiensparplan füttert, läuft weniger Gefahr, während eines Börsen- oder Immobiliencrashs sein gesamtes Vermögen zu verlieren. Die eigene Immobilie schützt zudem vor Inflation, wenn beispielsweise Rentenwerte unter Druck geraten.

Eine weitere wichtige Faustregel lautet: Kontinuität. Ihre Altersvorsorge darf nicht zur Restgröße verkommen, bei der Sie das Geld, das Sie nicht für Ihre Lebenshaltung brauchen, zur Seite legen. Vielmehr sollten Sie Sparbeiträge festsetzen, die monatlich von Ihrem Konto abgebucht werden. Das gilt für die Tilgung Ihrer Immobilie ebenso wie für Ihre Versicherungsbeiträge oder Sparpläne. Falls es finanziell mal knapp wird, durchforsten Sie natürlich zuerst Ihre privaten Ausgaben, bevor Sie bei Ihrer Altersvorsorge den Rotstift ansetzen. Denken Sie immer daran: Sie werden länger leben, als Sie in der Regel arbeiten wollen – und genau für den Fall sollten Sie vorsorgen.

Zugegeben, das war jetzt sehr viel auf einmal! Deswegen hier noch einmal die wichtigsten Grundregeln zum Thema Altersvorsorge auf einen Blick. Schließlich wollen Sie Ihr Haus oder Ihre Wohnung im Alter bestimmt – finanziell gut abgesichert – genießen:

1. Machen Sie einen Kassensturz.

2. Beginnen Sie Ihre Altersvorsorge früh und verschieben Sie sie nicht auf später.

3. Sorgen Sie kontinuierlich vor. Legen Sie jeden Monat einen Teil Ihres Einkommens für die Altersvorsorge zurück.

4. Vergleichen Sie gründlich. Lassen Sie sich bei der Auswahl Ihrer Altersvorsorge-Produkte Zeit.

5. Streuen Sie das Risiko und investieren Sie in verschiedene Produkte.

6. Investieren Sie – wie geplant – in die eigenen vier Wände, sie sind eine zuverlässige Säule für Ihre Altersvorsorge.

Krank für den Rest des Lebens – die Berufsunfähigkeit

Sie strotzen vor Gesundheit und Tatendrang und Ihre tägliche Joggingrunde wird von Woche zu Woche länger? Perfekt! Aber falls Sie jetzt denken »Ich werde schon nicht berufsunfähig« und weiterblättern möchten, machen Sie einen großen Fehler. Nehmen Sie sich die Zeit, die folgenden Fakten auf sich wirken zu lassen:

- ✔ In Deutschland wird jeder vierte Arbeitnehmer vor dem Renteneintritt aus gesundheitlichen Gründen berufsunfähig.

- ✔ Die wichtigsten Ursachen hierfür sind nicht Unfälle, sondern schlichter Verschleiß wie Wirbelsäulen- und Gelenkschäden sowie zunehmend psychische Leiden.

Allein diese beiden Aspekte zeigen, dass Sie sich mit diesem – zugegebenermaßen unerfreulichen – Thema auseinandersetzen sollten. Denn im Zweifelsfall lässt Sie ein gesundheitlicher Schaden nicht mehr arbeiten, aber der Kredit für Ihr Haus oder Ihre Wohnung ist erst zur Hälfte abbezahlt. Und dass die Banken in solchen Fällen relativ wenig Geduld mit ihren Schuldnern haben, dürfte Ihnen bekannt sein?

Es ist noch gar nicht so lange her, da war das Thema Berufsunfähigkeit in Deutschland nicht derart virulent. Früher zahlte die Rentenversicherung bei Berufsunfähigkeit vorzeitig Rente. Doch das ist leider Vergangenheit: Eine volle Rente wegen Erwerbsminderung bekommt laut dem sechsten Buch des Sozialgesetzbuchs, Paragraf 43, nur derjenige, der

> »... wegen Krankheit oder Behinderung auf nicht absehbare Zeit außerstande ist, unter den üblichen Bedingungen des allgemeinen Arbeitsmarktes mindestens drei Stunden täglich erwerbstätig zu sein ...«

Wer mindestens sechs Stunden täglich erwerbstätig bleiben kann, bekommt nur die halbe Erwerbsminderungsrente. Nichts findet sich in dem Gesetz mehr davon, dass man lediglich in seinem eigenen Beruf nicht mehr oder nur noch eingeschränkt tätig sein kann. Das neue Credo lautet: Wer noch irgendwas machen kann, soll das machen, statt Rente zu kassieren. Und eine solche Erwerbsminderungsrente kann im Übrigen auch nur der beanspruchen, der mindestens fünf Jahre in die Sozialkassen eingezahlt hat.

Dagegen hilft nur eins: eine Versicherung. Auch wenn die Police zusätzliche Kosten für Sie bedeutet, die Sie sich möglicherweise angesichts Ihres geplanten Immobilienerwerbs gern sparen würden – um den Abschluss einer Berufsunfähigkeitsversicherung kommen Sie nicht herum.

Die Kosten solch einer Versicherung hängen von verschiedenen Faktoren ab:

- ✔ Ihrem persönlichen Risiko, vorzeitig berufsunfähig zu werden
- ✔ Der Risikogruppe, in die Sie Ihr Versicherer einteilt
- ✔ Ihrem Alter bei Eintritt
- ✔ Dem gewünschten Leistungsangebot
- ✔ Dem Zahlungsbeginn

Je länger Sie auf Ihre finanziellen Reserven zurückgreifen, bevor die Versicherung einspringt, je risikoärmer Ihre Tätigkeit ist und je jünger Sie bei Vertragsabschluss sind, desto geringer ist der Beitragssatz. Im Klartext: eine gute Nachricht für alle Schreibtischtäter der Geburtsjahre 1975 und später und ein echter Kostenblock für körperlich Schaffende. Wer beispielsweise als dreißigjähriger Berater eine Berufsunfähigkeitsversicherung über eine Rente von 1.500 Euro abschließt, kommt mit Beiträgen von 55 bis 75 Euro monatlich hin.

Sie sollten unbedingt die Kombination von Versicherungen prüfen! In vielen Fällen lassen sich Berufsunfähigkeitsversicherungen mit Lebens- und Rentenversicherungen verbinden. Ob sich das lohnt, ist am Ende eine Kostenfrage, die Ihr Versicherer für Sie klären muss.

Aber Vorsicht: Versicherung ist natürlich längst nicht gleich Versicherung. Die Tücke bei der Berufsunfähigkeit liegt im Kleingedruckten. Achten Sie bei der Auswahl unbedingt auf die folgenden Kriterien:

- ✔ **Enge Fassung der Berufsunfähigkeit.** Mancher Vertrag enthält eine sogenannte abstrakte Verweisung, das bedeutet: Der Versicherer zahlt nicht, solange Sie noch ähnliche Tätigkeiten ausüben können, egal ob Sie das wollen und können oder nicht.

- ✔ **Früher Zahlungsbeginn.** Nach sechs Monaten sollte die Versicherung wirklich zahlen – und nicht, wie in manchen Fällen, erst nach drei Jahren.

- ✔ **Rückwirkung.** Häufig ignorieren Sie die Beschwerden, die zur Berufsunfähigkeit führen, erst einmal oder rechnen einfach nicht mit dem endgültigen Aus. Eine gute Versicherung zahlt bei Eintritt der Berufsunfähigkeit auch rückwirkend.

- ✔ **Lange Laufzeit.** Ihre Versicherung sollte auf jeden Fall so lange laufen, bis Sie Zugriff auf Ihre Altersvorsorge in Form von Rentenversicherungen und anderen Vermögensanlagen bekommen.

Um eine Berufsunfähigkeitsversicherung abzuschließen, müssen Sie seitenweise Formulare und Fragebögen ausfüllen. Beantworten Sie die Fragen in den Dokumenten beziehungsweise die Fragen eines eventuell hinzugezogenen Arztes immer und in jedem Fall wahrheitsgemäß. Wer hier bewusst etwas verschweigt, um seinen Beitrag zu drücken, riskiert den Versicherungsschutz!

Eine Versicherung für Ihre Familie

Nun, wir wissen, dass Sie eigentlich nur eine Immobilie kaufen wollen – und jetzt überschütten wir Sie mit Informationen über Altersvorsorge und Versicherungen. Keine Sorge, wir halten Sie nicht mehr lange davon ab, Grundrisse zu zeichnen oder Möbelkataloge zu wälzen. Aber Sie dürfen angesichts Ihrer großen Investitionspläne den Blick für das Ganze nicht verlieren.

Wenn Sie Ihre Altersvorsorge bereits vielversprechend in die Wege geleitet haben und auch für Ihre Berufsunfähigkeit gewappnet sind, gibt es nur noch eine wesentliche Situation, für die Sie unbedingt vorsorgen müssen: die Absicherung Ihrer Familie gegen das Risiko Ihres Todes. Zugegeben, mit diesem Thema beschäftigt sich niemand gerne, aber Sie wollen doch

> **Ist eine Unfallversicherung auch ein Muss?**
>
> Neben der Berufsunfähigkeitsversicherung schließen viele Verbraucher auch noch eine private Unfallversicherung ab und decken damit zusätzlich das Risiko möglicher Folgen eines privaten Unfalls ab. Immerhin gibt es in Deutschland pro Jahr bis zu acht Millionen Verletzte nach Unfällen – sei es durch einen Sturz auf der Skipiste, sei es durch eine Leiter, die beim Fensterputzen wegrutscht, sei es beim Hantieren mit dem Rasenmäher. Manch einer verzichtet sogar auf den Berufsunfähigkeitsschutz und verlässt sich voll und ganz auf die Versicherung gegen Unfälle, frei nach dem Motto: Wenn ich einen Unfall habe und nicht mehr arbeiten kann, dann schützt mich auch eine solche Police. Schön wäre es!
>
> Der Hintergrund dieser Sorglosigkeit: Die Unfallversicherung ist erheblich preisgünstiger als die Berufsunfähigkeitsversicherung – und das aus gutem Grund. Denn sie deckt längst nicht so umfassend die Risiken im fortschreitenden Berufsleben ab. Sie ist am Ende »nur« eine Unfallversicherung. Und das statistische Risiko, aufgrund eines privaten Unfalls Invalide zu werden, ist nun einmal erheblicher geringer als das Risiko der Berufsunfähigkeit. Wer also auf Nummer sicher gehen will, vergleicht sorgfältig die Angebote der Anbieter privater Unfallversicherungen und schließt hier noch eine zusätzliche Police ab, die normalerweise je nach Alter nicht mehr als 150 bis 400 Euro pro Jahr kostet.

bestimmt nicht, dass im Falle Ihres Todes Ihre Familie mittellos dasteht und den nur halb getilgten Kredit für das Haus nicht mehr bedienen kann? Eine Risikolebensversicherung gibt den Hinterbliebenen zumindest für einige Jahre die notwendige materielle Sicherheit, um sich nach dem Tod des Hauptverdieners neu zu orientieren.

Wer eine Familie hat, sollte also erwägen, eine Risikolebensversicherung abzuschließen. Die gute Nachricht: Sie ist gar nicht so teuer. Wer als 30-Jähriger eine solche Police mit einer Summe von beispielsweise 200.000 Euro abschließt, zahlt je nach Anbieter jährlich zwischen 200 und 400 Euro.

 Schließen Sie Ihre Risikolebensversicherung über eine Summe ab, die dem Vier- oder Fünffachen Ihres Jahresverdienstes entspricht. Wenn Sie also 50.000 Euro pro Jahr nach Hause bringen, sollte die Police 200.000 bis 250.000 Euro abdecken. Im schlimmsten Fall kann Ihre Familie dann zumindest vier bis fünf Jahre so weiterleben wie bisher.

Do it yourself – die Muskelhypothek

Es ist noch gar nicht so lange her, da war es speziell in den ländlichen Gebieten Deutschlands ein gängiges Bild: Mehr oder weniger durchtrainierte und mit Muskeln bepackte Männer jeden Alters werkelten eifrig an einem halb fertigen Rohbau herum. Ob Keller, Erdgeschoss oder Dach: Früher war es üblich, dass Bauherren mithilfe von Verwandten, Freunden und Nachbarn die Dächer ihrer Häuser selbst deckten, die Keller betonierten oder die Fassade eigenhändig verputzten und strichen. So mancher fleißige Bauherr erstellte sein Eigenheim sogar komplett in Eigenleistung. Ab den 1980er Jahren jedoch hat die Bedeutung der sogenannten *Muskelhypothek* ein wenig abgenommen, da sie nicht nur viel Geschick und handwerkliches Können von den Helfern fordert, sondern auch extrem viel Zeit verschlingt.

Umfangreiche Recherche – üppiges Sparpotenzial

Fragen Sie heutzutage einen Architekten, was der Bau eines Eigenheims durchschnittlich kostet, kommt fast immer die Antwort: »Nun ja, mit mindestens 400.000 Euro müssen Sie schon rechnen und nach oben gibt es fast keine Grenze.« Angesichts solcher Erfahrungswerte und stetig steigender Baukosten gewinnt die Muskelhypothek seit einiger Zeit wieder an Bedeutung: Je größer der Anteil an Eigenleistung, desto größer ist der Anteil an Eigenkapital, den der Bauherr für die Finanzierung seines Häuschens einbringt. Im Klartext: Der Bauherr muss je nach eigenem Engagement und handwerklichem Können weniger Kredit für sein Haus aufnehmen, da er sich teure Handwerkerrechnungen spart.

Wer fürchtet, dass die Baukosten für seine Immobilie höher sind als das Geld, das er zur Verfügung hat, kann mithilfe der folgenden Checkliste überschlagen, ob er die fehlende Differenz nicht durch eigenen Einsatz wettmachen kann. Im ersten Schritt muss der Bauherr dafür die Baukosten notieren und dem vorhandenen Eigenkapital beziehungsweise den Fremdmitteln gegenüberstellen:

Baukosten – Eigenkapital/Fremdmittel = Notwendige Eigenleistung

Kostet Ihre Wunschimmobilie beispielsweise 400.000 Euro, Ihnen stehen aber nur 300.000 Euro zur Verfügung, müssen Sie logischerweise eigene Leistungen im Wert von 100.000 Euro erbringen.

Die Checkliste in Tabelle 7.3 zeigt Ihnen, wie Sie ausrechnen, wie viel Leistung Sie mit entsprechend handwerklichem Geschick selbst beisteuern könnten.

Der Traum von den eigenen vier Wänden muss also noch lange nicht platzen, nur weil Ihnen die finanzielle Belastung möglicherweise zu hoch ist. Wie Sie sehen, lassen sich durchaus üppige Beträge sparen, wenn Sie selbst Hand anlegen.

Ähnliche Checklisten finden Sie auch auf den großen Immobilienportalen oder bei Zeichenbüros wie www.zbrm.de.

Vielleicht schuldet Ihnen ja einer Ihrer Freunde oder jemand aus Ihrer Familie noch einen großen Gefallen? Sie müssen nicht unbedingt allein die Türstöcke montieren oder die lange Wendeltreppe aus Beton fliesen. Halten Sie Ausschau nach freiwilligen Helfern mit geschickten Händen und fragen Sie gezielt, ob der- oder diejenige Ihnen nicht bei der einen oder anderen Arbeit beisteht. Eine Absage kostet Sie nichts – also fragen Sie!

»Schön und gut«, sagen Sie jetzt möglicherweise, »aber woher weiß ich denn, wie viel was kostet«? Gute Frage! Aber wie die Checkliste schon zeigt, finden sich im Internet etliche Plattformen rund um den Hausbau, die Ihnen bei der Recherche helfen. Ob Angaben zu Parkettpreisen pro Quadratmeter inklusive des dazugehörigen Stundenlohns eines

Exemplarische Ermittlung der Eigenleistung	Mengen-, Stunden- und Arbeitsstundenangaben	Ersparnis (Beträge gerundet)
Außenputz	170 m² x 1,5 Std./m² x 20 €/Std.	4.900 €
Bad und Küche fliesen	60 m² x 2 Std./m² x 20 €/Std.	2.400 €
Bodenbeläge	120 Std. x 20 €/Std.	2.200 €
Dacheindeckung	130 m² x 1 Std./m² x 20 €/Std.	2.000 €
Fenster und Haustür	24 Std. x 45 €/Std.	1.000 €
Fundamente	150 Std. x 30 €/Std.	4.400 €
Geschossdecken	180 m² x 0,5 Std./m² x 30 €/Std.	3.000 €
Innenputz	285 m² x 1 Std./m² x 20 €/Std.	5.500 €
Installation	250 Std. x 20 €/Std.	4.500 €
Maurerarbeiten	130 m³ x 3 Std./m³ x 30 €/Std.	12.500 €
Schornstein	9 m x 2 Std./m x 26 €/Std.	500 €
Tapezieren und Anstreichen	220 m² x 0,5 Std./m² x 20 €/Std.	2.500 €
Treppen	30 Stufen x 1,5 Std./Stufe x 35 €/Std.	1.700 €
Unterbau Estrich	140 m² x 0,2 Std./m² x 20 €/Std.	600 €
Verkleidung Decken	120 m² x 1 Std./m² x 30 €/Std.	3.500 €
Geschätzter Wert der eigenen erbrachten Leistung		**51.000 €**

Tabelle 7.3: Checkliste Eigenleistung

Parkettlegers oder Preislisten zu verschiedensten Geräten, die Sie eventuell für Ihre Arbeiten brauchen: Das Internet ist der ideale Ort für alle, die sich mittels Muskelhypothek viel Geld sparen wollen.

Wer beispielsweise unter www.haus-selber-bauen.com oder www.bauen.com sucht, findet auf nahezu unzähligen Seiten alles, was er als Do-it-yourself-Handwerker wissen muss:

✔ Bauetappen

✔ Bauanleitungen

✔ Checklisten

✔ Vorstellung von Baustoffen

✔ Materialpreise

✔ Stundenlöhne

✔ und vieles mehr

Egal ob Sie sich einen kleinen Bagger ausleihen wollen, um einen Graben vor Ihrer Haustür zu buddeln, oder ob Sie Informationen über Materialpreise für Ihren Estrich im Erdgeschoss suchen – im Netz finden Sie jede Information perfekt aufbereitet.

Ein kleines Beispiel gefällig?

Sie wollen Ihre Immobilie innen und außen selbst verputzen? Dann könnten Sie sich beispielsweise an den in Tabelle 7.4 genannten Angaben orientieren. Sie hilft Ihnen, zu ermitteln, wie viel Geld Sie sparen können, wenn Sie keine Fachfirma beauftragen, sondern selbst am Bau herumwerkeln:

Ihr Einsparpotenzial	
Baukostenanteil in Prozent von den gesamten Hauskosten	9 %
Anteil Innenputz in Prozent vom Baukostenanteil	40 %
Anteil Außenputz in Prozent vom Baukostenanteil	60 %
Anteil der Arbeitskosten in Prozent vom Innen- bzw. Außenputz	60 %
Anteil der Materialkosten in Prozent vom Innen- bzw. Außenputz	40 %
Baukostenanteil in Euro	21.000
Kostenanteil Innenputz in Euro	8.000
Anteil Arbeitskosten in Euro von den Kosten für den Innenputz	5.000
Anteil Materialkosten in Euro von den Kosten für den Innenputz	3.000
Kostenanteil Außenputz in Euro	13.000
Anteil Arbeitskosten in Euro von den Kosten für den Außenputz	8.000
Anteil Materialkosten in Euro von den Kosten für den Außenputz	5.000

Tabelle 7.4: Aufstellung Kostenberechnung Innen- und Außenputz

Wenn eine Fachfirma die gesamte Bauetappe durchführt, entstehen für das Verputzen die in Tabelle 7.5 genannten Kosten je m² Wohnfläche:

Kosten	Euro
Gesamtkosten je m² Wohnfläche	150
Davon Anteil Innenputz	60
Davon Anteil Außenputz	90

Tabelle 7.5: Baukosten für Verputzen durch Fachfirma

Die Baukosten für den Innenputz, wenn Sie sich selbst an die Arbeit machen, sehen Sie in Tabelle 7.6.

Innenputz	
Materialkosten und Baustoffpreise gesamt in Prozent	20 %
Material und Baustoffpreise gesamt in Euro	600
Einsparpotenzial bei den Arbeitskosten in Prozent	60 %
Einsparpotenzial bei den Arbeitskosten in Euro	1.400
Einsparpotenzial gesamt in Prozent Innenputz	10 %
Einsparpotenzial gesamt in Euro Innenputz	800

Tabelle 7.6: Baukosten bei Selbstbau – Innenputz

Und auch beim Außenputz können Sie sparen. Die Baukosten für den Außenputz, die entstehen, wenn Sie selbst Hand anlegen, finden Sie in Tabelle 7.7.

Außenputz	
Materialkosten und Baustoffpreise gesamt in Prozent	15
Material und Baustoffpreise gesamt in Euro	800
Einsparpotenzial bei den Arbeitskosten in Euro	4.000
Einsparpotenzial gesamt in Euro	4.800

Tabelle 7.7: Baukosten bei Selbstbau – Außenputz

Gehen wir davon aus, dass an Ihrem Traumobjekt 250 Quadratmeter verputzt werden müssen, summiert sich die Rechnung einer Fachfirma auf etwa 38.000 Euro. Meistern Sie diese Herausforderung selbst, kostet Sie das rund 33.000 Euro – Sie sparen laut den Tabellen also circa 5.000 Euro!

Wenn Sie selbst nur akribisch genug recherchieren, dürfte es Ihnen nicht schwerfallen, nahezu exakt zu ermitteln, wie viel Muskelhypothek Sie für Ihr Haus einbringen könnten.

Geschickte Hände – hilfreiches Detailwissen

All diesen Aufwand sollten Sie natürlich nur betreiben, wenn Sie gern und gut handwerklich arbeiten und die notwendigen Kenntnisse mitbringen. Schließlich ist es nicht jedermanns Sache, mal eben die Elektrik zu installieren oder Wasserleitungen zu verlegen.

Sicher haben Sie die eine oder andere Tapete schon einmal an die Wand geklebt, aber reicht dieses Wissen, um auch Fliesen im Keller oder gar im Bad anzubringen? Wer derlei Aufgaben unbedingt selbst erledigen will – sei es aus Kostengründen, sei es aus Spaß an der Handwerkerei –, der sollte sich zumindest überlegen, ob er vorher nicht einen entsprechenden Kurs besucht oder sich von Leuten mit Erfahrung wertvolle Tipps geben lässt. Muss ein Handwerker später nacharbeiten, weil das Bad vielleicht nicht so gelungen ist, wie Sie es sich vorgestellt haben, kann es Sie unter Umständen mehr kosten, als wenn Sie den Auftrag gleich an eine Fachfirma vergeben hätten.

Okay, Sie sind davon überzeugt, dass Sie das alles hinkriegen? Wunderbar! Bevor Sie jetzt jedoch loslegen, sollten Sie sich einen genauen Plan machen: Überlegen Sie zunächst, welche Bauetappen Sie selbst durchführen wollen. Infrage kommen:

- ✔ Keller
- ✔ Rohbau
- ✔ Fenster und Haustür
- ✔ Elektrik und Elektronik
- ✔ Sanitär

- ✔ Heizung
- ✔ Fußboden
- ✔ Fliesen
- ✔ Malerarbeiten
- ✔ Bodenbeläge
- ✔ Innentüren

Wenn Sie sich entschieden haben, gehen Sie weiter ins Detail: Überlegen Sie, was Sie alles berücksichtigen müssen. Wollen Sie beispielsweise die Elektroinstallation selbst übernehmen, sollten Sie sich fragen, was Sie genau machen wollen.

Bei der Planung der Elektroinstallation sollten Sie über folgende Dinge nachdenken:

- ✔ Wie viele Steckdosen brauchen Sie in welchem Raum und wo sollen diese installiert werden?
- ✔ Welche Beleuchtungskörper werden wo benötigt?
- ✔ Wo sind jeweils die Lichtschalter anzubringen?
- ✔ An welchen Stellen in der Küche oder im Hauswirtschaftsraum brauchen Sie Elektroanschlüsse für Haushaltsgeräte wie Herd, Spülmaschine, Waschmaschine oder Trockner?
- ✔ Welche Zimmer möchten Sie mit Telefon-, Antennen- und Internetanschlüssen ausstatten und wo sind diese jeweils zu installieren?
- ✔ Wünschen Sie sich eine Haussprechanlage?
- ✔ Möchten Sie elektronische Systeme, die Einsparmöglichkeiten und Komfort bieten, oder reicht eine einfache Elektroinstallation aus?

Klingt kompliziert, aber bestimmt wollen Sie nicht jedes Mal beim Staubsaugen ein Verlängerungskabel aus dem Keller holen, nur weil Sie es versäumt haben, ausreichend Steckdosen zu montieren.

Jetzt müssen Sie nur noch notieren, welche Materialien und Werkzeuge Sie für Ihre Arbeiten benötigen, und dann steht nichts mehr im Weg, um das Einsparpotenzial Ihrer Muskelhypothek zu berechnen.

Hobby ade! Der Faktor Zeit

Sie sind ein toller Heimwerker und können auswendig aufzählen, in welcher Reihe und welchem Regal bei Obi, Hornbach und Co Schrauben, Dübel, Bohrmaschinen, Holzlatten und Steckdosen lagern? Fantastisch! Aber haben Sie tatsächlich die Zeit, Ihr Wunschobjekt vom Keller bis zum Dach selbst zu errichten? Ehe Sie beschließen, mittels Muskelhypothek Geld zu sparen, sollten Sie klären:

✔ Wie viele Stunden arbeite ich durchschnittlich in der Woche?

✔ Wie viel Zeit bringe ich für meine Hobbys auf?

✔ Will ich auf Trainings-, Musik- oder Kultureinheiten verzichten – auch wenn es nur vorübergehend ist?

✔ Wie viele Abende gehen im Monat für meine ehrenamtliche Tätigkeit als Vorsitzender des örtlichen Tennisklubs oder als Elternbeiratsmitglied in der Schule drauf?

✔ Bin ich bereit, meinen Urlaub für den Hausbau zu opfern, oder brauche ich die Wochen zur Erholung von meiner beruflichen Tätigkeit?

✔ Wann müsste ich die geplanten Arbeiten an meinem Haus durchführen – tagsüber oder geht es eventuell auch abends?

Wenn Sie all diese Fragen wahrheitsgemäß beantworten, zeichnet sich schnell ab, ob Sie überhaupt über ausreichend Zeit verfügen, um an Ihrem Haus selbst herumzuwerkeln.

Schätzen Sie die Zeit, die Sie für die Arbeiten an Ihrem Haus aufbringen müssen, nicht Pi mal Daumen. Möglicherweise haben Sie bereits Termine mit einer Fachfirma vereinbart, die sich anschließende Arbeiten erledigen soll – und jetzt werden Sie nicht fertig! Die Chancen, halbwegs zeitnah einen neuen Termin mit der Firma zu finden, sind in der Regel relativ gering! Überlegen Sie nur einmal, wie schwierig es sein kann, einen Handwerker noch in der gleichen Woche zu erwischen, in der Ihre Heizung, Ihre WC-Spülung oder Ihre Jalousie kaputtgegangen ist.

Sollten Sie noch immer unsicher sein, ob Sie die geplanten Arbeiten alle selbst stemmen können, hilft Ihnen vielleicht eine Musterrechnung des Verbands Privater Bauherren weiter:

Wer beispielsweise in München ein Reihenhaus mit drei Etagen einschließlich Keller und 140 Quadratmeter Wohnfläche bauen will, kann bei reinen Baukosten von 275.000 Euro höchstens 25.000 Euro sparen. Dafür muss der Bauherr allein oder mit seinen Helfern fast 850 Stunden auf der Baustelle schuften. Auf Arbeitstage mit jeweils acht Stunden umgerechnet, entspricht das rund 105 Tagen oder der Arbeitszeit von einem halben Jahr. Der Stundenlohn beträgt nach diesen Vorgaben knapp 30 Euro.

Unter Umständen finden Sie diese Zahlen jetzt gar nicht so schlimm. Im Gegenteil: Angesichts der Tatsache, dass Sie sich das fehlende Kapital für Ihren Immobilientraum beispielsweise mittels Jobs auftreiben müssten, für die Sie nur neun oder zehn Euro die Stunde bekämen, klingt die Musterrechnung eher wie Musik in Ihren Ohren. Dennoch sollten Sie sich genau überlegen, ob Sie diesen Weg einschlagen wollen: Schaffen Sie Ihre Aufgaben nicht im vorgegebenen Zeitraum, kann Sie das teuer zu stehen kommen – im schlimmsten Fall müssen Sie das gesparte Geld dann doch noch für die Nachbesserungen auftreiben.

Selbst gemachter Stress!

Ein Ehepaar aus Oberbayern kaufte sich ein altes frei stehendes Haus auf dem Land. Bis auf die Grundmauern musste es in dem Gebäude quasi alles renovieren und sanieren: Das Dach war undicht, der Keller nass, die Heizung marode und die Fensterrahmen waren morsch ... Da beide sehr viel handwerkliches Geschick besitzen, entschieden sie, einen großen Teil der Renovierung selbst zu übernehmen. Abends nach der Arbeit und nahezu jedes Wochenende schraubten, montierten und werkelten die beiden an ihrem Haus herum. So verging Woche für Woche und Monat für Monat. Und je näher der Umzugstermin kam, desto nervöser wurde das Ehepaar, weil noch so viel zu machen war.

Als es dann an die Übergabe Ihres bisherigen Hauses ging, brach Stress aus: Sie mussten das Haus ausräumen, konnten aber die Möbel und Kisten im neuen Haus nicht dort aufstellen, wo sie hinsollten – die neue Immobilie war nämlich noch nicht fertig! Die letzten Handwerker mussten noch ran, da aber Weihnachten vor der Tür stand, war lange nicht klar, ob die Firmen ihre Aufträge noch erledigen. Letztendlich ging alles gut: Die Handwerker kamen, und da die Küche und das Schlafzimmer bezugsfertig und Teile des Bads funktionstüchtig waren, zog das Ehepaar ein und konnte sein altes Haus mit nur sechs Tagen Verspätung dem Käufer übergeben. Anschließend waren sich beide einig: »Sollte es ein nächstes Mal geben, machen wir nicht so viel selbst!«

Ein professioneller Coach hilft

Es ist bestimmt keine Frage für Sie, dass bei Ihrem Traumhaus alles perfekt sein soll. Wer jedoch selbst zu Schraubenzieher und Hammer greift, um seine Immobilie zu errichten, darf eines nicht außer Acht lassen: Die Arbeiten, die er verrichtet, muss er fach- und termingerecht ausführen. Sitzt der eine oder andere Anschluss nicht, passen die Türstöcke nicht in den vorgesehenen Platz oder ist die Wand noch vom Verputzen feucht und der Maler klingelt schon mit Pinsel und Farbkübel in der Hand an der Tür – dann kommen Sie vermutlich ein wenig in Schwierigkeiten.

Mangelhaft ausgeführte Arbeiten beziehungsweise nicht pünktlich absolvierte Tätigkeiten können böse Folgen haben:

✔ Der Zeitplan verschiebt sich gravierend.

✔ Die Folgewerke schließen eine Gewährleistung aus.

✔ Die Diskussionen darüber führen zu Streit oder enden schlimmstenfalls sogar vor Gericht.

✔ Die Einsparungen der Heimwerker werden zunichtegemacht.

Um derlei Horrorszenarien zu vermeiden, können Bauherren sich professionellen Beistand von Architekten holen, die sich tagtäglich mit solchen Dingen beschäftigen. Sie helfen,

- ✔ den Bau zu planen,
- ✔ einen realistischen Zeitplan für den Bau aufzustellen,
- ✔ den Bau auszuführen,
- ✔ die Arbeiten am Bau zu kontrollieren,
- ✔ Materialien auszuwählen,
- ✔ Einkaufslisten für den Bau zu erarbeiten.

Hören Sie sich bei Ihren Freunden, Verwandten oder Nachbarn um, die schon gebaut haben: Lassen Sie sich Namen von Architekten und Bauleitern geben. Lassen Sie sich erzählen, wie gut die Zusammenarbeit geklappt hat, wie zuverlässig der Architekt auf der Baustelle war ... Wer auf diese Weise nicht den richtigen Mann oder die richtige Frau für sich findet, geht am besten ins Internet und forscht dort nach einem passenden Architekten oder Bauleiter.

Wie sage ich es meiner Bank?

Fürchten Sie den strengen Blick Ihres Bankberaters, wenn es um Ihren Immobilienkredit geht? Nun, vermutlich zu Recht, wenn Sie ihm nur auf einem Blatt Papier ein paar Zahlen notiert und hinter die eine oder andere Summe Eigenleistung geschrieben haben. Das reicht heutzutage keinem Kreditinstitut mehr aus – auch wenn einige Geldhäuser sich gern das Image geben, total lässig zu sein. Wer seine Bank davon überzeugen will, dass er durch Muskelhypothek einen bestimmten Geldwert erbringt, sollte auf Nummer sicher gehen und seinen Bankberater ausführlich darüber informieren,

- ✔ ob er beziehungsweise seine Helfer Erfahrung mit handwerklichen Arbeiten haben,
- ✔ ob er den Bau von einem Fachmann begleiten lässt,
- ✔ wie er die Eigenleistung kalkuliert,
- ✔ ob er einen möglichen Ausfall eines oder mehrerer Helfer berücksichtigt.

Auch wenn das Kreditinstitut vielleicht erst einmal skeptisch ist, generell gibt der Gesetzgeber den Banken sogar die Berechnung der Eigenleistung vor:

> »Der Wert der Selbsthilfe ist mit dem Betrag als Eigenleistung anzuerkennen, der gegenüber den üblichen Kosten der Unternehmerleistung erspart wird.« §36 (Absatz 3 II WoBauGe)

Im Klartext heißt das: Für jede Tätigkeit, die Sie selbst an Ihrem Haus verrichten, kann der Arbeitslohn angerechnet werden, den ein Bauunternehmer für die Arbeiten veranschlagen würde.

Wer als Laie mit seiner Bank über den Wert seiner Eigenleistung im Rahmen der geplanten Finanzierung für seine Immobilie verhandelt, muss immer darauf achten, dass die Bank tatsächlich den Facharbeiterlohn zugrunde legt und nicht den Lohn eines Hilfsarbeiters.

Um möglichst jedes Risiko zu vermeiden, lassen sich die Geldhäuser zusätzlich gern die fachliche Eignung und die Einsatzbereitschaft des oder der Helfer bestätigen – vor allem dann, wenn die Arbeiten an dem Objekt sehr umfangreich sind. Da die Banken in der Regel nur 10 bis maximal 15 Prozent der Herstellungskosten als Eigenleistungen akzeptieren, müssen Sie logischerweise überzeugende Zeugnisse Ihres handwerklichen Könnens vorlegen, wenn Ihr Kreditinstitut Ihnen eine höhere Muskelhypothek gewähren soll. Das können beispielsweise sein:

✔ Zeugnisse über Ihre Schreiner- oder Malerlehre, die Sie vielleicht vor Ihrem beruflichen Wechsel oder Ihrem Studium absolviert haben.

✔ Zeugnisse über den Besuch passender Kurse an der Volkshochschule oder anderen Institutionen.

✔ Bestätigungen von Freunden oder Verwandten, dass Sie bereits handwerklich erfolgreich an deren Häusern oder Wohnungen mitgewirkt haben.

Dass es sich lohnt, um eine höhere Muskelhypothek zu kämpfen, zeigt der Vergleich in Tabelle 7.8: Wer eine Darlehenssumme über 400.000 Euro benötigt und nicht selbst an seinem Haus arbeitet, zahlt nicht nur eine höhere monatliche Rate und ein Jahr länger. Vielmehr muss er für das Darlehen wesentlich mehr aufwenden als derjenige, der beispielsweise 80.000 Euro Eigenleistung einbringt und ein Darlehen über 320.000 Euro beantragt. Letzterer spart sich etwa 125.000 Euro.

So viel können Sie sparen, wenn Sie 80.000 Euro Muskelhypothek einbringen	Euro	Euro
Darlehenssumme	400.000	320.000
Nominalzins	3,5 %	3,5 %
Tilgungssatz	2 %	2 %
Jährliche Sondertilgung	3.000	3.000
Monatliche Rate	1.833,33	1.466,67
Gesamtlaufzeit der Tilgung	23,6 Jahre	22,6 Jahre
Summe der Zinszahlungen	188.699,00	143.792,00
Gesamtaufwand Darlehen	588.699,00	463.792,00

Tabelle 7.8: Ersparnis durch Eigenleistung

Bloß kein Sturz vom Dach! Warum eine Unfallpolice nötig ist

Der deutsche Gesetzgeber kennt seine Pappenheimer: Mittels zahlreicher Vorschriften gibt er vor, dass Freunde, Verwandte, Kollegen und Nachbarn, die dem Bauherrn auf der Baustelle helfen, versichert sein müssen. Jedes Jahr verletzen sich Hunderte von freiwilligen Helfern auf privaten Baustellen – und manche dieser Unfälle enden sogar tödlich.

Angesichts der Gefahren und Risiken, denen sich die freiwilligen Helfer beim Bau eines Hauses aussetzen, kann das nicht verwundern: Stürze vom Dach, bleibende Handverletzungen durch laienhaften Umgang mit Werkzeug und Maschinen oder gravierende Gehörschäden durch fehlende Ohrstöpsel sind nur eine kleine Auswahl, was beim Bauen oder Renovieren einer Immobilie alles passieren kann.

Wenn Sie genau wissen, wer Ihnen auf Ihrer Baustelle tatkräftig zur Hand geht, müssen Sie daher einige wesentliche Punkte rund um die Personen und die Aufgaben beachten:

✔ Innerhalb von einer Woche müssen Sie alle Helfer bei der Berufsgenossenschaft Bau melden.

✔ Der Abschluss einer sogenannten Helfer-Versicherung ist verpflichtend und kostet Sie pro Helfer und Stunde je nach Region zwischen 1,40 bis 1,90 Euro.

✔ Renovieren Sie ein altes Gebäude, müssen Sie prüfen, ob früher Asbest in dem Haus verbaut worden ist. Wenn ja, müssen Sie die gesetzlich vorgeschriebenen Schutzmaßnahmen ergreifen.

Helfen Ihnen Verwandte nur mal eben kurzfristig, können Sie sich die Helfer-Versicherung sparen. Für Gefälligkeitsleistungen, die wenig Zeit kosten, sind Ihre Onkel, Brüder oder Cousinen von der Versicherungspflicht befreit.

Wer glaubt, sich das Geld für die Helfer-Versicherung sparen zu können, geht ein hohes Risiko ein: Ihm drohen nicht nur üppige Bußgelder, sondern im schlimmsten Fall auch Regressansprüche des Unfallopfers, für die er dann aus dem eigenen Vermögen aufkommen muss. War der Helfer bis dato der Hauptverdiener in seiner Familie und muss nach dem Unfall für immer im Rollstuhl sitzen, können Sie ahnen, was finanziell auf Sie zukommt. In der Regel übersteigen diese Beträge die Finanzkraft des Bauherrn.

Schlaue Bauherren, die jedes Risiko vermeiden wollen, lassen sich daher ausführlich von Institutionen wie der Berufsgenossenschaft Bau beraten. Sie

✔ unterstützen die Bauherren bei der Einhaltung ihrer Pflichten;

✔ informieren über die notwendige Ausstattung der Helfer mit persönlicher Schutzausrüstung wie Helm, Sicherheitshandschuhe oder Sicherheitsschuhe;

✔ erklären, worauf Bauherren bei der Beleuchtung und Beschilderung für die Sicherung von Gruben und Schächten achten müssen;

✔ beschreiben, wie Bauherren die Verkehrssicherheit auf dem Baugrundstück gewährleisten können.

Der Bauherr selbst sowie seine Ehefrau schließen am besten eine Versicherung gegen Unfälle und Berufskrankheiten ab, um sich vor den Folgen eines Unfalls zu wappnen.

IN DIESEM KAPITEL

Angebote der Banken für Immobilienkäufer

Must-haves im Kreditvertrag

Folgen eines Immobilienkreditabschlusses

Kapitel 8
Wer Ihnen das ganze Geld gibt: die Bank

Ist es Ihr erstes Mal? Vermutlich, sonst würden Sie wahrscheinlich gar nicht mehr in diesem Buch blättern! Steht der Kauf einer Immobilie an, kommen viele neue Dinge auf Sie zu. Abgesehen von der richtigen Auswahl des idealen Objekts, stehen Sie jetzt vor der großen Aufgabe, den perfekten Finanzierungsweg für Ihren Immobilientraum zu finden.

In diesem Kapitel erfahren Sie alles Wesentliche und Wissenswerte über die Finanzierungsmöglichkeiten für eine Immobilie, die Ihnen Kreditinstitute in der Regel anbieten. Sie lesen weiter, inwieweit Sie mit Ihrer Bank über die angebotenen Konditionen verhandeln und wie Sie dabei Geld sparen können. Am Ende dieses Kapitels wissen Sie auch, was Sie an Vorgaben und Bedingungen von Ihrem Kreditinstitut akzeptieren müssen.

Die Bank und ihre Konditionen

Würden Sie mit verschiedenen Bankberatern sprechen, welche Kunden sie am liebsten vor sich sitzen sehen, wenn es um einen Immobilienkredit geht, erhielten Sie wahrscheinlich häufig die gleiche Antwort: »Menschen mit einem regelmäßigen Einkommen, die mindestens 10, besser 20 Prozent des Kaufpreises als Eigenkapital mitbringen.« Kurz: Wer viel Geld auf der hohen Kante hat, das er einsetzen kann, ist den Banken als Darlehensnehmer lieber als Kunden, die nur mit ein paar Euro in der Tasche oder womöglich mit null Eigenkapital eine Immobilie kaufen wollen.

»Stopp«, rufen Sie jetzt vielleicht, »ich kenne aber Freunde, bei denen hat die Bank die gesamte Kaufsumme finanziert.« Keine Widerrede, natürlich lehnen die Kreditinstitute nicht automatisch jeden Kunden ab, der weniger als 10 oder 20 Prozent Eigenkapital für den Kauf seines Traumhauses mitbringt. Nur zeigen viele Statistiken, beispielsweise die des Verbandes der Privaten Bausparkassen, dass die Kunden ohne Eigenkapital etwa 0,5 Prozent mehr Zinsen als *Risikoaufschlag* für ihr Immobiliendarlehen zahlen.

Obwohl die Banken bei der Vergabe ihrer Immobilienkredite im Vergleich zu früher deutlich flexibler geworden sind und schon mal ein Traumobjekt zu 100 Prozent finanzieren, orientieren sich die meisten Kreditinstitute nach wie vor gern an der traditionellen Faustformel:

20 Prozent Eigenkapital – 80 Prozent fremdfinanziertes Darlehen.

Als Eigenkapital gilt:

✔ Bargeld

✔ Sparguthaben

✔ Wertpapiere

Die Bonität – kann ich oder kann ich nicht?

Die Bereitstellung eines Immobilienkredits – egal ob 70, 80, 90 oder 100 Prozent der Kaufsumme – ist seitens der Banken an einige Voraussetzungen geknüpft: Die Kreditnehmer

✔ sind zwischen 18 und 70 Jahre alt,

✔ verfügen über ein regelmäßiges Einkommen,

✔ müssen in Deutschland wohnhaft sein,

✔ nutzen das Darlehen nur für den Erwerb eines Hauses oder einer Wohnung,

✔ verwenden das Darlehen für Modernisierung, Sanierung, Renovierung, Aus- und Umbau einer Immobilie,

✔ dürfen das Darlehen für Umschuldung oder Ablöse teurer Altkredite einsetzen.

Selbst wenn Sie diese Bedingungen alle erfüllen, müssen Sie noch Dutzende Fragen ausführlich beantworten. Schließlich geht das Kreditinstitut ein gewisses Risiko ein, wenn es Ihnen so viel Geld leiht. Unter anderem will die Bank wissen,

✔ ob Sie Arbeit haben,

✔ ob Sie in der Probezeit sind oder einen befristeten Arbeitsvertrag haben,

✔ wie lange Sie schon bei Ihrem Arbeitgeber beschäftigt sind,

✔ wie hoch Ihr monatliches Einkommen ist,

✔ ob Sie über sonstige Einkünfte verfügen,

✔ ob Sie andere Kredite abzahlen,

✔ wie hoch Ihre regelmäßigen monatlichen Belastungen wie Miete, Strom, Gas, Wasser und Versicherungen sind.

Je exakter Sie Ihre finanzielle Situation beziehungsweise Ihre monatlichen Ausgaben mit Gehaltsnachweisen und den Unterlagen über Ihr vorhandenes Eigenkapital belegen, desto leichter fällt es der Bank zu entscheiden, ob Sie ein Immobiliendarlehen erhalten oder nicht. Beantworten Sie alle Fragen wahrheitsgemäß – Mogeln bringt Ihnen nichts, denn früher oder später fällt die Diskrepanz bestimmt auf.

Und selbstverständlich nimmt die Bank auch Ihr Wunschobjekt genau unter die Lupe. Dafür müssen Sie Angaben machen

✔ über die Höhe des Kaufpreises oder die erwarteten Baukosten,

✔ zum Bauantrag beziehungsweise zur Baugenehmigung,

✔ zum Bebauungsplan,

✔ über die Lage der Wohnung oder des Hauses im Flurplan,

✔ zur Wohnraumberechnung.

Liegt alles vor, verrechnet das Kreditinstitut die Einnahmen und Ausgaben des Antragstellers und ermittelt so das monatliche Guthaben – seine *Bonität*. Ein kritischer Punkt, an dem Ihr ganzes Vorhaben möglicherweise ins Wanken kommt oder Ihre Träume wie Seifenblasen zerplatzen. Denn es gilt: Ist Ihr finanzielles Polster nicht so üppig, wie sich die Bank das wünscht, müssen Sie mit einer Absage rechnen.

Sie haben stets die Möglichkeit, einen zweiten Darlehensnehmer mit ins Boot zu holen: Ehepartner, Eltern oder auch die Kinder. Dann berechnet die Bank den Finanzhaushalt noch einmal neu. Ein Prozess, der sich häufig lohnt, denn in solchen Fällen ergibt sich meist eine deutlich verbesserte Bonität im Vergleich zu Ihrer Bonität als alleiniger Darlehensnehmer.

Die Schufa – Schattenkönigin im Finanzreich

Soweit alles in trockenen Tüchern? Ihre Bonität passt? Fein! Jetzt müssen Sie eine letzte Hürde nehmen, um tatsächlich demnächst einen Betrag von 200.000, 300.000 oder mehr Euro auf Ihrem Konto zu finden: die Schufa. Ihr Wunsch, dass Ihnen die Bank einen Immobilienkredit gewährt, kann sich rasant in nichts auflösen, wenn Sie Einträge bei der Schufa haben.

Die Schufa – Auskunftsdatei fürs Finanzielle

T-Shirts, Autos, Computer – dank Internet können Konsumenten rund um die Uhr Waren bestellen, später bequem per Rechnung bezahlen, einen Ratenkauf abschließen oder noch kurz vor der Geisterstunde für das gewünschte Produkt online einen Kredit aufnehmen. Nun ist es gerade bei wertvollen Gütern wie Schmuck, Laptops oder auch Motorrädern nicht jedermanns Sache, die Ware ohne jegliche Sicherheit dem Kunden zu übergeben. Die meisten Unternehmen prüfen daher zuerst, ob der Käufer tatsächlich immer bezahlt.

Die Daten dafür stellt die Schufa zur Verfügung. Rund 479 Millionen Informationen über 66,2 Millionen Menschen stecken in der Auskunftsdatei des Wiesbadener Unternehmens – das sind nahezu alle geschäftsfähigen Bürger in Deutschland. Über mehr als 91 Prozent der gespeicherten Personen sind ausschließlich positive Informationen gespeichert. Täglich fragen rund 270.000 Unternehmen nach, ob sie in finanziellen Fragen Vertrauen in ihren Geschäftspartner haben können. Die Antworten darauf gibt es in Sekundenschnelle und damit auch die Entscheidung, einem Kunden ein Handy zu verkaufen oder einen Kredit zu gewähren.

Erhält die Bank eine positive Auskunft von der Schufa über Sie, kann es endlich losgehen: Der Gewährung Ihres Immobilienkredits steht nichts mehr im Weg.

Ärgernis: Wohnimmobilienkreditrichtlinie

Gut gemeint ist nicht unbedingt gut gemacht: Mit Ihrer Richtlinie zu Krediten für Wohnimmobilien wollte die EU-Kommission eigentlich die Verbraucher schützen. Doch in der Praxis erschwert sie Banken die Kreditvergabe. Denn diese müssen nun das Kreditrisiko über die gesamte Laufzeit hinweg bis zur vollständigen Rückzahlung bewerten – und das sind nun mal in der Regel 25 Jahre oder mehr.

Pech haben da vor allem ältere Kaufinteressenten. Trotz hoher Einkommen und beträchtlichem Eigenanteil bekamen sie in den vergangenen Jahren von Ihrem Bankberater ganz unverblümt gesagt, dass sie für einen langfristigen Kredit zu alt seien. Diesen Missstand will der Gesetzgeber jetzt korrigieren. In der Zwischenzeit bleibt dem einen oder anderen Kreditsuchenden nichts anderes übrig, als bei mehreren Banken anzufragen. Denn im persönlichen Gespräch und mit Blick auf bestehende Depots haben sich auch in den vergangenen Jahren am Ende in der Regel dann doch Kreditgeber gefunden, um dem Traum vom Eigenheim von Best und Silver Agern zu finanzieren – mit einem etwas höheren Eigenanteil und tendenziell einer höheren Tilgung.

Der Eigenanteil: je mehr Startguthaben, desto besser

Banker sind längst nicht mehr überrascht, wenn Kunden bei ihnen um einen Kredit für eine Immobilie anfragen, der den Kaufpreis zu 100 Prozent, aber auch die Notar- und sonstigen anfallenden Kosten bei einem Wohnungs- oder Hauskauf abdecken soll. Ein erheblicher Teil der Deutschen realisiert seinen Traum vom Eigenheim mit einer sogenannten Vollfinanzierung. Die traditionell 20 Prozent Eigenanteil und mehr, die die Geldhäuser früher von Immobilienkäufern stets gefordert haben, gehören inzwischen der Vergangenheit an.

Doch Vorsicht, eine Vollfinanzierung birgt Risiken und ist teuer. Sie sparen sich viel Geld für Zinsen, wenn Sie einen Eigenanteil einbringen können – je mehr, desto besser!

Die Nachteile, die in einer Vollfinanzierung stecken, liegen auf der Hand:

✔ Das höhere Risiko, das die Banken bei einer Vollfinanzierung eingehen, lassen sie sich von dem Kreditnehmer mit höheren Zinssätzen bezahlen.

✔ Die monatliche Belastung ist dadurch in der Regel erheblich höher als bei einem Immobilienkauf mit Eigenanteil.

✔ Um eine Vollfinanzierung zu wagen, müssen die Kreditnehmer ein ausreichend hohes Einkommen vorweisen.

Wer über eine Vollfinanzierung nachdenkt, sollte auf alle Fälle ein Recht auf Sondertilgungen vereinbaren. Lange Kreditlaufzeiten sind bei einer derartigen Finanzierung die Regel – wer es trotz der hohen monatlichen Belastung dann und wann schafft, eine Sondertilgung zu leisten, reduziert seine Zinslast erheblich. Darüber hinaus sollte der Kreditnehmer darauf achten, dass die Rückzahlungsraten für den Kredit nicht mehr als 40 Prozent seines Nettoeinkommens verschlingen. Mit langen Vertragslaufzeiten verschaffen sich Immobilienkäufer zudem zusätzlich Sicherheit: Sie wissen dann auf zehn, 20 oder 30 Jahre, was Monat für Monat finanziell auf sie zukommt.

Idealerweise bringen Sie jedoch einen großen Batzen Erspartes mit, wenn Sie eine Immobilie kaufen wollen – und je mehr, desto besser. Sie

✔ können dadurch bei der Bank günstigere Zinssätze aushandeln,

✔ müssen weniger Geld für die Zinslast aufbringen,

✔ zahlen Ihr Häuschen oder Ihre Wohnung in der Regel schneller ab,

✔ reduzieren das Risiko, dass Ihr Projekt Immobilienkauf scheitert, falls etwas Unvorhersehbares passiert.

Tabelle 8.1 zeigt Ihnen anhand eines Beispiels, warum sich ein hoher Eigenanteil für Sie auszahlt.

Nehmen wir an, Sie wollen ein Haus finanzieren, dessen Kaufpreis 400.000 Euro beträgt. Die Bank bietet Ihnen einen Zinssatz von zweieinhalb Prozent an und Sie tilgen drei Prozent der Kreditsumme jährlich bei einer Zinsbindung von 15 Jahren.

Angesichts dieser Zahlen erkennen Sie bestimmt auf einen Blick, warum es sich lohnt, mit möglichst viel Eigenkapital in das Abenteuer Immobilienkauf zu starten. Sie verringern nicht nur Ihre monatliche Belastung, sondern sparen sich auch jede Menge Zinszahlungen. Selbst wenn Sie keine 150.000 Euro Startkapital zusammenbringen – wie Sie sehen, helfen

Kreditsumme	Eigenanteil 25.000 Euro	Eigenanteil 50.000 Euro	Eigenanteil 100.000 Euro	Eigenanteil 150.000 Euro
375.000 Euro	Restschuld 170.510 Euro Monatliche Rate 1.718 Euro			
350.000 Euro		Restschuld 159.140 Euro Monatliche Rate 1.600 Euro		
300.000 Euro			Restschuld 136.400 Euro Monatliche Rate 1.375 Euro	
250.000 Euro				Restschuld 113.672 Euro Monatliche Rate 1.146 Euro

Tabelle 8.1: Eigenanteil Immobilienkredit Restbetrag nach 15 Jahren, Beträge gerundet

Ihnen ja auch schon Beträge von 10.000, 15.000 oder 25.000 Euro, Geld zu sparen beziehungsweise schneller an Ihr Ziel – endlich Immobilieneigentümer zu sein – zu kommen.

Was Banken alles anbieten und wann welches Produkt sinnvoll ist

Ob für eine neue Couch, ein neues Auto oder die eigenen vier Wände – eigentlich für alles machen die Banken den Weg frei: Eifrig werben sie mit »günstigen« Autokrediten, »tollen« Ratenkrediten und eben auch mit »billigen« Immobilienkrediten. Möglicherweise ist bei Ihnen inzwischen auch der Eindruck entstanden, dass die Banken für jeden Kredit längst einen eigenen Namen haben beziehungsweise neue Bezeichnungen kreieren.

Lassen Sie sich nicht verwirren! Die Kreditinstitute, ob Großbanken, Direktbanken, Volksbanken, Sparkassen oder auch Spezialinstitute wie Hypothekenbanken, vergeben natürlich unterschiedliche Kreditarten. All die hübschen Namen verraten Ihnen allerdings wenig über die Feinheiten, die hinter dem einen oder anderen Kredit stecken.

Wer bei seiner Bankfiliale vor Ort nach einem Immobilienkredit, der übrigens auch gern als Hypothekendarlehen bezeichnet wird, fragt, kann meist wählen zwischen

✔ einem *Annuitätendarlehen*,

✔ einem *Tilgungskredit*,

✔ einem *endfälligen Darlehen*,

✔ einem *Bausparvertrag*.

Wenn Sie detaillierte Informationen über das Modell eines Bausparvertrags lesen wollen, stöbern Sie am besten in Kapitel 10.

Egal ob ein Annuitätendarlehen oder ein Tilgungskredit – alle Kredite, die Banken unter dem Namen Immobilienkredit zusammenfassen, haben normalerweise drei Dinge gemeinsam: Sie

✔ umfassen sehr hohe Darlehenssummen,

✔ nehmen Rückzahlungszeiträume von mehreren Jahrzehnten in Anspruch,

✔ haben deutlich günstigere Zinssätze als andere Darlehensarten wie ein Dispo- oder andere Kredite.

Alle Jahre wieder – das Annuitätendarlehen

Alte Lateiner wissen natürlich sofort, dass sich Annuität von annus – das Jahr – ableitet. Und dahinter steckt auch die Grundidee dieser Kreditart: Jahr für Jahr, Monat für Monat zahlt der Kreditnehmer eine gleichbleibende Rate, die sich aus den Zinsen und der Tilgung ergibt. Im Laufe der Jahre verschieben sich nach und nach die Beträge für die Tilgung beziehungsweise die Zinsen. Die Kreditnehmer tilgen zunehmend mehr und wenden immer weniger Geld für die Zinsen auf. Für ein Annuitätendarlehen vereinbaren Sie mit dem Geldinstitut einen bestimmten Zeitraum, in dem der Zinssatz für den Kredit unverändert bleibt. Diese sogenannte *Zinsbindungsfrist* läuft in der Regel zwischen fünf und 15 Jahren.

 Es ist heutzutage üblich, dass ein Annuitätendarlehen nach dem Ablauf der ersten Zinsbindungsfrist noch längst nicht abbezahlt ist. Die Kalkulation der Bank für die Tilgung des aufgenommenen Geldbetrags ist normalerweise auf 30 Jahre ausgerichtet. Für den Immobilienkäufer hat das zur Folge, dass er nach fünf bis 15 Jahren mit seinem oder einem anderen Geldinstitut eine *Anschlussfinanzierung* vereinbaren muss – es sei denn, er kann den ausstehenden Betrag mit Ersparnissen auf einen Schlag begleichen.

Das Annuitätendarlehen gehört zu den populärsten Kreditarten, die Banken für einen Immobilienkredit vergeben. Die Vorteile liegen ja auch auf der Hand: Der Annuitätenkredit

✔ gewährt eine hohe Planungssicherheit,

✔ ermöglicht gleichbleibende Rückzahlungsraten,

✔ lässt sich auf einen langen Zeitraum festschreiben, was bei einem Abschluss des Kreditvertrags in Phasen niedriger Zinssätze Geld spart.

Allerdings sollten Sie sich bewusst machen, dass Sie auch kleine Nachteile in Kauf nehmen, wenn Sie ein Annuitätendarlehen abschließen:

✔ Eine Kündigung während der Laufzeit ist nur mit hohen Zusatzkosten möglich beziehungsweise erst nach zehn Jahren mit einer sechsmonatigen Kündigungsfrist.

✔ Der vereinbarte Zinssatz lässt sich nachträglich nicht mehr verändern beziehungsweise in fallenden Zinsphasen nach unten korrigieren.

Wollen Sie sich einen ersten Überblick verschaffen, wie hoch die monatlichen Raten bei einem Annuitätendarlehen sein könnten, packen Sie für die grobe Rechnung Ihren Taschenrechner aus: Wenn Sie beispielsweise einen Kredit von 150.000 Euro zu einem Zinssatz von fünfeinhalb Prozent aufnehmen und jährlich zwei Prozent des Gesamtbetrags tilgen wollen, müssen Sie nur folgende Formel verwenden:

$$\frac{150.000 \times (5,5+2)}{100} = 11.250$$

Das Ergebnis – die 11.250 Euro – müssen Sie jetzt nur noch durch zwölf teilen, um zu ermitteln, dass Sie unter diesen Konditionen eine monatliche Belastung von etwa 937 Euro haben.

Anhand von Tabelle 8.2 sehen Sie, wie sich das Verhältnis Zinsen und Tilgung nach und nach verschiebt:

Jahr	Restschuld	Zinsen	Tilgung
1	150.000	8.250	3.000
2	147.000	8.085	3.165
3	143.835	7.910	3.339
4	140.495	7.727	3.522
5	136.973	7.533	3.716
6	133.256	7.329	3.920
7	129.335	7.113	4.136
8	125.199	6.885	4.364
9	120.835	6.645	4.604
10	116.231	6.392	4.857
11	111.373	6.125	5.124
12	106.249	5.843	5.406
13	100.843	5.546	5.703
14	95.139	5.232	6.017
15	89.122	4.901	6.348
16	82.774	4.552	6.697
17	76.076	4.184	7.065
18	69.010	3.795	7.454
19	61.556	3.385	7.864
20	53.691	2.953	8.296
21	45.395	2.496	8.753
22	36.641	2.015	9.234
23	27.407	1.507	9.742
24	17.664	971	10.278
25	7.386	406	7.386

Tabelle 8.2: Tilgungsplan für ein Annuitätendarlehen von 150.000 Euro, Beträge gerundet

Wer ein regelmäßiges Einkommen bezieht und seine Immobilie abbezahlen will, in der er selbst wohnt, sollte ein solches Annuitätendarlehen abschließen: So wie sein monatliches Gehalt regelmäßig auf seinem Konto eintrudelt, so kann er ohne größeres Risiko Monat für Monat seinen Kredit tilgen.

 Achten Sie beim Abschluss eines Annuitätendarlehens unbedingt darauf, dass Sie jederzeit oder zumindest ab einer gewissen Summe Extrazahlungen leisten dürfen. Mit der sogenannten Sondertilgung können Sie die Laufzeit Ihres Annuitätenkredits erheblich verkürzen.

Zu den Vorteilen von Sondertilgungen finden Sie in diesem Kapitel unter dem Punkt »Die Extra-Rate – warum die Sondertilgung so wertvoll ist« mehr Informationen.

Volle Konzentration auf die Schulden – das Tilgungsdarlehen

In der Praxis werden Ihnen nur noch die wenigsten Banken den Vorschlag unterbreiten, dass Sie Ihre Immobilie mit einem Tilgungsdarlehen finanzieren könnten. Das Annuitätendarlehen hat diese Kreditvariante fast verdrängt. Das Tilgungsdarlehen unterscheidet sich vom Annuitätendarlehen dadurch, dass

✔ die Höhe der Rate während der Kreditlaufzeit stetig schrumpft,

✔ der Tilgungsanteil an der Rate immer gleich hoch bleibt,

✔ die Zinsen in der Rate nach und nach geringer werden,

✔ der Kreditnehmer im Laufe der Jahre immer weniger Geld für die Rate aufwenden muss.

Würden Sie beispielsweise einen Tilgungskredit über 100.000 Euro zu einem Zinssatz von sechs Prozent pro Jahr aufnehmen und eine Tilgung von jährlich zehn Prozent vereinbaren, würde sich das Darlehen folgendermaßen entwickeln:

Jahr 1 Tilgung 10 % = 10.000 €, Zinsen 6 % = 6.000 €,
  Restdarlehen = 90.000 €; monatliche Rate = 1.333,33 €

Jahr 2 Tilgung 10 % = 10.000 €, Zinsen 6 % = 5.400 € (6 % von 90.000 €),
  Restdarlehen = 80.000 €, monatliche Rate = 1.283,33 €

Jahr 3 Tilgung 10 % = 10.000 €, Zinsen 6 % = 4.800 € (6 % von 80.000 €),
  Restdarlehen = 70.000 €, monatliche Rate = 1.233,33 €

und so weiter ...

Ob ein Annuitäten- oder ein Tilgungsdarlehen für die Finanzierung Ihrer eigenen Immobilie günstiger ist, hängt sehr stark von den Rahmenbedingungen wie Zins- und Tilgungssatz ab. Kommt für Sie möglicherweise ein Tilgungsdarlehen infrage, fragen Sie bei Ihrem Bankberater idealerweise nach einer Vergleichsrechnung für die beiden Kreditarten.

Wollen Sie sich eine Immobilie anschaffen und sind möglicherweise keine 30 Jahre mehr, sondern Mitte oder Ende 40, könnte es durchaus eine Überlegung wert sein, einen Tilgungskredit abzuschließen. Falls Sie wissen, dass Sie Ihr Rentenalter erreichen, bevor Sie Ihre Immobilie abbezahlt haben, sollten Sie Ihre Belastung über den 65. Geburtstag hinaus sorgfältig kalkulieren! Machen Sie eine detaillierte Aufstellung, wie hoch Ihre monatlichen Einnahmen im Ruhestand sind. Da sich der Betrag bei vielen Rentnern reduziert, fällt es Ihnen möglicherweise dann schwer, die hohe Rate Ihres Annuitätenkredits weiterzubezahlen. Bei einem Tilgungsdarlehen dagegen schrumpft die Belastung Jahr für Jahr und lässt Ihnen finanzielle Spielräume.

Alles auf einmal – das endfällige Darlehen

Inzwischen bürgert sich bei den Kreditinstituten hierzulande auch eine dritte Darlehensvariante für die Finanzierung der eigenen vier Wände ein: das endfällige Darlehen. Zu seinen besonderen Kennzeichen zählen, dass

✔ der Kreditnehmer mit seiner Rate ausschließlich für die fälligen Zinsen aufkommt;

✔ der Kreditnehmer den Kreditbetrag nach Ende der Laufzeit auf einen Schlag tilgt;

✔ es mit anderen Sparverträgen beispielsweise einer Kapitallebensversicherung, kombiniert wird, in die Sparraten fließen, mit denen später das Darlehen bezahlt wird.

Ob Sie sich unbedingt auf dieses finanzielle Abenteuer einlassen müssen, bleibt natürlich Ihnen überlassen. Aber Sie sollten bedenken, dass Sie Jahr für Jahr einen dicken Batzen Geld für die fälligen Zinsen aufwenden müssen – ohne Aussicht darauf, dass diese Summe sich irgendwann einmal verringert.

Als sinnvoll kann sich ein endfälliges Darlehen erweisen, wenn Sie die finanzierte Immobilie vermieten wollen beziehungsweise vermietet haben. In dem Fall können Sie nämlich die Zinsen, die durch die Finanzierung anfallen, steuerlich absetzen. Wer mehr über steuerliche Vorteile einer vermieteten Immobilie erfahren will, nimmt sich Kapitel 14 vor.

5 Jahre, 10 Jahre, 15 Jahre – das Lottospiel mit den Zinssätzen

Sie haben Ihren Immobilientraum längst entdeckt und beschlossen, ihn zu kaufen. Dann steht Ihnen jetzt einige Tage, vielleicht auch einige Wochen lang mühselige Detailarbeit bevor – schließlich wollen Sie die Finanzierung des Objekts so effektiv wie möglich gestalten. Neben Ihrem Eigenkapital, verschiedenen Förderprogrammen beispielsweise von der KfW-Bankengruppe und Ihrem Bausparvertrag müssen Sie wahrscheinlich trotzdem noch einen Immobilienkredit bei einer Bank aufnehmen.

Und rund um die 50.000, 100.000 oder 200.000 Euro, die Sie gern als Kredit hätten, müssen Sie etliche Fragen klären:

✔ Wie hoch ist der Zinssatz, den mir die Bank bietet?

✔ Wie viel Prozent der Kreditsumme will ich jährlich tilgen?

✔ Wie lange soll das Immobiliendarlehen laufen?

Ob beziehungsweise wie Sie gegebenenfalls mit Ihrem Bankberater um einzelne Prozentpunkte für den Kredit feilschen können, erfahren Sie in diesem Kapitel etwas später.

Und ob Sie jährlich ein, zwei oder vielleicht sogar drei Prozent der benötigten Kreditsumme tilgen können, hängt natürlich stark von Ihren Einkünften beziehungsweise Ihren Lebenshaltungskosten ab. Das können Sie selbst am besten einschätzen.

Und ob Ihr Immobilienkredit zu den vereinbarten Konditionen fünf, zehn oder auch 15 Jahre laufen soll, das hängt von ein paar weiteren Faktoren ab:

✔ Ihrem eigenen Sicherheitsbedürfnis in finanziellen Fragen

✔ Dem aktuellen Zinsniveau

✔ Dem zukünftigen Zinsniveau

Die Wahl der *Zinsbindung* zählt für Wohnungskäufer und Bauherren zu den wichtigsten Entscheidungen im Vorfeld eines Immobilienkaufs. Und leider ist die Sache nicht so einfach, wie sie vielleicht auf den ersten Blick erscheint.

Grundsätzlich gilt: Kalkulieren die Banken einen Immobilienkredit für Sie, veranschlagen sie die Laufzeiten für das Darlehen in der Regel für 30 Jahre. Sie zahlen den Kredit also 30 Jahre lang ab. Der Zinssatz dagegen ändert sich je nach Vereinbarung mit der Bank nach einer gewissen Zeit. Sie brauchen also normalerweise immer eine *Anschlussfinanzierung*, für die dann neue Konditionen gelten.

Je länger die Laufzeit eines Darlehens, desto sicherer können Sie Ihre finanzielle Belastung kalkulieren, aber desto höher ist auch der angebotene Zinssatz der Banken. Die Geldinstitute lassen Sie Ihren Drang nach Sicherheit gern zwischen 0,2 und 0,5 Prozent mehr bezahlen. Je kürzer ein Darlehen läuft, desto niedriger ist in der Regel der Zins, was Ihnen natürlich Geld spart – vielleicht aber nur für die festgelegte Laufzeit.

Denn niemand weiß heute schon, wie sich das Zinsniveau für Hypothekendarlehen in fünf, zehn oder 15 Jahren entwickelt – ob es steigt, stagniert oder fällt. Möglicherweise klettern die Zinssätze schnell nach oben und Sie müssen viel mehr Zinsen für Ihre Anschlussfinanzierung aufwenden, als ursprünglich erwartet. Wer sich beispielsweise in den 1990er Jahren ein Haus oder eine Wohnung gekauft hat, musste für sein Immobiliendarlehen zwischen sechs und acht Prozent bezahlen. 20 Jahre später kostete ein Hypothekenkredit lediglich drei bis vier Prozent Zinsen jährlich. Clever war der, der damals kurze Zinsbindungsfristen vereinbart hat, der konnte mit jeder Anschlussfinanzierung von günstigeren Zinsen profitieren.

Die Zinswende kommt – und nun?

In den Jahren nach der globalen Finanzkrise 2008/2009 gewöhnten sich viele Hausbauer und -käufer an niedrige Zinsen für Kredite. Sie profitierten von der Politik der Zentralbanken zur Stabilisierung des krisengeschüttelten Bankensektors. Doch die USA läuteten seit 2016 eine Trendwende ein; mittlerweile kostet es dort wieder spürbar Geld, sich dieses zu leihen. Nach Meinung der meisten Experten ist es nun nur noch eine Frage der Zeit, bis sich auch andere Zentralbanken von den Niedrigstzinsen verabschieden und die Geldflut eindämmen.

Für Ihre Finanzierung ergeben sich daraus zwei Konsequenzen: Tendenziell sind längere Laufzeiten mit im historischen Vergleich immer noch niedrigen Zinsen von Vorteil. Wichtiger noch: Schon heute sollten Sie mit Blick auf die erforderliche Anschlussfinanzierung etwas konservativer planen. Denn es wäre schon sehr verwunderlich, wenn in 10 oder 15 Jahren immer noch ein solch niedriges Zinsniveau herrschen sollte.

Natürlich kennen auch Ihre Gesprächspartner bei den Banken die aktuelle Diskussion; lang laufende Kredite verteuern sich bereits. Doch noch überwiegt bei vielen Instituten in einem harten Wettbewerb der Wunsch, neue oder bestehende Kunden langfristig zu binden. Hartnäckiges Verhandeln kann sich gerade mit Blick auf die bevorstehende Zinswende doppelt und dreifach auszahlen.

Damit Sie sich die komplizierte Entscheidung über die Länge der Zinsbindung erleichtern, sollten Sie sich auf zwei Faktoren konzentrieren:

✔ Die Höhe des Kreditbetrags nach dem Auslaufen der Zinsbindung

✔ Die Prognose für die zukünftige Zinsentwicklung

Gehen Sie davon aus, dass die Zinsen steigen, sollten Sie einen längeren Zeitraum für Ihre Zinsbindung wählen; sind Sie davon überzeugt, dass die Zinsen sinken, entscheiden Sie sich natürlich für eine kürzere Laufzeit, beispielsweise fünf oder sieben Jahre.

Unter www.zinsentwicklung.de/zinscharts.html können Sie sehen, wie sich der Zinssatz für Immobilienkredite in den vergangenen Jahrzehnten entwickelt hat.

Es lohnt sich, das Darlehen mit unterschiedlich langer Zinsbindung durchzurechnen. Ein Beispiel sehen Sie in Tabelle 8.3.

Liegt der Anschlusszins, den Ihnen Ihre Bank nach zehn Jahren wahrscheinlich anbieten wird, unter dem errechneten Grenzzinssatz, ist für Sie das Darlehen mit der kürzeren Laufzeit günstiger. Übersteigt der Anschlusszins den Grenzzinssatz, kommt Sie der Kredit mit einer Zinsbindung von 15 Jahren billiger.

In der Beispielrechnung lohnt es sich für den Kreditnehmer also finanziell, ein Darlehen mit kürzerer Zinsbindungsfrist abzuschließen, da die Konditionen für den Anschlusskredit sicherlich nicht den Grenzzinssatz von 4,62 Prozent übersteigen.

	Darlehen mit längerer Zinsbindung	Darlehen mit kürzerer Zinsbindung
Kreditbetrag in Euro	250.000	250.000
Zinsbindung in Jahren	15	10
Nominalzins in Prozent	3,50	3,20
Anfangstilgung in Prozent	2,00	2,30
Rate pro Monat in Euro	1.145,83	1.145,83
Effektivzins in Prozent	3,56	3,25
Restschuld in Euro	151.547,49	182.340,22
Grenzzinssatz für einen Anschlusskredit in 10 Jahren (Effektivzins in Prozent)		4,62

Tabelle 8.3: Zinssätze bei unterschiedlich langer Zinsbindung

Der Zinsbindungsrechner hilft

Die Stiftung Warentest bietet auf ihrer Internetseite einen Zinsbindungsrechner an, mit dessen Hilfe Sie Kreditangebote mit unterschiedlicher Zinsbindung vergleichen können. Sie müssen nur die Konditionen für ein Darlehen mit längerer und mit kürzerer Zinsbindung eingeben. Anschließend ermittelt Ihnen der Rechner den sogenannten *Grenzzinssatz* für die Anschlussfinanzierung des Kredits mit der kürzeren Zinsbindungsfrist.

Den Zinsbindungsrechner finden Sie unter www.test.de. Wenn Sie dem Pfad Tests, Bauen + Finanzieren, Rechner folgen, öffnet sich das entsprechende Fenster, um Ihre persönlichen Daten rund um Ihren Immobilienkredit einzugeben.

Rat und Hinweise, wie sich das Zinsniveau für die Immobilienfinanzierung entwickelt, können Sie sich bei Banken oder Finanzberatern holen. Oft genügt es aber auch schon, die historische Entwicklung der Zinsen der vergangenen 20 bis 30 Jahren zu analysieren. Da das Zinsniveau relativ träge auf das Umfeld reagiert, können Sie mithilfe der historischen Daten gut einschätzen, wie viel Zeit verstreicht, ehe das Zinsniveau beispielsweise um ein oder zwei Prozent steigt oder sinkt.

Sollten Sie einen Hypothekenkredit über 15 Jahre abschließen und nach ein paar Jahren feststellen, dass die Zinsen für Immobiliendarlehen sinken, können Sie den Kredit bereits nach zehn Jahren kündigen. Diese Möglichkeit hat der Europäische Gerichtshof vor einiger Zeit den Verbrauchern durch ein Präzedenzurteil eingeräumt. Und § 489 Absatz 1 Nummer 2 des Bürgerlichen Gesetzbuches schreibt lediglich eine sechsmonatige Kündigungsfrist dafür vor. Wer seinen langfristig laufenden Immobilienkredit kündigt, muss sein Hypotheken- oder Baudarlehen nur innerhalb von zwei Wochen begleichen. Wichtig: Der Kreditgeber darf keine Vorfälligkeitsentschädigung fordern.

Nix ist fix – was für und was gegen einen variablen Zinssatz spricht

Schlummert ein Zocker in Ihnen? Setzen Sie beim Roulette gern auf eine einzige Zahl? Versuchen Sie auf dem Tennisplatz, auch mit dem zweiten Aufschlag Asse zu schlagen? Ja? Dann könnte ein Immobilienkredit mit variablem Zinssatz das Richtige für Sie sein.

Nein, das war jetzt übertrieben – ganz so riskant, wie wir es jetzt dargestellt haben, sind Baukredite mit variablem Zins nicht. Im Vergleich zu Hypothekendarlehen mit Zinsbindungsfristen von 15 Jahren und mehr bergen variable Zinssätze jedoch etwas mehr Risiken – aber auch mehr Chancen.

Einen Baukredit mit variablem Zinssatz können Sie in der Regel

- ✔ nach einer dreimonatigen Frist kündigen;
- ✔ bei Ihrer Bank um durchschnittlich ein Prozent günstiger erhalten als einen Kredit mit festem Zinssatz.

Gerade in Zeiten, in denen Banken hohe Zinsen für Immobilienkredite fordern, ist es verlockend, Immobilienkredite mit variablem Zinssatz abzuschließen. Rechnet der Immobilienkäufer dann auch noch damit, dass die Zinsen in absehbarer Zeit sinken oder er einen größeren Betrag sondertilgen kann, gewinnt diese Darlehensvariante zusätzlich an Attraktivität.

Auch wenn die Angebote möglicherweise sehr verlockend klingen – eine gewisse Zockermentalität brauchen Sie, wenn Sie einen Baukredit mit variablem Zins abschließen und dennoch ruhig schlafen wollen, denn variable Zinssätze

- ✔ bergen das Risiko steigender Zinsen,
- ✔ fordern die regelmäßige Beobachtung der Leitzinssätze sowie den Vergleich mit den veranlagten variablen Zinssätzen.

Letzteres fordert von Ihnen nicht nur ein gewisses Interesse an den Finanzmärkten, sondern kostet Sie auch Zeit, die Sie unter Umständen gar nicht haben. Vielleicht schrauben und bohren Sie an Ihren freien Wochenenden ja lieber an Ihrem Haus herum, um sich mittels Muskelhypothek etwas Geld zu sparen.

Im Allgemeinen reagieren die Banken in Deutschland sehr schnell auf steigende Zinsen und geben diese meist umgehend an ihre Kunden weiter. Wer in solchen Phasen plötzlich ein, zwei oder drei Prozent mehr für seinen Immobilienkredit bezahlen muss, gefährdet möglicherweise seine komplette Baufinanzierung. Zahlt ein Kreditnehmer beispielsweise jährlich drei Prozent Zinsen für sein Baudarlehen von 200.000 Euro, kostet ihn das 6.000 Euro. Steigt der Zinssatz um 2,5 auf 5,5 Prozent an, muss er stolze 5.000 Euro mehr aufbringen und 11.000 Euro begleichen – nicht gerade ein Betrag, den jeder locker aus der Tasche zieht.

Viele Banken verlangen für einen Kredit mit variablem Zinssatz eine Bearbeitungsgebühr von etwa 1,5 Prozent der Kreditsumme. Diese Summe kann den finanziellen Vorteil gegenüber einem Darlehen mit festem Zinssatz schnell zunichtemachen. Nehmen Sie einen Baukredit von 100.000 Euro auf, kostet Sie allein die Gebühr 1.500 Euro.

Die Extra-Rate – warum die Sondertilgung so wertvoll ist

Es spielt keine Rolle, warum Sie plötzlich über einen größeren Geldbetrag verfügen – ob Ihnen Ihre Oma 50.000 Euro vermacht hat oder Sie im Lotto gewonnen haben. Sobald ein gewisser Batzen Geld auf Ihrem Konto liegt, den Sie nicht für das alltägliche Leben oder die Aufstockung Ihrer Rücklagen brauchen, könnten Sie mit dem Kapital Teile Ihres Immobilienkredits zurückzahlen. So sparen Sie sich nicht nur einen Haufen Zinsen, sondern verkürzen auch die Laufzeit des Kredits.

Wie gesagt, Sie könnten! Aber auch nur, wenn Sie beim Abschluss Ihres Immobilienkredits gut aufgepasst beziehungsweise hartnäckig verhandelt haben: Steht in Ihrem Darlehensvertrag nicht explizit drin, dass Sie ein Recht auf *Sondertilgung* haben, wird Ihnen Ihre Bank auch nicht gestatten, Teile des Kredits vorzeitig zu tilgen.

Generell gilt die Bezeichnung Sondertilgung für all die Geldbeträge, die Immobilienkäufer über die vereinbarten jährlichen Rückzahlungsraten hinaus auf dem Kreditkonto einzahlen. Während bei den Bausparkassen Sondertilgungen für Bauspardarlehen fast jederzeit möglich sind, brauchen Sie bei allen anderen Kreditinstituten eine entsprechende Klausel in Ihrem Kreditvertrag.

Je nach Bank gibt es verschiedene Optionen für Sondertilgungen: Der Extra-Betrag

✔ muss mindestens 2.000 Euro betragen,

✔ darf maximal 50 Prozent der Darlehenssumme während der Zinsbindungsfrist umfassen,

✔ darf sich maximal auf 5, 10 oder 15 Prozent des Kreditbetrags summieren und kann nur zweimal jährlich eingezahlt werden,

✔ darf nicht mehr als beispielsweise 5.000 Euro betragen.

Wie stark eine oder mehrere Sondertilgungen helfen, einen Kredit abzustottern, zeigt Ihnen ein Vergleich zwischen einem Darlehen in Höhe von 125.000 Euro, das der Kreditnehmer ausschließlich mit den vereinbarten Raten abzahlt, und einem Kredit, für den der Schuldner jährlich 10.000 Euro extra aufbringt. Studieren Sie doch Tabelle 8.4 einmal genau.

Jahr	Restschuld ohne Sondertilgung in Euro	Zinsen in Euro	Tilgung in Euro	Restschuld mit Sondertilgung in Euro	Zinsen in Euro	Tilgung in Euro
1	121.791	4.256	3.209	112.096,92	3.927	3.197 + 10.000
2	118.469	4.144	3.322	98.506,66	3.498	3.626 + 10.000
3	115.031	4.027	3.438	84.475	3.065	4.069 + 10.000
4	111.473	3.907	3.558	69.987	2.599	4.526 + 10.000
5	107.790	3.783	3.683	55.030	2.127	4.997 + 10.000
6	103.978	3.654	3.812	39.586	1.640	5.484 + 10.000
7	100.033	3.520	3.945	23.641	1.137	5.987 + 10.000
8	95.950	3.382	4.083	7.179	618	6.506 + 10.000
9	91.724	3.239	4.226	0	108	6.012
10	87.350	3.091	4.374			
11	82.823	2.938	4.527			
12	78.137	2.780	4.686			
13	73.288	2.616	4.850			
14	68.269	2.446	5.019			
15	63.074	2.270	5.195			
16	57.697	2.089	5.377			
17	52.132	1.900	5.565			
18	46.372	1.706	5.760			
19	40.411	1.504	5.961			
20	34.241	1.295	6.170			
21	27.855	1.079	6.386			
22	21.246	856	6.609			
23	14.405	625	6.841			
24	7.325	385	7.080			
25	0	137	7.325			

Tabelle 8.4: Vergleich Abzahlung Immobilienkredit ohne und mit Sondertilgung

Klar, 10.000 Euro Sondertilgung sind eine Menge Holz. Denken Sie aber stets daran, dass auch kleinere Beträge wie 2.500 oder 5.000 Euro Ihre Kreditschulden verringern und Sie sich durch jede Sondertilgung Geld sparen.

Schreiben Sie sich einen Notizzettel, wenn Sie mit Ihrer Bank die Konditionen für Ihren Immobilienkredit aushandeln, und notieren Sie groß darauf: Sondertilgung nicht vergessen! Für Ihr Darlehen müssen Sie auf so viele Details achten, dass so ein Punkt wie die Sondertilgung schnell in Vergessenheit gerät – und das wäre ärgerlich für Sie.

Vergleichen und Verhandeln spart ein paar Tausender

Sie haben jahrelang von den eigenen vier Wänden geträumt, jahrelang nach dem idealen Objekt am Waldrand gesucht und jetzt schlagen Sie endlich zu? Nachdem Sie zuvor aber jahrelang geträumt und gesucht haben, kommt es jetzt auf ein paar Tage mehr oder weniger nicht an: Sie müssen die Finanzierung nicht innerhalb von 24 Stunden auf die Beine stellen!

Nehmen Sie sich ausreichend Zeit, um wirklich die besten Finanzierungsbedingungen für sich herauszuholen. Angesichts der hohen Kreditsummen, die Sie normalerweise aufnehmen, und den relativ langen Laufzeiten der Kredite machen schon kleinste Unterschiede in den Konditionen große Unterschiede bei den Rückzahlungsbeträgen.

Um richtig Geld zu sparen, müssen Sie Fleißarbeit leisten. Sie sollten sich zunächst nach dem aktuellen Zinsniveau für Bauzinsen erkundigen und anschließend Ausschau nach günstigen Kreditangeboten halten. Die finden Sie

- im Internet,
- bei Ihrer Hausbank,
- bei anderen Bankfilialen in Ihrer Region.

Bei Ihrer Recherche können Sie die Vorteile des Internets voll ausnutzen: Dutzende Seiten bieten Zinsvergleiche an und informieren Sie über die günstigsten Hypothekenanbieter. Bei der Auswahl der Portale haben wir uns darauf konzentriert, dass Sie bei dieser Suche Ihre persönlichen Daten nicht übermitteln müssen:

- www.fmh.de
- www.check24.de
- www.baufi-info24.de
- www.forium.de

Früher war es oft üblich, dass die Bank Immobilienkäufern ein Angebot vorgelegt und dieser es ohne Widerrede akzeptiert hat. Inzwischen kämpfen so viele Geldinstitute, Bausparkassen und Versicherungen um Kunden, dass es sich keine Bank mehr leisten kann, ein schlichtes Angebot ohne das eine oder andere Extra zu machen.

Selbst wenn Sie kaum Eigenkapital mitbringen oder nicht über ein fünfstelliges monatliches Nettoeinkommen verfügen – als Bittsteller muss heutzutage kein Kunde mehr bei den Banken auftreten, wenn er nach einem günstigen Immobilienkredit sucht. Bedenken Sie, die Geldinstitute sichern sich gegen den Ausfall eines Baukredits ohnehin ab: Können Sie Ihr Darlehen nicht mehr bedienen, geht das Haus oder die Wohnung relativ schnell in das Eigentum der Bank über.

Zu diesem Thema finden Sie mehr Details in diesem Kapitel unter dem Punkt »Banker scherzen nicht – welche Rechte und Pflichten sich aus dem Geschäft mit der Bank ergeben«.

Um Ihnen überhaupt ein Kreditangebot zu unterbreiten, wollen die Geldinstitute Informationen über

- ✔ die Höhe Ihres Einkommens,
- ✔ die Höhe Ihres Eigenkapitals.

Je nachdem, wie hoch Ihre Ersparnisse beziehungsweise Ihr Gehalt ist, desto attraktiver dürfte das Darlehensangebot ausfallen. In der Praxis ist es oft so, dass die Kreditanstalten finanzstarken Kunden und ihren Kreditwünschen schneller nachgeben als weniger gut situierten Antragstellern. Wer seinem Gegenüber im Gespräch aber glaubhaft deutlich macht, dass nicht nur er, sondern auch andere Banken die Baufinanzierung gern übernehmen würden, kann unabhängig von den Fakten in der Verhandlung einiges rausholen.

Gehen Sie überlegt und strategisch vor, wenn Sie einen Immobilienkredit verhandeln wollen:

Im ersten Schritt stellen Sie Ihre finanzielle Situation lückenlos dar und weisen auf die Pluspunkte hin:

- ✔ Informieren Sie sich über das allgemeine Zinsniveau und die Angebote mehrerer Banken.
- ✔ Lassen Sie Ihren Verhandlungspartner wissen, dass Sie keine Schufa-Einträge haben (wenn das so ist).
- ✔ Zeigen Sie der Bank auf, wie sich die Höhe Ihres Gehalts in den vergangenen Jahren entwickelt hat.
- ✔ Dokumentieren Sie die Einkünfte Ihres Lebenspartners – auch wenn er beispielsweise »nur« geringfügig verdient.

Im zweiten Schritt treten Sie in die Verhandlung ein und lassen sich Angebote von der Bank machen:

- ✔ Fragen Sie nach Sonderkontingenten für Immobilienkredite – immer wieder verfügen Banken über entsprechende Töpfe, aus denen sie günstige Kredite vergeben.
- ✔ Spielen Sie verschiedene Varianten durch: kurze und lange Zinsbindungsfristen, niedrigere und höhere Tilgungsraten.

Im dritten Schritt formulierten Sie Ihre Wünsche und Forderungen und bringen – falls es an den Kreditzinsen nichts zu rütteln gibt – Alternativen ins Spiel, die Ihnen Geld sparen:

- ✔ Erklären Sie bestimmt, welche Finanzierungswege für Sie nicht infrage kommen, falls die Bank mehrere Optionen wie beispielsweise Bausparer ins Gespräch bringt.
- ✔ Fragen Sie konsequent nach, ob die Bank beispielsweise bei kürzeren Laufzeiten ein paar Prozentpunkte nachgibt. Fangen Sie ruhig mit Abschlägen zwischen 15 und 20 Prozent an, an der Reaktion Ihres Gegenübers erkennen Sie schnell, wo Sie sich idealerweise entgegenkommen könnten.

✔ Bestehen Sie unbedingt darauf, Sondertilgungen leisten zu dürfen – je nach Möglichkeit, wie Sie für diese Extra-Zahlungen sparen können, sollten Sie ruhig einen stattlichen Prozentsatz einfordern.

✔ Bringen Sie die Kontoführungsgebühren, sofern Sie welche bezahlen, ins Spiel und bestehen darauf, diese zu streichen.

✔ Machen Sie deutlich, dass Sie keinesfalls Bereitstellungszinsen für Ihren Kredit bezahlen.

 Stoßen Sie auf taube Ohren bei Ihrem Gegenüber, sollten Sie konsequent bleiben und die Verhandlung abbrechen. Jedenfalls dann, wenn Sie sicher sind, dass Sie bei einem anderen Geldinstitut wenigstens die gleichen Konditionen aushandeln können.

Und noch etwas: Manchmal hilft es, diplomatisch nach dem Vorgesetzten zu fragen. Ein Privatkundenberater verfügt in der Regel über weniger Spielraum bei einer Verhandlung als sein Vorgesetzter.

Ich will, was ich will, was ich will!

Für Nadine und Klaus stand von Anfang an fest: Für die Finanzierung ihres Hauses wollten sie drei Annuitätendarlehen mit verschiedenen Laufzeiten. Der Privatkundenberater vor Ort ließ ihnen von seinem Rechner aber immer wieder Berechnungen und Tilgungspläne erstellen, die stets einen Bausparvertrag beinhalten. Er fragte permanent nach, warum sie sich so sehr gegen einen Bausparvertrag sträuben würden, und betonte dessen Vorteile immer und immer wieder. Die Einwände von Nadine und Klaus schien er nicht zu hören!

Nach einigem Hin und Her setzten sich die beiden durch: Sie erhielten ein sehr gutes Angebot für drei Annuitätendarlehen, die auch Vereinbarungen über die Möglichkeit von Sondertilgungen enthielten – jeweils zehn Prozent der Gesamtkreditsumme jährlich. Als sie am Ende noch nach dem Erlass der Kontoführungsgebühr fragten, war der Berater so genervt von der Hartnäckigkeit des Paares, dass er sofort zustimmte.

Was die Bank so alles außer Geld bekommt – und was Sie geben sollten

Wenn Sie endlich den Verhandlungsmarathon mit Ihrer Bank hinter sich gebracht haben und Zinsbindungsfristen, Zinskonditionen, Tilgungshöhe und die Summe der monatlichen Ratenzahlungen feststehen, ist immer noch nicht Schluss. Ihr Geldinstitut hat Ihnen zwar den notwendigen Kredit für Ihren Immobilientraum zugesagt, will sich jetzt aber natürlich absichern, um im Falle eines Zahlungsausfalls nicht mit leeren Händen dazustehen.

Um den vergebenen Immobilienkredit von 100.000, 250.000 oder vielleicht auch 500.000 Euro abzusichern, fordert die Bank von Ihnen Sicherheiten, beispielsweise

✔ eine Grundschuld,

✔ eine Risikolebensversicherung,

✔ eine Sicherungsabtretung,

✔ ein Garantieversprechen,

✔ eine Bürgschaft.

Die Grundschuld

Im vergangenen Jahrhundert verlangten die Kreditinstitute von ihren Kunden fast immer eine Hypothek als Sicherheit für das Darlehen. In der Praxis hat inzwischen jedoch die sogenannte *Grundschuld* die Hypothek abgelöst. Diese beiden Verpfändungs- oder Grundpfandrechte sind sich sehr ähnlich, aber einen erheblichen Unterschied gibt es doch zwischen ihnen:

✔ Eine Hypothek besteht nur dann, wenn sie auch an eine entsprechende Forderung geknüpft ist.

✔ Eine Grundschuld besteht nicht nur, wenn es eine Forderung gibt, sondern auch dann, wenn die Forderung längst keinen Bestand mehr hat.

Schlicht gesagt: Eine Hypothek existiert nur verknüpft mit einem Immobilienkredit, eine Grundschuld können Sie auch als Absicherung für zukünftige Kredite nutzen, selbst wenn Sie den Kredit für Ihr Haus längst zurückgezahlt haben.

Über den Unterschied zwischen einer Hypothek und einer Grundschuld müssen Sie sich jetzt nicht weiter den Kopf zerbrechen, denn die meisten Banken verlangen heutzutage von ihren Kunden, dass sie eine Grundschuld auf das Objekt in das Grundbuch eintragen lassen. Das Haus oder die Wohnung ist dann die Sicherheit für den Kredit, falls Sie – aus welchen Gründen auch immer – Ihre Kreditraten nicht zurückzahlen können. In diesem Fall ist die Bank berechtigt, das Objekt – sprich Ihre Immobilie – zu verkaufen oder zu versteigern, um sich zumindest Teile des Kredits zurückzuholen.

Der Gesetzgeber unterscheidet zwei verschiedene Arten von Grundschulden:

✔ Briefgrundschuld

✔ Buchgrundschuld

Ob die eine oder die andere – beide Grundschuld-Arten müssen die Immobilieneigentümer in das Grundbuch beim zuständigen Grundbuchamt vor Ort eintragen lassen. Den Eintrag können Sie in der Abteilung III des Grundbuchs unter dem Namen »Lasten und

Beschränkungen« finden. Steht Ihre Bank im Grundbuch, wird sie faktisch der Eigentümer Ihrer Immobilie, bis Sie sie komplett abbezahlt haben.

Viele Geldinstitute fackeln nicht lange: Können Sie Ihre monatlichen Raten nicht mehr bezahlen, kann es sehr schnell gehen: Im Rahmen einer Zwangsversteigerung ordnet die Bank dann den Verkauf Ihrer Immobilie an. Manchmal verstreichen gerade einmal drei Monate – und schon gehört die Phase, in der Sie sich als stolzer Immobilienbesitzer fühlen durften, der Vergangenheit an.

Im Idealfall jedoch stottern Sie Ihr Darlehen nach und nach ab – ist auch die letzte Rate bezahlt und besteht seitens der Bank keine Forderung mehr, wird die Grundschuld auf Ihre Immobilie aus dem Grundbuch ausgetragen.

Wer die Grundschuld als Buchgrundschuld eintragen lässt, schreibt sie nur in das Grundbuch. Wer dagegen die Form einer Briefgrundschuld wählt, erhält neben dem Eintrag auch noch einen Grundschuldbrief. In der Praxis ziehen alle Beteiligten normalerweise die Buchgrundschuld vor.

Allerdings hat die Briefgrundschuld dann Vorteile, wenn Sie die Grundschuld einmal an eine andere Person oder auch eine andere Bank übertragen wollen: In diesem Fall müssen Sie nur den Grundschuldbrief ändern, im Grundbuch bleibt alles beim Alten.

Die Löschung einer Grundschuld aus dem Grundbuch muss der Grundstückseigner oder Immobilieneigentümer selbst beantragen. Ihr Kreditinstitut kümmert sich um diese Formalie nicht.

Die Risikolebensversicherung

Je nachdem, wie viel Eigenkapital Sie für die Finanzierung Ihrer eigenen vier Wände mitbringen beziehungsweise in welcher persönlichen Lebenssituation Sie gerade stecken – und selbst wenn Sie die Grundschuld für Ihre Bank ins Grundbuch eintragen lassen –, die meisten Kreditinstitute gehen absolut auf Nummer sicher: In der Regel fordern sie von den Kreditnehmern eine zusätzliche finanzielle Absicherung. Die Frage nach einer Lebens- oder Risikolebensversicherung kommt während Ihrer Kreditverhandlungen in der Regel recht schnell.

Die Argumente der Geldinstitute sind dabei ebenso logisch wie nachvollziehbar: Aussagen wie »Junge Familien haben noch nicht für das Alter vorgesorgt« oder »Durch den Immobilienkauf schrumpfen Ihre Rücklagen auf ein Minimum« lässt sich kaum etwas entgegensetzen.

Natürlich denken die Banken mit solchen Hinweisen zuerst an sich: Sie wollen sich finanziell absichern. Ganz unrecht haben sie nicht, wenn sie ihre Kunden auf das mögliche Risiko aufmerksam machen, dass der Ehepartner plötzlich sterben kann. Fällt der Hauptverdiener aus, wird es für die Familie enorm schwer, die Immobilie weiter abzubezahlen, wenn es keine finanzielle Absicherung gibt.

Der Abschluss einer Risikolebensversicherung eignet sich im Falle eines Immobilienkaufs vor allem für

✔ unverheiratete Paare,

✔ junge Familien,

✔ Alleinerziehende,

✔ Familien mit einem Haupt- oder Alleinverdiener.

Die Höhe der Versicherungssumme sollten Sie danach ausrichten, wie teuer Ihre Traumimmobilie ist. Sie müssen nicht unbedingt den kompletten Betrag absichern, aber ein bis zwei Drittel des Kaufbetrags wären sinnvoll. Kaufen Sie also ein Haus für 250.000 Euro, sollte die Versicherungssumme mindestens 90.000 bis 180.000 Euro betragen.

Ist Ihr Darlehensvertrag bei der Bank abgeschlossen, fordern die Banken meist das Versicherungsdokument für Ihre Risikolebensversicherung ein. Es dient als Sicherheit für den Kredit. Sie treten während der Laufzeit des Kredits damit Ihre Ansprüche aus der Versicherung an die Bank ab.

Die Sicherungsabtretung

Um Ihre Bank zu beruhigen beziehungsweise ihrer Forderung nach Sicherheiten für den vergebenen Immobilienkredit nachzukommen, haben Sie neben der Grundschuld oder einer Risikolebensversicherung noch weitere Optionen wie die *Sicherungsabtretung*. Sicherungsabtretungen können unter anderem sein

✔ ausstehende Kundenzahlungen,

✔ Ansprüche an Versicherungsgesellschaften oder Banken,

✔ Steuerrückerstattungsbeträge.

Betreiben Sie beispielsweise ein Gewerbe oder sind als Freiberufler tätig und erhalten von Ihren Kunden noch Geld für erbrachte Leistungen, können Sie diese Summen als Sicherheit an Ihre Bank abtreten. In diesem Fall treiben Sie zwar nach wie vor als Gläubiger das Geld ein, Empfänger ist jedoch das Kreditinstitut, bei dem Sie Ihr Immobiliendarlehen abgeschlossen haben – so lange, bis Sie Ihren Kredit zurückgezahlt haben.

Ganz ungefährlich ist dieser Schritt allerdings nicht: Er gefährdet möglicherweise Ihre Existenzgrundlage, beispielsweise wenn die Geschäfte nicht gut laufen. Einerseits fällt es Ihnen dann unter Umständen schwer, die Kreditraten zu bedienen. Können Sie das Geld womöglich gar nicht mehr aufbringen, kündigt Ihnen die Bank den Kredit und behält die Sicherheitsabtretung ein. Im schlimmsten Fall haben Sie dann kein Kapital mehr, um Ihre Geschäft weiterzubetreiben beziehungsweise Waren für die Produktion oder Ähnliches einzukaufen.

Ehe Sie also überlegen, ob Sie Ihrer Bank für Ihren Immobilienkredit zusätzliche Sicherheiten anbieten können, die in Ihrem Geschäft stecken, sollten Sie vielleicht besser nach Alternativen suchen oder sich zumindest von Experten beraten lassen, ob es nicht noch andere Wege für Sie gibt.

Das Garantieversprechen

Viele Banken geben sich mit *Garantieversprechen* zufrieden, wenn sie auf eine oder mehrere Absicherungen eines Immobiliendarlehens pochen. Mit einem Garantieversprechen versichern Sie Ihrem Kreditinstitut, dass Ihnen wiederum eine dritte Person bestimmte Einnahmen garantiert, die Sie an Ihre Bank weiterreichen.

Ein einfaches Beispiel klärt diesen scheinbar komplizierten Vorgang:

Herr Reich ist Eigentümer eines Mietshauses. Die Verwaltung für das Gebäude hat er einer Hausverwaltung anvertraut, die ihm jeden Monat einen bestimmten Betrag an Mieteinnahmen garantiert. Für die Arbeit der Hausverwaltung zahlt Herr Reich ein Entgelt. Die Mietgarantie, die ihm die Hausverwaltung vertraglich zugesichert hat, kann er zur Sicherung seines Immobilienkredits an seine Bank übertragen. Risiken geht Herr Reich dabei nicht ein.

Die Bürgschaft

Die *Bürgschaft* zählt zu den Klassikern unter den Sicherheitsgaranten für Immobilienkredite. Besonders beliebt ist sie bei:

✔ Bauverträgen

✔ Miet- und Kaufverträgen

✔ Baudarlehen

Wer seinen Immobilienkredit mit einer Bürgschaft absichern will, muss nach einem Bürgen suchen, der über die notwendige finanzielle Sicherheit verfügt. Als Bürgen verpflichten sich häufig

✔ Verwandte,

✔ enge Freunde,

✔ Geschäftspartner.

In Deutschland ist es gängige Praxis, dass die meisten Bürgen ihren Schützlingen nicht völlig umsonst zur Seite stehen: Normalerweise vereinbaren sie mit den Kreditnehmern, dass sie ihnen sogenannte *Avalzinsen* bezahlen. Der Zinssatz für die Avalzinsen beträgt meist etwa ein Prozent der Bürgschaftssumme jährlich.

Auch wenn Sie eine Bürgschaft auf diese Weise schnell 1.000 Euro oder mehr pro Jahr kostet, kommt Sie eine Bürgschaft wahrscheinlich deutlich billiger als andere Sicherheitsoptionen für Ihren Immobilienkredit – abhängig von dem Verhältnis zu Ihrem Bürgen beziehungsweise den Konditionen, die Sie mit ihm vereinbart haben. Bei einer Bürgschaft fallen nicht an:

✔ Kosten für die notarielle Beurkundung

✔ Kosten für den Eintrag ins Grundbuch

Viele Optionen – begrenzter Spielraum

Ehe Sie sich jetzt auf die Suche nach einem Bürgen machen oder prüfen, ob Sie ein Garantieversprechen abgeben können, um so für Ihren Immobilienkredit Sicherheiten anzubieten – warten Sie lieber die Verhandlungen mit Ihrer Bank ab. Viele Kreditinstitute akzeptieren nur bestimmte Sicherheiten oder bestehen beispielsweise immer auf einem Grundbucheintrag.

Verhandlungspotenzial ergibt sich möglicherweise nur, wenn Sie mit Ihrer Bank darüber diskutieren, wie viel Prozent des Immobilienkredits Sie mit Ihren Sicherheiten abdecken müssen. Da die meisten Geldinstitute auf einen Grundbucheintrag bestehen, ist der größte Teil des Darlehens dadurch bereits gesichert.

Klare Vorgaben – keine Kompromisse

Als Anny und Frank ihren Immobilienkredit verhandelten, stellte sich schnell heraus, dass ihre Hausbank auf einem Grundbucheintrag bestand und zudem noch eine Risikolebensversicherung als zusätzliche Sicherheit einforderte. Auf eine Diskussion ließ sich der Bankberater gar nicht ein. Allerdings verlangte er auch keine weiteren Sicherheiten.

Wäre Frank, der als Hauptverdiener die dreiköpfige Familie ernährt, in den ersten zehn Jahren während der Kreditlaufzeit etwas zugestoßen, hätte Anny das Haus trotz des Versicherungsbetrags rein rechnerisch nicht halten können – sie hätte es verkaufen müssen. Eine Situation, die dem Bankberater durchaus bewusst war, die er aber lapidar mit dem Satz abtat: »Die Bank hat ja Haus und Grund zur Sicherheit. Auch wenn wir es zu einem schlechten Preis verkaufen, würde die Risikolebensversicherung das Darlehen decken«.

Banker scherzen nicht – welche Rechte und Pflichten sich aus dem Geschäft mit der Bank ergeben

Ob der Vertrag für Ihr Handy, der Leasing-Vertrag für Ihr Auto oder Ihr Vertrag mit Ihrem Stromanbieter – jeder Vertrag beinhaltet bestimmte Rechte und Pflichten für den Anbieter und für Sie. Gleiches gilt natürlich auch bei einem Immobiliendarlehen.

Kurz und knapp auf den Punkt gebracht, bedeutet der Abschluss eines Immobiliendarlehens für Sie, dass Sie jede Menge Schulden anhäufen und diese in Raten und zu einem entsprechenden Zinssatz innerhalb eines bestimmten Zeitraums abzahlen müssen. Ihr Kreditinstitut wiederum muss Ihnen den vereinbarten Betrag zur Verfügung stellen.

In den zahlreichen Klauseln, dem verrufenen Kleingedruckten, sind weitere Rechte und Pflichten zu finden, die Sie oder Ihre Bank beachten müssen. Zu den wesentlichen Punkten zählen unter anderem die

✔ Standardbedingungen zum Datenschutz,

✔ Aufklärungspflichten des Kreditinstituts,

✔ Offenlegungs- und Auskunftspflichten des Kreditnehmers,

✔ Einwilligungserklärungen zwischen der Bank und Dritten für die Abtretung von Kreditforderungen.

Dass Ihre Bank Ihnen ausführlich erklärt, was der Abschluss eines Immobiliendarlehens bedeutet, ist ebenso logisch wie der Schutz Ihrer persönlichen Daten durch Ihr Kreditinstitut.

Kniffliger wird es da schon eher, wenn es um die Offenlegungs- und Auskunftspflicht geht. Ihre Bank kann während der Laufzeit des Kredits einmal jährlich von Ihnen verlangen, dass Sie ihr Ihre wirtschaftliche Situation mit aussagekräftigen Unterlagen dokumentieren. Das können beispielsweise sein:

✔ Gehaltsabrechnungen

✔ Honorarabrechnungen

✔ Bilanzen

✔ Einkommensteuerbescheide

✔ Einkommensteuererklärungen

 Führen Sie Ihr Gehaltskonto bei der Bank, die Ihnen auch Ihr Immobiliendarlehen gewährt hat, brauchen Sie in der Regel nicht damit zu rechnen, dass Sie einmal pro Jahr alle wesentlichen Unterlagen rund um Ihre Finanzen gesammelt zu Ihrer Bank tragen müssen. Vielen Kreditinstituten reicht es, zu sehen, dass regelmäßig Geld auf dem Konto des Kreditnehmers eingeht.

In den Rechten und Pflichten, die für Sie durch einen Immobilienvertrag entstehen, schlummert in der Regel auch eine kleine Bombe, die aber bei deutschen Kreditinstituten meist nicht gezündet wird: Hinter der »Einwilligungserklärung zwischen der Bank und Dritten für die Abtretung von Kreditforderungen« steckt die Möglichkeit für die Banken, das mit Ihnen abgeschlossene Darlehen an andere Institute oder Finanzunternehmen abzugeben, um

- ✔ eine Refinanzierung anzustreben,
- ✔ das Eigenkapital zu entlasten,
- ✔ das Risiko zu diversifizieren.

So mancher amerikanische Immobilieneigentümer könnte Ihnen jetzt stundenlang von solchen Vorgängen erzählen und über die Folgen klagen. Bestimmt können Sie sich noch an die ausführlichen Berichte in den Tageszeitungen und im Fernsehen erinnern, die auf der Spitze der Immobilienkrise in den USA von der Misere berichtet haben, oder?

Auch wenn die Möglichkeit theoretisch vorhanden ist – bei den Bankinstituten hierzulande ist ein Übertrag der Kreditforderungen an Dritte in der Regel tabu.

> Wer auf Nummer sicher gehen will, fragt am besten während der Verhandlungsphase für sein Darlehen nach, ob das Institut die Möglichkeit eines Kreditübertrags bis dato jemals genutzt hat. Sollte dies wider Erwarten der Fall sein, lassen Sie sich ganz genau erklären, was das für Sie bedeuten könnte und an wen Ihr Bankinstitut die Kreditforderungen überhaupt übertragen dürfte.

30 Jahre – die gleiche Immobilie in einer anderen Welt

Am besten setzen Sie sich jetzt mal für ein paar Augenblicke auf Ihre Couch oder in Ihren Sessel: Schließen Sie die Augen und lassen Sie Ihr bisheriges Leben an sich vorüberziehen. Richtig, vor einigen Jahren gab es noch gar keine Carving-Skier, in den Straßen in Deutschland standen öffentliche Telefonhäuschen in schmuckem Gelb herum, das Internet war pure Zukunftsmusik, viele Automodelle hatten auf den Rücksitzen keine Sicherheitsgurte, geschweige denn Kopfstützen – und es gab möglicherweise sogar die Sowjetunion noch ...

Sie schmunzeln? Nun, stellen Sie sich vor, Sie hätten sich beispielsweise 1972 für den Kauf einer Immobilie entschieden und sie auf 30 Jahre finanziert, dann hätten Sie in Ihren eigenen vier Wänden all diese Veränderungen erlebt. Warum wir das so drastisch schildern? Ganz einfach: In all dieser Zeit der Neuerungen hätten Sie nicht nur in Ihrem Häuschen gelebt, sondern auch Jahr für Jahr jeden Monat den Betrag X für die Kreditrate aufbringen müssen.

Für Sie als potenzieller Immobilieneigentümer wird dieser Aspekt aus zweierlei Gründen interessant:

1. Sie müssen sich bewusst machen, dass Sie durch die Finanzierung einer Immobilie über einen sehr, sehr langen Zeitraum – in der Regel eben 30 Jahre – eine hohe finanzielle Belastung haben.

2. Sie müssen überlegen, wie Sie die finanziellen Risiken in diesem Zeitraum möglichst gering halten.

Nun, dass die Finanzierung einer Immobilie kein Zuckerschlecken ist, hat sich vermutlich schon längst bis zu Ihnen herumgesprochen. Wahrscheinlich haben Sie sich damit auch schon auseinandergesetzt und sind für die eigenen vier Wände bereit, jahrelang den Haus- oder Wohnungskredit abzuzahlen.

Mit Punkt zwei setzen sich dagegen viele potenzielle Immobilienkäufer oft nicht ausreichend auseinander: Eine Forsa-Studie im Auftrag eines großen deutschen Finanzkonzerns unter 1.000 Immobilienbesitzern und Verbrauchern zeigte erst jüngst, dass 75 Prozent der Befragten zwar die Zinshöhe für einen Immobilienkredit für wichtig halten. Aber nur 20 Prozent aller interviewten Personen waren darüber informiert, dass die Zinsbindung bei einer Immobilienfinanzierung deutlich mehr als zehn Jahre betragen kann. Zinsbindungen über zehn, 20 oder manchmal gar 30 Jahre gehören bei vielen Anbietern oft noch zum Standardkontingent.

Gerade in Zeiten niedriger Immobilienzinsen jedoch kann das später erhebliche Auswirkungen auf die Kosten für Ihren Kredit haben – sobald nämlich die Zinsen wieder anziehen und Sie dann nach zehn Jahren plötzlich nicht mehr einen Zinssatz von dreieinhalb, sondern womöglich von fünf, sechs oder sieben Prozent bezahlen müssen.

Das in Tabelle 8.5: Die ersten 15 Jahre dargestellte Beispiel zeigt Ihnen die Auswirkungen eines Anstiegs des Zinssatzes deutlich: Würde ein Kreditnehmer ein Immobiliendarlehen von 100.000 Euro mit einer Zinsbindung von 15 Jahren abschließen, ergäbe sich nach diesem Zeitraum folgende finanzielle Situation:

Darlehenssumme	100.000 €
Nominalzins	3,5 %
Tilgung	2,5 %
Zinsbindung	15 Jahre
Restschuld	50.700 €
Gezahlte Zinsen	40.700 €

Tabelle 8.5: Die ersten 15 Jahre

Nun muss der Kreditnehmer für die 50.700 Euro eine Anschlussfinanzierung aushandeln. Inzwischen jedoch sind die Zinssätze auf 5,5 Prozent geklettert:

Darlehenssumme	50.700 €
Nominalzins	5,5 %
Tilgung	2,5 %
Zinsbindung	15 Jahre
Restschuld	21.300 €
Gezahlte Zinsen	31.400 €

Tabelle 8.6: Die Anschlussfinanzierung

Nach 30 Jahren hat der Kreditnehmer somit für das Darlehen Zinsen in Höhe von 72.100 Euro gezahlt, vom Kredit selbst hat er 78.700 Euro getilgt. Hätte er gleich zu Beginn des Darlehens eine Zinsbindung von 30 Jahren vereinbart, wäre der Kredit längst abbezahlt.

Der Kreditnehmer hätte es sich sogar leisten können, nur eineinhalb statt zweieinhalb Prozent der aufgenommenen Kreditsumme zu tilgen: Unter diesen Vorgaben hätte er ebenfalls nach 30 Jahren eine Restschuld von etwa 20.500 Euro; er hätte aber nur rund 70.700 Euro an Zinsen löhnen müssen. Die Zinsaufwendungen unterscheiden sich unter diesen Vorgaben zwar nur minimal von der Variante mit der Anschlussfinanzierung zu schlechteren Konditionen – der Kreditnehmer allerdings hätte im letzteren Fall eine deutlich geringere monatliche Belastung gehabt.

Wer einen Immobilienkredit aushandeln will, sollte sich genau erkundigen, ob das Zinsniveau gerade hoch oder niedrig ist, um eine entsprechend lange Zinsbindung zu vereinbaren. Sollten die Zinssätze während der Kreditlaufzeit sinken, haben Sie dank des Gesetzes spätestens nach zehn Jahren die Möglichkeit, den Kredit zu kündigen – egal, wie lange die ursprüngliche Laufzeit vereinbart war.

> **IN DIESEM KAPITEL**
>
> Mehrwert eines Bausparvertrags
>
> Lebensversicherung als Finanzierungsmittel für die Immobilie
>
> Angebote vom Staat für bau- und kaufwillige Interessenten

Kapitel 9
Wer Ihnen sonst noch Geld gibt

Die eigenen vier Wände lassen sich bestens mithilfe eines Bausparvertrags, einer oder mehrerer Lebensversicherungen oder – je nach persönlichem Fall – mit staatlicher Unterstützung finanzieren.

In diesem Kapitel zeigen wir Ihnen, welche Möglichkeiten ein Bausparvertrag bietet und worauf Sie beim Abschluss achten sollten. Sie erfahren weiter, wie Sie Ihre Traumimmobilie mithilfe von Lebensversicherungen finanzieren können. Außerdem haben wir viele Informationen über staatliche und kommunale Förderprogramme für den Bau eines eigenen Hauses zusammengetragen.

Der Bausparvertrag – eine Besonderheit mit vielen Vorteilen

Die Zahl spricht für sich: Etwa 20 Millionen Deutsche haben zu Hause einen Bausparvertrag liegen. Das sind circa 80 Prozent aller Immobilienkäufer und Bauherren hierzulande. Der Bausparvertrag genießt in Deutschland einen ausgezeichneten Ruf und gilt als eines der klassischen Finanzierungsprodukte mit langer Tradition. Wer sich eine eigene Immobilie zulegen will, kommt fast nicht umhin, sich mit dem Thema Bausparen zu beschäftigen.

Wie schon vor 250 Jahren basiert das Bausparen noch immer auf dem Prinzip, Sparraten von Kunden einzunehmen und anderen Kunden aus diesen Beträgen Darlehen zu gewähren. Ihr besonderes Geschäftsmodell verschafft den Bausparkassen einen einzigartigen Status: Sie sind Spezialkreditinstitute und unterliegen besonderen gesetzlichen Vorschriften. So dürfen sie beispielsweise Gelder, die vorübergehend nicht als Darlehen in Anspruch genommen werden, nur in risikoarme Anlageformen wie Staatsanleihen oder andere Schuldverschreibungen investieren. Riskantere Investments wie der Kauf von Aktien oder Aktienfondsanteilen können sie nicht tätigen.

> ### Auf diese Idee können Sie bauen
>
> Die Idee des Bausparprinzips ist ebenso alt wie erfolgreich: Manche Historiker gehen davon aus, dass die Idee des Bausparens bereits zur Zeit der Han-Dynastie in China entstanden ist. In Europa wurde das Bausparen 1775 im britischen Birmingham erfunden. Einige emsige Arbeiter gründeten die *Kettley's Building Society* und zahlten monatlich Beiträge in einen Kapitalfonds ein. Aus diesem Topf konnten die Sparer Darlehen für den Bau von Wohnungen beanspruchen.
>
> In Deutschland machte Pastor Friedrich von Bodelschwingh den Bausparer in den 1880er Jahren populär, nachdem er in Bielefeld 1885 die erste »Bausparkasse für Jedermann« gegründet hatte. Zu Beginn des 20. Jahrhunderts setzte sich das System nach und nach erfolgreich durch: Zwischen 1924 und 1934 entstanden in ganz Deutschland etwa 400 neue Bausparkassen. Der Grund für das außergewöhnliche Interesse an diesem Finanzierungsmodell war wohl die große Wohnungsnot, die auch noch einige Jahre nach dem Ersten Weltkrieg in Deutschland herrschte. Bis heute konnte sich das Bausparprinzip seine Popularität bewahren.

Wie funktioniert das Bausparprinzip?

Der klassische Bausparvertrag setzt sich aus zwei Elementen zusammen:

1. Der vertraglich vereinbarten *Bausparsumme*
2. Dem *Bauspardarlehen*

Wenn Sie einen Bausparvertrag abschließen wollen, bedeutet das für Sie zunächst einmal, dass Sie mit einer ausgewählten Bausparkasse eine Bausparsumme vereinbaren, die Sie über einen gewissen Zeitraum ganz oder teilweise mit einem bestimmten Prozentsatz ansparen.

> ### Nix ist fix
>
> Bis Mitte des Jahres 1999 galten für Bausparverträge feste Zinssätze: Demnach erhielten Sparer 4,5 Prozent auf ihre Sparraten und sechs Prozent auf die Darlehenssumme. Da damals die Zinsen immer weiter sanken, konnten die Bausparkassen diese Konditionen nicht mehr anbieten: Nach einer Gesetzesänderung wurden die Zinsen für das Guthaben gesenkt. Seither schwanken die Zinssätze innerhalb einer definierten Bandbreite und sind – je nach ausgehandeltem Vertrag – variabel oder fix verankert.

Finden Sie Ihren Immobilientraum und möchten ihn finanzieren, erhalten Sie die vereinbarte Bausparsumme von Ihrer Bausparkasse als Kapital – unabhängig davon, ob Sie den Betrag schon komplett angespart haben oder nicht. Fehlt ein Teil der Summe, gewährt Ihnen die Bausparkasse die Differenz als Bauspardarlehen. In der Praxis müssen Sie je nach vereinbartem Bauspartarif mindestens 40 bis 50 Prozent der Bausparsumme eingezahlt haben, um das Darlehen zu erhalten. Wer also eine Bausparsumme über 100.000 Euro vereinbart hat, sollte schon mindestens 40.000 bis 50.000 Euro angespart haben. Der Clou dabei:

Sie wissen bereits beim Abschluss Ihres Bausparvertrags, zu welchen Zinskonditionen Sie Ihr Bauspardarlehen zurückzahlen müssen – und die sind deutlich niedriger als die Bauzinsen, die Ihnen ein gewöhnliches Geldinstitut gewähren würde.

 Selbst wenn ein Bausparvertrag erst wenige Monate oder Wochen läuft – der Bausparer hat einen Rechtsanspruch darauf, ein Bauspardarlehen zu erhalten, sofern er bereits ein gewisses Mindestguthaben angespart hat. Dieser Anspruch ist sogar vererbbar.

Je nach Bedarf des Immobilieninteressenten bieten die Bausparkassen unterschiedliche Tarife für ihre Bausparverträge an:

✔ Standardtarife

✔ Schnellspartarife

✔ Langzeittarife

✔ Variable Tarife

Der jeweilige Tarif eines Bausparvertrags bestimmt die:

✔ Zinssätze des Spar- und Darlehenszinses

✔ Ansparzeit

✔ Tilgungszeit

✔ Eventuelle Mindestvertragsdauer

✔ Mindestguthaben bei der Zuteilung

✔ Regelspar- und Mindesttilgungsbeträge

✔ Abschlussgebühr

Die vier Phasen des Bausparvertrags

Ein Bausparvertrag unterteilt sich immer in vier zeitliche Abschnitte:

✔ Abschlussphase

✔ Sparphase

✔ Zuteilungsphase

✔ Darlehensphase

Kommen Sie zu dem Schluss, dass ein Bausparvertrag genau das Richtige für Sie ist, um Ihre Immobilie zu finanzieren, beginnt für Sie die erste, die Abschlussphase: Sie müssen vor dem Unterzeichnen Ihres Vertrags einige Punkte wie die Höhe der Bausparsumme und der Sparrate individuell mit der ausgewählten Bausparkasse vereinbaren.

Wie hoch Sie die Bausparsumme veranschlagen, hängt ganz von Ihrer individuellen Situation ab: Möglicherweise wissen Sie zwar zum jetzigen Zeitpunkt, dass Sie unbedingt einmal eine eigene Immobilie besitzen wollen – ein passendes Objekt haben Sie aber noch nicht in Aussicht.

Experten empfehlen in diesem Fall, die Bausparsumme eher niedrig anzulegen. Auf diese Weise verkürzt sich die Zeitspanne bis zur Zuteilung, da Sie einen geringeren Betrag natürlich schneller ansparen als eine sehr hohe Summe. Sollte Ihr Traumobjekt plötzlich doch auftauchen, können Sie die Bausparsumme nachträglich noch erhöhen.

Wer ein wenig aufs Tempo drücken will und eine hohe Bausparsumme für seinen Bausparvertrag festlegt, sollte wissen, dass ihn diese Strategie möglicherweise zusätzliches Geld kostet: Wer sich vor der fälligen Zuteilung seines Bauspardarlehens für den Kauf einer Immobilie entschließt, muss unter Umständen einen kostspieligen Zwischenkredit aufnehmen, da er sonst nicht über das notwendige Kapital verfügt.

Falls Sie mithilfe eines Bausparvertrags zügig Geld ansparen wollen, sollten Sie zwei unterschiedlich lange Verträge abschließen. Je nach vereinbarten Konditionen wird dann mindestens einer der beiden Verträge zuteilungsreif und Ihnen steht zumindest ein gewisser Teilbetrag zur Verfügung.

Sie sehen, die Abschlussphase eines Bausparvertrags hat es in sich und will gut überlegt sein. Nehmen Sie sich für diesen Abschnitt daher viel Zeit – zumal Sie auch noch darauf achten müssen, dass Sie nicht übermäßig hohe Gebühren für Ihren Vertrag entrichten, die Ihre Rendite schmälern. Normalerweise ziehen die Bausparkassen die sogenannten Abschlussgebühren von der ersten Sparrate ab. Diese Sitte wirkt sich in der Folge auf die Zinszahlungen aus, die Sie von Ihrer Bausparkasse für Ihr Guthaben erhalten.

Für eine nachträgliche Erhöhung der Bausparsumme verlangen die Bausparkassen oft eine zusätzliche Gebühr. In solchen Fällen fordern sie von den Sparern 1 bis 1,6 Prozent Darlehensgebühr und verhängen unter Umständen auch noch eine einjährige oder längere Zuteilungssperre. Die Höhe der Bausparsumme, die Sie vereinbaren, sollten Sie sich daher ganz genau überlegen.

Je nach Institut unterscheiden sich die Abschlussgebühren teilweise deutlich. Achten Sie darauf, dass diese Gebühr nicht mehr als ein Prozent der Bausparsumme kostet!

Wer sich nicht sicher ist, ob er sein Bauspardarlehen zum Zeitpunkt der Zuteilung tatsächlich in Anspruch nehmen will, sollte mit seiner Bausparkasse verhandeln und vereinbaren, dass sie ihm in diesem Fall die Abschlussgebühren zurückerstattet.

Belastet Sie der Betrag für Ihren Bausparvertrag finanziell sehr, können Sie sich überlegen, ob Sie die Raten ganz oder zumindest teilweise nicht lieber aus anderen Quellen begleichen wollen. Der Bausparer ist eine klassische Anlageform für:

✔ Vermögenswirksame Leistungen

✔ Arbeitnehmersparzulage

✔ Wohnungsbauprämie

Ob monatlich, vierteljährlich oder einmal pro Jahr: Den Zahlungsrhythmus für den Bausparvertrag können die Kunden in der Regel selbst festlegen. Das vertraglich festgelegte Mindestbausparguthaben dürften Sie sogar auf einmal einzahlen, wenn Sie möglichst schnell alle Anforderungen für die Zuteilung des Darlehens erfüllen möchten.

Sind die Konditionen für Ihren Bausparvertrag festgezurrt, können Sie sich erst einmal zurücklehnen: Nun beginnt die Sparphase. Während dieses zeitlichen Abschnitts passiert nicht viel – außer, dass Ihr Bausparguthaben wächst und wächst. In der Sparphase kassieren Sie erstmals Zinsen für Ihr Guthaben. Der tariflich vereinbarte Zinssatz bleibt für die gesamte Vertragsdauer gleich: Je nach Tarifvariante beträgt der Zins für Ihr Guthaben zwischen zweieinhalb und fünf Prozent pro Jahr.

 In Phasen, in denen Banken für Guthabenzinsen fünf, sechs oder noch mehr Prozent anbieten, mag das übliche Zinsangebot von Bausparverträgen niedrig erscheinen. Doch erstens liegen die Zeiten, in denen die Geldinstitute so üppige Zinsangebote gemacht haben, schon eine Weile zurück – und zweitens wissen Sie, dass Ihr Geld, das Sie in einen Bausparvertrag stecken, absolut sicher ist.

Manche Bausparkassen wollen Kunden anlocken, indem sie etwas höhere Guthabenzinsen anbieten als ihre Konkurrenz. Lassen Sie sich davon nicht blenden! Erkundigen Sie sich stets auch nach den Darlehenszinsen – Vertragsangebote mit hohen Guthabenzinsen sehen in der Darlehensphase oft höhere Schuldzinsen vor. Ehe Sie einen Bausparvertrag abschließen, sollten Sie sich unbedingt Angebote von mehreren Bausparkassen einholen und diese miteinander vergleichen.

 Da Sie vermutlich schon wissen, warum Sie einen Bausparvertrag abschließen wollen und wie hoch die Bausparsumme sein soll, lassen Sie sich am besten von Beratern verschiedener Bausparkassen einen individuellen Sparplan anfertigen. So finden Sie idealerweise heraus, wer wirklich das beste Angebot für Sie parat hält.

Auch wenn es Sie nervt, dass Sie Monat für Monat 200, 500 oder 750 Euro in Ihren Bausparvertrag stecken – die vereinbarte Mindestlaufzeit sollten Sie unbedingt einhalten. Wer darauf setzt, staatliche Prämien und Zulagen wie die Arbeitnehmersparzulage und die Wohnungsbauprämie zu erlangen, muss eine Bindungsfrist von sieben Jahren einhalten. Kündigen Sie Ihren Vertrag innerhalb dieses Zeitraums, verlieren Sie Ihre Prämien- und Zulagenansprüche. Diese strikte Handhabung gilt nicht, wenn der Bausparer dauerhaft arbeitslos ist beziehungsweise stirbt.

Erhalten Sie innerhalb der sieben Jahre Bausparmittel, dürfen Sie das Geld nur für Zwecke rund um eine Immobilie einsetzen. Nach Ablauf der Bindungsfrist können Bausparer über das Guthaben frei verfügen.

Haben Sie die vereinbarte Mindestsparzeit – je nach Tarif in der Regel zwischen zwölf und 60 bis 80 Monaten – absolviert, beginnt die sogenannte Zuteilungsphase. Falls Sie sich jetzt schon die Hände reiben und sich auf einen üppigen Betrag auf Ihrem Konto freuen, müssen wir Sie enttäuschen. Der Haken an einem Bausparvertrag: Die Zuteilung des Bauspardarlehens erfolgt nicht automatisch, wenn Sie das erforderliche Bausparguthaben angespart haben.

Es hilft Ihnen jetzt auch nicht weiter, hektisch in Ihrem Bausparvertrag nach einem Auszahlungsdatum für Ihr Darlehen zu suchen – Sie werden keines finden! Da die Bauspardarlehen im Wesentlichen aus dem Guthaben anderer Bausparer stammen, deren Vertrag noch nicht zuteilungsreif ist, kann die Bausparkasse nicht genau vorhersehen, wie viel Kapital in dem Moment zur Verfügung steht, in dem Sie in die Zuteilungsphase rutschen.

Fließt Ihrer Bausparkasse viel Geld zu, kann sie auch viele Bauspardarlehen vergeben. Abhängig ist dieser Kreislauf stets von

✔ der Anzahl der neu abgeschlossenen Bausparverträge,

✔ der Höhe der eingezahlten Bausparguthaben aller Bausparer.

Aus diesem Grund ist es den Bausparkassen tatsächlich gesetzlich verboten, einen genauen Zeitpunkt für die Auszahlung des Darlehens zu versprechen oder gar mit geringen Wartezeiten zu werben. Ganz im Dunkeln lässt Sie Ihre Bausparkasse dennoch nicht: Es gibt normalerweise eine Prognose, an der Sie sich orientieren können.

Zunächst müssen Sie zwei Voraussetzungen erfüllen:

✔ Die Mindestsparzeit beträgt mindestens eineinhalb Jahre.

✔ Sie haben das vereinbarte Mindestguthaben erreicht.

Anschließend berechnet Ihre Bausparkasse eine *Bewertungszahl* für Sie, um die Reihenfolge der Zuteilung für die Bauspardarlehen festzulegen. Je mehr Guthaben Sie auf Ihrem Bausparkonto angehäuft haben, desto höher fällt Ihre Bewertungszahl aus. Sobald Ihre persönliche Bewertungszahl die Mindestbewertungszahl, die Ihre Bausparkasse festgelegt hat, übersteigt, darf Ihnen das Institut Ihr Bauspardarlehen zuteilen.

Wer vorschnell mit dem Bau seines Hauses beginnt oder Renovierungsarbeiten anschiebt, weil er in den kommenden Wochen die Auszahlung seines Bauspardarlehens erwartet, wird unter Umständen böse überrascht. Dann und wann müssen Bausparkassen die Zuteilung von Geldern um Monate oder sogar um ein Jahr oder mehr verschieben. Wer sich nun von seiner Bank einen teuren Kredit geben lassen muss und die Mehrkosten dafür auf seine Bausparkasse abwälzen will, hat Pech: Einen Schadensersatzanspruch gegen die Bausparkassen gibt es nicht!

Clevere Bausparer, die wissen, dass sie das Geld pünktlich brauchen, erkundigen sich frühzeitig bei ihrer Bausparkasse nach den Konditionen für einen Überbrückungskredit, wenn ihr Bauspardarlehen nicht sofort abrufbar ist.

Ist die Zuteilung Ihres Bauspardarlehens spruchreif, haben Sie verschiedene Optionen: Sie können

✔ die Zuteilung annehmen, indem Sie sich Ihr angesammeltes Sparguthaben inklusive der Zinsen auszahlen lassen und Ihr Bauspardarlehen beantragen;

✔ Ihr Bauspardarlehen nur so weit in Anspruch nehmen, wie Sie es brauchen, indem Sie sich nur den bisher angesparten Betrag auszahlen und die Möglichkeit offenlassen, das Darlehen später zu beantragen;

✔ die Zuteilung um ein Jahr verschieben;

✔ auf die Zuteilung komplett verzichten und sich Ihr Guthaben auszahlen lassen;

✔ auf die Zuteilung verzichten, Ihre Bausparsumme erhöhen und den Vertrag fortführen.

Haben Sie Ihre Entscheidung getroffen, wie es mit Ihrem Bausparvertrag weitergehen soll, schließt sich in der Regel die Darlehensphase an. Ihre Bausparkasse zahlt Ihnen den Hypothekenkredit aus – die Höhe des Kredits ist die Differenz zwischen der vereinbarten Bausparsumme und dem Bausparguthaben. Ab diesem Zeitpunkt tilgen Sie Monat für Monat das gewährte Darlehen.

Es ist ärgerlich, aber gängige Geschäftspraxis – von Ihrem Darlehen zieht Ihnen Ihre Bausparkasse einen gewissen Betrag ab: Üblicherweise fordern die Bausparinstitute für das Darlehenskonto eine Darlehensgebühr von zwei Prozent der Kreditsumme. Unter Umständen und je nach Bausparkasse können darüber hinaus noch weitere Verwaltungskosten anfallen. Sie liegen bei einigen Promille der Darlehenssumme.

Während gewöhnliche Geldinstitute durchschnittlich ein bis zwei Prozent Tilgung der Kreditsumme fordern, müssen Bausparer in der Darlehensphase mit hohen Rückzahlungsraten kalkulieren: Die jährlichen Tilgungsleistungen liegen bei den Bausparkassen zwischen fünf und acht Prozent des Darlehensbetrags.

Für die Zeit, in der Sie das gewährte Darlehen zurückzahlen wollen, müssen Sie also mit einer sehr hohen monatlichen Rate rechnen. Das zeigt dieses stark vereinfachte Beispiel:

Wer eine Darlehenssumme über 50.000 mit einer Tilgungsleistung von acht Prozent und einem vereinbarten Sollzinssatz von drei Prozent pro Jahr abzahlt, kommt auf eine Rückzahlungssumme von 5.500 Euro jährlich. Pro Monat bedeutet das eine Belastung von circa 460 Euro.

Allerdings wissen Sie genau, dass der vereinbarte Zinssatz für Ihr Darlehen während der gesamten Laufzeit fix bleibt. Er liegt normalerweise zwei Prozent über dem Zinssatz, den Sie für Ihr angespartes Bausparguthaben erhalten haben.

Für wen lohnt sich das Bausparprinzip?

Vielleicht wissen Sie ja schon alles über die Ansparphasen eines Bausparvertrags oder über die Idee, die hinter dieser Finanzierung steckt. Perfekt! Was Sie aber möglicherweise noch nicht genau wissen: Lohnt es sich für Sie, einen Bausparvertrag abzuschließen? Denn je nach Ihrer finanziellen Situation ist es unter Umständen sinnvoll, einfach nur einen ganz normalen Immobilienkredit aufzunehmen, den Sie über Jahre hinweg tilgen.

Die Vorteile eines Bausparvertrags

Können sich 20 Millionen Deutsche irren? So viele Bausparverträge existieren nämlich in Deutschland. Nein, sicherlich nicht! Und angesichts der Vorteile, die ein Bausparvertrag bietet, ist die große Nachfrage nach diesem Immobilienfinanzierungsmodell auch verständlich:

✔ In der Ansparphase erhalten Sie Zinsen auf Ihr Guthaben.

✔ Sie sichern sich ein zinsstabiles und zinsgünstiges Bauspardarlehen.

✔ Sie können eine Immobilie erwerben, ohne Eigenkapital mitbringen zu müssen.

✔ Die durchschnittliche Laufzeit eines Bauspardarlehens beträgt nur zwischen zehn und zwölf Jahren, da Sie höhere Tilgungsraten als bei einem Hypothekenkredit bezahlen.

✔ Sie sind sehr flexibel und können bei Fälligkeit des Bausparvertrags entscheiden, ob Sie überhaupt ein Darlehen wollen oder sich mit dem angesparten Betrag lieber etwas anderes leisten möchten.

✔ Sie können staatliche Förderungen beantragen und ausschöpfen.

Wer für die Finanzierung seiner Immobilie den Staat oder seinen Arbeitgeber mitbezahlen lassen will, kann dies beim Bausparen jederzeit tun über die

✔ **Wohnungsbauprämie,**

✔ **vermögenswirksamen Leistungen,**

✔ **Arbeitnehmersparzulage.**

Allerdings knüpft Väterchen Staat die Zahlung seiner Fördermittel an einige Voraussetzungen:

✔ Wer eine Wohnungsbauprämie beantragt, muss mindestens 16 Jahre alt sein und darf als Single nicht mehr als 25.600 Euro zu versteuerndes Jahreseinkommen haben. Für Eheleute gilt eine Obergrenze von 51.200 Euro. Hat ein Ehepaar zwei Kinder, erhält es für seinen Bausparvertrag auch dann eine Wohnungsbauprämie, wenn es bis zu 68.730 Euro brutto verdient. Wie viel Geld Sie vom Staat als Zuschuss für Ihren Bausparvertrag erhalten, hängt letztendlich von Ihrem Einkommen ab: Die Prämie beträgt 8,8 Prozent. Damit können Ledige bis zu 512 Euro kassieren, Ehepaare bis zu 1.024 Euro.

✔ Bezahlt Ihr Arbeitgeber freiwillig vermögenswirksame Leistungen, stehen Ihnen jährlich bis zu 470 Euro zu. Dieser Betrag lässt sich gut in einen Bausparvertrag investieren. Wenn Sie jetzt auch noch festgelegte Einkommensgrenzen einhalten, gewährt Ihnen der Staat als Bausparer zusätzlich die sogenannte Arbeitnehmersparzulage. Diese Förderung von neun Prozent können Sie beantragen, wenn Sie Arbeitnehmer im Sinne des Vermögensbildungsgesetzes sind und als alleinstehende Person nicht mehr als 17.900 Euro brutto jährlich verdienen. Ehepaare dürfen mit ihrem zu versteuernden Einkommen einen Betrag von 35.800 Euro nicht überschreiten, um die Arbeitnehmersparzulage zu erhalten.

Wer das Guthaben und die kassierten Wohnungsbauprämien aus seinem Bausparvertrag nicht für den Kauf, den Bau oder die Renovierung einer Immobilie verwenden will und älter als 25 Jahre ist, sollte wissen: Nur wenn er das Geld rund um eine Immobilie einsetzt, darf er die staatlichen Prämien behalten.

Sehen Sie von den Vorschriften und Einkommensgrenzen, die der Staat diktiert, einmal ab, spricht viel für den Abschluss eines Bausparvertrags.

Die Nachteile eines Bausparvertrags

Im 13. Jahrhundert wurden Münzen nur einseitig geprägt. Und da sie oftmals nur aus dünnem Blech waren, drückte sich das Prägebild in der Regel als Negativ auf der anderen Seite durch. Keine Angst, wir entführen Sie jetzt nicht auf einen Lehrgang für alte Geschichte! Warum wir Ihnen die Arbeitsweise unserer Vorfahren dennoch schildern? Nun, so wie bei den Münzen früher gibt es bei den heutigen Bausparverträgen eine Kehrseite der Medaille.

Neben einigen Vorteilen verbergen sich in einem Bausparvertrag auch etliche Nachteile:

✔ Der Bausparer weiß nicht genau, wann ihm die Bausparkasse sein Bauspardarlehen zuteilt, da sich das Institut nicht für einen bestimmten Zeitpunkt verpflichten muss.

✔ Wer niedrige Kreditzinsen vereinbart, muss niedrige Guthabenzinsen in Kauf nehmen und kassiert während der langen Ansparphase oft deutlich weniger als mit anderen Anlageformen.

✔ Der Kreditnehmer muss sein Bauspardarlehen schneller tilgen als ein normales Hypothekendarlehen. Die monatliche Belastung für die Raten ist daher oft sehr hoch und kann die Grenzen der finanziellen Belastbarkeit sehr strapazieren.

✔ Nahezu alle Bausparkassen verlangen eine Bearbeitungsgebühr für den Abschluss eines Bausparvertrags, die zwischen einem und 1,6 Prozent der Bausparsumme liegt – das schmälert die Rendite.

✔ Da Bausparer normalerweise neben dem Bauspardarlehen noch einen zusätzlichen Hypothekenkredit benötigen, müssen sie zwei Grundschulden ins Grundbuch eintragen lassen. Das verursacht weitere Kosten, da entsprechende Gebühren dafür fällig werden.

Wer seine Bewertungszahl für die Zuteilung des Bauspardarlehens noch nicht erreicht hat, aber unbedingt schon mit dem Bau seines Traumhauses beginnen will, sollte sich gut überlegen, ob er dafür unbedingt einen Zwischenkredit in Anspruch nehmen muss. Bedenken Sie, dass dieser Kredit auch die Summe abdeckt, die Sie bereits selbst angespart haben. Da Sie für ein Darlehen mehr Zinsen bezahlen, als Sie für Ihr Guthaben kassieren, verursacht ein Zwischenkredit zusätzliche Kosten. Die Option für diese Art der finanziellen Zwischenlösung sollten Sie nur nutzen, wenn Sie Ihre Immobilie besonders günstig erwerben können oder Sie weitere Bieter um das Haus, die Wohnung oder das Grundstück ausstechen müssen.

Vieles spricht für, vieles aber auch gegen den Abschluss eines Bausparvertrags – zugegeben, da ist eine Entscheidung nicht einfach! Am besten holen Sie sich Rat von unterschiedlichen Stellen und Beratern. Fragen Sie nach bei:

✔ Banken

✔ Bausparkassen

- Online-Kreditvergleichsrechnern
- Freunden
- Verbraucherzentralen
- Unabhängigen Experten

Ein typisches Angebot für einen Bausparvertrag stellen wir Ihnen mit unserem Beispiel vor. Bedenken Sie aber immer, dass Sie Ihren Bausparvertrag ganz individuell auf Ihre Bedürfnisse zuschneiden müssen:

Ein verheirateter Bausparinteressent will eine Bausparsumme von 75.000 Euro erreichen und dafür auch von der staatlichen Bausparförderung profitieren. Die Bausparkasse X legt ihm die Berechnung vor, die Sie in Tabelle 9.1 sehen (alle Beträge gerundet).

Allgemeine Daten			
Bauspartarif	Super gut	Guthabenzins	0,50 % pro Jahr
Bausparsumme	75.000 €	Sollzins	2,90 % pro Jahr
Höhe Abschlussgebühr	1.200 €	Effektivzins Bauspardarlehen	3,22 % pro Jahr
Keine Kontogebühr		Keine Darlehensgebühr	
Ergebnis Sparen		**Ergebnis Bauspardarlehen**	
Monatliche Sparrate	323 €	Höhe des Bauspardarlehens	45.000 €
Ansparbeginn	März 2016	Auszahlung Bauspardarlehen	Juni 2024
Ansparende	2024	Letzte Tilgungsrate	Februar 2037
Guthaben bei Ansparende	32.120 €	Monatlicher Zins- und Tilgungsbetrag	353 €

Tabelle 9.1: Beispielberechnung für eine Bausparsumme von 75.000 Euro

Die Gesamtauszahlung aus dem Bausparvertrag ergibt eine Summe von 77.210 Euro inklusive Guthaben, staatlicher Bausparförderung und dem Bauspardarlehen.

Im Detail entwickelt sich der Bausparvertrag des Bausparers wie in Tabelle 9.2 gezeigt.

Eine Übersicht über den Sparplan des Bausparers sehen Sie in Tabelle 9.3 (Beträge gerundet).

Und in Tabelle 9.4 sehen Sie den Tilgungsplan.

 Um Ihnen die Entscheidung zu erleichtern, ob ein Bausparvertrag für Sie das Richtige ist, haben wir in Tabelle 9.5 eine Checkliste zusammengestellt, in die Sie Ihre Eckdaten eingeben können und alle notwendigen Zahlen und Fakten auf einen Blick haben. Unter www.fuer-dummies.de finden Sie sie auch zum Herunterladen.

Wenn es eilig ist – das Bausparsofortdarlehen

Manchmal spielt einem das Leben ziemlich überraschende Streiche: Ob sonntags am Frühstückstisch, während Sie einfach mal so im Immobilienteil Ihrer Zeitung blättern, ob beim

Das Bausparkonto	In Euro
Eigene Sparzahlungen	31.977
Vermögenswirksame Leistungen	0
Sonderzahlungen	0
Sparzinsen	624
Abschlussgebühr	1.200
Kontogebühren	0
Staatliche Bauförderung (falls zulässig)	811
Das Bausparguthaben	32.123
Das Bauspardarlehen	
Darlehensauszahlung	45.000
Sollzinsen	8.670
Kontogebühren	0
Gesamtleistung Darlehen	53.670

Tabelle 9.2: Entwicklung des Bausparvertrags

Datum	Zahlung in Euro	Zinsen in Euro	Saldo in Euro
Dezember 2016	2.970	2,20	1.709
Dezember 2017	3.876	19	5.604
Dezember 2018	3.876	38,50	9.519
Dezember 2019	3.876	58	13.453
Dezember 2020	3.876	78	17.406
Dezember 2021	3.876	97,50	21.380
Dezember 2022	3.876	117	25.373
Dezember 2023	3.876	137	29.387
Dezember 2024	1.938	76	31.400

Tabelle 9.3: Entwicklung des Sparplans

Spazierengehen oder ob Freunde von einem tollen Haus erzählen, das schon seit einiger Zeit leer steht – auf Ihr Traumhaus können Sie völlig unerwartet stoßen.

Dumm nur, wenn Sie zu diesem Zeitpunkt kaum einen Cent auf der hohen Kante haben, die Immobilie aber unbedingt erwerben wollen! Für eine derartige Misere halten viele Bausparkassen inzwischen eine Lösung parat: die Sofortfinanzierung. Im Prinzip gibt es für Kunden, die über kein Eigenkapital verfügen, zwei Varianten für ein Bausparsofortdarlehen:

1. Der Kunde schließt einen Bausparvertrag ab und zahlt Monat für Monat ein, bis die Bausparsumme voll erreicht ist. Die Zeit, die er braucht, um diesen Betrag anzusparen, wird durch ein Darlehen von der Bausparkasse überbrückt. So ein Überbrückungsdarlehen läuft so lange, bis der abgeschlossene Bausparvertrag fällig wird; anschließend löst das Bauspardarlehen den ersten teureren Kredit ab. Sie bezahlen also den Überbrückungskredit auf einen Schlag und beginnen dann, das zinsgünstigere Darlehen aus dem Bausparvertrag abzuzahlen.

Datum	Zahlung in Euro	Zinsen in Euro	Tilgung in Euro	Saldo in Euro
Dezember 2024	2.118	639	1.479	−43.520
Dezember 2025	4.235	1.210	3.025	−40.406
Dezember 2026	4.235	1.121	3.115	−37.291
Dezember 2027	4.235	1.030	3.206	−34.085
Dezember 2028	4.235	935	3.300	−30.785
Dezember 2029	4.235	838	3.397	−27.387
Dezember 2030	4.235	738	3.498	−23.890
Dezember 2031	4.235	635	3.600	−20.290
Dezember 2032	4.235	530	3.706	−16.584
Dezember 2033	4.235	420	3.815	−12.770
Dezember 2034	4.235	308	3.927	−8.840
Dezember 2035	4.235	193	4.042	−4.800
Dezember 2036	4.235	74	4.161	−639
Februar 2037	640	0,50	639	0

Tabelle 9.4: Entwicklung des Tilgungsplans

Checkliste Bausparvertrag
SPARPHASE
Bausparsumme in Euro
Tarifbezeichnung
Erste Sparrate am
Gegebenenfalls Soforteinzahlung in Euro
Höhe der Sparraten in Euro
Voraussichtliche Laufzeit des Bausparervertrags in Monaten
Gegebenenfalls Sonderzahlungen in Höhe von Euro am
Voraussichtliche Zuteilung am
Mindestsparguthaben in Euro
DARLEHENSPHASE
Bauspardarlehen in Euro
Tilgungsraten in Euro
Voraussichtliche Laufzeit in Monaten
Abschlussgebühr in Euro
Schätzkosten in Euro
Kontoführungsgebühr in Euro
Sparzinssatz in Prozent pro Jahr
Darlehenszinssatz in Prozent pro Jahr
Häufigkeit und regelmäßiges Datum der Zinsverrechnung in der Darlehensphase
Darlehensgebühr in Euro

Tabelle 9.5: Eckdaten für einen Bausparvertrag

Wer sich für diese Variante des Bausparsofortdarlehens entscheidet, muss einige Nachteile in Kauf nehmen:

- Der Kreditnehmer muss die Jahre, bis der Bausparvertrag zuteilungsreif ist, das teurere Darlehen abbezahlen.
- Er muss während der ersten Jahre nicht nur das Darlehen tilgen, sondern zugleich auch für die Raten des Bausparvertrags aufkommen.
- Dadurch steht ihm gerade anfangs nicht so viel Geld für die Tilgung des Überbrückungsdarlehens zur Verfügung und die Zinskosten erhöhen sich enorm.
- Die gesamte Finanzierung mittels eines Sofortbauspardarlehens verlängert sich und verteuert sich entsprechend.

2. Der Kunde bedient seinen Bausparvertrag nicht monatlich, sondern zahlt die Bausparsumme auf einmal ein. Um den notwendigen Betrag aufzubringen, nimmt er ein ganz normales Darlehen auf. Dieser Kredit beinhaltet nicht nur den Betrag, den die Immobilie kostet, sondern auch die Bausparsumme. Da er als Kreditnehmer trotzdem noch auf die Zuteilung seines Bausparvertrags warten muss, dient der aufgenommene Kredit zur Überbrückung dieser Zeit – er läuft aber nur so lange, bis der Bausparer fällig wird.

Wie schon bei der ersten Variante entstehen dem Immobilienkäufer auch bei diesem Weg einige Nachteile:

- Der erste Kredit ist viel höher als eigentlich notwendig, denn er deckt den Kaufpreis der Immobilie und die Bausparsumme ab.
- In der Folge muss der Kunde also zwei Darlehen abbezahlen, für die Zinsen anfallen: den normalen Kredit und den Bausparvertrag. Das kann für ihn sehr teuer werden! Ein Beispiel der Verbraucherzentralen zeigt das eindrucksvoll: Um eine Immobilie zu finanzieren, die 100.000 Euro kostet, kann es passieren, dass der Käufer mit einer Bausparsofortfinanzierung eine Summe von 182.250 Euro aufnehmen muss. Er finanziert also stolze 182 Prozent der Kaufsumme per Kredit – und muss entsprechend für die Zinsen aufkommen.

 Der Abschluss eines Bausparsofortdarlehens will gut überlegt sein! Legt Ihnen Ihr Bankberater ein entsprechendes Angebot vor, sollten Sie immer auch nach einem normalen Annuitätendarlehen fragen. Da Sie mit einem Annuitätendarlehen nur den Kaufpreis Ihrer Immobilie abdecken müssen, ist die Kreditsumme bei Weitem nicht so hoch wie bei einem Bausparsofortdarlehen – Sie zahlen entsprechend weniger Zinsen und können es mit Ihren Raten gleich tilgen.

Wie Lebensversicherungen zur Hausfinanzierung dienen

Wer nach Kapital für seine eigenen vier Wände sucht, stößt früher oder später auch auf die Möglichkeit, seine Immobilie über eine oder mehrere Lebensversicherungen zu finanzieren.

Dieser Weg, den die Branche *Versicherungsdarlehen* nennt, basiert auf dem Abschluss von zwei Verträgen:

✔ Darlehensvertrag

✔ Versicherungsvertrag

Das Prinzip, seine Wunschimmobilie mit einer Lebensversicherung zu finanzieren, ist schnell erklärt: Der Immobilienkäufer nimmt ein Darlehen bei einer Bank oder Versicherung auf und bezahlt für einen bestimmten Zeitraum nur die fälligen Zinsen. Parallel dazu schließt er eine Lebensversicherung ab. Die Höhe der Police richtet sich nach der Darlehenssumme für das Bauvorhaben, das Haus oder die Wohnung. In die Lebensversicherung zahlt der Immobilienkäufer monatlich die vereinbarten Raten ein.

Endet die Laufzeit der Police beispielsweise nach 15 Jahren, verwendet der Versicherungsnehmer den Betrag, um sein Darlehen bei der Bank oder der Versicherung auf einen Schlag zu bezahlen. Die Rechte an der Lebensversicherung tritt der Versicherte beim Abschluss des Dokuments an das Kreditinstitut ab.

Was auf den ersten Blick prima klingt, kann unter gewissen Umständen jedoch einige Nachteile für den Immobilienkäufer bergen:

✔ Bei einer Lebensversicherung ist die Höhe der Auszahlung beziehungsweise der Prämie nicht fix. Verringern sich die Überschussbeträge, schrumpft der Betrag, den Sie am Laufzeitende erhalten. Im schlimmsten Fall können Sie mit der Summe Ihr aufgenommenes Darlehen nicht vollständig abbezahlen und benötigen einen weiteren Kredit, der Sie erneut Zinsen kostet.

✔ Eine Lebensversicherung läuft oft länger als das Darlehen, das heißt, dass die Zinsbindung für den Kredit meist kürzer ist als die Laufzeit der Versicherung. Steigen die Immobilienzinsen, kann sich die monatliche Belastung für Sie möglicherweise deutlich verteuern.

✔ Die Baufinanzierung mittels Lebensversicherung kommt Sie oft teurer als beispielsweise ein Annuitätendarlehen, da Sie einige Jahre lang Ihren Kredit nicht tilgen und sich daher die Zinsen nicht verringern.

Wollen Sie Ihr Haus oder Ihre Wohnung mit einer Lebensversicherung finanzieren, sollten Sie unbedingt darauf achten, eine möglichst lange Zinsbindung für den Kredit bei Ihrer Bank zu vereinbaren. Zehn Jahre gelten als Minimum – 15 Jahre oder mehr wären optimal.

Gäbe es nur Nachteile, wenn Sie Ihre Immobilie mittels einer oder mehrerer Lebensversicherungen bezahlen, hätte sich dieses Finanzierungsmodell sicherlich schon längst überholt. Neben den Nachteilen, die in bestimmten Phasen böse zu Buche schlagen können, bietet sich jedoch auch der eine oder andere Vorteil:

✔ Stirbt der Versicherungsnehmer, während die Lebensversicherung noch läuft, erhalten die Hinterbliebenen den vollen Betrag und könnten das aufgenommene Darlehen für die Immobilie komplett bezahlen.

✔ Hält sich der Immobilienkäufer an bestimmte Vorgaben, kann er durch diese Finanzierungsvariante Steuervorteile nutzen.

 Wer auf Nummer sicher gehen will, dass im Falle seines Todes seine Familie finanziell komplett abgesichert ist, schließt parallel zur Lebensversicherung noch eine Risikolebensversicherung ab. So vermeidet er eine finanzielle Lücke, da die Lebensversicherung speziell in den ersten Jahren der Laufzeit nicht viel abwirft.

Wer steuerliche Vorteile mithilfe eines Lebensversicherungsdarlehens nutzen will, muss einige Bedingungen erfüllen:

✔ Die Laufzeit der Versicherung muss mindestens zwölf Jahre betragen.

✔ Die Beitragsdauer muss mindestens fünf Jahre betragen.

✔ Den fälligen Versicherungsbetrag muss der Versicherungsnehmer innerhalb von 30 Tagen zweckgebunden verwenden.

Und der Fiskus schaut genau hin: Schaffen Sie es nicht, alle drei Voraussetzungen umzusetzen, streicht Ihnen das Finanzamt die steuerlichen Vorteile sofort.

Ohnehin empfehlen Experten die Finanzierung einer Immobilie durch ein Lebensversicherungsdarlehen nur für:

✔ Kapitalanleger, die das jeweilige Gebäude vermieten oder verpachten

✔ Steuersparer, die das jeweilige Gebäude vermieten oder verpachten

Falls Sie trotz der zahlreichen Wenns und Abers immer noch erwägen, Ihre Traumimmobilie durch ein Lebensversicherungsdarlehen zu finanzieren, sollten Sie sich unbedingt ausführlichen fachlichen Rat einholen – diese Art der Finanzierung klingt zwar einfach, ist aber im Detail sehr komplex und birgt einige Risiken. Machen Sie sich daher im Vorfeld schlau bei

✔ Versicherungsberatern,

✔ Steuerberatern,

✔ anderen Bauherren,

✔ Freunden und Bekannten.

Je ausgewogener die Informationen, desto leichter fällt Ihnen sicherlich anschließend die Entscheidung, welcher Finanzierungsweg für Sie der geeignetste ist.

So hilft Ihnen der Staat beim Kauf einer Immobilie

Eines vorneweg: Wir können Ihnen in diesem Kapitel natürlich nicht alle Förderprogramme detailliert vorstellen, die es in Deutschland rund um eine Immobilie gibt. Das würde den Rahmen dieses Buches sprengen und wäre ungefähr so wie der Versuch, alle Tier- und Pflanzenarten im tropischen Regenwald zu entdecken.

Aber wir können Ihnen einen Überblick darüber geben, wo und wie Sie sich am besten auf die Suche nach einem passenden Förderprogramm für den Bau oder die Finanzierung Ihrer eigenen Immobilie machen. Und Sie erhalten viele Informationen, wer überhaupt Förderprogramme auflegt und anbietet.

Schätzungen zufolge gibt es in Deutschland mehr als 5.000 Förderprogramme, die Ihnen helfen, sich den Traum der eigenen vier Wände zu erfüllen beziehungsweise die eigene Immobilie zinsgünstig zu renovieren oder zu sanieren. Da sind unter anderem zu nennen die Förderprogramme

- der KfW Bankengruppe,
- der 16 Bundesländer,
- der Kommunen,
- der Kirchen,
- für Wohn-Riester.

Und Sie dürfen den Plural Förderprogramme wirklich ernst nehmen, denn selbstverständlich bieten die einzelnen Anbieter nicht nur ein oder zwei Optionen für die Verwirklichung Ihres Immobilientraums an, sondern meist gleich mehrere.

Zinsgünstige Kredite von der KfW

Jeder, der sich eine Immobilie bauen oder kaufen oder seinen Altbau sanieren will, kann bei der KfW anklopfen: Unabhängig davon, ob er verheiratet oder als Single unterwegs ist, unabhängig davon, ob er einen durchschnittlichen Monatsverdienst von 2.500 oder 250.000 Euro hat – ein zinsgünstiges Darlehen darf bei der KfW wirklich jeder beantragen. Die einzige Voraussetzung: Er zieht selbst in die Immobilie ein, die das Institut mit dem günstigen Kredit fördert.

Als Klassiker unter den Förderangeboten der KfW hat sich das »Wohneigentumsprogramm 124« etabliert: Es fördert den Bau beziehungsweise Kauf Ihres Hauses oder Ihrer Eigentumswohnung mit einem langfristigen und zinsgünstigen Darlehen bis maximal 50.000 Euro. Das Geld dürfen Antragsteller verwenden für

- die Grundstückskosten,
- die Baukosten,
- die Baunebenkosten,

- den Kaufpreis einschließlich aller Nebenkosten,
- mögliche Instandsetzungs-, Umbau- und Modernisierungskosten.

Wie bei allen anderen Banken ist es auch bei der KfW wichtig, auf das Kleingedruckte zu achten: Um ein Darlehen aus dem Wohneigentumsprogramm 124 zu beanspruchen, darf der Kauf des Grundstücks nicht länger als sechs Monate zurückliegen.

Damit die KfW unter der Flut an Anträgen von kauf- und bauwilligen Immobilienkäufern nicht erstickt, bearbeitet sie die eingereichten Dokumente zunächst einmal nicht selbst. Den Antrag für ein KfW-Darlehen stellen Sie bei Ihrer Hausbank.

Bevor Sie eine Immobilie bauen oder kaufen, machen Sie sich bestimmt erst einmal Gedanken, wie Sie Ihre eigenen vier Wände bezahlen. Wer nach dieser Recherche auf die KfW setzt, muss eines unbedingt beachten: Den Antrag für das Darlehen müssen Sie definitiv vor dem Kauf oder dem Baubeginn einreichen, um das Geld zu erhalten.

Die Konditionen des KfW-Wohneigentumsprogramms machen den zinsgünstigen Kredit für viele Interessenten attraktiv – dabei stehen längst nicht nur die Zinssätze auf dem Prüfstand. Das Förderangebot

- bietet eine Darlehenssumme von bis zu 50.000 Euro;
- lässt Ihnen die Wahl, ob Sie die Zinsen für fünf oder zehn Jahre festschreiben wollen;
- schreibt stets den niedrigeren Zinssatz fest, je nachdem, ob er bei der Kreditzusage oder bei Antragseingang niedriger war;
- gewährt Ihnen bei Bedarf tilgungsfreie Jahre, wobei das erste Jahr immer tilgungsfrei ist;
- zahlen Sie nach Ablauf der tilgungsfreien Jahre in gleichbleibend hohen Raten zurück;
- fordert nur Zahlungen auf den tatsächlich genutzten Kreditbetrag;
- können Sie innerhalb von zwölf Monaten nach Zusage abrufen beziehungsweise die Abruffrist um bis zu 24 Monate verlängern;
- verlangt nach vier Monaten und zwei Bankarbeitstagen nach der Zusage für den Kredit für die Bereitstellung der Summe eine Provision von 0,25 Prozent pro Monat.

Wer gern die Möglichkeit hätte, einmal oder mehrere Male während der Laufzeit des Kredits neben den monatlichen Raten zusätzliche Zahlungen zu tätigen, zieht bei dem KfW-Programm den Kürzeren. Sonderzahlungen auf die gewährten Darlehen sind grundsätzlich nicht möglich. Sie können höchstens im Einzelfall mit der KfW vereinbaren, dass Sie den kompletten ausstehenden Kreditbetrag auf einmal und zuzüglich Vorfälligkeitszinsen zurückzahlen.

Welche Konditionen eine KfW-Förderung bieten könnte, zeigt Tabelle 9.6, das Beispiel einer Familie, die ihr eigenes Haus bauen und etwa zwei Monate nach dem Kauf des Grundstücks mit den Bauarbeiten loslegen will:

Investitionskosten	In Euro
Grunderwerbskosten inklusive Nebenkosten, Grunderwerbsteuer und Notarkosten	75.000
Baukosten	100.000
Eigenleistungen beim Innenausbau, Verputzen und bei der Gestaltung der Außenanlagen	25.000
Kosten gesamt	200.000

Tabelle 9.6: Die Kosten (Quelle: KfW)

Die fleißige Familie erhält eine Genehmigung für ihren Kreditantrag, weil sie das Haus selbst nutzen will und sie ein privater Antragsteller ist. Für den Gesamtbetrag von 200.000 Euro bringt sie 40.000 Euro aus eigenen Mitteln auf, die geplanten Eigenleistungen entsprechen einer Summe von 25.000 Euro, weitere 50.000 Euro stammen aus dem Förderprogramm der KfW. Für den Restbetrag von 85.000 Euro nimmt die Familie ein Bankdarlehen auf.

Damit Sie auf einen Blick sehen, inwieweit sich das KfW-Programm für die Familie auszahlt, findet sich in Tabelle 9.7 ein exemplarischer Kreditkostenvergleich sowie eine Berechnung, mit welchen Raten und Zinsen die Häuslebauer rechnen müssen. Der Zinssatz ist willkürlich gewählt und muss keinesfalls aktuellen Zinsangeboten entsprechen.

Laufzeit 20 Jahre, 1. Jahr tilgungsfrei, Zinsbindung 10 Jahre, in Euro gerundet	Mit KfW-Förderung	Ohne KfW-Förderung
Effektivzins	3,24 %	3,67 %
Darlehensbetrag	50.000	50.000
Zinszahlungen 1. Jahr	1.600	1.805
Monatliche Rate	293	303
Gesamtsumme der geleisteten Zahlungen nach zehn Jahren	33.240	34.567
Restschuld nach zehn Jahren	30.052	30.518

Tabelle 9.7: Mit oder ohne KfW-Förderung? (Quelle: KfW)

Wollen Sie eine KfW-Förderung einmal für sich durchrechnen? Dann schauen Sie am besten auf `https://www.kfw-formularsammlung.de/KonditionenanzeigerINet/KonditionenAnzeiger` nach.

Hat Sie Ihre letzte Öl- oder Gasrechnung zum Umdenken gebracht? Wollen Sie aus Ihrer Mietwohnung raus und endlich Ihr eigenes Zuhause beziehen, in dem Sie Ihr Geld nicht durch die Fenster und Türen hinausheizen? Wollen Sie inzwischen nicht nur bauen, sondern besonders energieeffizient bauen? Klasse!

Auch für derlei Kandidaten hat die KfW Förderprogramme parat. Wer ein Niedrigenergie- oder Passivhaus errichten möchte, kann mit einem zinsgünstigen Kredit und – je nach

Einzelfall – sogar mit einem Tilgungszuschuss rechnen. In ihrem Programm 153 beispielsweise stellt die KfW folgende Bedingungen an das Objekt des Hausbauers:

✔ Erreicht ein Niedrigenergiehaus den Standard eines KfW-Effizienzhauses 70,55 oder 40 oder eines Passivhauses, begünstigt das Institut einen Kredit mit niedrigen Zinsen.

✔ Erfüllt das geplante Objekt die Vorgaben eines KfW-Effizienzhauses 55 oder 40 oder eines Passivhauses, vergibt die Bank zusätzlich noch einen Zuschuss für die Tilgung.

Falls Sie weiterführende Erläuterungen zu den technischen Anforderungen an ein derartiges Projekt benötigen, finden Sie unter www.kfw.de jede Menge Informationen.

Für ein Darlehen aus dem Programm *Energieeffizient Bauen* müssen Sie einige wichtige Punkte beachten:

✔ Je Wohneinheit können Sie bis zu 50.000 Euro beantragen.

✔ Den Antrag müssen Sie stellen, bevor Sie mit dem Bau beginnen oder den Kauf tätigen.

✔ Die Zinsbindung umfasst einen Zeitraum von zehn Jahren.

✔ Eine kostenfreie, außerplanmäßige Tilgung ist jederzeit ab Teilbeträgen von 1.000 Euro möglich.

✔ Je nach erreichtem KfW-Standard erhält der Antragsteller einen Tilgungszuschuss von bis zu 10 Prozent der Darlehenssumme.

✔ Ihr Bauvorhaben beziehungsweise Ihre energieeffizienten Umbaupläne dürfen Sie sich von einem Sachverständigen Ihrer Wahl bestätigen lassen.

✔ Sie können den beantragten Betrag innerhalb von zwölf Monaten nach der Zusage abrufen. Danach verlangt die KfW 0,25 Prozent pro Monat Bereitstellungsprovision. Die Frist für die Verwendung des Geldes dürfen Sie um bis zu 24 Monate verlängern.

✔ Ihrer Hausbank müssen Sie innerhalb von neun Monaten nach der Auszahlung der gesamten Fördermittel dokumentieren, dass Sie das Geld wie geplant verwendet haben.

Die KfW erkennt nur Sachverständige an, die bestimmte Qualifikationen vorweisen können: Dazu zählen unter anderem Energieberater, die im Bundesprogramm »Vor-Ort-Beratung« des Bundesamts für Wirtschaft und Ausfuhrkontrolle oder von der Verbraucherzentrale Bundesverband zugelassen oder die berechtigt sind, Energieausweise auszustellen. Unter www.energie-effizienz-experten.de finden Sie entsprechend zertifizierte Sachverständige.

Clevere Immobilienkäufer oder Häuslebauer fragen sich jetzt womöglich, ob sie die verschiedenen Förderprogramme der KfW miteinander kombinieren können. Schließlich wäre es ein erheblicher finanzieller Vorteil, wenn sie beispielsweise das Wohneigentums- und das Energieeffizient-Bauen-Programm wie ein Puzzle zusammenstecken würden. Ein kluger Gedankengang, denn die KfW bewilligt derartige Doppelanträge! Wie sich die zweifache Förderung finanziell auswirkt, zeigt das Beispiel im Kasten »Doppelt gefördert hilft besser«.

Doppelt gefördert hilft besser

Familie Grün will auf ihrem geerbten Grundstück ein Haus mit Einliegerwohnung errichten, das den Anforderungen eines KfW-Effizienzhauses 70 entspricht. Das Grundstück ist etwa 100.000 Euro wert, die Kosten für das Haus belaufen sich auf rund 200.000 Euro. Davon entfallen 70.000 Euro auf die Einliegerwohnung, die Familie Grün später vermieten will. Insgesamt entstehen für das Projekt also Kosten von 300.000 Euro.

Bei der KfW können die Grüns folgende Förderprogramme nutzen beziehungsweise kombinieren:

- ✔ Das Wohneigentumsprogramm (124)
- ✔ Das Programm Energieeffizient Bauen (153)

So entsteht der Finanzierungsplan, den Sie in Tabelle 9.8 finden.

Finanzierungsplan	In Euro
Eigenmittel (Grundstück 100.000 und 20.000 in bar)	120.000
KfW-Wohneigentumsprogramm	50.000
Energieeffizient Bauen (KfW-Effizienzhaus 70, 2 Wohneinheiten, 50.000 pro Wohneinheit)	100.000
Bankdarlehen	30.000
Finanzierung gesamt	**300.000**

Tabelle 9.8: Zweifache Förderung durch die KfW (Quelle: KfW)

Wie sich die Förderung der KfW niederschlägt, lesen Sie in dem Vergleich der Kreditkosten mit und ohne Förderung, der in Tabelle 9.9 zu sehen ist.

Laufzeit 20 Jahre, tilgungsfrei 1 Jahr, Zinsbindung 10 Jahre	Programm Wohneigentum	Programm Energieeffizient Bauen	Bankdarlehen	Summe mit Förderung	Summe ohne Förderung
Effektivzins pro Jahr	3,24 %	1,86 %	3,67 %		3,67 %
Darlehensbetrag	50.000	100.000	30.000	180.000	180.000
Zinszahlungen 1. Jahr	1.600	1.850	1.083	4.533	6.498
Monatliche Raten	293	521	182	996	1.092
Summe geleistete Zahlungen 10 Jahre	33.240	58.066	20.740	112.046	124.443
Restschuld nach 10 Jahren	30.052	56.985	18.311	105.348	109.865

Tabelle 9.9: Kreditkosten mit und ohne Förderung (Quelle: KfW)

Der Kreditkostenvergleich zeigt, dass Familie Grün durch die KfW-Förderung nicht nur von einer niedrigeren monatlichen Belastung profitiert, sondern insgesamt rund 12.400 Euro gegenüber einem Finanzplan ohne Förderung spart. Zugleich tilgt sie etwa 4.500 Euro mehr, die sie nach den zehn Jahren Zinsbindung bei der Anschlussfinanzierung nicht mehr aufwenden muss.

Beachten Sie aber bitte für eigene Berechnungen, dass die Zinssätze in den Tabellen nur theoretische Zinssätze sind. Je nach Zeitpunkt kann die Höhe der Zinsen recht unterschiedlich sein! Im Jahr 2015 beispielsweise lag der Zinssatz im Programm »Energieeffizientes Bauen« bei 1 Prozent jährlich, im »KfW-Wohneigentumsprogramm« bei einer Laufzeit von 20 Jahren bei 1,71 Prozent. Entsprechend geringer fällt unter solchen Konditionen dann die Restschuld aus.

Stehen die Pläne für die Finanzierung Ihres Hauses oder Ihrer Wohnung an, sollten Sie sich bei der KfW schlaumachen. Lassen Sie sich ausführlich über die verschiedenen Förderprogramm-Angebote beraten und Finanzierungswege ausrechnen. Fordern Sie stets auch einen Vergleich mit einem Finanzierungsplan ohne Förderung, denn nur so können Sie die Unterschiede tatsächlich erkennen und einschätzen.

Wenn der Bürgermeister bei der Hausfinanzierung mithilft

Die Tageszeitungen und Nachrichtenmagazine in Deutschland thematisieren das Problem immer mal wieder: Zwischen Kiel und Konstanz, zwischen Saarlouis und Stendal nimmt das Durchschnittsalter der Bevölkerung kräftig zu und vielerorts sterben inzwischen ganze Dörfer aus. Eine Katastrophe für diejenigen, die dort wohnen und für jeden Einkauf oder Arztbesuch lange Anfahrtswege in die nächstgrößere Gemeinde in Kauf nehmen müssen.

Um diesem demografischen Wandel zu trotzen, schnüren immer mehr Kommunen deutschlandweit Förderprogramme, um jungen Familien beim Erwerb von Wohneigentum zu helfen. So wollen sie die Attraktivität ihrer Gemeinde steigern und neue Einwohner anlocken. Sie bieten unter anderem an:

✔ Verbilligte Grundstücke

✔ Bauland mit Kinderrabatt

✔ Zuschüsse für den Hausbau

✔ Zuschüsse für den Hauskauf

✔ Sonstige Zuschüsse rund um den Erwerb oder Bau einer Immobilie

Durch so manches Förderprogramm einer Gemeinde können junge Familien beim Bau oder Kauf ihrer eigenen vier Wände schnell mal 5.000 bis 100.000 Euro oder mehr sparen. Stattliche Beträge, wenn Sie bedenken, dass jeder einzelne Euro, für den Sie keinen Kredit aufnehmen müssen, Ihnen bares Geld spart.

Wer beispielsweise vor einiger Zeit in Sasbachwalden im Schwarzwald ein Haus bauen wollte, durfte sich über ein besonderes Förderprogramm freuen: Das traditionelle Fachwerkdorf bot jungen Familien, die in einem bestimmten Neubaugebiet bauen wollten, einen Kinderrabatt auf den Grundstückspreis – satte 2.000 Euro pro Kind. Obendrein bot die Gemeinde auch noch an, anschließend ein Jahr lang für die Betreuungskosten des Nachwuchses aufzukommen. Wollte sich eine Familie mit zwei Kindern ein Grundstück von etwa 500 Quadratmetern kaufen, sparte sie sich in Sasbachwalden durch die Kinderermäßigung etwa fünf Prozent des Kaufpreises.

»Schön und gut«, sagen Sie jetzt womöglich, »wenn ich aber nicht in Sasbachwalden bauen will?« Nun, auch dann müssen Sie noch lange nicht glauben, dass Sie leer ausgehen. Die Organisation »Aktion pro Eigenheim« hat eine detaillierte und stetig wachsende Datenbank erstellt, in der Sie zwischenzeitlich mehr als 800 Kommunen finden, die Förderprogramme anbieten, um Sie beim Hausbau, Hauskauf oder Wohnungskauf finanziell zu unterstützen.

Wenn Sie mehr über die Datenbank beziehungsweise den Internetauftritt von »Aktion pro Eigenheim« erfahren wollen, finden Sie die entsprechenden Informationen in Kapitel 20.

Um herauszufinden, ob Ihre Kommune Zuschüsse für Bauland oder den Hauskauf gewährt oder welche Gemeinde in Ihrer Nähe entsprechende Programme aufgelegt hat, müssen Sie nur Ihre Postleitzahl eingeben – und schon startet die automatische Suche.

Spuckt die Suchmaschine von Aktion pro Eigenheim kein Ergebnis aus, sollten Sie nicht die Mühe scheuen, bei Ihrem Rathaus anzuklopfen und nachzufragen, ob es in Ihrer Gemeinde nicht doch den einen oder anderen Zuschuss für bauwillige Familien gibt. Viele Kommunen sind noch mittendrin, attraktive Angebote für potenzielle Immobilienkäufer beziehungsweise speziell für junge Familien zu entwickeln.

In den Sand gesetzt

Als besonders familienfreundliche Ortschaft glänzt beispielsweise die Gemeinde Neuenkirchen am Sand im mittelfränkischen Landkreis Nürnberger Land: Sie bietet Familien aus ihrem Grundstücksbestand Bauflächen zu vergünstigten Konditionen an – je nachdem, wie viele Kinder die Antragsteller haben.

Bemühen sich Ehepaare ohne Kinder um Baugrund, reduziert sich der Preis um 10.000 Euro. Eheleute mit einem oder zwei Kinder zahlen 16.400 beziehungsweise 22.800 Euro weniger. Wer drei Kinder oder mehr mitbringt, spart pro Kind zusätzlich weitere 6.400 Euro.

Ein Zuschuss und Amen – Geld vom Pfarrer für die eigene Immobilie

Der Staat hilft, die Bundesländer machen Geld locker, die Gemeinden schaffen Geldtöpfe – da lassen sich auch die Kirchen nicht lumpen: Um jungen Familien, die nicht genügend Eigenkapital besitzen, dabei zu helfen, sich den Traum vom Eigenheim zu erfüllen, bieten die katholische und evangelische Kirche in Deutschland Unterstützung bei der Finanzierung der eigenen vier Wände.

Auch wenn es ungewöhnlich sein mag, für ein Immobiliendarlehen an einer Kirchenpforte anzuklopfen – in vielen Bistümern und bei vielen Landeskirchen lohnt es sich, nachzufragen, ob sie den Erwerb einer Immobilie finanziell fördern. Auf der Internetseite www.aktion-pro-eigenheim.de finden Sie eine detaillierte Liste mit weiterführenden Links über alle Bistümer und Landeskirchen, die entsprechende Angebote machen. Mehr Informationen über das Internetportal www.aktion-pro-eigenheim.de finden Sie in Kapitel 20.

Mit der Übersicht in Tabelle 9.10 über die katholischen Bistümer, die bauwilligen Familien finanziell helfen, können Sie prüfen, ob Sie überhaupt in einem Bistum Eigentum erwerben möchten, in dem Sie Förderung erhalten:

Bistum	Internetadresse	Förderart
Bamberg	www.erzbistum-bamberg.de	Erbbaurechte
Dresden-Meißen	www.bistum-dresden-meissen.de	Darlehen
Eichstätt	www.bistum-eichstaett.de	Erbbaurechte
Erfurt	www.bistum-erfurt.de	Erbbaurechte
Freiburg	www.erzbistum-freiburg.de	Erbbaurechte
Limburg	www.bistum-limburg.de	Erbbaurechte
Mainz	www.bistummainz.de	Erbbaurechte
München und Freising	www.erzbistum-muenchen.de	Erbbaurechte
Münster	www.bistum-muenster.de	Darlehen
Osnabrück	www.bistum-osnabrueck.de	Erbbaurechte
Passau	www.bistum-passau.de	Erbbaurechte
Regensburg	www.bistum-regensburg.de	Erbbaurechte
Rottenburg-Stuttgart	www.drs.de	Erbbaurechte
Speyer	www.bistum-speyer.de	Erbbaurechte
Trier	www.bistum-trier.de	Erbbaurechte
Würzburg	www.bistum-wuerzburg.de	Erbbaurechte

Tabelle 9.10: Förderung der Bistümer (Quelle: www.aktion-pro-eigenheim.de)

Die evangelischen Landeskirchen lassen sich die finanzielle Förderung von bauwilligen Familien ebenfalls etwas kosten. Wer auf der Suche nach Unterstützung ist, findet sie bei weit mehr als einem Dutzend Landeskirchen. Eine Übersicht bietet Tabelle 9.11.

Landeskirche	Internetadresse	Förderung
Ev. Landeskirche in Baden	www.ekiba.de	Erbbaurechte
Ev.-Luth. Kirche in Bayern	www.bayern-evangelisch.de	Erbbaurechte
Ev. Kirche Berlin-Brandenburg-schlesische Oberlausitz	www.ekbo.de	Erbbaurechte
Ev.-Luth. Landeskirche in Braunschweig	www.landeskirche-braunschweig.de	Erbbaurechte
Ev.-Luth. Landeskirche Hannovers	www.landeskirche-hannover.de	Erbbaurechte
Ev. Kirche in Hessen und Nassau	www.ekhn.de	Erbbaurechte
Lippische Landeskirche	www.lippische-landeskirche.de	Erbbaurechte
Ev.-Luth. Kirche Norddeutschland (Nordkirche)	www.nordkirche.de	Erbbaurechte
Ev. Kirche der Pfalz	www.evpfalz.de	Erbbaurechte
Ev. Kirche im Rheinland	www.ekir.de	Erbbaurechte
Ev. Kirche der Kirchenprovinz Sachsen	www.ekmd-online.de	Erbbaurechte
Ev. Kirche von Westfalen	www.ekvw.de	Erbbaurechte
Ev. Landeskirche in Württemberg	www.elk-wue.de	Erbbaurechte

Tabelle 9.11: Förderung der evangelischen Landeskirchen (Quelle: www.aktion-pro-eigenheim.de)

In der Regel bieten die Bistümer oder Landeskirchen drei Wege für die finanzielle Unterstützung bauwilliger Familien an. Sie vergeben

✔ günstige Darlehen,

✔ Erbbaurechte,

✔ Kinderrabatte.

Je nach Förderer müssen Sie bestimmte Voraussetzungen erfüllen, um ein günstiges Baudarlehen oder Erbbaurechte zu erhalten. Die Bedingungen können unter anderem sein:

✔ Mindestens ein Elternteil ist katholisch/evangelisch.

✔ Es lebt/leben mindestens ein Kind/zwei, drei Kinder in dem Haushalt.

✔ Es lebt eine behinderte Person in dem Haushalt.

Leben Sie in einer Region, in der eine der beiden Kirchen günstige Konditionen für den Kauf oder Bau einer Immobilie bietet, sollten Sie sich natürlich vor Ort nach den genauen Bedingungen beziehungsweise den Konditionen des jeweiligen Bistums oder der jeweiligen Landeskirche erkundigen. Zum Teil unterscheiden sich die Vorgaben erheblich.

Bieten die Kirchen Erbbaurechte, liegt die Höhe des Erbbauzinses etwa bei vier Prozent. Manche Institutionen gewähren dann noch einen Kinderrabatt oder sonstige Vergünstigungen – andere nicht. Es kann sich für Sie also durchaus lohnen, auf Pfarrers oder Pastors Hilfe für die Finanzierung Ihres eigenen Hauses zu setzen.

Großzügiges Erzbistum

Das Erzbistum Freiburg engagiert sich, um jungen Familien beim Kauf einer eigenen Immobilie zu helfen: Es vergibt verbilligte Erbbaurechte zu einem Erbbauzins von vier Prozent. Gleichzeitig gewährt das Erzbistum pro Kind eine Ermäßigung von 20 Prozent für die ersten sieben Jahre.

Im konkreten Fall würden die Konditionen folgende Finanzbelastung für eine Familie mit zwei Kindern bedeuten: Liegt der Wert des ausgesuchten Grundstücks bei 100.000 Euro, müsste die Familie 4.000 Euro jährlich für das Grundstück aufwenden, da der Erbbauzins vier Prozent beträgt. Zusätzlich kommt die Familie in den Genuss von 40 Prozent auf den Erbbauzins, da sie zwei Kinder hat – somit spart sie sich 1.600 Euro und muss in den ersten sieben Jahren nur 2.400 Euro jährlich für ihr Grundstück aufwenden.

Wohn-Riester als Finanzhilfe

Jetzt müssen wir leider bei Adam und Eva anfangen – nein, keine Sorge! Wir entführen Sie jetzt nicht auf die ersten Seiten der Bibel. Wer aber mehr über die Möglichkeit erfahren will, mittels eines oder mehrerer Riester-Verträge zu günstigen Konditionen für die eigenen vier Wände zu kommen, braucht ein paar Detailinformationen über die *Riester-Rente* an sich.

Fühlen Sie sich auf diesem Gebiet sattelfest, können Sie die nächsten Absätze ja einfach überblättern.

Der Gesetzgeber fördert die private Altersvorsorge schon seit einigen Jahren – in Form der Riester-Rente. So will er die Bevölkerung dazu bewegen, privat ein finanzielles Polster für das Alter anzuschaffen. Er ködert die Sparer im Rahmen des Riester-Programms durch:

✔ Zulagen

✔ Steuerersparnisse

Die Personen, die überhaupt ein Riester-Renten-Modell beanspruchen können, sind unter anderem:

✔ Pflichtversicherte Arbeitnehmer

✔ Auszubildende

✔ Beamte

✔ Berufs- und Zeitsoldaten

✔ Eltern während der dreijährigen gesetzlichen Kindererziehungszeit

✔ Pflichtversicherte Selbstständige

✔ Geringfügig Beschäftigte, die auf Sozialversicherungsfreiheit verzichtet haben

- ✔ Bezieher von Arbeitslosengeld
- ✔ Bezieher von Vorruhestandsgeld, Krankengeld, Übergangsgeld und so weiter.
- ✔ Bezieher von Existenzgründungszuschüssen

Dagegen sieht der Staat nicht vor, Personen Steuerersparnisse und Zulagen rund um die Riester-Rente zu gewähren, die zu Gruppen zählen wie:

- ✔ Studenten
- ✔ Bezieher von Sozialgeld
- ✔ Selbstständige, die nicht in der gesetzlichen Rentenversicherung pflichtversichert sind
- ✔ Freiwillig gesetzlich Rentenversicherte
- ✔ Geringfügig Beschäftigte, die Sozialversicherungsfreiheit beanspruchen
- ✔ Bezieher von Berufsunfähigkeits-, Erwerbsunfähigkeits- oder Erwerbminderungsrente

Auch wenn der Gesetzgeber den einen oder anderen zunächst nicht als förderberechtigte Person vorgesehen hat – indirekt können Studenten, Selbstständige und Co dennoch Riester-Verträge abschließen: Sobald der Ehepartner förderberechtigt ist und eine Riester-Rente abgeschlossen hat, kann die nicht förderberechtigte Person einen Riester-Vertrag abschließen, der nur aus Zulagen bedient wird.

Was genau das bedeutet, würde an dieser Stelle ebenso zu weit führen wie Erläuterungen über die Rürup-Rente, die für all diejenigen infrage kommt, die auch nicht indirekt eine Riester-Rente beantragen können, aber ihre Altersvorsorge gern mit staatlicher Hilfe ein wenig aufpolstern wollen.

Ob 50, 100 oder 500 Euro – Ihre monatlichen Sparraten für einen Riester-Vertrag können Sie als Sonderausgaben gegenüber dem Fiskus geltend machen. Im Alter jedoch müssen Sie das Geld, das Sie durch Ihren Riester-Vertrag erhalten, versteuern. Vermutlich haben Sie als Rentner geringere Einkünfte als bisher und fallen daher in eine günstigere Progressionsstufe, sodass Sie die anfallenden Steuern womöglich leichter verkraften. Aber um die Forderungen Ihres Finanzamtes kommen Sie kaum herum.

Inzwischen hat der Gesetzgeber das Riester-Rad ein wenig weiter gedreht: Seit dem 1. Januar 2008 gilt das *Eigenheimrentengesetz*. Es bietet den Verbrauchern die Möglichkeit, mit günstigen Konditionen in die eigenen vier Wände zu ziehen. Die Wohn-Riester-Förderung unterteilt sich in

- ✔ eine Grundzulage,
- ✔ eine Kinderzulage,
- ✔ eine Steuererstattung je nach persönlicher Situation.

Um die Riester-Förderung zu kassieren, müssen Sie mindestens vier Prozent des rentenversicherungspflichtigen Einkommens aus dem Vorjahr für Ihr Eigenheim im Rahmen von Wohn-Riester verwenden – mindestens 60, maximal 2.100 Euro. Die Zulagen schlagen dann finanziell zu Buche durch:

1. **Die Grundzulage**, die 175 Euro pro Jahr und Person beträgt. Eheleute erhalten demnach 350 Euro Grundzulage, wenn beide einen Riester-Vertrag abgeschlossen haben.

2. **Die Kinderzulage**, die für jedes Kind, für das Sie Kindergeld bekommen, einen Betrag von 185 Euro jährlich bedeutet. Haben Sie Kinder, die nach dem 1. Januar 2008 geboren sind, erhalten Sie sogar 300 Euro pro Kind.

Neben den Zulagen können Riester-Sparer unter Umständen noch auf eine Steuererstattung hoffen: Dafür müssen sie die gezahlten Beiträge für den Riester-Vertrag in ihrer Steuererklärung aufführen und geltend machen. Fällt dann die Steuererstattung höher aus als die kassierten Wohn-Riester-Zulagen, zahlt das Finanzamt die Differenz zurück.

Selbst wenn Sie zu dem Kreis von Personen gehören, die der Staat mit Riester-Sparverträgen unterstützt – wenn Sie das Geld aus Ihrem Riester-Vertrag für Ihre Immobilie nutzen wollen, müssen Sie vorab einige Punkte klären. Ehe Sie die Riester-Wohnförderung fest in Ihre Finanzkalkulation einplanen, sollten Sie sich unbedingt erkundigen, ob Sie beziehungsweise Ihr Objekt tatsächlich alle Voraussetzungen für den staatlichen Geldsegen mitbringen.

Eine Riester-Immobilie muss folgende Bedingungen erfüllen:

✔ Sie kann eine Eigentumswohnung, ein Haus oder eine Genossenschaftswohnung sein.

✔ Das Wohneigentum muss sich innerhalb Deutschlands befinden.

✔ Die Immobilie muss der Riester-Vertragsnehmer selbst nutzen.

✔ Die eigenen vier Wände darf der Eigentümer erst nach dem 31. Dezember 2007 gekauft haben.

✔ Das Eigenheim darf der Käufer frühestens einen Monat vor Abschluss des Wohn-Riester-Vertrags erworben haben.

Wollen Sie also eine Immobilie kaufen und selbst einziehen, können Sie das angesparte Geld aus Ihrem Riester-Vertrag komplett entnehmen und in Ihr Haus oder Ihre Wohnung investieren. Oder Sie verwenden die Zulagen, die Sie vom Staat erhalten, um ihren aufgenommenen Immobilienkredit zu tilgen.

Klingt gut, oder? Theoretisch ja, in der Praxis stehen den Vorteilen des Wohn-Riester-Sparens aber auch einige Nachteile gegenüber, die Sie unbedingt beachten und gegeneinander abwägen sollten.

Zu den Vorteilen zählen unter anderem, dass

✔ Sie weit vor Ihrem Rentenalter von der staatlichen Förderung profitieren können;

✔ Sie weniger Zinsen für Ihre Baufinanzierung zahlen, wenn Sie das angesparte Riester-Kapital einsetzen;

✔ Sie Ihren bestehenden Riester-Vertrag wieder neu ansparen können und weiter von den staatlichen Zulagen profitieren;

Diesen Vorteilen stehen ein paar nennenswerte Nachteile gegenüber:

✔ Sie dürfen das Kapital aus Ihrem Wohn-Riester-Vertrag nur für eine Immobilie im Inland einsetzen, die Sie selbst nutzen.

✔ Das angesparte Geld dürfen Sie nicht für Renovierungsarbeiten verwenden.

✔ Steht ein Umzug beispielsweise aus beruflichen Gründen an, müssen Sie unter Umständen die bereits kassierte Förderung wieder zurückerstatten.

✔ Entnehmen Sie Ihrem Riester-Vertrag Kapital, müssen Sie es spätestens zwölf Monate nach dem Erhalt für den Kauf oder den Bau Ihrer Immobilie einsetzen.

Um eine weitsichtige Finanzplanung kommen Sie nicht herum, selbst wenn Sie das Kapital aus Ihrem Wohn-Riester-Vertrag auf einen Schlag entnehmen: Da die Riester-Rente im Alter versteuert werden muss, wird ein fiktives, sogenanntes Wohnförderkonto für Sie angelegt, dem der entnommene Betrag als Grundlage dient. Die Summe wird jährlich mit zwei Prozent verzinst. Wenn Sie in Rente gehen, können Sie entscheiden, ob Sie den kompletten Betrag sofort versteuern oder dem Fiskus bis zum 85. Lebensjahr regelmäßig Raten zahlen. Das kann Sie nicht nur teuer zu stehen kommen. Vielmehr muss Ihnen im Falle einer Ratenzahlung klar sein, dass Ihnen im Alter lange Zeit weniger Geld zur Verfügung steht.

Da der bürokratische Aufwand für die Banken bei einem Wohn-Riester-Vertrag sehr hoch ist – schließlich müssen sie das fiktive Wohnförderkonto anlegen und betreuen –, verlangen sie von den Kunden oft einen etwas höheren Zinssatz als für herkömmliche Darlehen. Laut Experten reicht schon ein Zinssatz, der nur 0,4 Prozent höher liegt, um die finanziellen Vorteile, die ein Wohn-Riester-Vertrag bietet, zunichtezumachen.

Was Sie finanziell genau erwartet, wenn Sie auf einen Wohn-Riester-Vertrag setzen, sehen Sie anhand unseres Beispiels im Kasten »Der Staat finanziert mit: Wohn-Riester«, das eine typische Situation widerspiegelt.

Falls Sie nach all diesen Ausführungen für den Kauf oder Bau einer eigenen Immobilie diese Art der staatlichen Förderung in Anspruch nehmen wollen, müssen Sie sich bewusst machen, dass diese Unterstützung viele Pros und Kontras mit sich bringt. Um böse Überraschungen zu vermeiden, sollten Sie sich ausführlich beraten lassen und die Konditionen unbedingt mit anderen Finanzierungswegen vergleichen.

Der Staat finanziert mit: Wohn-Riester

Peter und Petra sind 38 und 37 Jahre alt und haben zwei Kinder. Peter ist in der gesetzlichen Rentenversicherung pflichtversichert und hat Ende 2008 einen Wohn-Riester-Vertrag unterschrieben – einen zertifizierten Darlehensvertrag. Sprich: Die beiden haben den Wunsch, ein Haus zu bauen, und nehmen daher einen Kredit auf. Da der Kredit Riester-zertifiziert ist, wird die Tilgung staatlich gefördert.

Peter tilgt die monatlichen Darlehensraten. Er zahlt aber auch vier Prozent seines Vorjahreseinkommens – maximal 2.100 Euro –, abzüglich des Zulagenanspruchs, und erhält so die volle Riester-Zulage von 175 Euro. Falls Petra auch einen zertifizierten Darlehensvertrag abgeschlossen hat, kassiert sie ebenfalls 175 Euro. Für ihre sechsjährige Tochter erhalten sie eine Förderung von 185 Euro, für den einjährigen Sohn 300 Euro, da er nach dem 1. Januar 2008 auf die Welt gekommen ist. In Summe liegt die Förderung der beiden bei 835 Euro jährlich.

Die Bank richtet Petra und Peter das Wohnförderkonto ein, auf dem sie die staatlich geförderten Tilgungsleistungen und die darauf gewährten Zulagen erfasst. Den Betrag müssen Peter und Petra ab Beginn der Auszahlungsphase versteuern. Am 31. Dezember 2034 beträgt der Betrag auf dem Wohnförderkonto nach der Erhöhung um zwei Prozent 30.000 Euro. Will Peter die Summe ratenweise abzahlen, muss er von 2035 bis 2055 jährlich etwa 1.500 Euro aufwenden.

Peter kann das Wohnförderkonto allerdings auch auf einem Schlag löschen: In diesem Fall gewährt ihm der Fiskus einen Nachlass von 30 Prozent – er muss also nur circa 21.500 Euro versteuern und spart sich etliche Euro.

Tante Frieda oder der Segen einer wohlhabenden Familie

Sie haben endlich Ihr Traumhaus am sonnigen Seeufer entdeckt? So eine Wohnung mit Galerie, wie sie gerade auf der gegenüberliegenden Straßenseite entsteht, wollten Sie schon immer? Oder haben Sie endlich den Zuschlag für das heiß umkämpfte Grundstück am Waldrand erhalten? Fein! Aber jetzt reichen Ihre Ersparnisse vorne und hinten nicht aus? Ein delikates Thema!

Viele Möchtegern-Immobilieneigentümer kommen jetzt auf die Idee, bei ihrer Bank anzuklopfen und um einen attraktiven Kredit zu bitten. Ein Gedanke, der leider nicht immer zum Erfolg führt, denn die meisten Banken sehen es gern, wenn mindestens zehn Prozent der Kaufsumme als Eigenkapital bereits vorhanden sind.

Nun, vielleicht müssen Sie ja gar nicht bei Ihrer Bank vorstellig werden? Warum hören Sie sich nicht in Ihrer nahen Verwandtschaft um, ob Onkel Heinz oder Tante Frieda Ihnen vielleicht einen Teil des benötigten Geldes, im Idealfall sogar den kompletten Kaufbetrag leihen? Gerade in Zeiten, in denen Sparer für ihr Guthaben kaum Zinsen bekommen, aber ihr Geld nicht an der Börse investieren wollen, kann sich eine entsprechende Anfrage schnell lohnen.

In Tabelle 9.12 können Sie vergleichen, inwieweit sich die Konditionen ändern, wenn Sie anstelle von 300.000 nur 200.000 Euro Kredit bei der Bank aufnehmen. Zwar müssen Sie sicherlich die 100.000 Euro von Tante oder Onkel auch mittels einer Rate zurückzahlen. Allzu hoch dürfte dabei die monatliche Belastung nicht werden, da die Zinsvorgaben und monatlichen Rückzahlungsbeträge meist deutlich unter den Forderungen der Banken liegen.

Vorgaben		
Darlehensbetrag	300.000 €	200.000 €
Laufzeit Darlehen	30 Jahre	30 Jahre
Nominalzins	3 %	3 %
Tilgung Darlehensbetrag	2 %	2 %
Getilgter Betrag nach Laufzeitende	291.368,44 €	194.245,63 €
Restschuld	8.631,56 €	5.754,37 €
Summe geleistete Zinszahlungen	158.631,56 €	105.754,37 €
Monatliche Rate	1.250 €	833,33 €

Tabelle 9.12: Tante Frieda hilft.

Wer unter seinen Angehörigen einen spendablen Geldgeber findet, sollte mit ihm genauso umgehen wie mit dem Bankberater des Geldinstituts. Professionelle Verträge verhindern Streit. Sie sollten unbedingt die wichtigsten Eckpunkte des Kredits festhalten – nur für den Fall der Fälle! Unverzichtbar in dem schriftlichen Vertrag sind:

✔ Höhe des Kredits

✔ Zeitraum des Kredits

✔ Höhe des Zinssatzes

✔ Termin und Form der Tilgung

✔ Vorzeitige Rückzahlungsrechte und Kündigungsrechte

✔ Konditionen für jährliche Sondertilgungen

✔ Sicherheiten

So mancher Opa oder Onkel verzichtet nach einigen Jahren möglicherweise ganz auf die Rückzahlung des Kredits. Solch eine Schenkung ist dank hoher Freibeträge für Mitglieder einer Familie häufig steuerfrei. Sollten Sie sich über so großzügige Verwandtschaft freuen dürfen, empfiehlt es sich, einen Steuerberater zu diesem Thema zu befragen.

Ein Ehepaar aus Bayern fand beim sonntäglichen Spaziergang das perfekte Grundstück für seine Bedürfnisse. Nachdem es sich ausführlich erkundigt hatte, was sie der Bau eines Hauses kosten würde, stellten sie eine finanzielle Lücke von 100.000 Euro fest. Kurzerhand klopfte der Mann bei seinem Vater an und bat um einen zinsgünstigen Kredit bei ihm. Er bekam das Geld und konnte sich gemeinsam mit seiner Frau sein Traumhaus am Fluss bauen.

> **IN DIESEM KAPITEL**
>
> Die finanzielle Basis für den Kauf einer Immobilie
>
> Die täglichen Kosten einer Immobilie
>
> Unvermeidliche Rücklagen

Kapitel 10
Was Sie alles bezahlen müssen

Es ist immer wieder die gleiche Optik: Unter dem Foto eines adretten Häuschens oder einer schmucken Galeriewohnung steht meistens eine sechsstellige Zahl mit einem fetten Eurozeichen dahinter. Egal, ob Sie in der Zeitung oder im Internet nach einer Immobilie suchen: In den meisten Anzeigen finden sich ein Bild des Objekts und die Angabe zum Kaufpreis. Dieser Betrag allein genügt jedoch nicht, um sich das Traumhaus am See oder die coole Bauhaus-Wohnung in der Innenstadt zu sichern.

Natürlich ist der Kaufpreis der größte Batzen, wenn Sie sich eine Immobilie zulegen. In diesem Kapitel informieren wir Sie aber auch ausführlich darüber, welche unvermeidlichen Kosten neben dem Kaufpreis noch auf Sie zukommen beziehungsweise wie Sie die Ausgaben möglichst gering halten können. Sie erfahren zudem, was Sie Ihr Traumobjekt Jahr für Jahr beziehungsweise Tag für Tag kostet, wenn Sie es erst einmal Ihr Eigen nennen dürfen, und was Sie im Falle eines Jobverlusts tun können, um Ihre Immobilie zu halten.

Der große Batzen – der Kaufpreis

Mit ihm steht und fällt Ihre Entscheidung, Ihr Traumhaus am Seeufer, Ihre Galeriewohnung in der Stadtmitte oder Ihren Bauernhof auf dem Lande zu erwerben: der Kaufpreis. Wer in Zeitungen oder im Internet Immobilienangebote durchforstet, sieht auch meist gleich, was das Objekt kosten soll. Die angegebene Summe gilt aber so gut wie immer nur für den Kauf der ausgeschriebenen Immobilie – sie beinhaltet selten die anfallenden Kaufnebenkosten.

Neben dem Kassensturz auf dem eigenen Konto ist der Kaufpreis für Interessenten das zweite große Puzzlestück, das Sie in all ihre Hochrechnungen und Schätzungen einbauen müssen. Das fertige Puzzle zeigt Ihnen am Ende, ob Sie sich die angebotene oder ausgewählte Immobilie leisten können. Welche Zahlen und Fakten Sie dafür ermitteln müssen, lesen Sie in Kapitel 7.

Natürlich stellt sich angesichts hoher sechsstelliger oder vielleicht sogar siebenstelliger Summen bei jedem Kaufinteressenten die Frage, ob die jeweilige Immobilie ihren Preis auch wert ist. Wie Sie sich diese Informationen beschaffen beziehungsweise welche

Informationen Sie für eine solche Beurteilung überhaupt brauchen, erklärt unter anderem der Inhalt von Kapitel 5.

Um Ihnen eine erste Orientierung zu geben, was Sie im Falle eines Immobilienkaufs finanziell erwartet, haben wir die Immobilienpreise einiger Städte mit mehr als 100.000 Einwohnern in Tabelle 10.1 zusammengestellt. Die angegebenen Preise gelten für Immobilien in mittlerer bis guter Lage. Da der Immobilienmarkt in Deutschland aufgrund der niedrigen Bauzinsen extrem in Bewegung ist, müssen Sie in der einen oder anderen Stadt damit rechnen, dass die Preise auch in kürzester Zeit stark ansteigen können.

Standort	Frei stehende Eigenheime in 1.000 Euro/ häufigster Wert	Neue Reihenhäuser in 1.000 Euro/ häufigster Wert	Gebrauchte Reihenhäuser in 1.000 Euro/ häufigster Wert	Neue Eigentumswohnungen in Euro pro m² Wohnfläche/ häufigster Wert	Baugrundstücke für Eigenheime in Euro pro m² Baufläche/ häufigster Wert
Aachen	220-600/300	250-450/280	200-350/250	2.800-4.000/2.900	200-500/400
Berlin	180-400/280	200-350/240	150-300/220	2.500-4.800/3.100	90-280/180
Bonn	180-980/435	150-800/300	180-500/280	2.800-5.000/3.150	200-550/350
Cottbus	120-250/170	125-175/135	75-135/95	1.250-2.100/1.750	35-95/50
Darmstadt	350-700/350	350-490/390	250-400/350	2.800-4.000/3.200	350-750/460
Düsseldorf	300-1600/450	250-690/370	220-500/310	2.100-8.200/3.600	250-1.200/450
Erlangen	320-800/560	350-700/525	250-600/425	3.000-4.500/3.750	200-600/400
Hamburg	165-1600/435	230-640/370	155-530/285	2.500-10.500/4.100	155-3.000/550
Hannover	180-600/270	200-355/240	150-280/225	1.800-4.800/2.550	120-550/255
Heidelberg	390-1400/630	290-620/450	260-520/360	2.900-6.500/3.600	420-1.350/700
Ingolstadt	430-850/640	370-550/460	280-450/365	3.2000-4.200/3.700	400-900/650
Köln	130-2000/420	140-890/310	130-550/280	1.400-8.500/3.300	50-1.350/375
Leipzig	160-280/220	200-300/250	145-260/160	2.200-3.800/2.750	80-250/120
Mannheim	320-650/450	260-390/300	220-320/260	2.500-4.000/3.000	430-800/570
München	600-1600/910	490-900/700	440-9300/680	4.500-9.000/5.900	870-2.000/1.350
Neuss	180-550/340	200-400/310	145-340/260	2.200-4.000/2.800	240-660/340
Offenbach	290-450/380	250-410/350	200-330/285	2.800-3.500/3.200	250-500/300
Potsdam	250-450/360	250-350/300	175-250/215	2.750-4.250/2.950	150-450/250
Reutlingen	320-650/400	280-350/320	110-230/180	2.800-4.000/3.300	280-450/350
Stuttgart	450-1350/720	390-850/550	290-760/470	3.000-10.000/4.600	550-1.600/900
Wiesbaden	700-1500/900	300-400/360	200-400/330	3.000-5.000/3.800	600-1.200/800
Wolfsburg	95-380/250	200-350/280	100-255/200	2.000-2.800/2.200	85-180/130
Wuppertal	140-600/300	160-300/250	130-270/220	2.000-5.400/3.000	100-450/260
Würzburg	250-600/425	260-470/365	250-310/280	2.900-4.000/3.450	250-550/400

Tabelle 10.1: Immobilienpreise in ausgesuchten Städten Deutschlands mit mehr als 100.000 Einwohnern (Quelle: Landesbausparkassen, 2015 Markt für Immobilien)

Die lästigen Zusätze – die Kaufnebenkosten

Dass der Kauf eines Hauses viel Geld kostet, ist bekannt. Dass die Kaufnebenkosten ebenfalls jede Menge Kohle verschlingen, sollten Sie auch wissen. Dennoch staunen viele Immobilienkäufer immer wieder über die üppigen Summen, die diese Extrakosten ausmachen.

Wer in Deutschland eine Immobilie erwerben will, muss zusätzlich aufkommen für die

✔ Notargebühren,

✔ Gerichtsgebühren,

✔ Grunderwerbsteuer,

✔ Maklerprovision (optional).

Die Höhe aller anfallenden Kaufnebenkosten richtet sich stets nach dem Kaufpreis Ihres Wunschobjekts. Je teurer also das Haus oder die Wohnung, desto mehr müssen Sie für die Kaufnebenkosten aufwenden. Im ungünstigen Fall summieren sich die Ausgaben für Notar, das Grundbuchamt und den Makler auf bis zu zwölf Prozent des Kaufpreises. Bei einem Reihenhaus mit einem Kaufpreis von 400.000 Euro könnten sich die Kaufnebenkosten bei diesem Satz auf satte 48.000 Euro summieren.

Die Grunderwerbsteuer

Der dickste Brocken für Immobilienkäufer ist die Grunderwerbsteuer. Sie beträgt normalerweise 3,5 Prozent des Kaufpreises. Da die Regelungen für die Grunderwerbsteuer sehr komplex sind, haben wir ihr einen extra Unterpunkt gewidmet. Alle wesentlichen Informationen rund um die Grunderwerbsteuer lesen Sie in diesem Kapitel unter dem Punkt »Die unvermeidliche Gebühr – die Grunderwerbsteuer«.

Die Notar- und Gerichtsgebühren

Wer in Deutschland eine Immobilie erwirbt, kann das Geschäft nur mithilfe eines Notars abwickeln – und der lässt sich seine Dienste einiges kosten. Bis zu 2,5 Prozent des Kaufpreises berechnen staatlich anerkannte Notare für die erforderlichen Arbeiten. Allein für die Erstellung des Kaufvertrags verlangt ein Notar bis zu 0,6 Prozent des Kaufpreises der Immobilie. Lässt er Eintragungen in die Grundbücher der Gerichte vornehmen, kommen weitere Gebühren hinzu, deren Höhe ebenfalls von der Kreditsumme abhängt: Für

✔ die Auflassungsvormerkung bis zu 0,55 Prozent,

✔ die Grundschuldbestellung bis zu 0,55 Prozent,

✔ den Eigentümerwechsel bis zu 0,25 Prozent.

Zahlen Sie die Kaufpreissumme für Ihre Immobilie nicht direkt an den Verkäufer, sondern zunächst auf ein sogenanntes *Anderkonto* des Notars, entstehen weitere Kosten in Höhe von bis zu 0,4 Prozent des Kaufbetrags.

Leider gibt es kaum Möglichkeiten, die anfallenden Kosten für den Notar zu senken, da der Staat die Höhe der einzelnen Kostensätze festgelegt hat.

Die Maklergebühren

Kaufen Sie Ihre Traumimmobilie mithilfe eines Maklers, müssen Sie selbstverständlich Provision zahlen. Für den Einsatz des Vermittlers können theoretisch bis zu sieben Prozent Provision vom Kaufpreis fällig werden. Wer sein Haus oder seine Wohnung direkt von einem Bauträger oder privat kauft, spart sich die Maklergebühren.

Kostet Ihr Haus beispielsweise 320.000 Euro und verlangt der Makler für die Vermittlung der Immobilie eine Provision von drei Prozent, müssen Sie für ihn stolze 9.600 Euro plus Mehrwertsteuer hinblättern. Ein Betrag, den sich viele Immobilienkäufer sicherlich gern sparen würden.

Wie Sie die Kosten für den Makler reduzieren oder ganz vermeiden, können Sie in Kapitel 6 ausführlich lesen.

Die Kaufnebenkosten auf einen Blick

Wie schnell die Kaufnebenkosten einige Tausend Euro verschlingen, zeigt Ihnen das Beispiel. Wer eine Immobilie mit einem Kaufpreis von 300.000 Euro erwerben will und eine Grundschuld von 250.000 Euro eintragen lässt, muss ohne Maklergebühren mit den in Tabelle 10.2 aufgelisteten Kosten rechnen:

	Tätigkeit	Betrag
Notarkosten	Protokollierungsgebühr für den Kaufvertrag	1.014,00 €
Grundbuch	Eintragung der Auflassungsvormerkung	253,50 €
Notarkosten	Grundschuldbestellung mit Vollstreckungsklausel	432,00 €
Grundbuch	Eintragung der Grundschuld	432,00 €
Grundbuch	Eintragung des Eigentümers	507,00 €
Grundbuch	Löschung der Auflassungsvormerkung	126,75 €
Notarkosten	Gebühr für Abwicklungstätigkeiten	253,50 €
Notarkosten	Vertragsvollzugsgebühren etc.	126,75 €
Notarkosten	Falls das Darlehen über ein Notar-Anderkonto abgewickelt wird	662,50 €
Notarkosten	Wenn Bankzahlung nur mit Treuhandauftrag	216,00 €
	Grundbuchkosten	**1.319,25 €**
	Notarkosten	**2.704,75 €**
	MwSt. für Notarkosten	**513,90 €**
	Gesamtkosten	**4.537,90 €**

Tabelle 10.2: Aufstellung Kaufnebenkosten

Die Kaufnebenkosten lassen sich mit etwas Geschick ein wenig verringern: Lassen Sie teure Einbauten oder Einrichtungsgegenstände im Kaufvertrag extra ausweisen. Auf Küchen und Ähnliches fällt nämlich beispielsweise keine Grunderwerbsteuer an. So reduziert sich der Preis für Ihr Wunschobjekt zumindest ein wenig.

Die unvermeidliche Gebühr – die Grunderwerbsteuer

Wohl keine andere Steuer verwechseln Immobilienkäufer so oft wie die *Grunderwerbsteuer*. Das Problem: Wer eine Immobilie kauft, muss auch eine *Grundsteuer* entrichten. Der gravierende Unterschied zwischen den beiden Kostenblöcken: Die Grunderwerbsteuer fällt einmalig an, wenn Sie folgenden Besitz erwerben:

- ✔ Bauland
- ✔ Gartengelände
- ✔ Wohnung
- ✔ Haus

Die Grundsteuer für Ihren Besitz zahlen Sie jedes Jahr aufs Neue. Mehr zur Grundsteuer finden Sie auf den folgenden Seiten dieses Kapitels.

Die Höhe der Grunderwerbsteuer beträgt zwischen dreieinhalb und sechseinhalb Prozent der sogenannten Bemessungsgrundlage – je nach Bundesland (siehe Tabelle 10.3). Um diese Bemessungsgrundlage zu ermitteln, prüfen die zuständigen Behörden, was der Immobilienkäufer aufwendet, um den erwünschten Besitz zu erwerben. Klingt kompliziert, ist es aber eigentlich gar nicht. Zu den Aufwendungen des Käufers zählen vor allem

- ✔ der Kaufpreis,
- ✔ übernommene Darlehensverbindlichkeiten,
- ✔ übernommene sonstige Grundstücksbelastungen wie Renten-, Wohn- oder Nießbrauchrechte.

Solide Einnahmenquelle

Seit 1. September 2006 dürfen die 16 deutschen Bundesländer den Steuersatz der Grunderwerbsteuer selbst bestimmen, was dazu führte, dass außer Bayern und Sachsen die Länder den Steuersatz dafür kräftig anhoben. Angesichts leerer Gemeindekassen entpuppt sich Grunderwerbsteuer als wahrer Segen, um hier und dort die finanzielle Situation zu verbessern. Im Jahr 2015 spülte die Grunderwerbsteuer etwa zehn Milliarden Euro in die Kassen. Die Einnahmen der Grunderwerbsteuer können die Länder an die Kommunen weiterreichen.

Bundesland	Steuersatz in Prozent
Berlin	6
Brandenburg	6,5
Baden-Württemberg	5
Bremen	5
Hamburg	4,5
Mecklenburg-Vorpommern	5
Niedersachsen	5
Nordrhein-Westfalen	6,5
Rheinland-Pfalz	5
Saarland	6,5
Sachsen-Anhalt	5
Schleswig-Holstein	6,5
Thüringen	5
Bayern	3,5
Hessen	6
Sachsen	3,5

Tabelle 10.3: Grunderwerbsteuersätze bundesweit

Wer also ein Haus oder eine Wohnung im Wert von 300.000 Euro kauft, muss bei einem Steuersatz von 5 Prozent 15.000 Euro Grunderwerbsteuer hinblättern. Es sei denn, er ist pfiffig und beachtet ein paar Tricks, um die lästige Gebühr ein wenig zu drücken.

Um die Grunderwerbsteuer zu verringern, müssen Sie natürlich erst einmal wissen, wie die Länder die Abgabe überhaupt berechnen. Sie haben bereits gelesen, dass vor allem der Kaufpreis die Bemessungsgrundlage für die Grunderwerbsteuer ist. Zusätzlich zählt das untrennbar mit dem Haus oder der Wohnung verbundene Inventar wie Türen oder Fenster zur Bemessungsgrundlage. Anders herum gesagt: Serienmäßige Einbaumöbel wie Küche, Sauna oder Schränke sind nicht grunderwerbsteuerpflichtig.

Clevere Immobilienkäufer machen sich die Mühe und rechnen die eingebaute Sauna oder die rot-weiß gestreifte Markise aus dem Kaufpreis für ihr Wunschobjekt heraus und lassen diese Posten im notariellen Kaufvertrag gesondert auflisten. Das geht natürlich nur, wenn Sie sich in eine gebrauchte Immobilie verliebt haben, die Sie unbedingt kaufen wollen.

Das in Tabelle 10.4 gezeigte Beispiel zeigt Ihnen auf einen Blick, wie schnell sich 1.000 Euro oder mehr Grunderwerbsteuer sparen lassen, wenn Sie die Posten aus dem Kaufpreis herausrechnen, die nicht steuerpflichtig sind:

Kaufpreis in Euro	300.000	300.000
Einbauküche	−16.000	
Sauna	−7.500	
Markise	−3.500	
Bemessungsgrundlage	273.000	300.000
Grunderwerbsteuer (5 %)	13.650	15.000
Ersparnis	1.350	

Tabelle 10.4: Ersparnis Grunderwerbsteuer bei Abzug von serienmäßigem Inventar

Wer sich eine neue Immobilie zulegt, kann die Grunderwerbsteuer ebenfalls ein wenig reduzieren: Wollen Sie beispielsweise Grundstück und Haus von einem Bauträger erwerben, müssten Sie die Grunderwerbsteuer auf den gesamten Kaufpreis bezahlen. Clevere Immobilienkäufer erwerben daher erst einmal das Stück Land und geben anschließend den Bau ihres Traumhauses in Auftrag.

Viele Finanzbeamte werden stutzig, wenn sie realisieren, dass Immobilienkäufer zunächst das Grundstück gekauft und anschließend den Bau der Immobilie angeschoben haben. Sie unterstellen in diesen Fällen gern, dass ein sogenanntes »einheitliches Vertragswerk« vorliegt. Dementsprechend erheben sie die Grunderwerbsteuer auf den Gesamtkaufpreis – und dazu zählen unter anderen dann auch Kosten, die Sie im Zusammenhang mit dem Beginn für Ihren Bau aufbringen müssen, wie die Vermessungs-, Makler- und Erschließungskosten.

Da Sie dieses Risiko bestimmt nicht eingehen möchten, dass ein Finanzbeamter Ihnen eine höhere Grunderwerbsteuer als nötig berechnet – schließlich wollen Sie angesichts Ihrer enorm hohen sonstigen Kosten Ihre Ausgaben reduzieren –, sollten Sie auf Nummer sicher gehen.

Wer neu baut, kauft sich zunächst sein Wunschgrundstück. Anschließend kümmert er sich selbst um einen Bauunternehmer und die Handwerker. Die von ihm beauftragten Personen sollten aber keinesfalls in irgendeiner Beziehung zu dem Verkäufer des Grundstücks stehen.

Die Krux mit dem einheitlichen Vertragswerk

Deutschland wäre nicht Deutschland, wenn es nicht auch klare Regeln für das einheitliche Vertragswerk geben würde. Leider sind die Vorgaben des Gesetzgebers speziell in diesem Fall für Immobilienkäufer nicht immer hilfreich. Generell gilt: Ein einheitliches Vertragswerk liegt dann vor, wenn die Verträge für den Kauf des Grundstücks und des geplanten Gebäudes nach den Plänen des Verkäufers und Käufers zusammenhängen. Die Grenzen für derlei Abmachungen sind vom Gesetzgeber allerdings weit gezogen und lassen nicht automatisch den Schluss zu, dass im Fall A Grunderwerbsteuer fällig wird, im ähnlich gelagerten Fall B aber nicht.

> In der Praxis beispielsweise treten Architekten und Bauträger oft an verkaufswillige Grundstückseigentümer heran, um bereits in der Phase des Landverkaufs Kontakt zu bauwilligen Käufern zu knüpfen. Dabei gelingt es ihnen immer wieder, Bauaufträge zu akquirieren. Wer nun eine Doppelhaushälfte oder ein Reihenhaus unter solchen Konditionen erbauen lassen will, läuft eher Gefahr, Grunderwerbsteuer entrichten zu müssen als derjenige Bauherr, der ein einzelnes Bauvorhaben plant. Der Grund: Mehrere vergleichbare rechtliche und personelle Konstellationen lassen leichter Rückschlüsse auf das Vorliegen eines einheitlichen Vertragswerks zu. Letztendlich vermeidet der Bauherr das Risiko, Grunderwerbsteuer zahlen zu müssen, der Grundstück und Immobilie von zwei unterschiedlichen Parteien kauft beziehungsweise erbauen lässt.

Unter bestimmten Umständen fällt manchmal gar keine Grunderwerbsteuer an, beispielsweise wenn

- ✔ der Käufer des Grundstücks als Gegenleistung nicht mehr als 2.500 Euro zahlt,
- ✔ die Immobilie geschenkt oder vererbt wird,
- ✔ Eheleute sich ein Grundstück untereinander übertragen,
- ✔ Verwandte aus der geraden Linie wie Sohn oder Tochter das Objekt übernehmen.

Müssen Sie – aus welchen Gründen auch immer – Ihr steuerpflichtiges Grundstücksgeschäft innerhalb von zwei Jahren wieder rückgängig machen, können Sie beantragen, dass die Steuer erst gar nicht festgesetzt, der erlassene Steuerbescheid wieder aufgehoben und das Geld zurückgezahlt wird.

Die Extra-Portion – die Renovierung bei Gebrauchtimmobilien

Viele Eigenheimaspiranten durchforsten in ihrer Zeitung oder im Internet oft nur die Anzeigen, die neue Häuser oder Wohnungen anbieten. Aus Furcht vor versteckten Baumängeln oder teuren Sanierungsarbeiten ziehen sie den Kauf einer gebrauchten Immobilie meist gar nicht in Betracht. Eine Strategie, die vor allem aus zwei Gründen auf den Prüfstand gestellt werden sollte:

1. Oft versteckt sich unter dem frischen Putz eines Neubaus jede Menge Pfusch.
2. Seit Jahren steigt der Preis für Grundstücke in den alten Bundesländern an. Die Preise für Einfamilienhäuser aus zweiter Hand stagnieren dagegen weitgehend.

Angesichts solcher Argumente kann es sich für Immobilieninteressenten daher durchaus lohnen, ein gebrauchtes Objekt zu erwerben und es nach den eigenen Ideen zu sanieren und aufzufrischen.

Kommt ein altes Haus oder eine jahrzehntealte Wohnung für einen Kauf in die engere Wahl, sollten Sie Ihr Wunschobjekt von einem Fachmann auf Schäden prüfen lassen. Ausführliche Details zu diesem Thema finden Sie in Kapitel 5.

Zu den klassischen Mängeln an älteren Immobilien oder Altbauten zählen unter anderem

✔ undichte Fenster,

✔ unökonomisches Heizungssystem,

✔ veraltete Elektro- und Sanitäranlagen,

✔ undichtes Dach,

✔ feuchter Keller,

✔ feuchte Wände.

Wer sich für den Kauf einer gebrauchten Immobilie entscheidet, die auf Herz und Nieren geprüft ist, profitiert in der Regel nicht nur von einem günstigeren Kaufpreis im Vergleich zum Erwerb einer neuen Immobilie. Vielmehr hat er die Möglichkeit, den Zeitplan für die notwendige Sanierung und Renovierung so lange zu strecken, wie es sinnvoll in den Finanzplan passt.

Wie viel Geld Sie für die Renovierung Ihrer gebrauchten Immobilie möglicherweise brauchen, können Sie mithilfe von Tabelle 10.5 in etwa kalkulieren. Als Beispiel dient ein typisches Eigenheim mit 80 Quadratmetern Wohnfläche im Erdgeschoss und 60 Quadratmetern im ausgebauten Satteldach.

Renovierungs- und Sanierungstätigkeiten	Kosten in Euro
Zehn Meter Kellerwand, die feucht sind, außen zwei Meter tief freilegen, abdichten, wärmedämmen und verfüllen	6.000
Fassade: Verputz des Hauses	
Fassade ausbessern und streichen	8.500
Fassade zehn Zentimeter Dämmung, Spezialputz und neue Fensterbänke	18.000
Fenster, zweiflügelig (4 m²) austauschen	1.500
Dach: Ziegel entfernen, neue Latten, Folien, 14 Zentimeter Dämmung, neue Betonpfannen, Abdeckbleche, Regenrinnen und Fallrohre	13.000
Kaminkopf, 1,5 Meter hoch, verkleiden, mit neuen Blechanschlüssen	750
Heizung: Kessel durch Brennwertgastherme ersetzen inklusive Regelung	4.500
Kessel durch Therme wie oben ersetzen mit Warmwasserspeicher	6.000
Heizanlage erstmals installieren, mit Gastherme, Heizkörpern und Rohren unter Putz (ohne Malerarbeiten und Gashausanschluss)	15.000
Sanitär: In einem acht Quadratmeter großen Bad Rohre, Wanne, Waschtisch, WC, Armaturen und Fliesen in Standardqualität erneuern	12.000
Gäste-WC in gleicher Weise modernisieren	3.000
Elektrik: Komplett ersetzen in Neubaustandard, Leitungen unter Putz	12.000
Grundriss: Nicht tragende Wand abreißen, je Quadratmeter Wandfläche	40
Tragende Ziegelwand bis auf 20 Zentimeter Rest auf beiden Seiten entfernen, dort Träger auflegen, je Quadratmeter Wandfläche	350
Trennwand in Leichtbau erstellen, je Quadratmeter Wandfläche	70

Tabelle 10.5: Exemplarische Kosten für Renovierung und Sanierung

Eine Summe von 25.000 Euro und mehr verschlingen Renovierungsarbeiten dieser Art sehr schnell. Lassen Sie sich daher nicht zu einem überhasteten Kauf verführen, wenn Sie sich für eine gebrauchte Immobilie entscheiden: Das scheinbar billige Angebot muss nicht automatisch ein günstiges Schnäppchen sein. Je nach Zustand des Gebäudes können massive Kosten für die Renovierung auf Sie zukommen.

Gekauft, gespart, renoviert

Ein Ehepaar aus Bayern hatte in seiner Stadt ein gebrauchtes Haus in Top-Lage entdeckt, das zum Verkauf stand. Da das dazugehörige Grundstück etwa 1.200 Quadratmeter umfasste, war der Kaufpreis alles andere als günstig – obwohl die Immobilie bereits 25 Jahre alt war. Die Eheleute rechneten hin und her. Am Ende entschieden sie sich für den Kauf und beschlossen, die Renovierungs- und Sanierungsarbeiten wie die Erneuerung der Heizung, die Dämmung der Außenwände und den Einbau eines neuen Kamins erst nach einigen Jahren zu erledigen. Die farblich völlig aus der Mode gekommenen Bodenfliesen im Wohnbereich, die Trennwand zwischen Küche und Esszimmer sowie den Laminatboden im ersten Stock ließ das Paar noch vor dem Einzug entfernen. Die rund 40.000 Euro für die aufgeschobenen Renovierungsmaßnahmen legten die beiden nach dem Kauf innerhalb von vier Jahren gezielt zurück und sparten sich so jede Menge Zinszahlungen, die bei einer höheren Kreditsumme fällig geworden wären.

Die Folgekosten – eine Immobilie kostet Tag für Tag

Der sechs- oder siebenstellige Kaufpreis bereitet Ihnen Kopfzerbrechen? Verständlich, aber leider müssen Sie noch weitere Kosten berücksichtigen, ermitteln und kalkulieren. Da Sie wahrscheinlich Monat für Monat einen stattlichen Betrag für die Tilgung Ihres Immobilienkredits aufbringen müssen, sollten Sie sich einen genauen Überblick darüber verschaffen, was finanziell noch auf Sie zukommt, wenn Sie erst einmal stolzer Eigentümer Ihres Traumhauses oder Ihrer Wunschwohnung sind.

Die kommunalen Gebühren

Den Spruch »Kleinvieh macht auch Mist« kennt bestimmt jeder Deutsche. Gern verwenden ihn Finanzberater, wenn es darum geht, Kunden davon zu überzeugen, dass auch mit kleinen monatlichen Sparbeträgen über einige Jahre hinweg eine erkleckliche Summe zusammenkommt. Nur: Umgekehrt gilt der weise Spruch natürlich genauso. Wer eine Immobilie kauft, sollte sämtliche Kosten berücksichtigen, auch wenn sie möglicherweise nicht hoch erscheinen. Über ein Jahr hinweg summieren sich auch kleine Beträge zu einem beträchtlichen Batzen Geld.

Dieses Phänomen stellen Sie fest, wenn Sie alle Gebühren addieren, die Ihre Kommune im Laufe eines Jahres für Ihre Immobilie erhebt. Dazu zählen die Kosten für:

✔ Abwasserentsorgung

✔ Müllentsorgung

✔ Straßenreinigung

Teures Nass – die Abwasserentsorgung

Die Kosten für die Beseitigung Ihres Abwassers setzen sich im Wesentlichen zusammen aus den

✔ Anlagenbetriebskosten und

✔ Abwasserabgaben.

Die Abwassergebühr berechnet sich anhand des Wasserverbrauchs der einzelnen Haushalte. Je nach Region beträgt die Gebühr pro Kubikmeter inzwischen sechs Euro und mehr. Auf ein Jahr gerechnet ergeben sich so für die Abwasserbeseitigung Beträge zwischen 300 und 750 Euro pro Haushalt.

Das Statistische Bundesamt ermittelte kürzlich für einen durchschnittlichen Haushalt mit 80 Kubikmeter Wasserverbrauch und einer Wohnfläche von 80 Quadratmetern durchschnittliche Trinkwasser- und Abwasserkosten von circa 450 Euro jährlich.

Sind Ihnen die Kosten für die Abwasserbeseitigung zu hoch, lässt sich der jährliche Wasserverbrauch – je nach Ihren Gewohnheiten – jederzeit reduzieren: Ob im Garten oder im Haus – Gelegenheiten, Wasser zu sparen, finden sich nahezu überall. Sie müssen ja nicht jeden Tag ein Vollbad nehmen oder das Wasser für Ihre Blumen im Garten aus der Leitung fließen lassen – stellen Sie dafür doch einfach eine Regentonne auf. Prüfen Sie, wie ökonomisch Ihre Wasch- und Spülmaschine läuft. Auch solch kleine Posten bringen Sie Ihrem Ziel näher, Wasser zu sparen.

Da die Instandhaltung, der Bau und die notwendigen Verbesserungen, aber auch die Erweiterungen bestehender Abwassereinigungsanlagen zunehmend mehr Kosten verursachen, sollten Sie zukünftig mit steigenden Abwassergebühren rechnen.

Volle Tonne – hohe Müllkosten

Ihre Müllgebühren errechnen sich stets nach der Zahl und Größe des benutzten grauen Restabfallbehälters. Die Stadt Nürnberg beispielsweise erhebt pro Liter Rauminhalt der Tonne und Leerung eine Gebühr von 0,059 Euro. Wer nun eine Tonne mit einem Fassungsvermögen von 240 Litern nutzt, muss folgende Rechnung aufstellen, um seine jährlichen Müllgebühren zu ermitteln:

240 Liter × 0,059 Euro × 52 Wochen = 736,32 Euro Abfallgebühr

Je weniger Müll Sie produzieren, desto günstiger wird es logischerweise für Sie, wie Tabelle 10.6 zeigt.

Größe Restmülltonne	Kosten in Euro
60-Liter-Tonne	184,04
120-Liter-Tonne	368,16
240-Liter-Tonne	736,32
770-Liter-Tonne	2.362,36
1.100-Liter-Tonne	3.374,80

Tabelle 10.6: Exemplarische Kosten Müllabfuhr je Tonnengröße

> ### Jede Menge Müll
>
> Sie sehen den orangefarbenen Wagen der Müllabfuhr immer nur einmal die Woche und fragen sich, warum Ihre Gemeinde so hohe Müllgebühren verlangt? Wundern Sie sich nicht – der Betrag deckt nicht nur den Transport Ihres Mülls in die Müllverbrennungsanlage ab. Er wird in der Regel auch verwendet für
>
> ✔ Sach- und Personalkosten wie Restabfall-, Altpapier- und Bioabfallbehälter, Fahrzeuge, Organisation und Verwaltung,
>
> ✔ die Sperrmüllabfuhr,
>
> ✔ die Problemabfallsammlung, beispielsweise durch das Schadstoffmobil,
>
> ✔ Sonderleistungen der Müllabfuhr wie die Sammlung der Christbäume oder die Abfallberatung,
>
> ✔ den Betrieb von Wertstoffhöfen,
>
> ✔ den Betrieb von Müllverbrennungsanlagen,
>
> ✔ Gartenabfallsammelstellen.

Wer seine Müllgebühren reduzieren will, kann einiges dafür tun: Vermeiden Sie Abfall und trennen Sie Wertstoffe konsequent. Nutzen Sie alle angebotenen Möglichkeiten Ihrer Gemeinde, lässt sich die Abfallmenge in Ihrem Restmüllbehälter sicherlich schnell verringern. Anschließend tauschen Sie Ihre zu groß gewordene Tonne gegen einen kleineren und preisgünstigeren Behälter aus. Überflüssige Tonnen können Sie bei Ihrer Kommune komplett abbestellen.

Schaufel, Besen und Kehrmaschine – die Straßenreinigung

Die Reinigung der Straßen ist vielerorts ein wahres Ärgernis: Da sind im April die Gehsteige immer noch nicht vom Split befreit, dort räumt die Stadt die Nebenstraße nicht vom Schnee frei und ganz woanders liegt im Herbst wochenlang das Laub auf den Straßen und Gehwegen und lässt die Benutzung zu einer wahren Rutschpartie werden.

Obendrein gibt es zwischen den Kommunen und den Immobilieneigentümern auch oft Diskussion über die Höhe der Straßenreinigungsgebühren. Egal jedoch, ob die jeweilige Gemeinde Teile der Straßenreinigungskosten selbst trägt oder nicht – um die Entrichtung einer entsprechenden Gebühr kommen Sie nicht herum. Zu den Arbeiten, für die Sie bezahlen müssen, zählen unter anderem:

✔ Schnee räumen

✔ Split streuen

✔ Laub entsorgen

✔ Randsteine säubern

✔ Fahrbahn reinigen

✔ Rad- und Gehwege säubern

Für die Ermittlung der Straßenreinigungsgebühr ziehen die Kommunen die Anzahl an Metern heran, die ein Grundstück an die Straße grenzt. Zugleich berücksichtigen sie, wie oft dieser Abschnitt von ihnen gesäubert wird. Tabelle 10.7 zeigt Ihnen eine typische Kostenaufstellung. Reinigungsklasse I bedeutet, dass die Kommune die Grünstraße einmal wöchentlich reinigt. Wer sich in Reinigungsklasse II findet, sieht die Kehrmaschine beziehungsweise das Personal nur alle zwei Wochen vor seinem Haus. Wer sich um den Bereich vor seiner Immobilie selbst kümmert, so wie der Eigentümer vom Gelbsteig, muss keine Gebühren entrichten.

Frontlänge in m	Straße	Reinigungsklasse	Betrag/Meter in Euro	Jahresbetrag in Euro gerundet
17	Grünstraße	I	0,41	84
14,5	Blauweg	II	0,81	141
2	Gelbsteig	Übertragen		Es fallen keine Gebühren an

Tabelle 10.7: Beispiel Straßenreinigungsgebühr

Wer in einer kleineren Straße oder einer Sackgasse wohnt und beispielsweise der Meinung ist, dass die Kehrmaschine nur alle zwei Wochen kommen muss, kann möglicherweise seine anfallenden Kosten für die Straßenreinigung reduzieren. Voraussetzung: Er überzeugt 75 Prozent der Anwohner, dass der Weg oder die Straße nicht wöchentlich gesäubert werden muss. Mit einer entsprechenden Unterschriftenliste lassen sich in den meisten Gemeinden die Gebühren senken.

Ein Tausender für die Gemeinde

Wenn Sie Müll-, Abwasser- und Straßenreinigungskosten addieren, kommen Sie schnell auf 1.000 Euro oder mehr für die Gebühren, die Sie an Ihre Kommune entrichten müssen.

Müll + Abwasser + Straßenreinigung

370 Euro + 450 Euro + 140 Euro = 960 Euro

Anhand dieses Beispiels sehen Sie schon, dass Sie allein die kommunalen Gebühren für Ihre Immobilie mit mindestens hundert Euro monatlich einkalkulieren sollten.

Die Grundsteuer

Nun, so wie Sie auf Ihr Einkommen oder Ihre Aktiengewinne Steuern zahlen, so müssen Sie auch für Ihr Grundstück und dessen Bebauung Steuern entrichten – die *Grundsteuer*. Eingetrieben wird die Grundsteuer von der Gemeinde oder der Stadt, in der Ihr Grundstück beziehungsweise Ihre eigenen vier Wände liegen.

In Deutschland gibt es zwei Arten von Grundsteuer:

1. **Die Grundsteuer A (für Grundstücke in der Landwirtschaft)**
2. **Die Grundsteuer B (für bebaute oder bebaubare Grundstücke und Gebäude)**

Die Berechnung der Grundsteuer läuft in mehreren Schritten ab:

Zunächst brauchen Sie die *Grundsteuermesszahl*, die sich nach der jeweiligen Grundstücksart richtet. In den alten Bundesländern erheben die Gemeinden:

- ✔ 6 Prozent für land- und forstwirtschaftliche Betriebe
- ✔ 2,6 Prozent für Einfamilienhäuser für die ersten 38.346,89 Euro
- ✔ 3,5 Prozent für den restlichen Betrag
- ✔ 3,1 Prozent für Zweifamilienhäuser
- ✔ 3,5 Prozent für alle restlichen Grundstücke

Ob beziehungsweise wie lange das noch so bleibt, ist allerdings offen. Im April 2018 haben die deutschen Politiker ausführliche Hausaufgaben vom Bundesverfassungsgericht erhalten. Bis Ende des Jahres 2019 muss die Politik demnach eine Neuregelung für die Grundsteuer finden, da die Karlsruher Richter die bisherige Grundsteuer als verfassungswidrig verwarfen. Die neue Regel soll dann ab dem Jahr 2025 gelten.

Da es in Deutschland zig Millionen von Grundstücken gibt, soll die neue Berechnung nicht zu aufwendig sein – aber dennoch gerechter als in den vergangenen Jahren. Eine entsprechende Option könnte die sogenannte Bodensteuer sein, die sich nur nach dem Wert des Grundstücks richtet, nicht aber nach ihrer Bebauung.

 Normalerweise erheben die Behörden die Grundsteuer vierteljährlich. Wer einem Lastschrifteinzug zugestimmt hat, bekommt in der Regel keinen Hinweis mehr auf die bevorstehende Abbuchung der entsprechenden Grundsteuer.

Aus längst vergangenen Zeiten

Der krumme Betrag von 38.346,89 Euro stammt aus der Zeit, als in Deutschland der Euro eingeführt wurde. Damals mussten Immobilieneigentümer 2,6 Prozent auf die ersten 75.000 Mark entrichten. Diesen Betrag haben die Behörden eins zu eins zu dem gängigen Währungskurs umgerechnet.

In Thüringen, Sachsen, Sachsen-Anhalt, Brandenburg und Mecklenburg-Vorpommern gelten Steuermesszahlen zwischen fünf und zehn Prozent. In diesen Ländern gibt es deutlichere Unterscheidungen zwischen den einzelnen Objekten als in den westdeutschen Bundesländern. Um die genaue Steuermesszahl zu ermitteln, die beim Kauf eines neuen oder gebrauchten Hauses oder einer Wohnung für Sie gilt, wenden Sie sich am besten an Ihre örtlichen Behörden oder recherchieren im Internet.

Im zweiten Schritt müssen Sie den *Hebesatz* ermitteln, den die Gemeinden selbst festlegen. Anschließend wird der sogenannte *Einheitswert*, den die regionalen Behörden ebenfalls selbst bestimmen, mit der Grundsteuermesszahl und dem jeweiligen Hebesatz multipliziert.

Alles klar? Wenn nicht, dann schauen Sie sich einfach das folgende Beispiel an (siehe auch Tabelle 10.8):

Die Stadt Zweibrücken hat für die Grundsteuer A einen Hebesatz von 280 Prozent und für die Grundsteuer B einen Hebesatz von 370 Prozent festgelegt. Für eine Eigentumswohnung im Gemeindegebiet berechnet Zweibrücken daher eine Jahresgrundsteuer von 129,50 Euro.

Einheitswert der Eigentumswohnung	10.000 €
Grundsteuermessbetrag (3,5 Promille von 10.000 €)	35 €
Hebesatz (Grundsteuer B)	370 %
Jahresgrundsteuer (Berechnung 35 € x 3,70)	129,50 €
Vierteljährliche Grundsteuer	32,40 € (gerundet)

Tabelle 10.8: Berechnung der Grundsteuer

Ob in Ost- oder Westdeutschland: Laut Gesetz hätten die 1935 festgelegten Grundsteuer-Werte alle sechs Jahre der Realität angepasst werden müssen. Tatsächlich aber geschah das in den fünf östlichen Bundesländern gar nicht, in den westlichen nur einmal 1964.

Ab und zu kommt es zwischen Kiel und Konstanz zu großer Verwunderung bei Grundstückskäufern und -verkäufern: Verkauft ein Landbesitzer im Laufe des Jahres Grund, ändert das Finanzamt den Einheitswertbescheid erst mit Wirkung zum folgenden 1. Januar.

Die zuständige Gemeinde fordert aus diesem Grund die Grundsteuer für das komplette Jahr vom Alteigentümer. Erst ab dem Jahreswechsel wendet sie sich dann an den neuen Eigentümer.

Fragen Sie bei Ihrer Gemeinde nach, wie sie die Grundsteuer im Falle eines Grundstücksverkaufs handhabt. Denn trotz fehlender gesetzlicher Grundlage gibt es einige Kommunen, die sich aus vielerlei Gründen gleich ab dem folgenden Monatsersten an den neuen Eigentümer wenden. Wer also ein Grundstück beispielsweise im Juni erwirbt, sollte wissen, ob er ab Juli oder erst ab 1. Januar des neuen Jahres Grundsteuer entrichten muss.

Die Versicherungen

Sie versichern Ihr Leben, Ihr Auto, Ihre Zähne ... Also versichern Sie logischerweise auch Ihre Immobilie. Letztendlich kommen Sie um die Versicherung Ihres Hauses oder Ihrer Wohnung gar nicht herum: Üblicherweise fordert die Bank, mit deren Hilfe Sie Ihre Immobilie finanzieren, einen Beleg für entsprechende Versicherungen. Nachweisen müssen Sie

✔ eine Wohngebäudeversicherung,

✔ eine Brandschutzversicherung oder

✔ eine Wohngebäudeversicherung mit integrierter Brandschutzversicherung.

Und warum das Ganze? Erinnern Sie sich nur einmal an Sturm Wiebke: Der schwere Orkan im Spätwinter 1990 wütete in Teilen Deutschlands mit Böen von bis zu 200 Stundenkilometern. Wem da nur die Dachziegel seines Hauses um die Ohren flogen, der konnte schon sagen: »Glück gehabt«.

Eine Wohngebäudeversicherung schützt den Eigentümer eines Hauses vor den finanziellen Folgen von Ereignissen, die derlei große Schäden an oder in dem Gebäude verursachen. Das können Schäden sein durch:

✔ Leitungswasser

✔ Sturm

✔ Feuer

Der Bereich *Feuer* sichert in der Regel Schäden durch Explosionen, Implosionen und Bränden ab. Wer nach einem Gewitter plötzlich feststellt, dass seine Elektrogeräte nicht mehr funktionieren, weil der Blitz ins Haus eingeschlagen hat, kann sich ebenfalls auf den Versicherungsschutzbereich *Feuer* berufen. Die Kategorie *Sturm* deckt neben klassischen Sturmschäden auch die Folgen eines Hagelschlags ab. Immobilieneigentümer, die am Ende eines harten Winters Frost- oder Bruchschäden an Ihrem Haus registrieren, nutzen den Versicherungsbereich *Leitungswasser*, um sich die Schäden von ihrer Versicherung ersetzen zu lassen.

Nun ist es leider nicht immer so, dass Ihre Versicherung sofort »Juhu« schreit, wenn Sie einen Schaden an Ihrem Haus melden. Vielmehr fragt sie in vielen Fällen nach kniffligen Details: »Hat es sich bei dem Brand um ein Feuer gehandelt, das zu einer offen erkennbaren Flamme geführt hat? Hatte der Sturm die Windstärke acht oder mehr?«

Um mit Ihrer Versicherung nicht vor Gericht zu landen, weil die partout nicht bezahlen will, sollten Sie sich im Schadensfall stets kompetenten Rat von Experten einholen beziehungsweise sich gleich an die Institutionen wenden, von denen Sie die notwendigen Auskünfte erhalten. Umliegende Wetterstationen beispielsweise können Ihnen jederzeit sagen, wann und mit welcher Stärke der Wind wo gepfiffen hat.

Im Ernstfall kommt die Versicherung also unter anderem auf für:

✔ Bergungsarbeiten

✔ Aufräumarbeiten

✔ Abbruchkosten

✔ Sachverständigengebühren

Die Beseitigung umgestürzter Bäume zählt beispielsweise ebenso zu Bergungs- oder Aufräumarbeiten wie die Entfernung von Graffiti am Müllhäuschen oder den Hauswänden. Grundsätzlich erstreckt sich der Versicherungsschutz einer Wohngebäudeversicherung auf

✔ das im Versicherungsschein angegebene Haus,

✔ das Zubehör wie Klingeln, Briefkästen, Müllboxen und Ähnliches,

✔ individuelle feste Einbauteile wie Einbauschränke, Einbauküche und Sauna.

Befinden sich auf Ihrem Grundstück zusätzliche Gebäude wie Garagen, Carports, Gewächshäuser, Gartenhäuser oder Hundehütten, sollten Sie beim Abschluss Ihrer Wohngebäudeversicherung unbedingt darauf achten, dass sich der Versicherungsschutz auch auf diese Bauten erstreckt. Nicht jede Wohngebäudeversicherung deckt solche Extras automatisch mit ab.

Die Prämie für eine Wohngebäudeversicherung ermitteln die Assekuranzen aus

✔ dem Versicherungswert des Gebäudes von 1914,

✔ der Wohnfläche des Hauses,

✔ verschiedenen Details wie Holz- oder Steinbauweise, nur private oder gewerbliche Nutzung und Ähnlichem.

> **Eine jahrhundertalte Berechnungsgrundlage**
>
> Es gibt in Deutschland viele Regeln, über die man sich wundern kann. Zu den sehr ungewöhnlichen und verwunderlichen Vorgaben zählt sicherlich die Tradition, sich auch im 21. Jahrhundert noch immer an dem Versicherungswert eines Gebäudes von 1914 zu orientieren: Er gilt als Grundlage für die Umrechnung der Versicherungssumme von Gebäuden.
>
> Vor circa 100 Jahren wurde der sogenannte Gebäudeversicherungswert in Goldmark festgelegt. Seither wird dieser Betrag jährlich an die Inflationsrate und dadurch an die Preisänderung für die Lohn- und Materialkosten in der Bauwirtschaft angepasst.

Was zunächst sehr theoretisch klingt, wird in der Praxis schnell verständlich: Nehmen wir einmal an, dass Sie ein Haus Baujahr 1960 gekauft haben und es versichern wollen. Nun hat Ihr mehr als 50 Jahre altes Wunschobjekt natürlich einen niedrigeren Neubauwert als zur heutigen Zeit. Im Falle eines Schadens hilft es Ihnen aber nicht weiter, wenn Sie von Ihrer Versicherung den Wert zurückerstattet bekommen, den die Immobilie im Jahr 1960 hatte: Angesichts der Preisveränderungen brauchen Sie für die notwendigen Reparaturen im Jahr 2016 wesentlich mehr Geld.

Normalerweise müssen Sie sich nicht die Mühe machen, den 1914er-Wert Ihres Hauses selbst zu ermitteln. Die Versicherungsanbieter halten stets entsprechende Listen parat. Wer sich jedoch ein wenig mehr Einblick verschaffen will, kann dafür folgende Formel nutzen (siehe auch Tabelle 10.9):

Wert 1914 × aktueller Baupreisindex : 100 = Wert im aktuellen Jahr in Euro

Rechenbeispiel	
Wert 1914	20.000 Mark
Multipliziert mit dem Baupreisindex im Jahr 2015 (exemplarisch) von 1310,3	26.206.000
Dividiert durch 100 ergibt den aktuellen Wert im Jahr 2015 in Euro	262.060 Euro

Tabelle 10.9: Beispiel Wertermittlung

Die entsprechenden Indexwerte für die einzelnen Jahre finden Sie selbstverständlich im Internet.

1914er-Wert hin oder her: Vielleicht wollen Sie auch einfach nur wissen, wie viel Prämie Sie für eine Wohngebäudeversicherung entrichten müssen, die Sie für Ihr neu erworbenes Haus abschließen möchten. In diesem Fall loggen Sie sich am besten im Internet beispielsweise unter www.comfortplan.de oder www.wohngebaeudeversicherung.com ein und lassen sich einen umfangreichen Versicherungsvergleich erstellen.

Natürlich gibt es massive Preisunterschiede, je nachdem, welchen Anbieter Sie auswählen. Schon das folgende Beispiel zeigt, wie groß die Spanne für die Prämie sein kann:

Wer seine Immobilie (Baujahr 2000) gegen Feuer und Blitzschlag, Sturm und Hagel, sowie Leitungswasser versichern will, circa 200 Quadratmeter Wohnfläche und zwei Garagen hat und sich im Falle eines Schadens mit 500 Euro selbst beteiligen würde, kann je nach Anbieter mit einer jährlich fälligen Versicherungsprämie zwischen 90 und 210 Euro rechnen.

Die Energiekosten

Die Energiekosten – ein leidiges Thema! Egal, ob Sie Zeitung lesen, den Fernseher einschalten oder im Internet surfen – überall begegnen Ihnen Anzeigen und Inserate von günstigen Stromtarifen, ökologisch wertvollem Heizöl oder billigem Gas. Am Ende des Jahres stellen Sie aber meist fest, dass Sie entweder mehr oder zumindest den gleichen Betrag wie im Vorjahr für Ihre Energiekosten aufgebracht haben.

Da es sich hier meistens nicht um Peanuts, sondern um stattliche Summen handelt, sollten Sie vor dem Kauf Ihrer Wunschimmobilie ungefähr wissen, wie viel Geld Sie für Ihren Energieverbrauch etwa brauchen.

Zu den größten Kostenposten zählen in puncto Energie nach wie vor

✔ Strom und

✔ Heizung.

Um relativ genau zu ermitteln, auf welchen monatlichen Betrag sich Ihre Kosten für Strom in der neuen Immobilie summieren könnten, empfiehlt es sich, ins Internet zu gehen. Dort finden Dutzende Online-Rechner für Sie heraus, welcher Anbieter für Sie am günstigsten sein könnte. Viele Rechner geben Ihnen dabei Hilfestellung, indem sie Richtwerte für Single-, Zwei-Personen-, Vier-Personen- oder Großfamilien-Haushalte aufführen.

Wer beispielsweise in München-Schwabing mit Ehepartner und zwei Kindern in einem Haus lebt und jährlich etwa 5.000 Kilowattstunden Strom verbraucht, muss mit einer Stromrechnung zwischen 830 und 1.220 Euro kalkulieren.

Ein Vergleich zwischen den Anbietern lohnt: Trotz wachsender Konkurrenz rücken nur wenige der renommierten Platzhirsche von ihren Preisen deutlich ab. Bei einer cleveren Wahl des Stromlieferanten sind Ersparnisse von mehr als 300 bis 400 Euro für die Verbraucher durchaus drin.

Etwas schwieriger dürfte es werden, die jährlichen Heizkosten herauszufinden – speziell dann, wenn Sie in eine neue Immobilie investieren. Zwar gibt es im Netz auch jede Menge Heizkosten-Rechner, doch gerade bei einem neu erbauten Haus sollten Sie mit einem etwas höheren Betrag kalkulieren. Schließlich wollen Sie sich bestimmt an die Empfehlungen für neue Immobilien halten, viel zu lüften und dennoch die Heizung laufen zu lassen. So vermeiden Sie am besten, dass Schimmel in den Ecken und an den Fenstern entsteht.

Tabelle 10.10 gibt Ihnen ein paar Anhaltspunkte, mit welchem Kostenblock Sie pro Jahr bei einem Verbrauch von 20.000 Kilowattstunden für Ihre Heizung etwa rechnen müssen:

Energieart	Kosten in Euro	Gesamtkosten in Euro
Erdgas	0,070//kWh	1.400
Flüssiggas	0,12/kWh	2.400
Heizöl	0,95/Liter	1.884
Strom	0,24/kWh	4.800
Wärmepumpe	0,17/kWh	971
Brennholz	50 €/Raummeter	588
Holzpellets	250 €/Tonne	1.020
Hackschnitzel	100 €/Tonne	465
Braunkohlebriketts	200 €/Tonne	666
Weizen	200 €/Tonne	851
Strohpellets	150 €/Tonne	612

Tabelle 10.10: Heizkosten

Kaufen Sie Ihr Haus gebraucht, dürfte Ihnen die Kalkulation ein wenig leichter fallen: Fragen Sie beim Verkäufer oder bisherigen Mieter nach, wie viel Liter Heizöl oder wie viele Tonnen Pellets er jährlich verbraucht hat.

Steht die Entscheidung noch aus, auf welchen Heizungstyp Sie in Ihrem neuen Haus vertrauen wollen, sollten Sie mit zwei oder drei Kostenvarianten rechnen, um Ihre Heizkosten halbwegs treffend einzuschätzen.

Wenn Sie nun wissen, wie hoch etwa Ihre Strom- und Heizkosten ausfallen, addieren Sie die beiden Posten. Erschrecken Sie nicht: Für die Energiekosten müssen viele Hauseigentümer mit einem Betrag von 3.000 Euro und mehr rechnen. Das zeigt auch die kleine exemplarische Aufstellung, die für einen klassischen Vier-Personen-Haushalt gilt:

Stromkosten / Jahr = 1.000 Euro bei einem durchschnittlichen Verbrauch von 5.000 kWh

Heizkosten / Jahr = 3.000 Euro bei einem durchschnittlichen Verbrauch von 2.000 Liter Öl

Summe Energiekosten / Jahr = 4.000 Euro

Die alltäglichen Kosten für eine Immobilie auf einen Blick

Falls Ihnen inzwischen der Kopf schwirrt vor lauter Zahlen und Fakten: Die kurze Übersicht zeigt Ihnen auf einen Blick, was Sie Ihre Immobilie Jahr für Jahr zusätzlich zu Ihrem Kredit kostet:

1. Städtische Gebühren: 1.000 Euro
2. Grundsteuer: 150 Euro

3. Versicherungen: 200 Euro

4. Energiekosten: 4.000 Euro

Gesamtsumme: 5.350 Euro

 Sparen Sie sich nicht die Arbeit, Ihre individuellen Kosten für Ihre zukünftige Immobilie haarklein zu ermitteln. Wer es vorzieht, mit Beträgen zu kalkulieren, die wie die oben errechnete Summe auf durchschnittlichen Verbrauchswerten und Annahmen beruhen, verschätzt sich schnell um einige Hundert Euro oder mehr. Und genau diese Differenz kann Sie später dann möglicherweise finanziell in arge Nöte bringen!

Die Rücklagen für größere Reparaturen

Haben Sie heute Morgen in Ihrem Badspiegel das erste graue Haar entdeckt oder die ersten Fältchen rund um Ihre Augen? Oder haben Sie sich erst gestern Abend überlegt, dass Ihr Auto inzwischen mehr in der Werkstatt als in Ihrer Garage steht? Nun ja, so wie Sie jetzt vielleicht einen Termin bei der Kosmetikerin vereinbaren oder Ihren Wagen durchchecken lassen, braucht auch eine Immobilie von Zeit zu Zeit eine Frischkur – und die kann je nach Bedarf teuer werden.

Mal müssen technische Anlagen wie die Ölheizung erneuert, mal Türen und Fenster ausgetauscht werden. In solchen Fällen summieren sich die Rechnungen schnell auf einen satten fünfstelligen oder gar sechsstelligen Betrag. Umsichtige Eigenheimkäufer beginnen daher idealerweise schon ab dem Kauf ihrer Immobilie, Rücklagen für größere Reparaturen zu bilden.

Abhängig vom Zustand der Immobilie müssen manche Eigentümer mehr Geld zurücklegen als andere. Fachleute empfehlen bei neuen Häusern jährlich 0,8 bis 1 Prozent des Kaufpreises als Instandhaltungsrücklage anzusparen. Haben Sie für Ihr neues Haus 230.000 Euro ohne Nebenkosten bezahlt, sollten Sie also im ersten Jahr über 2.300 Euro für Reparaturen verfügen können.

Wer sich eine gebrauchte Immobilie anschafft, muss etwas anders kalkulieren: Dafür kann er die Peters'sche Formel zurate ziehen. Die Formel basiert auf der Auswertung statistischer Daten über Instandhaltungskosten von Gebäuden und gilt unter Experten als zuverlässiges Instrument, um laufende Kosten für den Werterhalt einer Immobilie zu ermitteln.

Um auf der Basis der Peters'schen Formel die Höhe für Ihre Instandhaltungsrücklagen zu berechnen, müssen Sie die reinen Herstellungskosten Ihres Hauses mit dem Faktor 1,5 multiplizieren und dann durch 80 Jahre dividieren. Die Zahlen für die Rechnung sind keineswegs willkürlich gewählt: Sie basieren auf der Annahme, dass innerhalb von 80 Jahren der 1,5-fache Betrag der Herstellungskosten für die Instandhaltung einer Immobilie anfällt.

Summieren sich die Herstellungskosten für Ihr Haus beispielsweise auf 1.500 Euro pro Quadratmeter, ergibt sich zunächst folgender Betrag je Quadratmeter:

$$\frac{1.500 \text{ Euro} \times 1,5}{80 \text{ Jahre}} = 28,13 \text{ Euro / Jahr}$$

Das Ergebnis müssen Sie nun mit der Anzahl der Quadratmeter multiplizieren, die Ihr Gebäude hat:

$$28,13 \text{ Euro} \times 140\,\text{m}^2 = 3.939 \text{ Euro / Jahr}$$

Unter Strich müssten Sie laut der Peters'schen Formel demnach jährlich 3.939 Euro für mögliche Reparaturen oder Austauscharbeiten zurücklegen.

Vermeintlich clevere Immobilieneigentümer schieben notwendige Reparaturen hinaus, um kein Geld auszugeben beziehungsweise um den nötigen Betrag überhaupt erst anzusparen. Diese laxe Einstellung kann sich schnell rächen, denn hinausgeschobene Reparaturen können später weitere Kosten verursachen, weil der Sanierungsbedarf in der Regel mit wachsendem Schaden weiter zunimmt.

Natürlich müssen Sie nicht immer mit dem Schlimmsten wie einem Wasserrohrbruch oder einem durchgerosteten Heizkessel rechnen. Sich aber darauf zu verlassen, dass die nächsten 30 Jahre in Ihrem Haus nichts kaputtgehen wird, wäre fatal. Die Faustregeln unten zeigen Ihnen, nach welchem Zeitraum Sie größere Posten wie Außenputz oder Fenster im Allgemeinen austauschen sollten:

✔ Küche: alle 15 Jahre

✔ Bäder: alle 20 Jahre

✔ Heizung und Heizkörper: alle 20 Jahre

✔ Fenster und Außentüren: alle 25 Jahre

✔ Dachziegel und Außenputz: alle 30 bis 40 Jahre

Wie so oft gelten allerdings auch für diese Faustregel Ausnahmen: Je nach Lage der Immobilie müssen Sie den Außenputz möglicherweise schon nach 15 oder 20 Jahren erneuern – zumindest an den Wetterseiten. Und eine Heizung beziehungsweise ein Heizkessel hält auch schon einmal 30 Jahre. Wenn Sie auf solche Zeiträume setzen, sollten Sie allerdings regelmäßig prüfen lassen, ob nicht der Heizkessel zu rosten beginnt oder die Leitungen lecken.

Nach einer so großen Investition wie dem Kauf eines Hauses ist es normal, dass auf dem Konto des neuen Eigentümers oft Ebbe herrscht und kein Geld für die Instandhaltungsrücklagen mehr vorhanden ist. Um das Geld für größere Reparaturen zusammenzutragen, können Sie beispielsweise einen Sparplan mit entsprechend hohen Sparraten abschließen. Auf diese Weise kommt nach und nach auch wieder ein stattlicher Betrag zusammen.

Die Rücklagen für den Worst Case – was tun bei Jobverlust oder längerer Krankheit?

Würden Sie 1.000 Menschen in Deutschland fragen, welche Gründe gegen den Erwerb einer Immobilie sprechen, würden Sie einige klare Tendenzen feststellen:

✔ Angst vor dem Verlust des Arbeitsplatzes

✔ Angst vor der hohen Kreditbelastung

✔ Angst vor einer beruflichen Versetzung

✔ Angst vor einer längeren Krankheit

Die Befürchtung, an einer hohen Kreditbelastung zu zerbrechen oder von seinem Arbeitgeber nach Stuttgart, São Paulo oder Schanghai versetzt zu werden, lässt sich halbwegs schnell zerstreuen: Wie viel Immobilie man sich leisten kann, ist gut kalkulierbar. Mehr Informationen zu diesem Thema finden Sie in Kapitel 7.

Und wer nicht gern Sack und Pack schultert und aus beruflichen Gründen umziehen will, kann sich vor dem Kauf seines Wunschhäuschens durchaus bei seinem Arbeitgeber erkundigen, ob er grundsätzlich mal für eine Versetzung vorgesehen ist oder nicht.

Der Verlust des Jobs dagegen lässt sich nicht immer ohne Weiteres voraussahnen: Sei es, weil die Weltwirtschaft schwächelt, sei es, weil die Abteilung geschlossen wird, sei es, weil der Arbeitgeber völlig überraschend kurz vor der Insolvenz steht. Die Krux: Unter Umständen steht der Arbeitnehmer morgen schon auf der Straße, die Kreditraten für das Haus laufen aber wie vereinbart weiter.

Da die Bundesagentur für Arbeit Arbeitslosen nur etwa 60 Prozent des bisherigen Nettoeinkommens bezahlt, würde sich bei vielen Immobilienkreditnehmern im Falle eines Jobverlusts eine finanzielle Lücke auftun, die üble Folgen nach sich zieht.

 Ein Arbeitnehmer verdient bisher netto 3.500 Euro. Verliert er seinen Job, erhält er vom örtlichen Arbeitsamt nur etwa 2.100 Euro monatlich. Die Rate für sein Haus im Grünen kostet ihn 1.500 Euro pro Monat. Statt 2.000 Euro hätte er im Falle einer Arbeitslosigkeit nur noch 600 Euro zur Verfügung – in der Regel zu wenig, um alle bisherigen Kosten bestreiten zu können.

Finanzielle Engpässe drohen Immobilieneigentümern auch dann, wenn eine längere Krankheit auftritt: Wer plötzlich nicht mehr uneingeschränkt oder womöglich gar nicht mehr seinen Job ausüben kann, muss früher oder später damit fertig werden, dass weniger Einnahmen auf seinem Konto eintrudeln. Da bei langwierigen Krankheiten oft kein Ende abzusehen ist, sollten Betroffene zügig nach cleveren Lösungen für die Misere suchen.

Wir wollen aber nicht den Teufel an die Wand malen, sondern Ihnen stattdessen lieber die Möglichkeiten aufzeigen, die sich Ihnen selbst in dieser schwierigen Situation noch bieten:

Zunächst ist es natürlich wichtig, mit den Beratern Ihrer Bank zu sprechen. Liegen die Karten offen auf den Tisch, lassen sich Auswege aus der Misere finden – ohne das geliebte Eigenheim verkaufen zu müssen.

Typische Optionen für eine Lösung sind:

✔ **Die Herabsetzung der Kreditrate,** damit sich die monatliche Belastung verringert.

✔ **Die Stundung des Kredits**, sodass der Kunde das Geld zu einem günstigeren Zeitpunkt zurückzahlen kann.

✔ **Tilgungszuschüsse von den Bausparkassen**, sodass der Kreditnehmer nur noch einen Teil der Rate übernehmen muss. Das vorgestreckte Geld muss er später jedoch an die Bausparkassen zurückzahlen.

✔ **Vorübergehende Stundung der Zinsen und des Kredits,** damit der Kreditnehmer nicht in eine finanzielle Abwärtsspirale gerät. Diese Option gewähren die Banken allerdings nur sehr selten.

Bevor Sie das Gespräch mit Ihrer Bank suchen, sollten Sie im Vorfeld abschätzen, wie lange Ihr finanzieller Engpass unter Umständen anhalten könnte – möglicherweise stapeln sich bei Ihnen ja schon die Einladungen zu Bewerbungsgesprächen. Vielleicht haben Sie aber bereits wieder einen neuen Job, den Sie erst in drei Monaten antreten können, weil Ihr Vorgänger dort noch so lange arbeitet.

Um im Falle eines Jobverlustes oder einer längeren Krankheit finanziell gar nicht erst so stark unter Druck zu geraten, sorgen clevere Immobilienkäufer vor:

✔ **Legen Sie drei bis vier Nettogehälter als Rücklage zurück.** Dieser Betrag reicht in der Regel, um Kreditraten für zehn bis zwölf Monate zu bezahlen.

✔ **Achten Sie auf flexible Kreditkonditionen**, die es Ihnen erlauben, innerhalb der Zinsbindung die Rückzahlungen zu variieren.

✔ **Planen Sie alle Eventualitäten für Ihre Finanzierung mit ein.** Wer Kinder plant, muss berücksichtigen, dass ein Einkommen für eine gewisse Zeit wegfällt beziehungsweise sich verringert.

Wer sich mit einer privaten Arbeitslosenversicherung gegen einen Jobverlust absichern will, sollte die Konditionen gründlich prüfen. Oft sind die Versicherungen nicht so günstig, wie sie auf den ersten Blick erscheinen. Sie bieten zwar einen gewissen finanziellen Schutz, aber in der Regel empfangen die Kunden die versprochenen Leistungen erst nach einer Karenzzeit von drei Monaten. Zudem fordern viele Assekuranzen, dass die Versicherungsnehmer die Prämien nicht nur während der Karenzzeit, sondern auch für den Zeitraum bezahlen, in dem sie die Leistungen von der Versicherung erhalten.

Weniger Ausgaben – wie Sie die Folgekosten reduzieren

Nein, Sie müssen jetzt keine neuen Aufstellungen machen oder neue Zahlen erheben. Legen Sie sich doch einfach einmal die Liste Ihrer monatlichen Ausgaben auf den Tisch. Sie sehen wahrscheinlich auf den ersten Blick, dass vor allem die Energiekosten einen großen Brocken Ihres Gelds verschlingen. Nicht umsonst beobachten viele Deutsche den Ölpreis akribisch, um möglichst dann ihre Tanks aufzufüllen, wenn der Liter Heizöl billig erscheint.

Was das Thema Energiekosten für Sie heißt? Das liegt auf der Hand: Sie wollen Ihre neue Immobilie natürlich möglichst ökonomisch und ökologisch ausstatten, damit Sie in den Folgejahren nicht Ihr komplettes Gehalt in die Energiekosten pumpen müssen. Das ist übertrieben – zugegeben. Aber je effizienter Sie Ihre Immobilie in diesem Hinblick ausrüsten, desto weniger Kosten verursacht sie später. Die Themen Ökologie, Energie und Energieeffizienz holen Sie in diesem Buch immer wieder ein: Mal finden Sie Hinweise, wie Sie die Energiebilanz Ihrer Immobilie verbessern können. Mal führen wir Ihnen vor Augen, wie viel Geld die Energiekosten verschlingen. Mal erfahren Sie, wie aussagekräftig der Energiepass oder die Berechnungen der Bauträger für die Energiebilanz Ihrer Immobilie sind.

Nun, wer die Presse verfolgt, weiß, warum wir den Themenbereich Energie immer wieder aufgreifen: Der Ausstoß von Schadstoffen in die Atmosphäre beschäftigt inzwischen längst nicht mehr nur Wissenschaftler, die an irgendeinem Ende der Welt sitzen und Daten über die Ozonschicht oder den Kohlendioxidausstoß der Industrieländer sammeln. Der Klimawandel erzwingt beziehungsweise hat bereits – wenn auch nur teilweise – ein neues Denken erzwungen: Die Welt beschäftigt sich intensiver denn je mit dem Thema Energie.

Und natürlich treffen die Folgen des Klima- und Verhaltenswandels auch all die in Deutschland, die eine Immobilie besitzen oder kaufen wollen. Wer heutzutage ein Haus oder eine Wohnung kauft, erkundigt sich automatisch nach der Energiebilanz der Immobilie. Je schlechter das Ergebnis, desto eher sinkt der Preis für das Gebäude. Ein Trend, der in Zukunft deutlich wachsenden Einfluss auf den Wert von Immobilien haben wird.

Energiesparmöglichkeiten für Ihre Immobilie

Unbestritten, die Deutschen sind schon heute sehr umweltbewusst und achten streng darauf, Energie nicht zu verschwenden: Sie trennen ihren Müll, lassen in den Zimmern nicht unnötig das Licht brennen und drehen beim Zähneputzen den Wasserhahn zu. Die meisten von ihnen wären vermutlich sprachlos, wenn ihnen jemand ihre alltäglichen Umweltsünden – von denen sie bisher nicht wussten – aufzeigen würde: Das sind beispielsweise

✔ Elektrogeräte im Stand-by-Betrieb,

✔ mangelhaft gedämmte Wohnungen und Häuser,

✔ planloses Lüften,

✔ verschwenderische Sanitärarmaturen.

Die Deutschen verschwenden jährlich den Strom aus zwei Atomkraftwerken, weil sie ihre Elektrogeräte im Stand-by-Betrieb lassen. Das ergeben Berechnungen der Umweltorganisation Greenpeace. Ferner seien vier von fünf Wohnungen in Deutschland schlecht gedämmt, sodass wertvolle Energie landein, landaus durch marodes Mauerwerk quillt. Die Folge: Ein Drittel der CO_2-Emmissionen entfallen auf den Ausstoß der Heizungen in deutschen Haushalten – und lassen das Erreichen der Klimaschutzziele in die Ferne rücken.

All diese Tatsachen führen natürlich zu der Erkenntnis, dass gerade der Immobilienbereich noch großes Potenzial bietet, Energie zu sparen. Und da es inzwischen viele hochmoderne technische Möglichkeiten gibt, seine Immobilie ökologisch und ökonomisch für die Zukunft fit zu machen, sollten Immobilieneigentümer ihr Augenmerk konsequent darauf richten, den Wert ihres Objekts durch eine Top-Energiebilanz nachhaltig zu stärken.

Die Übersicht zeigt Ihnen ein paar Beispiele, mit welchen Mitteln und Wegen Sie den Wert Ihrer Immobilie in allen Aspekten rund um das Thema Energie mittel- und langfristig positiv beeinflussen:

- ✔ Regenwasseranlagen sammeln Wasser unter anderem für Toilette, Waschmaschine und Gartenbewässerung.
- ✔ Sonnenkollektoren liefern warmes Wasser für Bad und Küche.
- ✔ Lehmputz reguliert die Luftfeuchtigkeit und speichert Wärme.
- ✔ Holzpelletheizung heizt vollautomatisch mit gepressten Holzspänen.
- ✔ Gründächer kühlen das Haus im Sommer und wärmen es im Winter.
- ✔ Dreifach verglaste Fenster mit gedämmten Rahmen halten die Wärme in den Räumen.
- ✔ Warmwasserspeicher, die mit Sonnenkollektoren auf dem Dach installiert und der Wärmepumpe im Lüftungskompaktgerät verbunden sind, helfen, Strom zu sparen.
- ✔ Fotovoltaikanlagen erzeugen Strom.
- ✔ Erdreichwärmetauscher erwärmen die Luft im Winter und kühlen sie im Sommer.
- ✔ Lüftungen verteilen temperierte Frischluft, die erst in die Wohnräume fließt und dann über die Flure in Küche und Bad. Heizkörper werden überflüssig.
- ✔ Intelligente Fenster verteilen das Licht bei niedrigem Sonnenstand durch Mikrostrukturen auf der Oberfläche optimal im Raum und vermeiden bei starker Sonneneinstrahlung Überhitzung.
- ✔ Drei Zentimeter dicke Vakuum-Paneele isolieren wie eine 30-Zentimeter-Dämmschicht.
- ✔ Grauwasseranlagen reinigen das Wasser aus Spüle, Dusche und Waschmaschine, sodass dadurch hochwertiges Leitungswasser wieder verwendet werden kann.

Und bedenken Sie, das ist nur eine Auswahl. Es gibt noch weit mehr Möglichkeiten, energieeffizient zu bauen oder zu sanieren!

Die Energiebilanz einer Immobilie

Der Kauf eines eigenen Hauses oder einer Eigentumswohnung ist für viele Immobilienkäufer eine Lebensaufgabe: Die eigenen vier Wände verschlingen meistens gleich mehrere Jahreseinkommen. Unnötige Mehrkosten wollen Immobilieneigentümer unter diesen Umständen verständlicherweise vermeiden. Dieses ehrgeizige Ziel ist durchaus realisierbar, allerdings müssen Sie dafür zusätzliche Arbeit in Kauf nehmen.

Vielleicht haben Sie in diesem Kapitel bereits gelesen, dass die Ausgaben rund um Strom, Heizung und Wasser zu den großen Kostenblöcken Ihrer Immobilie zählen. Falls Sie das eine oder andere Detail nicht mehr im Kopf haben, können Sie ja nochmals nachblättern.

Unabhängig davon, ob Sie einen Neubau planen oder ein gebrauchtes Haus kaufen wollen – achten Sie bei Ihren Immobilienplänen von Anfang an darauf, dass die energetischen Eigenschaften des ausgewählten Objekts in einem vernünftigen Verhältnis zum Kaufpreis stehen. Um diese Frage zu klären, ziehen Sie am besten einen Fachmann hinzu. Er kann Ihnen Auskunft geben über die Qualität der

- Heizungsanlage,
- Verglasung,
- Dämmung.

Wer sich für ein Objekt interessiert, das schon einige Jahre alt ist, kann beim Verkäufer nach dem *Energieausweis* der Immobilie fragen. Das Herzstück dieses vierseitigen Dokuments ist eine Farbskala, die von Tiefrot bis Hellgrün reicht. Sie zeigt auf einen Blick, wie viel Energie das Haus oder die Wohnung im Vergleich zu anderen Immobilien braucht. Steht der Pfeil auf der Farbskala auf

- Grün, ist der energetische Ist-Zustand des Gebäudes sehr gut;
- Gelb, sollte der Eigentümer über Modernisierungsmaßnahmen nachdenken;
- Rot, gibt es große Energieeinsparpotenziale in dem Gebäude.

Leider hilft der Energieausweis, den Eigentümer seit 2009 besitzen müssen, nicht immer weiter: In der Praxis fühlen sich nur wenige Immobilienkäufer nach der Lektüre des Dokuments ausreichend über die Energiebilanz beziehungsweise den Energieverbrauch der Immobilie informiert. Verlassen Sie sich für Ihr Urteil daher nicht allein auf den Energieausweis. Vielmehr sollten Sie sich immer noch den Rat beziehungsweise das Urteil eines Experten einholen.

Clevere Kaufinteressenten erkundigen sich bei ihren Verkäufern, welche Angaben und weiteren Daten zum Gebäude der jeweilige Aussteller des Energieausweises für das Dokument berücksichtigt hat. Sie können auch nach der Berechtigung des Ausstellers sowie dessen Haftpflichtversicherung fragen – unter seriösen Ausstellern ist es üblich, entsprechende Angaben bekannt zu geben.

Erkundigen Sie sich auch nach den Modernisierungsempfehlungen des Ausstellers: Um den einen oder anderen Tipp zum Energiesparen zu geben, muss der Aussteller im Vorfeld gemeinsam mit dem Eigentümer detailliert recherchiert haben, ob und wann der Verkäufer in der Vergangenheit bereits energiewirksam modernisiert hat.

Stellt sich heraus, dass der Verkäufer falsche Angaben bei der Erstellung des Energieausweises gemacht hat, muss er dafür unter bestimmten Umständen haften. Das Bürgerliche Gesetzbuch (BGB) beinhaltet einige Paragrafen, die je nach Sachlage herangezogen werden können – dazu zählt unter anderem § 434 Absatz 1 Satz 1 BGB, der klärt, wann ein

Sachmangel vorliegt. Weichen die Angaben im Energieausweis über die Energieeffizienz des Objekts beispielsweise um mehr als 25 Prozent ab, könnte der Käufer schnell Mängel und im weiteren Prozess Schadensersatzansprüche geltend machen.

 Vorsichtige Käufer wägen gut ab, ob sie tatsächlich einen Streit über die Angaben im Energieausweis anzetteln: Schließlich spiegelt der Pass normalerweise das Verbrauchsverhalten des bisherigen Bewohners in den vergangenen drei Jahren wider. Hat der Verkäufer jedoch vorsätzlich – und nachweisbar – falsche Angaben für die Erstellung des Ausweises gemacht, sieht die Rechtslage schon wieder deutlich vorteilhafter aus.

Verglichen mit Kaufinteressenten von gebrauchten Immobilien haben es Käufer von neuen Immobilien wesentlich einfacher: Wer ein neues Haus bauen will, muss sich zunächst die potenzielle Energiebilanz seiner Immobilie auf dem Papier berechnen lassen. Um diesen Weg kommt er gar nicht herum, da er das geplante Gebäude nach den Vorgaben der *Energieeinsparverordnung* (EnEV) errichten muss.

Die Verordnung gilt seit 1. Februar 2002 und fasst zwei Verordnungen zusammen:

✔ Wärmeschutzverordnung und Anlagentechnik

✔ Heizungsanlagenverordnung

Sie schreibt Bauherren und Immobilienkäufern detailliert vor, spezielle bautechnische Standardanforderungen einzuhalten, damit ihre Immobilie Energie effizient nutzt. Die EnEV gilt für:

✔ Wohngebäude

✔ Bürobauten

✔ Gewisse Betriebseinrichtungen

In der EnEV sind Richtwerte und Vorgaben rund um den Energieverbrauch festgelegt, die eine Immobilie einhalten muss. Sie schreibt unter anderem vor:

✔ Die Berechnung des Jahresheizwärmebedarfs auf den Jahresprimärenergiebedarf umzustellen

✔ Die Senkung des Primärenergiebedarfs von Neubauten auf das bisherige Niedrigenergiehaus-Niveau

✔ Erleichterungen für den Einsatz von erneuerbaren Energien bei der Raumheizung, Warmwasserzubereitung und Lüftung

✔ Den sommerlichen Wärmeschutz ohne Einsatz von Klimaanlagen

✔ Die Einführung von aussagekräftigen Energiebedarfsausweisen, die mehr Transparenz über die energetische Qualität eines Gebäudes geben sollen

Auch für ältere Immobilien finden sich zahlreiche Vorgaben in der EnEV: Unter anderem

✔ die Verschärfung der energetischen Anforderungen, die Immobilieneigentümer berücksichtigen müssen, wenn sie Bauteile wie Heizungsanlagen erneuern oder ersetzen wollen;

✔ den Austausch von Heizkesseln, die klar unter dem heutigen Effizienzstandard liegen;

✔ die Dämmung von obersten Geschossdecken.

Als Laie können Sie die Berechnung der Energiebilanz Ihres Wunschobjekts sicherlich nicht allein stemmen: Dafür brauchen Sie Zahlen und Daten über

✔ die Transmissionswärmeverluste, also die Wärmeverluste über Wände, Fenster, Dach, Decken und Keller;

✔ die Lüftungswärmeverluste, also die Wärmeverluste durch Lüften und undichte Bauteile wie Wärmebrücken;

✔ die solare Wärmegewinnung durch Fenster und Türen;

✔ den internen Wärmegewinn durch Lampen und elektrische Geräte.

Kurz gesagt stellt der Fachmann, den Sie mit der Berechnung der Energiebilanz beauftragen, den Energiebedarf inklusive aller Wärmeverluste und Wärmegewinne zusammen.

Stimmt das Ergebnis – sprich die Energiebilanz – nicht oder gibt Ihnen Spielraum, um mithilfe von moderneren Anlagen oder anderen Mitteln eine höhere Energieeffizienz zu erreichen, müssen Sie festlegen, wo und wie Sie welche Einsparpotenziale erreichen wollen.

Emsige Energiesparer

Steht der Kauf einer Immobilie an, legen in der Regel sechs von zehn suchenden Interessenten Wert auf eine moderne Heizungsanlage. Etwa jeder Zweite besteht auch auf eine gute Außenwand- und Dachdämmung. Um ein zufriedenstellendes Ergebnis zu erzielen, sind mehr als die Hälfte der potenziellen Käufer bereit, Geld in die Hand zu nehmen. Und sie rechnen auch damit, dass die Verbesserung des Energiezustands ihres Objekts sie weitere Investitionen in Höhe von mehr als 20.000 Euro kosten wird.

Wo Sie Kosten reduzieren können – die drei großen Energiesparer

Natürlich sind Sie sich darüber im Klaren, dass Sie ein schlecht isoliertes Haus, eine alte Heizung oder ein veraltetes Warmwassersystem auf die Dauer viel Geld kostet. Dank der ermittelten Energiebilanz wissen Sie ja vielleicht bereits, wo die energetischen Schwächen Ihrer Immobilie stecken.

Idealerweise fangen Sie gleich heute noch an, sich mit den drei größten Sparfaktoren, die Ihnen Ihre Immobilie in allen Punkten rund um die Energieeffizienz bietet, auseinanderzusetzen. Das sind

✔ die Heizungsanlage des Gebäudes,

✔ die Dämmung der Immobilie,

✔ die Strom- und Warmwasserversorgung des Hauses oder der Wohnung.

Kuschlige Wärme zum Wohlfühltarif – die Heizung

Der Benzinpreis in Deutschland sorgt immer wieder für Aufregung: Erreicht er bestimmte Beträge, titeln die großen Tageszeitungen zumeist unisono, wie teuer Autofahren hierzulande geworden ist. Ähnlich laut schreien alle auf, wenn mal wieder die Preise für Heizöl und Gas deutlich steigen – und im Hinterkopf rechnet jeder damit, dass die Preise für fossile Energien mittel- und langfristig noch weiter nach oben klettern.

Umwelt-, energie- und kostenbewusste Immobilieneigentümer müssen jedoch nicht tatenlos zuschauen, wie ihre Heizkosten höher und höher steigen, obwohl sie nicht öfter als früher die Heizung aufdrehen. Inzwischen gibt es zur traditionellen Öl- und Gasheizung jede Menge Alternativen, um die nötige Energie für ein kuschelig warmes Haus aufzubringen. Dazu gehören beispielsweise:

✔ Wärmepumpe/Erdwärme

✔ Holzpellets

✔ Solarenergie

Wärme aus der Erde

Wer sich für den Einbau einer Wärmepumpe entscheidet, setzt auf ein raffiniertes System: Die Pumpe entzieht dem Erdreich entweder über eine Sonde oder über Röhren, die mit Flüssigkeit gefüllt sind, Wärme – und die können Sie dann zum Heizen Ihrer Immobilie nutzen. Vor der Installation einer Wärmepumpe müssen Sie unbedingt eine genaue Standortanalyse machen, um herauszufinden, ob sich die Stelle tatsächlich für eine Wärmepumpe eignet oder nicht.

Lassen Sie keine Standortanalyse durchführen, kann es Ihnen durchaus passieren, dass Ihre Wärmepumpe nicht so funktioniert, wie Sie sich das vorgestellt haben – und das, obwohl alle Nachbarn um Sie herum überhaupt keine Schwierigkeiten mit ihrer Anlage haben. Es passiert immer wieder, dass sich in Baugebieten das eine oder andere Grundstück gar nicht oder nur eingeschränkt für eine Geothermie-Anlage eignet. Um nicht unnötig Geld ausgeben zu müssen, sollten Sie daher im Vorfeld nicht zu geizig sein, um die Eignung Ihres Geländes für Erdwärme zu analysieren.

In Tabelle 10.11 sehen Sie auf einen Blick, von welchen Vorteilen Sie profitieren, aber auch, welche Risiken Sie in Kauf nehmen müssen, wenn Sie sich für eine Wärmepumpe entscheiden.

Vorteile	Nachteile
Die regenerative Wärmequelle verursacht keine Kosten.	Die Installation der Wärmepumpe ist eine größere Investition.
Die Erdwärme macht den Bau eines Kamins überflüssig.	Die Wärmepumpe braucht Strom, um zu laufen.

Tabelle 10.11: Vor- und Nachteile einer Wärmepumpe

Um die Wärme aus dem Erdreich ideal nutzen zu können, müssen Sie natürlich die Effizienz der Pumpe möglichst exakt auf das Gebäude und Ihr Heizverhalten abstimmen.

Klingt gut! Und die Aufstellung in Tabelle 10.12 zeigt Ihnen, wie teuer Sie der Bau einer Wärmepumpenheizung in etwa kommt:

Investitionskosten	In Euro
Wärmepumpe und Regelung, Erdkollektor, Verlegung Erdkollektor, Verteiler, Rohrleitungen + Zubehör	12.500
Fußbodenheizung 150 m² inklusive Heizkreisverteiler	6.600
Speicher 400 l mit Frischwassersystem	1.700
Montage gesamt	2.000
Kosten Heizanlage komplett	**22.800**
Summe inklusive Mehrwertsteuer	27.132
Nebenkosten bei Erdkollektoren: Erbbewegung und Sand	1.200
Summe Nebenkosten inklusive Mehrwertsteuer	1.428
Gesamtkosten der Heizanlage ohne Förderungen	**28.560**
Betriebskosten	
7,5 KW x 1.800 h = 13.500 kWh; durchschnittliche Jahresarbeitszahl 4,7	
Stromverbrauch 13.700 : 4,7 = 2.872 kWh; Wärmepumpen-Strompreis am Tag (40%) = 19,59 Cent; Strompreis in der Nacht (60%) = 15,45 Cent	
Energiekosten/Jahr	225,05
2.872 KW/h x 0,4 x 0,1959 und 2.872 KW/h x 0,1545	266,23
Zusatzkosten pro Jahr; Grundpreis Wärmepumpentarif	59
Jahresbetriebskosten gesamt inklusive Mehrwertsteuer	**550,28**
Kosten einer kWh Wärmeleistung (Heizenergie)	**0,041**

Tabelle 10.12: Investitions- und Betriebskosten einer Wärmepumpe in einem Einfamilienhaus mit durchschnittlichem Energieverbrauch (Quelle: www.klima-innovativ.de)

Heizen mit Holzschnipseln

Eignet sich Ihr Standort nicht für eine Wärmepumpe, gibt es weitere Alternativen, um die notwendige Wärme beziehungsweise warmes Wasser aus erneuerbaren Energien zu gewinnen: So gelten beispielsweise Holzpelletheizungen als klimaneutral, da sie beim Verbrennen nur so viel Kohlendioxid ausstoßen, wie die Pflanzen beim Wachsen aufgenommen haben.

Wollen Sie sich für eine Pelletheizung entscheiden, sollten Sie vorher unbedingt Ihren Keller inspizieren: Prüfen Sie, ob Sie ausreichend Platz für die Lagerung der Holzpellets finden, denn auch die kleinsten Stückchen wachsen in üppiger Menge zu einem großen Berg, der viel Raum beansprucht.

Haben Sie Ihre Kellerräume schon als Partysaal, Tischtennistreffpunkt oder Bastelwerkstatt geplant, können Sie auch einen Außentank neben Ihrem Haus aufstellen lassen, um ein Lager für die Pellets einzurichten.

Vorteile	Nachteile
Nach etwa zehn Jahren amortisieren sich die Kosten für die Heizung.	Die Anschaffungskosten einer Pelletheizung sind sehr hoch.
Stößt unterdurchschnittlich viel Kohlendioxid aus.	Der Aschekasten muss einige Male im Jahr geleert werden.

Tabelle 10.13: Vor- und Nachteile einer Holzpelletheizung

Wie sich die Kosten für eine Holzpelletheizung zusammensetzen, zeigt Ihnen Tabelle 10.14.

Investitionskosten	In Euro
Kessel, Brenner, Regelung, Rauchrohr	12.250
Montage Pelletstank	1.250
Verteiler Keller, Rohrleitungen, Puffer, Zubehör	1.900
Radiatoren, 5 Stück	1.700
Fußbodenheizung 80 m² inklusive Heizkreisverteiler	3.600
Warmwasserboiler Emaille 150 l	550
Montage gesamt	2.200
Kosten Heizanlage ohne Nebenkosten inklusive Mehrwertsteuer	**27.905**
Nebenkosten Pelletsheizung	
Pelletslagerraum und Förderanlage	3.450
Einzügiger Kamin, Dachleiter und Podest	2.500
Summe Nebenkosten inklusive Mehrwertsteuer	**7.080**
Gesamtkosten der Heizanlage ohne Förderungen	**34.985**

Investitionskosten	In Euro
Betriebskosten	
7,5 KW x 1.800 h = 13.500 kWh; durchschnittlicher AL-Nutzungsgrad Pellets = 75 %	
Heizwert: 4,9 KW/kg Pellets laut Norm	
Pelletverbrauch: 13.500 : (4,9 x 0,75) = 3.668 kg; Pelletpreis 0,25 €/kg	
Energiekosten/Jahr: Pelletkosten 3.668 kg/Jahr x 0,25	917
Zusatzkosten/Jahr:	
Schornsteinfeger	300
Strom, Brenner, Pumpen, Steuerung (Haushaltsstrom 21 Cent)	162
Wartung	120
Jahresbetriebskosten gesamt inklusive Mehrwertsteuer	**1.499**
Kosten einer kWh Wärmeleistung (Heizenergie)	**0,111**

Tabelle 10.14: Investitions- und Betriebskosten einer Holzpelletheizung in einem Einfamilienhaus mit durchschnittlichem Energieverbrauch (Quelle: www.klima-innovativ.de)

Schein, Baby, schein!

Schön warm, trocken und vor allem sonnig: In Deutschland zählen die Meteorologen an manchen Orten mehr als 2.100 Sonnenstunden im Jahr. Im mecklenburg-vorpommerischen Darß beispielsweise genießen die Bewohner durchschnittlich 5,9 Stunden am Tag die Sonne. Beste Voraussetzungen, um mit Sonnenkollektoren Energie zu gewinnen, für die Sie keinen Cent bezahlen müssen. Solaranlagen auf dem Dach gehören deshalb in Deutschland schon längst zum Alltagsbild.

Im Gegensatz zu einer Holzpelletheizung oder einer Wärmepumpe hat eine Sonnenkollektorenanlage allerdings ein paar kleinere Haken, die Sie bei Ihren Überlegungen rund um die Energieversorgung Ihrer Immobilie nicht vernachlässigen dürfen (siehe Tabelle 10.15)

Vorteile	Nachteile
Die Solaranlage verursacht nach der Installation keine nennenswerten Kosten mehr.	In der Regel muss eine zusätzliche Heizungsanlage die Sonnenkollektoren unterstützen, um ausreichend Energie zu erzeugen.
Die gewonnene Energie ist ideal zur Warmwasseraufbereitung geeignet.	Die Solaranlage ist wetterabhängig.
Größere Solaranlagen können sich auch zum Beheizen einer Immobilie eignen.	

Tabelle 10.15: Vor- und Nachteile einer Solaranlage

Um Ihnen zu zeigen, inwieweit Sie mit einer Solaranlage Geld sparen können beziehungsweise was sie überhaupt kostet, haben wir in Tabelle 10.16 eine Übersicht zusammengestellt, die eine Gas-Brennwert- und eine Solaranlage kombiniert.

Investitionskosten	In Euro
Kessel, Brenner, Regelung, Rauchrohr, Montage Brennwertkessel + Zuleitungen	5.260
Verteiler Dach + Rohrleitungen, Puffer + Zubehör	1.900
Radiatoren für NT, 5 Stück	2.200
Fußbodenheizung 80 m² inklusive Heizkreisverteiler	3.600
Warmwasserboiler Emaille 150 l	550
Montage gesamt	2.200
Kosten Heizanlage ohne Nebenkosten inklusive Mehrwertsteuer	**18.695**
Nebenkosten Gasheizung: Gasanschluss, Installation, Dachleiter und Podest, Neutralisationsanlage Kondensat	2.670
Thermische Solaranlage 6 m², Verrohrung, Pumpe, Montage	**4.600**
Summe Nebenkosten inklusive Mehrwertsteuer	**7.777**
Gesamtkosten der Heizanlage ohne Förderungen	**26.472**
Betriebskosten	
7,5 KW x 1.800 h = 13.500 kWh; durchschnittlicher AL-Nutzungsgrad Gas = 85 %	
Heizwert: 10 kW/m³ Gas	
Ertrag Solaranlage: 1.800 kWh	
Gasverbrauch: 13.500 − 1.800 = 11.700 : (10 x 0,85) = 1.376 m³	
Gaspreis: 0,671 €/m³	
Energiekosten/Jahr: Gaskosten 1.376 m³/Jahr x 0,671	923
Grundpreis	200
Zusatzkosten/Jahr: Abgasuntersuchung, Schornsteinfeger; Strom, Pumpen, Steuerung (Haushaltsstrom 21 Cent), Strom Solaranlage (Haushaltsstrom 21 Cent), Neutralisation Kondensat	355
Jahresbetriebskosten gesamt inklusive Mehrwertsteuer	**1.448**
Kosten einer kWh Wärmeleistung (Heizenergie)	**0,107**

Tabelle 10.16: Investitions- und Betriebskosten einer Gas-Brennwertheizung kombiniert mit einer Solaranlage in einem Einfamilienhaus mit durchschnittlichem Energieverbrauch (Quelle: www.klima-innovativ.de)

Die Entscheidung, welche Heizmethode für Sie am attraktivsten ist, können wir Ihnen nicht abnehmen. Selbstverständlich raten wir Ihnen gerade in dieser Frage, unbedingt Experten rund um das Thema Heizen und Energie hinzuzuziehen.

Um Ihnen die Sache etwas zu erleichtern, stecken in der folgenden Übersicht noch mal alle wesentlichen Fakten auf einen Blick:

✔ Eine Gas-Brennwertheizung mit thermischen Solarkollektoren hat die niedrigsten Investitionskosten.

✔ Eine Wärmepumpe amortisiert sich am schnellsten von allen vorgestellten Heizarten.

✔ Die Anschaffungskosten für eine Holzpelletheizung liegen am höchsten und die Anlage benötigt einen zusätzlichen Raum für die Lagerung der Pellets.

Unter bestimmten Voraussetzungen gewährt Ihnen Väterchen Staat Zuschüsse und zinsgünstige Darlehen, wenn Sie in Ihrem gebrauchten Haus Ihre Heizungsanlage auf erneuerbare Energien umstellen. Klicken Sie im Internet vor allem auf die Seiten der Kreditanstalt für Wiederaufbau (KfW), falls Sie Ihre Heizung sanieren und dafür staatliche Förderung beanspruchen wollen.

Eines sollte Ihnen an dieser Stelle unbedingt noch bewusst sein: Der Strom, den Sie beispielsweise mit Ihrer Fotovoltaikanlage produzieren, wird zunächst vom nächstgelegenen Netzbetreiber in das Stromnetz eingespeist – und je nach Menge, die Sie liefern, erhalten Sie dafür eine festgelegte Vergütung pro Kilowattstunde. So schreibt es das Erneuerbare-Energien-Gesetz (EEG) vor.

Da der Bundestag wohl kein anderes Gesetz so gern novelliert wie das EEG, ist es quasi unmöglich, exakte Angaben darüber zu machen, mit welchen Vergütungen Sie rechnen können, wenn Sie heute oder in zwei, drei Jahren beispielsweise eine Fotovoltaikanlage auf dem Dach Ihres Hauses installieren. Tabelle 10.17 gibt Ihnen aber zumindest eine kleine Orientierung, welche Beträge Sie in der Vergangenheit durchschnittlich pro eingespeister Kilowattstunde Strom erhalten hätten:

Jahr	Durchschnittsvergütung von eingespeistem Strom aus erneuerbaren Energien in Cent/kWh
2004	9,29
2005	9,99
2006	10,87
2007	11,36
2008	12,25
2009	13,95
2010	16,02

Tabelle 10.17: Preis für eingespeisten Strom aus erneuerbaren Energien

Hauptsache dicht – die Dämmung

Kalte Füße, unruhig flackernde Kerzen auf dem Tisch oder Wände, von denen es unerträglich kalt abstrahlt – in solchen Fällen brauchen Sie nicht lange nachzudenken, um zu wissen, dass Sie Ihr Haus oder Ihre Wohnung dringend besser dämmen sollten. Eine kuschlige zweite Schicht und dichte Fenster und Türen für Ihr Haus eliminieren nicht nur kalte Ecken.

Vielmehr stoppen sie auch Durchzug und machen die Immobilie freundlicher und wärmer. Aber vor allem verhindert eine gute Wärmedämmung, dass die Heizungswärme verloren geht.

Erwägen Sie, sich eine gebrauchte Immobilie zuzulegen, sollten Sie prüfen, wie gut das Wunschobjekt tatsächlich gedämmt ist. Genauer müssen Sie unbedingt ins Visier nehmen die

- ✔ Außenwände,
- ✔ Innenwände,
- ✔ Fenster inklusive Fensterglas,
- ✔ oberste Geschossdecke,
- ✔ Kellerdecke.

Laut Schätzungen können Eigenheimbesitzer ältere Häuser so weit sanieren, dass sie rund um das Thema Dämmung nur etwa 30 Prozent unter dem Niveau von neu errichteten Objekten liegen – und das spart natürlich jede Menge Heizkosten. Ehe sich die Ausgaben einer nachträglichen Wärmedämmung jedoch amortisieren, vergehen einige Jahre. Die Kosten für neue Fenster oder Dämmplatten inklusive Montage verschlingen schnell etliche Tausend Euro (siehe Tabelle 10.18).

Maßnahme Wärmedämmung	Kosten pro m² in Euro
Außenwände mit Styropor	90–130
Innenwände	30–40
Oberste Geschossdecke	25–50
Satteldach	125–150
Flachdach	70–100
Kellerdecke	20–50
Austausch Fensterglas	130–200
Austausch Fenster	250–450

Tabelle 10.18: Kostenübersicht verschiedener Dämmungsmaßnahmen (Quelle: www.energiesparen-im-haushalt.de)

Damit Sie wissen, was Ihnen eine derartige Investition mittel- bis langfristig für Ihren Geldbeutel bringt, lohnt sich ein Blick auf Tabelle 10.19.

Sie sehen, ein wenig Geduld müssen Sie schon mitbringen, ehe sich Ihre Investition auszahlt.

	Oberste Geschossdecke	Fassade	Kellerdecke	Erneuerung Fenster	Alle Maßnahmen
Preis	2.300 €	14.000 €	1.600 €	11.000 €	28.900 €
Eingesparte Energie	25 kWh/m²	50 kWh/m²	80 kWh/m²	10 kWh/m²	103 kWh/m²
Ersparnis im 1. Jahr der Sanierung	248 €	496 €	179 €	99 €	1.022 €
Ersparnis nach 10 Jahren	8.200 €	16.401 €	5.904 €	3.280 €	33.785 €

Tabelle 10.19: Amortisierung von verschiedenen Dämmungsmaßnahmen (Quelle: www.energiesparen-im-haushalt.de)

Wer in seinem Haus häufig bibbert und kalte Füße hat, weil es an allen Ecken zieht, sollte natürlich unbedingt etwas tun: Eine ideale Gelegenheit bietet sich, wenn die Sanierung der Hausfassade ansteht. Die Kosten für Gerüst, Material und Handwerker fallen ohnehin an – warum also nicht auch noch gleich die Dämmplatten montieren lassen? In Summe kosten Sie die Dämmmaßnahmen nur etwa 30 Prozent mehr.

Falls der Kauf der eigenen vier Wände Ihre Ersparnisse völlig aufgefressen hat, müssen Sie dennoch nicht tatenlos zusehen, wie die Wärme aus Ihrem Haus flüchtet. Zwei einfache und kostengünstige Maßnahmen helfen Ihnen, die Zeit zu überbrücken, bis Sie ausreichend Kapital für eine Rundum-Dämmung angespart haben:

✔ Kleben Sie im Keller Dämmmaterial unter die Decke, wenn der Fußboden im Erdgeschoss immer kalt ist.

✔ Verteilen Sie Glasfaser oder andere Dämmmaterialien auf dem Speicher, falls dieser nicht ausgebaut ist. So verhindern Sie, dass die Wärme auf Nimmerwiedersehen nach oben verschwindet.

Wer sich jetzt darüber freut, dass er sich über das Thema Dämmung keine Gedanken machen muss, weil er ja neu baut, der sollte die nächsten Absätze unbedingt lesen! Studien zufolge sind viele neue Häuser bei Weitem nicht so energieeffizient, wie es auf den Bauplänen steht. Schlechtes Baumaterial oder mangelhaft dokumentierte Energieausweise können zur Folge haben, dass

✔ Sie öffentliche Zuschüsse und Kredite zurückerstatten müssen, wenn Ihre Immobilie bei der Abnahme nicht den angestrebten Vorschriften der Energieeinsparverordnung entspricht;

✔ Sie noch mal viel Geld investieren müssen, damit Ihr Haus den gewünschten Zustand erreicht;

✔ Sie lange kämpfen müssen, um gegenüber der Baufirma Schadensersatzforderungen durchzusetzen.

Finanziell kann das für frischgebackene Immobilieneigentümer zu einer verheerenden Situation führen: Allein die Beseitigung von Mängeln bei der Wärmedämmung beispielsweise summiert sich laut dem Bauherren-Schutzbund durchschnittlich auf etwa 30.000 Euro. Falls Sie dann gleichzeitig auch noch einen staatlich gewährten Kredit von 50.000 Euro zurückerstatten müssen, kann das schnell Ihr finanzielles Aus bedeuten! Wer hat denn noch 80.000 Euro auf der hohen Kante, wenn er sich gerade eine Immobilie gekauft hat?

> **Ernüchterndes Ergebnis**
>
> Eine Studie des Instituts für Bauforschung in Hannover über die Qualität von Neubauten rund um das Thema Dämmung gibt nüchtern Aufschluss über die Patzer, die an neuen Häusern häufig auftreten:
>
> ✔ Fast 13 Prozent aller Baufehler entfielen auf eine schlechte Dämmung.
>
> ✔ Fast 60 Prozent aller Energieausweise enthielten Rechenfehler.
>
> ✔ Bei 54 Prozent der untersuchten Objekte fanden sich dünnere statt der ursprünglich geplanten dickeren Dämmstoffe oder die Baufirma hatte Rohrisolierungen vergessen.

Auch wenn es Sie noch mal Geld kostet – wenn Sie sich vor den Folgen geschönter Energieausweise schützen wollen, beauftragen Sie vor der Übernahme Ihres Hauses am besten einen unabhängigen Experten, der alle wesentlichen Daten und Fakten rund um die Energieeffizienz Ihres Objekts prüft. Er kontrolliert die Angaben in dem Energiepass haarklein. Ein entsprechendes Gutachten kostet in der Regel 500 Euro.

Will Ihnen der Bauträger oder der Verkäufer den Energieausweis nicht vor dem Kauf aushändigen, sollten Sie auf der Hut sein: In der Praxis steckt hinter einer solchen Weigerung ein handfester Grund – und der kann Sie am Ende eine Menge Geld kosten!

Prickelnde Posten – Warmwasser und Strom

An Einsparpotenzial haben Sie jedoch längst noch nicht alles ausgeschöpft, selbst wenn Sie Ihre eigenen vier Wände mit erneuerbaren Energien heizen und die Immobilie von oben bis unten perfekt gedämmt ist. Die Posten Warmwasser und Strom verschlingen ebenfalls eine Menge Geld – aber wie bei der Heizung oder der Dämmung lassen sich auch hier wunderbar die Kosten reduzieren, wenn Sie es nur richtig anpacken.

Heiß und günstig – das Warmwasser

Die Zahlen sind beeindruckend: In Deutschland verbraucht jeder Einwohner etwa 50 bis 70 Liter warmes Wasser täglich. Die dafür notwendige Energie summiert sich angesichts dieser Mengen auf rund 800 Kilowattstunden jährlich. Eine Menge Holz, wenn Sie bedenken, dass Sie dafür Gas, Öl oder Strom brauchen und die Preise für diese Rohstoffe stetig steigen!

Da Warmwasser nach der Heizung der Posten ist, der am meisten Energie im privaten Haushalt verbraucht, können Sie viel Geld sparen, wenn Sie den Verbrauch von heißem Wasser gezielt eindämmen – und Möglichkeiten dazu bieten sich viele:

- ✔ **Prüfen Sie, wie Sie Ihr Wasser erwärmen!** Idealerweise lassen Sie Ihr Wasser durch einen Heizkessel aufheizen. Die Speichertemperatur sollten Sie auf etwa 55 Grad Celsius absenken und nur aus hygienischen Gründen regelmäßig auf 60 Grad Celsius hochheizen.

- ✔ **Optimieren Sie die Einstellung Ihres Durchlauferhitzers, falls Sie Ihr Wasser dezentral erwärmen lassen!** Stellen Sie die Temperatur Ihres Durchlauferhitzers so ein, dass Sie das warme Wasser sofort nutzen können und nicht erst kaltes Wasser dazu gemischt werden muss. Das kostet unnötig Energie.

- ✔ **Isolieren Sie Ihre Warmwasserleitungen!** Die Stärke der Dämmung sollte idealerweise mindestens dem einfachen, am besten jedoch dem doppelten Rohrdurchmesser entsprechen.

- ✔ **Installieren Sie eine Solaranlage für Warmwasser!** Eine Solaranlage kann 50 bis 65 Prozent der Energie ersetzen, die Sie sonst für die Erwärmung von Wasser benötigen würden.

- ✔ **Setzen Sie sparsame Armaturen ein!** Spezielle Misch- und Thermostatbatterien oder auch elektronisch gesteuerte Armaturen reduzieren den Verbrauch von Wasser und Energie, der anfällt, wenn Sie mit dem Hahn erst lange die richtige Temperatur einstellen. Bis zu 4.000 Liter Wasserverbrauch jährlich können Armaturen einsparen, die den Wasserfluss auslösen und stoppen, ohne dass Sie Hand anlegen müssen.

- ✔ **Checken Sie Ihre Spülmaschine!** Spülmaschinen verbrauchen den größten Teil des Stroms mit dem Aufheizen des Wassers, das sie für die Reinigung von Teller, Gläsern und Besteck benötigen. Am besten studieren Sie die Gebrauchsanweisung des Herstellers, ob Sie Ihre Spülmaschine nicht direkt an die Warmwasserleitung anschließen können. Das verkürzt den Spülvorgang um stolze 25 Prozent.

Nicht mehr als notwendig – Stromsparen leicht gemacht

Einige Hundert Euro hin oder her – in Deutschland summiert sich die jährliche Stromrechnung für einen Vier-Personen-Haushalt in einem Haus mit etwa 180 bis 200 Quadratmetern Wohnfläche auf rund 2.000 bis 2.500 Euro. Eine Menge Geld, oder? Wir können Ihnen an dieser Stelle nicht alle Möglichkeiten aufzählen, wie Sie wo am besten Strom sparen, das würde Dutzende Buchseiten füllen und zu weit von unserem eigentlichen Thema wegführen.

Da die Kosten für den Strom in jedem Haushalt aber in der Regel üppig zu Buche schlagen, zählen wir Ihnen zumindest stichpunktartig die Bereiche auf, in denen Sie ohne größeren Aufwand Strom und damit Geld sparen können:

- ✔ Nutzen Sie möglichst viel Tageslicht.

- ✔ Installieren Sie eine Abschaltautomatik für das Licht im Treppenhaus und im Flur.

- ✔ Schalten Sie Ihre Elektrogeräte aus.

- ✔ Nehmen Sie Ihre Ladegeräte für Handy, Fotoapparat und Sonstiges immer vom Netz.
- ✔ Verwenden Sie einen Flachbildschirm anstelle eines Röhrenmonitors.
- ✔ Benutzen Sie beim Kochen stets einen Deckel für Ihre Töpfe.
- ✔ Stellen Sie die Töpfe immer auf die passende Platte.
- ✔ Kaufen Sie nur Kühl- oder Gefrierschränke mit der Energieeffizienzklasse A.
- ✔ Stellen Sie Ihren Kühlschrank nicht neben Wärmequellen wie Ofen oder Geschirrspüler.
- ✔ Tauen Sie Ihren Kühlschrank regelmäßig ab.
- ✔ Sammeln Sie so lange Wäsche, bis die Waschmaschine gut gefüllt ist.
- ✔ Stellen Sie nur bei stark verschmutzter Wäsche eine höhere Temperatur ein.
- ✔ Ersetzen Sie Ihre alte Heizungspumpe durch ein energieeffizientes Gerät.

Etwa 115 Euro jährlich kosten einem durchschnittlichen Haushalt, wenn er verschiedene Geräte im Stand-by-Modus laufen lässt und der Strompreis 24 Cent pro Kilowattstunde beträgt. Rund 90 Euro können Verbraucher einsparen, wenn sie Fernseher, Computer und Co. stets komplett ausschalten.

Um mal eben 100 Euro zu sparen, müssen Sie nach dem Gebrauch der Geräte oder abends nur ein oder zwei kleine Knöpfchen drücken. Wenn Sie so konsequent in allen Bereichen Ihre Stromsparpläne umsetzen, dürfte sich Ihre Stromrechnung deutlich reduzieren – und Sie sparen Geld, das Sie vielleicht für andere Baustellen an Ihrer Immobilie wunderbar brauchen können.

Auf dem Weg zum energieautarken Zuhause

Sie müssen jetzt nicht fürchten, dass Sie angesichts der vielen technischen Raffinessen, die es inzwischen für energieeffizientes Bauen gibt, erst ein naturwissenschaftliches Studium absolvieren müssen. Nein, der Bau Ihres Traumhauses lässt sich schon nach einer gründlichen Recherche inklusive aller notwendigen Entscheidungen in Auftrag geben.

Sie sollten sich nur bewusst machen, dass Sie Ihre Immobilie mit einem gewissen Mindeststandard in Sachen Energie ausstatten müssen. Das gilt umso mehr, je mehr Ihnen daran liegt, dass Ihre Immobilie wertbeständig bleibt. Um das sicherzustellen, gilt heutzutage: Niedrigenergieniveau ist Pflicht!

In den sogenannten Passiv- oder Niedrigenergiehäusern, die heute neu entstehen, ist die Energieeffizienz längst sehr gut – wenn nicht sogar perfektioniert: Sie haben in der Regel

- ✔ dick gedämmte Außenwände,
- ✔ dreifach verglaste Fenster,

✔ passiv gewonnene Heizwärme, beispielsweise durch Erdwärme,

✔ Wärmetauscher und Wärmepumpe.

Normalerweise liegt der Heizwärmebedarf von Passiv- oder Niedrigenergiehäusern pro Quadratmeter unter 15 Kilowattstunden. Rein rechnerisch etwa zehnmal weniger als in herkömmlichen Häusern.

Es liegt also nur an Ihnen, inwieweit Sie Ihre Immobilie mit dem zusätzlichen Plus einer guten Energiebilanz ausstatten wollen. Experten sind sich einig: Um den Wert einer Immobilie auf Dauer zu stabilisieren oder gar zu fördern, muss die Energieeffizienz des Objekts eine tadellose Bilanz vorweisen.

Wer eine gebrauchte Immobilie kauft, sollte ebenfalls nicht zögern, um sie für die Zukunft fit zu machen: Je mehr Maßnahmen Sie einleiten, um Dämmung, Heizung und sonstige energiesparende Mittel auf Vordermann zu bringen, desto sicherer erhalten Sie den Wert Ihres Objekts.

Wer ein Passivhaus baut, muss in der Regel mit Mehrkosten zwischen 50 und 200 Euro pro Quadratmeter kalkulieren. Das Modell rechnet sich für den Bauherrn dennoch quasi ab dem ersten Tag, an dem er die Immobilie bewohnt: Durch die hohe Energieeffizienz spart er sofort stattliche Beträge ein, die er sonst für seinen Energiebedarf aufwenden müsste.

Visionäre Immobilienkäufer geben sich mit den derzeitigen Energiebilanzen moderner Häuser nicht zufrieden. Sie können sich vorstellen, ihr Objekt komplett vom Stromnetz und einer Brennstoffzufuhr abzukoppeln! Das Beeindruckende daran: Die Pläne dieser wagemutigen Energiesparer sind in der Praxis heute schon realisierbar – wenn auch noch nicht Trend.

In einem energieautarken Heim können beispielsweise isolierte Großtanks durch Sonnenkollektoren erhitztes Wasser bis in den Winter hinein warm halten. Solarzellen und kleine Windkraftanlagen liefern Strom, der in Batterien gespeichert wird. Besonders energieeffiziente Holzvergaser verwerten 70 Prozent der Feuerwärme, anstatt sie wie gewöhnliche Kamine durch den Schornstein hinauszublasen. Alle weißen Hausgeräte, von der Spülmaschine bis zur Waschmaschine, erhalten von Sonnenkollektoren vorgewärmtes Wasser, damit sie kein kaltes Wasser – so wie herkömmliche Maschinen – auf die gewünschte Betriebstemperatur vorwärmen müssen. Dafür sind sie mit einem Vorschaltgerät oder einem zweiten Anschluss für das Warmwasser ausgerüstet.

Völlig losgelöst von allen Netzen ...

Das Haus sieht nicht besonders markant aus, geschweige denn, dass es in der Mustersiedlung in Lehrte bei Hannover überhaupt auffallen würde: Dennoch ist das Einfamilienhaus mit etwa 160 Quadratmeter Wohnfläche etwas ganz Besonderes – es versorgt sich komplett selbst. Unabhängig von Stromversorgern, Erdgas- und Heizöllieferanten produziert das Gebäude Strom und Wärme selbst. Ein Solarpionier hat das energieautarke Objekt entworfen – zu einem absolut bezahlbaren Preis. Etwa 363.000 Euro kostet die High-Tech-Immobilie, allerdings ohne Grundstück.

> Den Strom für die Bewohner liefert eine ins Dach integrierte Fotovoltaikanlage – die Solarmodule ersetzen die Dachziegel. Der verbleibende Platz auf dem Dach steht den Sonnenkollektoren zur Verfügung, die das Wasser in einem gut gedämmten 9.300-Liter-Tank erwärmen, der mitten im Haus steht und sich vom Erdgeschoss bis unter das Dach zieht. Er liefert die Wärme, die über Fußbodenheizungen in die einzelnen Räume gelangt.
>
> Um nicht unnötig Strom zu verbrauchen, stattete der Planer das Haus mit einer intelligenten Gebäudesteuerung und einem Stromspeicher aus. Einige weitere technische Extras sorgen dafür, dass das Haus tatsächlich völlig energieautark funktioniert.

Das Potenzial rund um eine Immobilie, möglichst energieeffizient oder sogar energieautark zu wirtschaften, ist enorm – und wird hierzulande vielleicht schon bald ein Standard. Inwieweit sich energieautarke Immobilien in Deutschland durchsetzen, bleibt abzuwarten – allein Zukunftsmusik ist das aber längst nicht mehr. Was heute noch exotisch wirkt oder als Experiment gilt, könnte morgen schon die Regel sein – und dafür sollten sich Immobilieneigentümer wappnen. Technisch überholte Häuser und Wohnungen dürften angesichts solch einer Entwicklung rasant an Wert verlieren, wenn sie nicht mindestens den Standard eines Niedrigenergiehauses erfüllen.

Wer gerade sein neues Zuhause plant, sollte seiner Fantasie ruhig einmal freien Lauf lassen: Es muss nicht mehr die gute alte Ölheizung sein, damit es in Ihren eigenen vier Wänden kuschelig warm wird. Sprechen Sie mit Freunden und Bekannten, mit Experten und Spezialisten, die schon Erfahrung damit gesammelt haben beziehungsweise über Technik und Komplexität der Anlagen detailliert Auskunft geben können.

Teil IV
Kaufen: alles Wissenswerte rund um den Vertrag

IN DIESEM TEIL ...

Wir zeigen Ihnen, was nach Ihrer Kaufentscheidung in puncto Kauf- beziehungsweise Bauvertrag alles auf Sie zukommt. Wir erklären Ihnen, worauf Sie vor der Unterschrift noch einmal achten sollten und was nach der Vertragsunterzeichnung noch alles passiert.

Hier erfahren Sie auch, warum Sie sich angesichts der Fülle von Details niemals zu einem Unterschriftstermin drängeln lassen sollten.

Wir erläutern Ihnen auch die typischen Anhänge eines Immobilienkauf- oder Bauvertrags, die Sie üblicherweise zusätzlich zum Hauptdokument unterschreiben müssen.

IN DIESEM KAPITEL

Wie Sie Fallen im Kaufvertrag umschiffen

Wo die Besonderheiten beim Wohnungskauf liegen

Welche Alternativen Sie beim Bauvertrag haben

Kapitel 11
Der Vertrag aller Verträge

Was alles in einen Kaufvertrag gehört

Falls Sie nicht selbst bauen, unterschreiben Sie in der Regel einen Kaufvertrag für Ihre Immobilie. Und falls Ihnen das Grundstück noch nicht gehört, erfolgt die Unterzeichnung dieses Vertrags vor einem Notar. Dies macht den notariellen Kaufvertrag zum bedeutsamsten Dokument für Immobilienkäufer.

Erst mit Unterschrift unter diesen Vertrag wird aus allen Ihren Planungen Realität. Ja, Sie lesen richtig: Ihre monatelangen Gespräche mit Bauträgern, Nachbarn, Maklern und anderen haben rechtlich in der Regel keine Folgen. Entscheidend beim Erwerb von Immobilien ist allein der Kaufvertrag – und der steht am Ende eines langen Prozesses. Dieser Kaufvertrag ist vermutlich eines der wichtigsten Dokumente in Ihrem Leben. Denn erst nach dieser Unterschrift

- ✔ werden Sie Grundbesitzer,
- ✔ fließt der Kaufpreis,
- ✔ tritt Ihr Kreditvertrag mit der Bank in Kraft,
- ✔ erfolgt der endgültige Übergang des Eigentums.

Da es mit diesem Vertrag wirklich ernst wird, sollten Sie sich nach all den Monaten der Vorarbeit jetzt noch einmal zusammenreißen und das Vertragswerk gründlich studieren. Es werden Ihnen dabei eine Menge Fachbegriffe und juristische Kniffe begegnen. Lassen Sie sich davon nicht durcheinanderbringen, sondern nutzen Sie die folgenden Seiten, um sich mit der Thematik vertraut zu machen. Scheuen Sie sich auf keinen Fall, bei jedem einzelnen Punkt, den Sie nicht verstehen, Expertenrat einzuholen. Sie haben die Wahl zwischen

- ✔ dem Verkäufer,
- ✔ dem Makler,
- ✔ einem Anwalt Ihrer Wahl,
- ✔ Verbraucherschutzorganisationen,
- ✔ dem Notar.

Nutzen Sie die Sachkenntnisse von Notaren. Sie sind verpflichtet, Ihnen alle Ihre Fragen zu einem Vertragsentwurf zu beantworten. Und angesichts der Erfahrung aus Hunderten ähnlicher Verträge wissen sie sehr gut um die entscheidenden Themen, Fallstricke und Probleme.

Die wesentlichen Inhalte des Kaufvertrags

Damit Sie ein Gefühl bekommen, was ein Immobilienkaufvertrag alles enthält, erst einmal eine Übersicht:

- ✔ **Angaben zum Kaufobjekt.** Das bedeutet weit mehr als die Angabe Einfamilienhaus im Bürgermeister-Meier-Weg 54. Notwendig sind sämtliche Angaben zum Grundbesitz aus dem Grundbuch, inklusive eingetragener Grundschulden und Grundpfandrechten sowie Wegerechte Dritter.

- ✔ **Angaben zum Kaufpreis.** Die wichtigste Zahl im gesamten Vertrag. Neben dem Preis enthält ein Vertrag auch die Zahlungsmodalitäten. Falls Ihr Haus noch im Bau ist, sollten Sie auf jeden Fall einen Festpreis für die Fertigstellung vereinbaren, der alle noch anfallenden Kosten bis zur Übergabe umfasst.

- ✔ **Bezugstermin.** Egal, ob neue oder gebrauchte Immobilien: Schreiben Sie unbedingt Ihren Bezugstermin fest und vereinbaren Sie Konventionalstrafen, falls es zu Verzögerungen kommt.

- ✔ **Gewährleistung.** Üblicherweise gewährleistet der Verkäufer bei Neubauten die Funktionstüchtigkeit aller Gebäudeteile für fünf Jahre. Ansonsten ist die Gewährleistung Verhandlungssache.

- ✔ **Haftung.** Grundsätzlich haftet der Verkäufer für den mangelfreien Zustand der Immobilie. Allerdings wird in vielen Fällen und gerade bei gebrauchten Immobilien diese Haftung vertraglich ausgeschlossen. Dann gilt: Gekauft wie gesehen.

- ✔ **Rücktritts- und Minderungsrechte.** Eine Woche nach Vertragsabschluss erhalten Sie ein Angebot für einen Traumjob in einer anderen Stadt? Oder Ihre Frau packt nach einem heftigen Streit die Koffer? Generell gilt: Pech gehabt. Der Immobilienkaufvertrag ist und bleibt gültig – es sei denn, Sie haben explizit im Vertrag ein Rücktrittsrecht für einen bestimmten Zeitraum festgelegt.

- ✔ **Vollstreckungsunterwerfung.** Das klingt nicht gut und ist auch nicht schön. Diese übliche Klausel in Immobilienkaufverträgen sieht vor, dass Sie als Käufer sich der sofortigen Zwangsvollstreckung unterwerfen, falls Sie den Kaufpreis nicht zahlen. Ein wichtiges Faustpfand für den Verkäufer, denn so bekommt er im Fall der Fälle zumindest sein Haus zurück.

- ✔ **Auflassungsvormerkung.** Mit dieser Vorschrift erfolgt der Eintrag Ihres Namens im Grundbuch. Der Name des Verkäufers wird allerdings erst dann gestrichen, wenn Sie den Kaufpreis überwiesen haben.

Im Kaufvertrag geht es also zum einen darum, festzulegen, was Sie da eigentlich kaufen. Zum anderen hält das Dokument fest, was passiert, wenn etwas schiefgeht.

Die wichtigsten Paragrafen auf einen Blick

Im Internet finden Sie an verschiedenen Stellen Musterverträge für den Kauf von Immobilien. Sie unterscheiden sich nur im Detail, folgen aber derselben Logik. Bewusst enthält dieses Buch an dieser Stelle keinen vollständigen Mustervertrag, sondern lediglich eine Übersicht der wichtigsten Paragrafen beziehungsweise im nächsten Abschnitt einige zentrale Paragrafen zu Objekt und Kaufpreis. Denn ein Mustervertrag birgt immer die Gefahr, dass sich ein Vertragspartner in falscher Sicherheit wiegt. Das sollten Sie aber niemals machen!

Jeder Vertrag hat seine individuellen Besonderheiten – und deshalb sollten Sie jeden Vertrag auch mit der gebotenen Sorgfalt studieren, die man einem Unikat entgegenbringt. Glücklicherweise folgen aber all diese Unikate dem gleichen Schema – und das sieht wie folgt aus:

Vorbemerkung: Bevor ein Vertrag losgeht, wird erst einmal festgehalten, wer genau hier mit wem vor welchem Notar einen Vertrag schließt.

Feststellung: Hier erfolgt eine genaue Spezifikation des Kaufobjekts auf Basis der Grundbucheintragung. In der Regel wird darauf verzichtet, alle Einzelheiten einer Immobilie aufzuführen. Erfasst werden nur Besonderheiten wie beispielsweise der Mitverkauf von Mobiliar. Zu den Feststellungen zählt auch die Auflistung sämtlicher im Grundbuch verzeichneter Belastungen. Übersichtlicher wird das Ganze, wenn dem Vertrag Pläne und Karten beigefügt sind.

§1 Kaufpreis: Die Nennung des Preises erfolgt in Zahlen und in Worten. Zudem fixiert bereits der erste Paragraf Fälligkeit und Kontoverbindung.

§2 Kaufpreisfinanzierung: Dieser Paragraf regelt, dass Ihre Bank bereits vor Eintragung der eigentlichen Eigentumsänderung im Grundbuch einen Zugriff auf Ihre Immobilie erhalten kann. Ohne diese Sicherheit würde sie nämlich den Kaufpreis nicht auszahlen.

§3 Besitzübergabe: Erst am Tage der vollständigen Kaufpreiszahlung werden Sie Eigentümer Ihres lang ersehnten Hauses. An diesem Tag gehen auch sämtliche Lasten und Gebühren, Steuern und Abgaben auf Sie über. Und natürlich der unumschränkte Nutzen. Ab jetzt wohnen Sie wirklich in den eigenen vier Wänden!

§4 Haftung für Rechts- und Sachmängel: In der Regel fällt dieser Passus nicht besonders käuferfreundlich aus. Der Verkäufer muss allerdings versichern, dass ihm keine versteckten Mängel bekannt sind. Wenn der Heizungskessel dann zwei Monate später versagt und der örtliche Installateur erklärt, das hätte er schon lange dem Vorbesitzer gesagt, dann haftet dieser doch.

§5 Kosten und Steuern: Auch dieser Paragraf ist nicht gerade käuferfreundlich. In der Regel trägt der Käufer die Grunderwerbsteuer sowie alle rund um den Vertrag entstehenden Kosten.

§6 Auflassung: Die Auflassung, das ist der endgültige Eigentumsübergang, erfolgt erst nach vollständiger Zahlung des Kaufpreises. Davor steht lediglich eine Auflassungsvormerkung im Grundbuch. Die besagt, dass Sie das Grundstück gerade erwerben, und signalisiert Dritten, dass sie aktuell keine Chance haben, noch ein Konkurrenzangebot abzugeben.

§7 Vollzugs- und Finanzierungsvollmacht: Der Kauf eines Hauses erfolgt Zug um Zug. Die Abwicklung übernehmen Notarangestellte, die dafür Ihre Vollmacht benötigen.

In den abschließenden Paragrafen wird festgelegt, dass der Vertrag auch gilt, wenn einzelne Passagen unwirksam werden, dass der Makler eine Provision bekommt und dass dieses Vertragswerk in zahlreichen Abschriften unter anderem an das Grundbuchamt, das Finanzamt, die Stadt und die Bank des Käufers geht.

Und das soll alles sein? Ja, das ist alles, was Sie notariell erledigen müssen. Aber dieses vergleichsweise kurze Paragrafenwerk hat es in sich. Die Formulierungen zu vier Themen sollten Sie besonders gründlich unter die Lupe nehmen, bevor Sie den Vertrag aller Verträge unterschreiben:

1. **Grundbucheintrag:** Schauen Sie sich ganz genau an, was Sie laut Vertrag wirklich kaufen. Alle bisher ausgetauschten Dokumente waren nicht verbindlich – dieses ist es. Klären Sie unbedingt, ob Ihr Grundstück frei von Lasten ist und wie seine Grenzen verlaufen. Schon mancher gutgläubige Erwerber musste hinterher erleben, dass der Charme des großen Vorplatzes vor seinem Haus lediglich auf der Nachgiebigkeit des Nachbarn beruhte – und sah sich plötzlich finanziellen Forderungen oder einer Mauer an der wirklichen Grundstücksgrenze gegenüber.

2. **Kaufobjekt:** Bei Ihrem letzten Gang durch das neue Haus hat der Eigentümer noch geklärt, dass er die Gartengeräte dalassen würde und auch im Keller alles so bliebe, wie es ist. Rechtlich ist diese Äußerung kaum einklagbar. Es zählt, was im Vertrag steht – und wenn der Verkäufer am Ende doch den Sitzrasenmäher einpackt, müssen Sie in die Tasche greifen und für Ersatz sorgen. Wenn Sie also Mobiliar mit erwerben – und dafür auch ein paar Tausend Euro auf den Kaufpreis draufgelegt haben –, sollte dies unbedingt im Kaufvertrag vermerkt sein.

3. **Termin:** Je härter die Formulierung für Ihren Einzugstermin, desto besser. Es gibt jede Menge Schlupflöcher bei neuen und gebrauchten Immobilien, die immer auf Fristen setzen, Übergangszeiten definieren oder gar einen Termin in Abhängigkeit von anderen Terminen setzen wie »180 Tage nach Rohbaubeginn«. Wenn Sie Pech haben, warten Sie danach noch eine lange Zeit auf die Maurer.

4. **Gewährleistung:** »Selbstverständlich haben wir einen Energieausweis« – auch diese Aussage bei einem Treffen mit dem Vorbesitzer ist unverbindlich. Es zählt nur, was schwarz auf weiß vorliegt und/oder notariell beurkundet ist. Wenn Ihnen also bestimmte Gewährleistungen besonders wichtig sind, verhandeln Sie hartnäckig, damit diese auch Bestandteil des Kaufvertrags werden – und Sie im Fall der Fälle einen Rechtsanspruch in der Hand halten. Ein Klassiker sind Altlasten im Boden, beispielsweise in der Nähe einer alten Deponie oder eines Industriegeländes. Der Satz, das sei alles in Ordnung, hilft nichts, wenn später Ihr Garten zur Baugrube mutiert.

Wenn Sie Zweifel an den Aussagen des Verkäufers haben und der sich ziert, für diese im notariellen Vertrag einzustehen, sollten Sie misstrauisch werden. Sie haben jetzt zwei Möglichkeiten: Entweder verabschieden Sie sich kurz vor Schluss noch von Ihrem Traumobjekt oder Sie beauftragen einen Gutachter. Eventuell ist sogar der Verkäufer zu einer Teilung der Kosten bereit, damit die Transaktion endlich über die Bühne geht. Aber auch unabhängig davon kann Ihnen ein Gutachten zur Bodenqualität, zur Wasserundurchlässigkeit des Kellers oder zum Zustand der Rohrleitungen später eine Menge Ärger ersparen.

Augen auf beim Wohnungskauf

Grundsätzlich unterscheidet sich der Kaufvertrag bei einer Eigentumswohnung nicht von dem eines Hauses. Allerdings ist es etwas komplizierter, festzulegen, was Sie da eigentlich kaufen. Denn das Grundstück gehört Ihnen nicht allein. Grundlage Ihres Vertrages ist daher die sogenannte *Teilungserklärung*. Diese teilt eine Wohnanlage in Gemeinschafts- und Sondereigentum auf und weist jeder einzelnen Wohnung einen Prozent- oder Promilleanteil an der Gesamtanlage zu.

Sondereigentum klingt erst einmal sonderbar. Dahinter verbirgt sich aber Ihre eigene Wohnung, die Ihnen ganz allein gehört und über die Sie ganz allein verfügen können. Der Rest – darunter Treppenhaus, Keller und Garten – ist Gemeinschaftseigentum. Und hier können Sie nur dann etwas verändern, wenn die Mehrheit der Eigentümer zustimmt. Dafür gibt es mindestens einmal pro Jahr eine Eigentümerversammlung, die über einen Fassadenanstrich, die Renovierung des Dachgeschosses oder neue Fliesen für den Keller entscheidet.

Wer schon einmal eine Wohnung besaß, weiß, dass solche Eigentümerversammlungen nicht immer friedlich verlaufen. Um ausuferndem Streit zu verhindern, enthalten die Teilungserklärungen daher auch gleich ein Regelwerk für den ordnungsgemäßen Ablauf solcher Treffen und das Entscheidungsprozedere.

Falls Sie es bisher noch nicht gemacht haben: Schauen Sie sich unbedingt vor Vertragsunterzeichnung die Protokolle der letzten Eigentümerversammlungen genau an. Erstens sehen Sie dort, wie friedlich die Hausgemeinschaft wirklich funktioniert, und zweitens bekommen Sie einen guten Eindruck, welche Renovierungen bald anstehen und wie sorgfältig die Hausgemeinschaft die Anlage pflegt.

Damit Sie sehen, wie kompliziert es juristisch ist, einen Anteil an einem Grundstück mit mehreren Wohnungen zu (ver-)kaufen, folgt der Beginn eines konkreten Vertrags über den Kauf einer Eigentumswohnung, wobei einige Angaben geschwärzt sind, sodass die Anonymität gewahrt bleibt. Wenn Sie Muße haben, schauen Sie sich die umfangreichen Regeln doch einmal kurz an und vergleichen Sie diese mit Ihrem Vertragsentwurf; ansonsten blättern Sie einfach bis zum Ende dieses Kastens.

Der Anfang eines Vertrags über den Kauf einer Immobilie

Urkundenrolle 2xxx/2003

VERHANDELT

Zu Köln, Straße, am 7. Juli 2003

Vor mir,

Name des Notars (mit Amtssitz in Köln)

erschienen

1. Verkäufer, geboren am 1. Januar 1965, Wohnort

2. Käufer, geboren am 19. März 1966, Wohnort

Die Erschienenen erklärten

Wir schließen folgenden

KAUFVERTRAG

I. Kaufgegenstand

1. Der Verkäufer ist eingetragener Eigentümer des im Wohngrundbuch des Amtsgerichts Bergheim von Brauweiler Blatt 2xyx verzeichneten Wohnungseigentums, bestehend aus einem

Miteigentumsanteil von 338/1000 an dem Grundstück Gemarkung Brauweiler, Flur 13, Flurstück 1xyx, Adresse, 451 Quadratmeter groß, verbunden mit dem Sondereigentum an der im Obergeschoss und Dachgeschoss gelegenen Wohnung, bestehend aus sämtlichen, im Aufteilungsplan mit Nr. 3 bezeichneten Räumen, dem Balkon im Obergeschoss sowie der Loggia im Dachgeschoss und einem Keller im Kellergeschoss, im Aufteilungsplan ebenfalls mit Nr. 3 bezeichnet.

Gemäß Eintragung im Bestandsverzeichnis des vorgenannten Grundbuchblattes steht dem jeweiligen Eigentümer der Sondereigentumseinheit Nr. 3 das Sondernutzungsrecht an der im Lageplan mit 9.19 bezeichneten Stellplatzfläche sowie an der zu seiner Wohnungseigentumseinheit führenden Treppe ab der ersten Stufe zu.

2. Das Grundbuch weist folgende Belastungen aus

   Abteilung II: keine

   Abteilung III: Nr. 3 Briefgrundschuld in Höhe von € xyz.xyz für die Stadtsparkasse Köln in Köln

   Diesen Grundbuchinhalt hat der Notar am 30. Juni 2003 feststellen lassen.

3. Die Grundschuld Abteilung III Nr. 3 wird vom Käufer nicht übernommen.

II. VERKAUF

1. Der Verkäufer verkauft das vorbezeichnete Wohnungseigentum mit allen wesentlichen Bestandteilen und Zubehör dem dies annehmenden Käufer.

   Mitverkauf und im nachgenannten Kaufpreis enthalten sind die folgenden gebrauchten Einrichtungsgegenstände:

   a) Die Einbauküche, bestehend aus

   - Herd mit Backofen

   - Dunstabzugshaube

   - Spülmaschine

   - ...

   b) Die Küchentheke

   c) Die Einbauschränke im Schlafzimmer

   Der Verkäufer ist verpflichtet, dem Käufer den lastenfreien Besitz und das lastenfreie Eigentum an den mitverkauften Einrichtungsgegenständen zu verschaffen. Der Käufer kauft die Einrichtungsgegenstände im gegenwärtigen, gebrauchten und altersbedingten Zustand, welcher ihm bekannt ist. Er hat die mitverkauften Einrichtungsgegenstände besichtigt. Garantien werden vom Käufer nicht abgegeben; er versichert, dass ihm versteckte Mängel nicht bekannt sind.

   Die Beteiligten sind sich darüber einig, dass die mitverkauften Einrichtungsgegenstände – unter der aufschiebenden Bedingung der vollständigen Zahlung des Kaufpreises – in das Eigentum des Käufers übergehen.

   Vertragsstörungen wegen des Kaufes der Einrichtungsgegenstände lassen den Kaufvertrag über die Immobilie unberührt.

> 2. Der Verkäufer hat dem Käufer vor der heutigen Verhandlung ein Exemplar der Teilungserklärung ausgehändigt. Der Käufer erklärte, dass ihm der Inhalt der Teilungserklärung bekannt ist. Soweit Bestimmungen dieser Teilungserklärung nicht Inhalt des Wohnungseigentums geworden sind, übernimmt der Käufer alle hierin enthaltenen Verpflichtungen und verpflichtet sich seinerseits, diese Verpflichtungen auch seinen Rechtsnachfolgern aufzuerlegen.
>
> Der Notar hat den Käufer darauf hingewiesen, dass etwaige Beschlüsse der Wohnungseigentümer für ihn verbindlich sind. Der Verkäufer hat dem Käufer den geltenden Wirtschaftsplan ausgehändigt. Er garantiert, dass Beschlüsse der Eigentümergemeinschaft über Sonderumlagen nicht gefasst worden sind und dass keine Wohngeldrückstände bestehen.
>
> Das Wohngeld beträgt derzeit monatlich € 180,--.
>
> Der Anteil des Verkäufers an den gemeinschaftlichen Geldern (Vorschüsse, Instandhaltungsrücklage usw.) geht ohne Erstattung an den Käufer über.
>
> Der Verkäufer erteilt dem Käufer Vollmacht, für ihn ab dem Tage des Besitzüberganges in der Wohnungseigentümerversammlung das Stimmrecht auszuüben.
>
> 3. Gemäß Eintragung im Bestandsverzeichnis des vorgenannten Grundbuchblattes ist zu der Veräußerung des Wohnungseigentums die Zustimmung eines Dritten, insbesondere des Wohnungseigentumsverwalters, nicht erforderlich.

In Kurzform: Noch bevor der Vertrag überhaupt zum Kaufpreis kommt, listet er auf mehreren Seiten genau auf, was Sie da eigentlich kaufen und wie Ihre rechtliche Stellung künftig im Haus ist. Für den Schnellleser noch einmal die wichtigsten Punkte im Überblick:

1. Kaufgegenstand: Hier wird detailliert aufgeführt, was zu Ihrer Wohnung gehört. Neben der eigentlichen Wohnung sind das in der Regel ein Keller, ein Stellplatz und Außenanlagen.

2. Teilungsplan: Hier ist festgelegt, wie die Abstimmung mit den Miteigentümern funktioniert und welcher Anteil am Gemeinschaftseigentum Ihnen künftig gehört.

3. Wohngeld: Für notwendige Reparaturen und gemeinschaftliche Ausgaben wie Heizöl zahlen Eigentümergemeinschaften monatlich auf ein separates Konto ein. Der Vertrag sagt Ihnen auf Heller und Pfennig, welche Belastungen auf Sie zukommen.

Haben Sie noch Lust auf ein wenig mehr Juristendeutsch? Dann studieren Sie doch im nachfolgenden Kasten mal die detaillierten Ausführungen zum Kaufpreis. Ansonsten überblättern Sie auch dieses Element einfach.

Welche Bestimmungen ein Notarvertrag zum Kaufpreis enthalten kann

III. Kaufpreis

1. Der Kaufpreis beträgt

   € 200.000,-- (in Worten: zweihunderttausend Euro)

   Von dem Kaufpreis entfallen

   a) Auf das verkaufte Wohnungseigentum ein Teilbetrag von € 180.000,--

   b) Auf die mitverkauften Eigentumsgegenstände ein Teilbetrag in Höhe von € 20.000,--

2. Der gesamte Kaufpreis ist fällig am 1. August 2003, jedoch nicht vor Ablauf einer Woche, nachdem

   a) das Wohnungseigentum gemäß den nachstehenden Vereinbarungen in Abschnitt IV. Ziffer 2 dieses Vertrages vom Verkäufer vollständig geräumt wurde und

   b) dem Käufer die schriftliche per Einschreiben gegen Rückschein an die letztbekannte Adresse des Käufers zu übersendende Bestätigung des Notars zugegangen ist, dass

   aa) dem Notar durch Vorlage eines Grundbuchauszuges nachgewiesen ist, dass zur Sicherung des Anspruchs des Käufers auf Eigentumsübertragung eine Vormerkung im Grundbuch eingetragen ist, und zwar mit Rang nur nach den in Abschnitt I. aufgeführten Belastungen bzw. mit Rang nach Grundpfandrechten, bei deren Bestellung der Käufer mitgewirkt hat.

   bb) dem Notar etwaige zu diesem Vertrag erforderliche Genehmigungen in der erforderlichen Form vorliegen,

   cc) dem Notar darüber hinaus vorliegen:

   - die Löschungsunterlagen für die Grundschuld Abteilung III, Nr. 3 in der erforderlichen Form

3. Bei Fälligkeit des Kaufpreises hat der Käufer den Betrag an den Verkäufer auf dessen Konto Nr. bei der Kreissparkasse Köln (BLZ: 37025029) zu überweisen.

4. Der Verkäufer bevollmächtigt den Käufer, auch bereits vor Eigentumsumschreibung Hypotheken oder Grundschulden in beliebiger Höhe mit Zinsen und Nebenleistungen zur Eintragung in das Grundbuch vor dem beurkundenden Notar zu bewilligen und zu beantragen und dabei in Ansehung der Grundpfandrechte der jeweiligen Eigentümer der sofortigen Zwangsvollstreckung zu unterwerfen.

> Die Vollmacht wird insoweit eingeschränkt, als der Verkäufer keine persönliche Haftung gegenüber den Gläubigern übernimmt und die Grundpfandrechte bis zur vollständigen Kaufpreiszahlung nur zur Sicherung des finanzierten und tatsächlich an den Verkäufer ausgezahlten Kaufpreises dienen. Die Beachtung dieser Einschränkung ist dem Grundbuchamt nicht nachzuweisen.
>
> Der Käufer ist bevollmächtigt, Rangänderungen im Grundbuch zu bewilligen und zu beantragen.
>
> Der Käufer tritt bereits jetzt seine Ansprüche auf Auszahlung der Darlehen bis zur Höhe des Kaufpreises an den Verkäufer ab und weist die Gläubiger unwiderruflich an, diesen Kaufpreis auf das vorstehend bezeichnete Konto des Verkäufers zu überweisen.
>
> 5. Der Käufer kommt in Verzug, wenn er den Kaufpreis nicht innerhalb einer Woche nach Zugang der Fälligkeitsmitteilung des Notars und Zugang der Mitteilung des Verkäufers über die erfolgte Räumung des Wohnungseigentums zahlt, nicht jedoch vor dem oben genannten Fälligkeitsdatum. Der Notar hat die Beteiligten darauf hingewiesen, dass der Verzugszinssatz für das Jahr 5 v.H. über dem Basiszinssatz liegt und sich zum 1. Januar und 1. Juli eines jeden Jahres verändern kann.
>
> 6. Der Käufer unterwirft sich wegen der Zahlung des Kaufpreises dem Verkäufer gegenüber der sofortigen Zwangsvollstreckung aus dieser Urkunde. Dem Verkäufer kann jederzeit ohne Nachweis der die Fälligkeit der Forderung begründenden Tatsachen eine vollstreckbare Ausfertigung dieser Urkunde erteilt werden, jedoch nicht vor Eintritt der vom Notar zu überwachenden Fälligkeitsvoraussetzungen.
>
> 7. Der Notar wird angewiesen, die Eintragung des Eigentümerwechsels erst zu veranlassen, wenn ihm die Zahlung des Kaufpreises nachgewiesen oder der Kaufpreis bei ihm hinterlegt ist. Vorher darf er dem Käufer und dem Grundbuchamt keine Ausfertigung oder beglaubigte Abschrift dieser Urkunde erteilen, die die Auflassung enthält.

Stopp! Wieso braucht es nur so viele Worte für den Kaufpreis? Für den schnellen Leser auch hier noch einmal das Wichtigste in Kürze:

- ✔ **Kaufpreis:** Wenn Sie Einrichtungsgegenstände mit erwerben, teilen Sie unbedingt den Kaufpreis auf. Denn dann zahlen Sie nur auf den eigentlichen Wohnungskauf Grunderwerbsteuer. Gilt im Übrigen natürlich auch beim Hauskauf.

- ✔ **Eigentumsübergang:** Entscheidend ist am Ende, was im Grundbuch steht. Und dort taucht Ihr Name erst dann auf, wenn der Verkäufer den Kaufpreis auf seinem Konto hat. In der Regel bekommt er ihn von Ihrer Bank.

- ✔ **Termin:** Wie in den vorstehenden Ausführungen festgelegt, sollten Sie unbedingt darauf bestehen, die Zahlung des Kaufpreises an den Auszug des Verkäufers zu koppeln. Ansonsten droht Ihnen Ungemach.

Keine Sorge – mit den restlichen Paragrafen verschonen wir Sie. Aber höchstwahrscheinlich haben Sie mittlerweile auch ein gutes Gespür für die entscheidenden Knackpunkte in einem solchen Vertragswerk entwickelt. Am Ende geht es darum, festzulegen, was genau Sie für wie viel Geld wann kaufen und was passiert, wenn etwas schiefgeht.

Auch beim Wohnungskauf gilt: Hinterfragen Sie sämtliche Formulierungen kritisch und haken Sie bei allen unverständlichen Punkten nach. Als Ansprechpartner kann Ihnen der Notar ebenso dienen wie ein Anwalt Ihrer Wahl. Unterstützung bieten auch Verbraucherschutzinitiativen an.

Ein Bauvertrag ist speziell

Die Regel beim Neubau ist, dass Sie Ihr Eigenheim samt Grundstück von einem Bauträger erwerben. In diesem Fall schließen Sie ebenfalls einen Kaufvertrag vor einem Notar. Warum? Weil in Deutschland beim Erwerb von Grund und Boden eine notarielle Beurkundung vorgeschrieben ist. Anders sieht die Situation aus, wenn Sie die beiden Geschäfte trennen und erst einmal ein Grundstück erwerben, um später darauf zu bauen. Oder vielleicht gehört Ihnen nach einer Erbschaft oder Schenkung ja auch schon ein Grundstück? In diesem Fall sind Sie von der Vertragsgestaltung her erst einmal frei.

Grundsätzlich gilt dann das Bürgerliche Gesetzbuch, das BGB. Dieses regelt aber nur grundsätzliche Themen wie die Zahlung eines Kaufpreises und den Eigentumsübergang. Sämtliche Details sind frei verhandelbar, wobei das für Sie nicht unbedingt von Vorteil ist. Denn in diesem Fall legen Bauunternehmer gern ihre Allgemeinen Geschäftsbedingungen (AGB) und Merkblätter für einzelne Themen zugrunde. Ihnen bleibt dann nichts anderes übrig, als dies alles Blatt für Blatt zu studieren. Generell enthalten Bauverträge in der Regel zumindest die folgenden Dokumente:

✔ Den eigentlichen Bauvertrag

✔ Die Allgemeinen Geschäftsbedingungen/Der VOB/B

✔ Die Bau- und Leistungsbeschreibung

✔ Skizzen mit den Maßen für Grundstück, Ansichten & Co.

Nachfolgend erfahren Sie, was hinter dem Kürzel VOB/B steckt und was eine Baubeschreibung im besten Fall so alles enthält.

Sogar ein Handschlag würde reichen, um einen wirksamen Bauvertrag abzuschließen. Da Sie aber eine Fülle von Details vorab geklärt haben und diese festhalten sollten, bestehen Sie unbedingt auf die Schriftform.

Schließen Sie erst dann einen Bauvertrag ab, wenn der Grundstückskauf notariell beurkundet und im Grundbuch eingetragen ist. Denn der Bauvertrag bleibt gültig, selbst wenn der Grundstückskauf in letzter Sekunde platzt!

Wofür stehen die AGB?

Wie gesagt, der Bauvertrag selbst ist nur der Mantel für eine Fülle von Einzelvereinbarungen. Ein zentrales Element sind die Allgemeinen Geschäftsbedingungen, die AGB. Sie haben solche AGB schon Dutzende Male erhalten und vermutlich Dutzende Mal ignoriert. Oder lesen Sie bei iTunes die regelmäßigen Aktualisierungen des Kleingedruckten, bevor Sie auf »Akzeptieren« klicken?

Im Fall eines Bauvertrags sollten Sie weniger nachlässig sein. Denn die AGB setzen hier den Rahmen für die Zusammenarbeit mit Ihrem Unternehmer. Hier stehen die Details zu Fristen, Zahlungsterminen und Gewährleistung – generell alles, was für alle Käufer gleichermaßen gilt. Die gute Nachricht: Diese AGB dürfen Sie nicht benachteiligen; ansonsten haben Sie zumindest eine Klagemöglichkeit bei Gericht. Aber wenn ein Bauunternehmer schon vor dem ersten Spatenstich ein Drittel des vereinbarten Gesamtpreises haben will oder jegliche Haftung für das Mauerwerk ausschließt, sollten Sie schleunigst das Weite suchen – das ist schlicht und ergreifend unseriös.

In der Praxis gleichen sich viele AGB. Nehmen Sie sich dennoch die Zeit und lesen Sie sich diese einmal gründlich durch. Und haken Sie bei offenen Fragen und Unklarheiten nach!

Und was bitte ist VOB?

VOB steht für *Vergabe- und Vertragsordnung* für Bauleistungen. Verantwortlich hierfür ist der Deutsche Vergabe- und Vertragsausschuss für Bauleistungen, dem unter anderem Vertreter aus Bundes- und Landesministerien, kommunalen Verbänden und der Bauindustrie angehören. Die VOB sind weder ein Gesetz noch eine Rechtsverordnung und doch dient dieses dreiteilige Klauselwerk in vielen Fällen als Grundlage für öffentliche und private Bauten. Der Grund: Es ist eine DIN-Norm, und zwar die DIN 1961. Für Sie als privater Bauherr ist vor allem deren Teil B interessant; da geht es nämlich um Regelungen zum Bauvertrag. Wenn Sie sich schon einmal einen ersten Eindruck verschaffen wollen, gehen Sie doch einfach auf www.vob-online.de. Dort finden Sie den gesamten Text.

Die VOB/B, also der Teil B dieser DIN-Norm, dient als Allgemeine Vertragsbedingungen. In den Augen der Branche enthält sie die wesentlichen Bestimmungen, die beim Bau eines Hauses zu regeln sind. Allerdings setzt deren Lektüre schon ein gewisses Maß an Bau-Know-how voraus – und das haben nur die wenigsten Bauherren. Daher sollten Sie auch bei Vereinbarung eines Bauvertrags, dem die VOB/B zugrunde liegen, einen Experten hinzuziehen.

Aber was steht denn nun genau da drin? Hier ein kurzer Überblick über die wichtigsten Passagen und die darin enthaltenen Fallstricke:

- ✓ **Art und Umfang der Bauleistung:** Dieser Paragraf regelt vor allem, was passiert, wenn sich in all den Vertragsbestandteilen, die Sie unterschreiben, Widersprüche einschleichen. Denn dann gilt: Vorrang hat die Leistungsbeschreibung, dann kommen die besonderen und eventuell zusätzlichen Vertragsbedingungen und dann erst allgemeine Vertragsbedingungen.

✔ **Vergütung:** Diese Ausführungen sind insofern tückisch, als dass sie den Bauunternehmen Spielraum für Nachforderungen eröffnen.

✔ **Ausführungsunterlagen:** Auch nicht ganz ohne, denn Sie als Auftraggeber sind erst einmal dafür zuständig, Ihr Grundstück richtig abzugrenzen und zu markieren. Der Auftragnehmer baut in den Grenzen, die Sie ihm setzen – und sind die falsch, kann die Garage schon einmal 20 Zentimeter auf das Nachbargrundstück rutschen.

✔ **Ausführung:** Hier geht es weiter darum, wer wofür zuständig ist. Und Sie als Bauherr bleiben in der Pflicht oder müssen dafür sorgen, dass ein Experte beispielsweise das Zusammenwirken der verschiedenen Gewerke auf der Baustelle regelt.

✔ **Ausführungsfristen:** Eine gute Nachricht: Nach Aufforderung muss ein Bauunternehmen 12 Werktage später mit der Ausführung beginnen.

✔ **Verteilung der Gefahr:** Eine tückische Stelle innerhalb der Norm. Denn nach VOB/B müssen Sie bereits vor der Abnahme Ihres Hauses für Leistungen zahlen, auch wenn der Rohbau beispielsweise infolge eines Unwetters oder einer anderen Naturkatastrophe zerstört wurde. Gemäß BGB müssen Sie dagegen erst nach Endabnahme bezahlen.

✔ **Abnahme:** Auch die Abnahme selbst birgt Tücken. Wenn Sie nämlich nicht innerhalb der ersten 12 Werktage, nachdem Sie Ihr Bauunternehmer über die Fertigstellung Ihres Hauses informiert hat, schriftlich eine Abnahme verlangen, gilt diese als erteilt.

✔ **Mängelansprüche:** Die nächste Stolperfalle. Üblich ist es in Deutschland, eine Gewährleistung von fünf Jahren für Neubauten auszusprechen. Laut VOB/B sind es aber nur vier Jahre und nach Beseitigung eines Mangels sogar nur zwei Jahre; üblicherweise läuft sonst die 5-Jahres-Frist von vorn.

Darüber hinaus enthalten die VOB/B auch noch Ausführungen zur Haftung, zu Zahlungsmodalitäten und zu Sicherheitsleistungen. Sie sehen, das meiste ist in diesen Klauseln geregelt, aber nicht unbedingt zu Ihrem Vorteil. Was tun? Selbstverständlich können Sie einzelne Punkte nachverhandeln und anders fixieren. Oder Sie verzichten auf die Anwendung der VOB/B und verlassen sich auf das BGB? Bevor Sie hier auf eigene Faust handeln, sollten Sie auf jeden Fall einen Anwalt zurate ziehen, der sich im Baurecht auskennt. Hilfreich ist auch der Kontakt zu anderen Bauherren, die mit dem gleichen Unternehmen gearbeitet haben. Bekommen Sie hier unisono ein positives Feedback, dürfte sich mancher Streit um das Kleingedruckte erübrigen.

 Wenn Sie einen Bauvertrag abschließen, bei dem die VOB/B Vertragsbestandteil werden, achten Sie auf jeden Fall auf die schriftliche Fixierung einer fünfjährigen Gewährleistung. Denn manche Mängel sieht man bei Neubauten einfach erst nach ein paar Jahren.

Und wo steht, was da eigentlich gebaut wird?

Wir sagten es bereits – ein Bauvertrag ist ein Dokument mit mehreren Anhängen. Und ein zentrales Element fehlt noch: die Bau- und Leistungsbeschreibung. Hier gilt die Grundregel: je detaillierter, desto besser. Auf zwei Seiten lässt sich einfach nicht genau erfassen, welche

Materialien wo verwendet werden und wie Ihr Haus genau aussehen soll. Und Begriffe wie »hochwertige Ausstattung« und »Markenprodukte« sind mehr als dehnbar. Wenn aber schriftlich festgelegt wird, dass im Bad die Fliese »Umbria« des Herstellers Maier & Söhne zum Einsatz kommt, ist alles klar – und auch vor Gericht einklagbar. Denn wenn es zum Streit mit Ihrem Bauunternehmen kommen sollte, wird sich der Richter immer ganz genau die Leistungsbeschreibung anschauen – und urteilen, ob diese eingehalten wurde oder eben nicht.

Je ausführlicher, desto besser! Verhandeln Sie so lange mit Ihrem Bauunternehmer, bis er dezidert all die Versprechungen zu Materialien, Bauweisen und Prozessen auch schriftlich fixiert. Erst dann sind Sie auf der sicheren Seite.

Damit Sie einen Überblick erhalten, was »ausführlich« bei einer Bau- und Leistungsbeschreibung bedeuten kann, nachfolgend eine kurze Übersicht möglicher Inhalte:

- ✔ **Gebäudedaten:** Abmessungen, Flächen, Geschosse, Räume und Raumhöhen, jeweils in Metern beziehungsweise Quadratmetern

- ✔ **Energie:** Angaben zu Primärenergiebedarf, Energiekennwerten, Luftdichtheit, Isolation und Schallschutz. Auch hier sollten nachmessbare Fakten stehen.

- ✔ **Baustelle:** Geräte, Absperrungen, sanitäre Anlagen, Bauschuttbeseitigung

- ✔ **Außenwände:** Material, Konstruktion, Putzsystem, Wärmedämmung, Oberflächengestaltung

- ✔ **Innenwände:** Material, Konstruktion, tragende versus nicht tragende Wände, Fliesen, Wandbeläge

- ✔ **Fußböden/Decken: Konstruktion** (massiv oder Holzbalken und Ähnliches), Oberflächen, Fußbodenkonstruktion, Trittschalldämmung, Abdichtung von Feuchträumen, Angaben zu Belägen inklusive Preisen

- ✔ **Dach:** Konstruktion, Deckung, Abdichtung, Wärmedämmung (wie?), Qualität, Holzschutz, Dachentwässerung.

- ✔ **Türen:** Material von Türrahmen und -flügel, Art der Außentüren, Einbruchschutz, Oberflächenbehandlung, Breite und Höhe der Innentüren sowie deren Anzahl; Material dieser Türen und der Türrahmen und -flügel

- ✔ **Außenanlagen:** Konstruktion, Material, Bodenbeläge, Abdichtungen, Art und Material der Brüstungen

- ✔ **Kommunikation:** Welche Anschlüsse werden wo gelegt; Antennenanlage, Klingel, Gegensprech- oder Videoanlage; eventuell Brandmelde- und Einbruchmeldeanlage

Und so weiter und so fort: Zu jedem einzelnen Detail ihres künftigen Hauses – sei es das Badezimmer, die Heizung, die Küche oder die Elektroanlage – sollte möglichst genau festgelegt werden, welche Materialien zum Einsatz kommen, wie sie verarbeitet werden und welche qualitativen Anforderungen sie erfüllen sollen. Je spezifischer die einzelne Leistung beschrieben wird, desto weniger Streit kann es hinterher geben.

Vermutlich sehen Sie jetzt schon das gequälte Gesicht Ihres Gegenübers vor sich. Aber lassen Sie sich nicht beirren: Sie haben über alle diese Punkte vor Baubeginn gesprochen – und natürlich hat Ihr Gegenüber ein paar schöne Fotos von Ihrem »Traumbad« und der »Sonnen-Loggia« auf seinem Rechner gehabt. Jetzt muss er nur noch seine ganzen Versprechungen zu Papier bringen – und schon unterschreiben Sie den Vertrag. Sie sehen: An dieser Stelle sind Sie in einer guten Verhandlungsposition, denn letztendlich kann Ihnen keiner verweigern, mündliche Absprachen schriftlich zu fixieren. Und wenn er Sie deswegen, wie es im Deutschen so schön heißt, für einen Korinthenkacker hält, sei's drum.

Bei all den Details verliert man schnell den Überblick. Daher lassen Sie unbedingt Ihre ganz persönliche Bau- und Leistungsbeschreibung vor Unterschrift noch einmal von einem Experten durchsehen. Die Verbraucherzentralen leisten hier wertvolle Hilfe! Es kann sich auch lohnen, an diesem Punkt mit einem Architekten zusammenzuarbeiten, der die Sprache dieses Vertragsbestandteils aus dem Effeff beherrscht.

Der erste Entwurf der Bau- und Leistungsbeschreibung von dem Hausbauer Ihrer Wahl ist nur ein Entwurf. Nehmen Sie ihn unbedingt nur als Gesprächsgrundlage und nicht als gegebenen Vertragsbestandteil. Jedes einzelne Detail ist verhandelbar!

IN DIESEM KAPITEL

Der Ablauf beim Notar

Zug um Zug zum Immobilieneigner

Die Konsequenzen im Streitfall beim Notar

Kapitel 12
Die letzten Schritte bis zum Eigentümer

Der Notar liest Ihnen während des Termins jede einzelne Vertragsklausel vor. Es gibt gute Gründe, hier genau zuzuhören. Nach dem Notartermin steht dann die schrittweise Übertragung des Eigentums an. Lassen Sie sich hier nicht von juristischen Begriffen kirre machen. In diesem Kapitel erklären wir Ihnen, warum all diese Details für beide Vertragsparteien so immens wichtig sind.

Der Ernst beginnt – der Termin beim Notar

Sie haben verhandelt und verglichen, geplant und gerechnet: All das hat Sie genauso wie Ihre Gegenüber enorm viel Zeit gekostet. Interessanterweise ist aber rein juristisch gesehen bis dahin eigentlich noch nicht wirklich etwas passiert. Erst wenn Sie beim Notar Ihre Unterschrift unter einen Kaufvertrag setzen, werden Ihre Verhandlungs- und Planungsergebnisse Realität. Vermutlich ist daher für viele der Termin beim Notar nach dem Termin beim Standesamt der Termin mit den weitreichendsten Konsequenzen.

Der Termin vor dem Termin

Bevor Sie Ihre Unterschrift leisten, gibt es theoretisch immer einen separaten Besprechungstermin. Hier klärt der Notar mit beiden Vertragsparteien deren Zielvorstellungen, um darauf aufbauend einen passenden Vertragsentwurf zu erstellen. In der Praxis liegt häufig schon ein standardisierter Vertragsentwurf vor, den der Notar dann »nur noch« an Ihre individuellen Bedürfnisse anpasst.

Nutzen Sie die Kompetenz des Notars und vereinbaren Sie in jedem Fall vor dem Unterschriftstermin einen Beratungstermin. Hier erhalten Sie wertvolle Hinweise, was die einzelnen Passagen im Vertragswerk bedeuten und wo Sie besonders aufpassen müssen.

Übrigens: Sie haben die Wahl! Sie sind keinesfalls verpflichtet, dem Vorschlag eines Bauträgers oder Unternehmers zu folgen und den Vertrag bei dessen Haus- und Hofnotar beurkunden zu lassen. Wenn Sie beim Vorgespräch das Gefühl haben, dieser berate Sie nicht adäquat, oder wenn Sie selbst seit Jahren vertrauensvoll mit einem Notar zusammenarbeiten, können Sie einen Notar Ihrer Wahl durchsetzen. Schließlich zahlen Sie als Käufer am Ende ja auch die gesamten Notarkosten.

Egal welchen Notar Sie auch auswählen: Eine Woche vor dem Unterschriftstermin sollte der Vertragsentwurf in Ihrem Briefkasten liegen. Sie haben dann noch einmal einige Tage Zeit, dieses Dokument in Ruhe zu studieren. Falls Sie bei den Verhandlungen mit einem Anwalt zusammengearbeitet haben, sollte der dieses vorläufig finale Vertragswerk auf jeden Fall noch einmal zu Gesicht bekommen. Es passiert immer wieder, dass auch jetzt noch einzelne Passagen nicht den getroffenen Absprachen entsprechen. Das muss gar nicht unbedingt am bösen Willen des Notars liegen, sondern hat häufig menschliche Ursachen, sprich – die Änderung einer Passage wurde einfach vergessen.

 Kommt der Vertragsentwurf erst kurz vor knapp ins Haus, sollten Sie den Termin beim Notar verschieben! Sie können ein Dokument mit solch weitreichenden Folgen für Ihre Finanzen nicht über Nacht prüfen. Wer das von Ihnen verlangt, handelt unseriös.

Eine Unterschrift für sechsstellige Summen

Der Notartermin selbst verläuft angesichts der rechtlichen Folgen vergleichsweise unspektakulär. Eine Notariatsangestellte empfängt Sie, führt Sie in einen Warteraum und bittet Sie um Ihren Personalausweis. Ein Reisepass tut es auch, aber Sie müssen sich auf jeden Fall beim Notar legitimieren. Da Ihr derzeitiger Wohnort samt Vor- und Nachname Bestandteil des Kaufvertrags wird, sollten Sie vorher noch einmal checken, ob Ihr Dokument auch aktuell ist.

 Vergessen Sie niemals Ihren Ausweis, wenn Sie zum Notar gehen; es sei denn, der Herr oder die Dame kennt Sie persönlich! Ohne Legitimation platzt der Termin.

Wenn alle Beteiligten vollständig versammelt sind, beginnt der eigentliche Termin. Notare halten sich in der Regel nicht lange mit Höflichkeitsfloskeln und Konversation auf, sondern beginnen direkt mit ihrem Job: der Verlesung des gesamten Vertragstextes. Sie werden staunen, wie schnell man einen solchen Vertrag inklusive der genauen Nummerierung des Blattes im Grundbuch und anderer Details vorlesen kann. Es steht Ihnen aber jederzeit frei, die Verlesung zu unterbrechen, falls Sie etwas nicht verstanden haben.

Lesen Sie den Vertrag auf jeden Fall in Kopie mit, auch wenn Sie ihn zu Hause schon mehrmals geprüft haben. Denn Sie unterschreiben später genau dieses Dokument – und wenn dort ein Passus fehlt, haben Sie Pech gehabt. Vielleicht machen Sie sich sogar eine kleine Checkliste der Punkte, die Ihnen im Vertrag besonders wichtig sind.

Jetzt fehlt nur noch eins: Ihre Unterschrift – und natürlich auch die des Verkäufers. Nach einem kurzen Handschlag ist der Termin vorbei. Wobei mancher Bauträger es sich nicht nehmen lässt, die ganze Zeremonie aufzuwerten und Sie hinterher auf ein Glas Sekt einzuladen. Wer es mag, macht mit.

Warum gibt es eigentlich Notare?

Der Notarberuf ist ein Beruf mit langer Tradition. Schon im Römischen Reich gab es Spezialisten für die Beglaubigung und Beurkundung von Rechtsgeschäften. In Deutschland sind Notare unabhängige Träger eines öffentlichen Amtes und in der Regel als Freiberufler tätig. Bei ihrer täglichen Arbeit sind sie zur Unabhängigkeit verpflichtet, anders als beispielsweise Anwälte.

Der deutsche Gesetzgeber sieht die Einschaltung von Notaren vor allem in Fällen mit einer weitreichenden Wirkung für alle Beteiligten vor. Dazu zählen Erbangelegenheiten, gesellschaftsrechtliche Themen und eben auch der Kauf und Verkauf von Grundstücken – der Notar beurkundet diese Rechtsgeschäfte. Der Gesetzgeber hat festgelegt, dass bei solchen Beurkundungen der gesamte Text des Vertrags vorzulesen ist. Warum? Damit sich alle Beteiligten noch einmal über die rechtliche Bedeutung des Geschäfts im Klaren sind und keiner hinterher behaupten kann, das hätte er nicht gewusst.

 Bei professionellen Verkäufern kommt es immer wieder vor, dass sich der Verkäufer bei dem Termin von einem Dritten vertreten lässt. Das ist auch zulässig. Doch damit verzögert sich die weitere Abwicklung des Kaufvertrags, bis ein Gericht diesen nachgenehmigt hat. Immer wieder kommt es in der Praxis vor, dass ein Gericht diese Nachgenehmigung zumeist aus formellen Gründen versagt. Grundsätzlich müssen aber selbst dann Sie als Käufer die Kosten tragen. Vereinbaren Sie daher für diesen Fall explizit mit dem Verkäufer, dass dieser bei Versagen der Genehmigung die Notarkosten trägt.

Zug um Zug zum Eigentümer – was nach Ihrer Unterschrift passiert

Moment, mag sich jetzt mancher fragen: Aber wie bekomme ich denn jetzt mein persönliches Vertragsexemplar und wie erfahren alle Beteiligten inklusive der Bank denn von meiner Unterschrift? Keine Sorge: Das alles erledigt der Notar – und dafür bezahlen Sie ja auch. Also: Was kommt nach dem Notartermin?

Erst einmal leistet der Kopierer des Notariats ganze Arbeit. Gesiegelte Kopien des Vertrags gehen unter anderem an

- ✔ den Verkäufer,
- ✔ den Käufer,
- ✔ die Bank des Käufers,
- ✔ das Amtsgericht/Grundbuchamt,
- ✔ das Finanzamt.

Für den weiteren Verlauf entscheidend ist der Eintrag im Grundbuch: Denn das Gericht muss jetzt die Auflassungsvormerkung im Grundbuch eintragen. Wer mehr über den Auflassungsvorvermerk wissen will, kann in Kapitel 11 blättern. Damit ist der Anspruch auf die Übertragung des Eigentums rechtlich gesichert.

Sobald die Auflassungsvormerkung eingetragen ist, informiert der Notar den Käufer darüber, der jetzt die Zahlung des Kaufpreises auslösen kann. Verstehen Sie jetzt die Mechanik? Es geht darum, dass Sie als Käufer erst sicher sein sollen, dass Sie auch wirklich Eigentümer des Grundstückes werden, bevor Sie beziehungsweise Ihre Bank den Gesamtbetrag überweisen. Auch wenn Sie vorher das Grundbuch ordentlich geprüft haben, können Sie sich erst jetzt sicher sein, dass Ihnen ab sofort ein Stück Deutschland gehört. Kapitel 5 enthält weitere Informationen über den Eintrag ins Grundbuch. Anders herum will der Gesetzgeber mit diesem umständlichen Prozedere sicherstellen, dass ein Verkäufer erst dann sein Eigentum an einem Grundstück verliert, wenn er auch wirklich den Kaufpreis auf seinem Konto hat.

Früher war es insbesondere im norddeutschen Raum üblich, die Kaufpreiszahlung über ein *Notaranderkonto* abzuwickeln. Sprich: Das Geld floss über den Notar vom Käufer zum Verkäufer. Immer stärker setzt sich aber das hier beschriebene Zug-um-Zug-Verfahren auch jenseits der Main-Rhein-Linie durch.

Sobald das Geld auf dem Konto des Verkäufers ist, informiert wiederum der Notar das Grundbuchamt. Dieses trägt jetzt die Auflassung endgültig ins Grundbuch ein. Im Grundbuch steht jetzt, dass Sie Eigentümer eines bestimmten Grundstücks sind.

Sie lesen richtig: Im Grundbuch geht es nur um das Grundstück. Die Bebauung desselben ist dagegen aus Sicht des Gesetzgebers weniger wichtig. Aber keine Frage, dass Sie das ganz anders sehen …

Das Finanzamt erhält automatisch eine Kopie Ihres Kaufvertrags vom Notar. Und welcher Finanzbeamte würde sich eine solche Vorlage schon entgehen lassen? Wenige Wochen später haben Sie genauso automatisch den Bescheid über die Grunderwerbsteuer in Ihrem Briefkasten.

Hinter der Abwicklung des Kaufvertrags steckt, wie Sie sehen, eine Menge Arbeit für den Notar. Und die lässt er sich gut bezahlen. Bei einer Immobilie im Wert von 500.000 Euro sind im Durchschnitt immerhin 7.500 Euro fällig. Damit Sie jetzt nicht erzürnen und sich fragen, ob das nicht unverschämt viel Geld für das Vorlesen eines Vertrages sei, hier noch einmal zur Erinnerung die wesentlichen Aufgaben des Notars:

- ✔ Entwurf eines Kaufvertrags und Zusendung an die Vertragsparteien
- ✔ Terminvereinbarung
- ✔ Beurkundung der Vertragsunterzeichnung
- ✔ Einholung behördlicher Genehmigungen (beispielsweise in bestimmten Fällen einer Vorkaufsverzichtserklärung der Kommune)
- ✔ Information des Finanzamts
- ✔ Kontrolle beziehungsweise Löschung der Grundschulden des Verkäufers
- ✔ Eintragung einer Auflassungsvormerkung
- ✔ Kommunikation mit dem Grundbuchamt
- ✔ Sicherstellung der termingerechten Überweisung des Kaufpreises
- ✔ Beratung der Vertragsparteien

Aber jetzt einmal Butter bei die Fische: Was kostet denn das alles? In der Regel erhält ein Notar ein bis zwei Prozent des Kaufpreises für seine Dienste. Der genaue Satz schwankt je nach Region und Umfang der Leistung. Geht man von einem Mittelwert von eineinhalb Prozent aus, summieren sich die Notargebühren schnell auf erkleckliche Beträge, wie Tabelle 12.1 zeigt.

Kaufpreis in Euro	Notarkosten (1,5 Prozent) in Euro
50.000	750
100.000	1.500
150.000	2.250
200.000	3.000
300.000	4.500
400.000	6.000
500.000	7.500
750.000	11.250
1.000.000	15.000

Tabelle 12.1: Die unumgänglichen Kosten für den Notar

Und an diesen Kosten kann man gar nichts machen? Schon Monaco Franze sagte: »Irgendwas geht immer«, aber viel ist das nicht. Ein beliebter Kniff ist die Herausnahme des Kaufs von Mobiliar aus dem notariell beurkundeten Kaufvertrag. Denn damit reduzieren sich nicht nur die Notargebühren, sondern auch die anderen Nebenkosten beim Hauskauf wie die Grunderwerbsteuer.

Die Kehrseite: Was Sie nicht notariell vereinbart haben, können Sie auch kaum einklagen. Und wenn der Rasenmäher dann doch futsch ist und die Einbauküche nicht funktioniert, haben Sie das Nachsehen. Sie sehen: Es geht zwar manchmal was, aber ob Sie damit wirklich Geld sparen, ist zweifelhaft.

Wenn was schiefgeht

Egal ob Haus- oder Wohnungskauf, Neubau oder gebrauchte Immobilien: Vor Reinfällen ist keiner gewahrt. Aber was passiert dann? Generell gilt erst einmal: Gekauft ist gekauft! Wenn Sie also nach dem Notartermin und dem Einzug merken, dass die Züge der nahe gelegenen Bahnstrecke doch ganz schön laut sind oder Ihre Möbel partout nicht in die kleinen Zimmer passen, ändert sich gar nichts.

Falls Sie allerdings dieses Buch bis hierhin sorgfältig durchgearbeitet haben, kann Ihnen so etwas auch garantiert nicht passieren, oder? Gekauft ist gekauft gilt aber auch, wenn Ihr Arbeitgeber Sie kurz nach Vertragsabschluss in eine andere Stadt versetzt oder sich völlig ungeplant noch einmal Nachwuchs ankündigt.

Gekauft ist gekauft, gilt nicht immer

In wenigen Fällen zeigen Gerichte aber Erbarmen. Das gilt zum einen, wenn Sie kurz entschlossen und arglos eine Wohnung erstanden haben – und hinterher feststellen, dass Sie Ihr Gegenüber gnadenlos über den Tisch gezogen hat. Wir reden hier jetzt nicht von zehn oder 20 Prozent Extragewinn, sondern von 100 Prozent oder mehr. Zum anderen annullieren Gerichte schon einmal einen Kaufvertrag angesichts arglistiger Täuschung. Dies kann ein flächendeckender Schimmelpilz unter der Tapete oder ein stechender Geruch bei Niedrigwasser im ganzen Haus sein, der von einer Altlast im Boden herrührt.

 Achten Sie vor dem Kauf einer Immobilie stets auf klassische Mängel wie Schimmel oder Altlasten. Am besten beauftragen Sie einen Gutachter mit dem Check Ihrer Immobilie.

Ein beliebter Streitpunkt ist darüber hinaus die Übergabe. Der Fall: Nach dem Notartermin zieht der Verkäufer nicht aus. Sie müssen ihm dann erst einmal eine Nachfrist setzen, aber dann können Sie den Kaufvertrag rückabwickeln lassen. Vor diesem Hintergrund verstehen Sie jetzt sicher noch besser, warum Sie unbedingt und in jedem Fall einen festen Übergabetermin in Ihrem Vertrag fixieren sollten.

Auf dem Schlichtungsweg ins neue Haus

Aber eigentlich wollen Sie den Kaufvertrag doch gar nicht rückabwickeln. Sicher, Sie sind stinksauer auf den Verkäufer, und das zu Recht, aber das Haus mit dem großen Garten in der ruhigen Seitenstraße ist und bleibt Ihr Traumhaus. Schon daher kommt es in der Regel beim Kauf von Immobilien nicht zu einer Rückabwicklung, sondern im Streitfall zu einer Auseinandersetzung über die Höhe des Kaufpreises. Und die geht gar nicht direkt zu Gericht, sondern landet oft bei einem Schlichter.

In einem Schlichtungsverfahren einigen sich Verkäufer und Käufer auf die Einschaltung eines öffentlich bestellten Sachverständigen – und der erstellt dann nach Besichtigung des Streitobjekts, sprich der Immobilie, ein Schiedsgutachten. Dieses Gutachten ist dann für beide Parteien bindend.

Auch wenn Sie ein solches Schlichtungsverfahren nicht im Kaufvertrag vereinbart haben, sollten Sie nach Möglichkeit diesen Weg gehen. Denn ein Schlichter kostet zwar auch 1.000 bis 2.000 Euro, aber das ist viel billiger als ein Gang vor Gericht samt der dort notwendigen Einschaltung eines Anwalts.

Der Poker um die letzte Rate

Ziehen Sie in einen Neubau, ist Ihre Verhandlungsposition zu Beginn besser. Denn hier gilt: Die letzte Rate fließt erst nach Abnahme. Das heißt: Solange Sie oder Ihr Architekt beziehungsweise ein Gutachter Ihrer Wahl noch Mängel entdecken, müssen Sie den Kaufpreis nicht vollständig bezahlen. Dies wiederum motiviert Handwerker ganz ungemein, offenkundige Mängel und Fehlleistungen möglichst rasch zu beseitigen. Üblich sind in Deutschland drei bis vier Prozent für diese Schlusszahlungsrate – je mehr Sie hier herausverhandeln, desto besser.

Erstaunlich, aber wahr: Mancher Handwerker lässt die letzte Rate lieber sausen, anstatt die Mängel zur Zufriedenheit aller zu beseitigen. In diesem Fall können Sie dieses Geld verwenden, um einen weiteren Handwerker mit den letzten Arbeiten zu beauftragen, oder Ihnen bleibt nur der Weg zum Gericht. Denn jeder Unternehmer ist gesetzlich verpflichtet, eine mängelfreie Leistung abzuliefern.

Überweisen Sie die letzte Rate erst, wenn alle Mängel beseitigt sind. Aussagen wie »Das erledigen unsere Leute umgehend« oder »Sie haben kein Recht, für diese Lappalie so viel Geld zurückzuhalten« dienen lediglich Ihrer Beruhigung beziehungsweise Beunruhigung. Fakt ist: Ihr Bauunternehmer muss Ihnen ein mängelfreies Haus übergeben – und erst dann sollten Sie auch den für ein mängelfreies Haus vereinbarten Preis bezahlen.

Der entscheidende Termin ist also die Abnahme. Darunter versteht man die gemeinsame Besichtigung Ihres neuen Hauses mit dem Unternehmer. Abnahme bedeutet, dass Sie jetzt sämtliche Räume wie bei einer Truppenparade auch wirklich abnehmen und für gut befinden. Was Sie nicht für gut befinden, wird jetzt in einem Protokoll festgehalten und sollte kurzfristig beseitigt werden. Eine Abnahme hat mehrere Konsequenzen:

✔ Die letzte Rate des Kaufpreises wird fällig.

✔ Die Herstellung ist abgeschlossen: Bisher galt das Prinzip, dass der Bauunternehmer im Zweifelsfall bestimmte Dinge noch einmal neu machen musste. Nach Abnahme geht es lediglich noch um Nachbesserungen laut Protokoll.

✔ Die Beweislast kehrt sich um. Fortan müssen Sie beweisen, dass Ihr Bauunternehmer geschlampt hat.

✔ Die Gewährleistungsfrist beginnt. Solange noch Mängel bestehen, können Sie die Abnahme verweigern.

Wenn das Bauunternehmen pleitegeht

Jährlich müssen knapp 6.000 am Bau tätige Unternehmen Insolvenz anmelden. Wenn Ihr Bauträger oder ein wichtiger Handwerker für Ihr Bauprojekt zu diesen Firmen gehört, haben Sie den Ärger. Glück im Unglück haben Sie dann, wenn der Partner Ihrer Wahl bis dahin gute Arbeit geleistet hat und Sie nicht mehr bezahlt haben, als er geleistet hat. Denn dann müssen Sie sich jetzt »nur« ein anderes Unternehmen suchen, das die Arbeiten fortsetzt. Verbraucherschützer schätzen, dass ein solcher Wechsel bei einem laufenden Bau Mehrkosten von zehn bis 20 Prozent des gesamten Auftragswertes verursacht. Das schmerzt und ist verdammt viel Geld, aber immerhin haben Sie die Chance, dass Ihr Eigenheim weiterhin einigermaßen termingerecht fertig wird.

Schlimmer ist, wenn Sie an einen Schluderer geraten sind, dessen Pleite eine Folge zahlreicher Beschwerden empörter Bauherren ist. Erst einmal gilt an dieser Stelle: Wenn Sie den Bauträger oder das Handwerksunternehmen Ihrer Wahl vor Vertragsschluss gründlich geprüft haben, sollten Sie vor diesem Risiko gefeit sein. Aber leider kommt es in der Praxis immer wieder vor, dass Bauherren nach einer Insolvenz des Bauunternehmens entsetzt feststellen, dass auf ihrer Baustelle erheblich geschlampt wurde. Was lässt sich dagegen unternehmen?

- ✔ **Regelmäßige Kontrolle.** Seien Sie regelmäßig auf Ihrer Baustelle präsent und überwachen Sie den Baufortschritt. Weisen Sie sofort auf Mängel hin und halten Sie Zahlungen so lange zurück, bis diese Mängel beseitigt sind.

- ✔ **Zahlung nach Leistung.** Achten Sie genauestens darauf, dass Sie nur für Leistungen zahlen, die bereits zu Ihrer Zufriedenheit erbracht sind. Zu hohe Abschläge sehen Sie im Insolvenzfall niemals wieder.

- ✔ **Sichern Sie sich ab.** Rechtlich gibt es zwei Möglichkeiten: die Vertragserfüllungsbürgschaft und den *Sicherheitseinbehalt*. Im ersten Fall stellt Ihr Bauunternehmen eine selbstschuldnerische Bürgschaft. Im Fall der Fälle können Sie dann den Bürgen, üblicherweise die Hausbank dieses Unternehmens, in Anspruch nehmen. Allerdings erteilen Banken in der Regel solche Bürgschaften nur dann, wenn sie zu 120 Prozent sicher sind, dass sie niemals als Bürge eintreten müssen. Die Alternative ist der Sicherheitseinbehalt. Danach zahlen Sie einen Teil der Raten für Ihren Neubau auf ein Sperrkonto und legen damit ein Sicherheitspolster an.

Für den Fall, dass Sie längst in Ihrem Haus wohnen, hat die Pleite Ihres Bauunternehmens ebenfalls unangenehme Folgen. Denn jetzt gibt es niemanden mehr, an den Sie sich mit Ihren Gewährleistungsansprüchen wenden können. Es sei denn, Sie haben rechtzeitig eine *Gewährleistungsbürgschaft*, ähnlich der Vertragserfüllungsbürgschaft, oder einen Sicherheitseinbehalt vereinbart. Denn dann können Sie sich entweder an den Bürgen wenden oder den Mangel durch Rückgriff auf den Sicherheitseinbehalt beseitigen.

Verbraucherschützer raten, sich eine zusätzliche Sicherheit zu verschaffen, wenn Ihr Bauunternehmen mit Subunternehmern arbeitet – was die meisten machen. Denn Sie können sich die Erfüllungs- und Gewährleistungsansprüche Ihres ursprünglichen Bauunternehmers gegen diese Firmen abtreten lassen. Im Fall der Fälle können Sie direkt diese Subunternehmer zur Beseitigung von Mängeln auffordern. Lassen Sie sich daher unbedingt eine Liste sämtlicher Beteiligten am Bauprozess aushändigen; diese Liste kann Gold wert sein.

Für Gisela Probst stürzte binnen 14 Tagen eine Welt zusammen. Erst meldete der Bauunternehmer, der die Altersresidenz für sie und ihren Mann im Harz errichten sollte, Insolvenz an. Und dann starb ihr Mann völlig unerwartet an einem Herzinfarkt. Hilflos stand die lebenslange Hausfrau vor dem Gerippe eines Neubaus und wusste erst einmal nicht weiter. Doch glücklicherweise war ihre Dorfgemeinschaft intakt. Schon wenige Tage nach der Beerdigung meldete sich ein Bauunternehmer aus einer Nachbargemeinde und bot seine Unterstützung an. Gemeinsam besichtigten sie die Baustelle und besprachen, was jetzt zu tun sei. Der Unternehmer kannte seinen unglücklichen Kollegen und der war bereit, sein Wissen zu teilen. So konnte der neue Bauunternehmer nahezu reibungslos in den bestehenden Vertrag einsteigen und ohne große Zeitverzögerung den Bau fortsetzen. Zugute kam ihm, dass sein insolventer Vorgänger zwar wenig von Betriebswirtschaft, aber viel von Bauwirtschaft verstand: Das Haus war in einem guten Zustand. Ein Glücksfall für die Witwe, die dennoch nie in dieses Haus zog, sondern es direkt nach Fertigstellung verkaufte.

Teil V
Vermieten: die Immobilie als Kapitalanlage

> **IN DIESEM TEIL ...**
>
> In diesem Teil erfahren Sie Schritt für Schritt, worauf Sie unbedingt achten müssen, wenn Sie sich eine Wohnung oder ein Haus als Kapitalanlage zulegen wollen.
>
> Wir zeigen Ihnen, wo Sie alle notwendigen Informationen finden und wie Sie Ihr Wissen für Ihre Pläne einsetzen.
>
> Sie erfahren zudem, worauf Sie bei einem Mietvertrag achten müssen und welche Fallstricke sonst noch auf Sie lauern.

IN DIESEM KAPITEL

Die wesentlichen Aspekte einer Immobilie als Kapitalanlage

Der Mietmarkt ist das A und O für eine erfolgreiche Kapitalanlage

Steuerliche Vorteile dank dem Fiskus

Kapitel 13
Der andere Blick auf die Immobilie: worauf Anleger achten müssen

In Zeiten von Banken- und Finanzkrisen rücken Wohnimmobilien als Kapitalanlage ins Blickfeld vieler privater Investoren. Bausparkassen, Bauträger und auch Baufinanzierer unterstützen diesen Trend und werben eifrig damit, dass eine Immobilie immer eine gute Kapitalanlage sei.

Vielleicht haben Sie völlig andere Gründe, warum Sie erwägen, sich eine Wohnung oder ein Haus als Kapitalanlage zuzulegen. Eines steht allerdings fest: Sie müssen mindestens genauso viele Aufgaben und Herausforderungen meistern wie für den Kauf einer selbst genutzten Immobilie! Dieses Kapitel informiert Sie detailliert darüber, auf welche wesentlichen Kriterien Sie bei dem Objekt achten sollten, um tatsächlich durch die Vermietung eine Rendite zu erzielen. Und Sie lesen, wie Sie ermitteln können, ob sich eine Immobilie rechnet beziehungsweise welche steuerlichen Extras der Fiskus für Sie als Vermieter bereithält.

Die wesentlichen Kriterien für eine Immobilie als Kapitalanlage

Um es gleich vorweg zu betonen: Wer sich eine Immobilie als Kapitalanlage kaufen will, sollte vor dem Kauf eines Objekts genauso systematisch vorgehen wie bei einer selbst genutzten Immobilie. Ob Auswahl, Prüfung oder Finanzierung des Objekts – all diese Aufgaben gelten für Vermieter ebenso wie für Eigennutzer!

Darüber hinaus müssen Sie als Anleger noch weitere Entscheidungen treffen. Sie können Ihr Geld beispielsweise investieren in

✔ Gewerbe- oder Wohnimmobilien,

✔ offene oder geschlossene Immobilienfonds,

✔ Immobilienaktien,

✔ ein oder mehrere Objekte, um sie zu vermieten.

Um den Rahmen dieses Buches nicht zu sprengen, konzentrieren wir uns in den Kapiteln 13 und 14 darauf, alle Besonderheiten und Extras zu beschreiben, die eine direkt von Ihnen erworbene Immobilie als Vermietungsobjekt mit sich bringt. Wer Interesse hat, sein Geld lieber in Immobilienaktien oder -fonds zu stecken, erfährt in *Börsenstrategien für Dummies* mehr darüber.

So weit, so gut. Im nächsten Schritt gilt es zu entscheiden, ob Sie Ihr Kapital in einen Neubau oder einen Altbau stecken wollen. Um Ihnen bei dieser Entscheidung ein wenig zu helfen, haben wir Tabelle 13.1 zusammengestellt, die alle gravierenden Vor- und Nachteile eines Neu- und eines Altbaus aufzeigt.

	Altbau	Neubau
Vorteile	Strahlt durch seine Besonderheiten (hohe Decken, Fischgrätparkett, Flügeltüren und so weiter) ein besonderes Flair aus.	Die Substanz des Baus ist hochwertig.
	Die Mieterstruktur ist bekannt und einschätzbar.	Die Energieeffizienz ist sehr hoch, da inzwischen zahlreiche staatliche Richtlinien einzuhalten sind.
	Zieht eine gewisse Klientel an, die häufig Verständnis für Schwachstellen der Immobilie hat oder sogar selbst Hand anlegt.	Es ist meist relativ einfach, solvente Mieter zu finden.
	Kostet in der Anschaffung meist weniger als ein Neubau.	
Nachteile	Die Substanz des Baus ist unter Umständen viele Jahre, wenn nicht sogar Jahrhunderte alt; größere, kostspielige Sanierungen oder Renovierungen lassen sich wahrscheinlich nicht vermeiden.	Der Kaufpreis liegt in der Regel deutlich über den Kosten für einen Altbau.
	Unterliegt möglicherweise Denkmalschutzbestimmungen.	Liegt unter Umständen in einem Gebiet, das erst noch erschlossen wird und kaum Infrastruktur wie Kindergarten oder Geschäfte bietet.

Tabelle 13.1: Vor- und Nachteile einer Alt- und Neubauimmobilie

Je nach Ihren eigenen Ansprüchen und Bedürfnissen lässt sich die Tabelle jederzeit um den einen oder anderen Punkt erweitern. Möglicherweise spielen einige Aspekte überhaupt keine Rolle für Sie, da Ihr ausgewähltes Altbauobjekt erst vor Kurzem renoviert und saniert worden ist. Vielleicht sind Sie auch gar kein Fan von Stuckdecken und Fischgrätparkett und ziehen verwinkelten Wohnungen mit kleinen Räumen lieber quadratisch geschnittene Zimmer mit viel Glas vor. Sie sehen, ob Alt- oder Neubau – die Entscheidung hängt ganz allein von Ihnen ab.

Eigene Vorlieben und eigener Geschmack hin oder her – auf einige Punkte müssen Sie jedoch unbedingt achten, denn längst nicht alle Wohnungen oder Häuser eignen sich tatsächlich als ideales Renditeobjekt. Zu den drei wichtigsten Aspekten, die Sie berücksichtigen sollten, zählen

✔ die Lage der Immobilie,

✔ die demografische Entwicklung in Deutschland,

✔ die mittel- bis langfristigen Pläne für die Immobilie.

Ehe Sie sich auf die Suche nach einem geeigneten Renditeobjekt machen, sollten Sie sich natürlich im Klaren darüber sein, über welche finanziellen Mittel Sie verfügen beziehungsweise wie viel Kapital Ihnen die Bank zur Verfügung stellt. Wer weiß, ob seine Kapitalanlage 200.000, 300.000 oder 400.000 Euro kosten darf, erleichtert sich die Suche nach dem idealen Objekt erheblich.

Im Grünen, im Zentrum oder in ländlichen Gefilden – die Lage

Es gibt wohl kaum einen wichtigeren Aspekt bei der Suche nach einem geeigneten Renditeobjekt als die Lage Ihrer neuen Immobilie. In die Nähe eines Atomkraftwerks oder einer Mülldeponie zieht sicherlich keiner freiwillig, aber selbst idyllisch am See gelegene Häuschen oder Appartementblöcke stehen bei Mietern nicht hoch im Kurs, wenn sie nicht noch mit weiteren Vorteilen glänzen.

Fragen Sie daher stets akribisch nach,

✔ ob das ausgewählte Objekt mit öffentlichen Verkehrsmitteln gut zu erreichen ist,

✔ wie dicht der Verkehr rund um die Immobilie ist,

✔ wie viele Geschäfte gut zu Fuß zu erreichen sind,

✔ ob Kindergärten und Schulen in der Nähe sind,

✔ wie viele Ärzte in der Gegend angesiedelt sind,

✔ ob in der Region weitere Bauvorhaben anstehen,

✔ welche Freizeit- und Sportangebote die Gegend bietet,

✔ wie sich der Arbeitsmarkt in der Region entwickelt hat beziehungsweise voraussichtlich entwickeln wird,

✔ ob mittlere und große Unternehmen in prosperierenden Wirtschaftszweigen in erreichbarer Nähe liegen.

Klingt mühsam? Ja, das ist es auch, wenn Sie tatsächlich auf jede Frage eine Antwort haben wollen. Denken Sie jetzt bloß nicht: »Papperlapapp – der eine oder andere Punkt ist nicht so wichtig!« Doch, alle Aspekte, die wir aufgezählt haben, sind wesentlich! Schließlich wissen

Sie doch gar nicht, welche Punkte Ihren potenziellen Mietern am Herzen liegen und wonach sie sich möglicherweise erkundigen, wenn sie die Wohnung oder das Haus besichtigen. Je souveräner Sie entsprechende Fragen beantworten können, desto leichter fällt es Ihnen, die passenden Mieter für Ihr Renditeobjekt zu finden.

Falls Sie noch mehr über das Thema Immobilie und Lage lesen wollen, finden Sie in Kapitel 5 weitere Informationen.

Studenten oder Senioren – für welche Mieter ist Ihre Wohnung gedacht?

Sind Sie vor einigen Jahren in Ihre eigene Immobilie gezogen und wissen genau, dass Sie dort nicht mehr ausziehen? Wunderbar! Vielleicht sind Sie sich ja auch schon sicher, dass Sie die kleine Eigentumswohnung, die Sie kaufen wollen, so lange wie möglich vermieten möchten, um von den Mieteinnahmen zu profitieren – und an einem Verkauf der Immobilie nach einigen Jahren ist Ihnen überhaupt nicht gelegen.

Pläne wie diese erleichtern Ihnen Ihre Entscheidung erheblich, welches Objekt möglicherweise das richtige für Sie ist. Sie sollten nämlich stets bedenken: Die Bevölkerung in Deutschland wird älter und älter – und nimmt obendrein ab.

Diese demografische Entwicklung bringt gravierende Folgen mit sich:

✔ Die Anzahl der Immobilienkäufer nimmt ab.

✔ Viele Objekte lassen sich aufgrund der sinkenden Käuferzahl nicht mit Gewinn veräußern.

✔ Die Ansprüche der Mieter an die Immobilien verändern sich.

Was sich vor allem in Deutschlands Großstädten wie ferne Zukunftsmusik anhört, ist in vielen ländlichen Regionen zwischen Kiel und Konstanz längst Realität. Neben der betroffenen Bevölkerung, die oft mit dem Auto in die nächste Kleinstadt fahren muss, um dort einkaufen oder einen Arzt aufsuchen zu können, spüren auch Eigentümer, die ihre Immobilien vermieten, die bitteren Folgen dieses Prozesses:

✔ Sie finden schwer Mieter für ihre Objekte.

✔ Sie müssen im Preis nachgeben, um Mieter zu ködern.

✔ Sie finden kaum Käufer, falls sie ihre Immobilie veräußern wollen.

Jede Supermarktkette, jeder Mediziner, jeder Dienstleister – sie alle prüfen, wie viel Kaufkraft oder Potenzial eine Gemeinde beziehungsweise eine Region bietet, in der sie sich niederlassen oder eine Filiale eröffnen wollen – auch zukünftig. Knallhart auf Daten und Fakten konzentriert, kommen Unternehmen wie Hennes & Mauritz oft zu dem Schluss, dass sich eine Ansiedlung nicht lohnt. Wer eine Immobilie zur Vermietung erwerben will, sollte ähnlich konsequent die demografische Prognose für den Ort oder die Region unter die Lupe nehmen. Entsprechende Daten halten die Landesämter für Statistik und Datenverarbeitung parat oder Sie können sie im Internet finden: Wer beispielsweise die Bevölkerungsentwicklung einer Gemeinde in Bayern sucht, macht sich unter der Adresse www.statistik.bayern.de schlau.

Im Dornröschenschlaf – und kein Prinz in Sicht

Die kleine oberfränkische Stadt Rehau bei Hof entwickelte sich nach dem Fall der Mauer innerhalb kürzester Zeit für einige Jahre zu einem Dreh- und Angelpunkt in Deutschland. Von dem verschlafenen, damals grenznahen Städtchen aus reisten viele Vertreter und Firmenmitarbeiter in die ehemalige DDR, um Kontakte zu knüpfen oder Dienst- und Sachleistungen zu verkaufen. Die beiden Hotels vor Ort waren oft wochenlang ausgebucht, die Supermärkte bestens besucht, die Restaurants meist voll. Es sah ganz danach aus, dass die Gemeinde nach vielen Jahren im Schatten des Drei-Länder-Ecks dauerhaft aufblüht und wächst.

Inzwischen rührt sich in Rehau kaum mehr etwas: Eines der beiden Hotels hat geschlossen, Gaststätten finden sich so gut wie keine mehr und an den Kassen in den Supermärkten stehen nur selten Schlangen. Zu allem Überfluss besteht auch keine Hoffnung auf Besserung: Berechnungen des bayerischen Landesamts für Statistik und Datenverarbeitung zufolge wird die Zahl der Einwohner bis 2029 erheblich abnehmen: Ging das Amt für 2009 noch von einer Bevölkerungszahl von 9.476 aus, erwartet es für 2029 nur noch 7.840 – und die weiteren Detailergebnisse lassen ahnen, dass es nach 2029 nicht besser wird. Wie sich der Immobilien- und Mietmarkt in Rehau entwickeln wird, können Sie sich angesichts der Zahlen, die Sie in Tabelle 13.2 finden, sicherlich selbst denken!

Bevölkerungsstand am 31.12 …	Personen insgesamt	Unter 18 Jahre	18 bis unter 40 Jahre	40 bis unter 65 Jahre	65 und älter
2009	9.476	1.578	2.149	3.408	2.341
2029	7.840	1.060	1.640	2.650	2.490

Tabelle 13.2: Datenblatt Stadt Rehau, Bevölkerungsentwicklung bis 2029 (Quelle: Bayerisches Landesamt für Statistik)

Beispiele wie diese müssen für Sie aber noch lange nicht heißen, dass Sie am besten die Finger vom Kauf einer Immobilie als Kapitalanlage lassen sollten. Sie müssen nur mehr Informationen einholen und ein paar Entscheidungen mehr treffen als ein Käufer, der seine eigenen vier Wände selbst bewohnen will. Fragen Sie sich,

✔ welcher Mietertyp Ihnen am liebsten wäre: Studenten, Familien oder Senioren;

✔ ob Ihr ausgewähltes Objekt in einer Region mit wirtschaftlichem Wachstumspotenzial oder in einer Universitätsstadt liegen soll, wo dementsprechend viele Mieter auf der Suche nach einer Bleibe sind;

✔ ob Sie das Objekt altersgerecht ausstatten wollen.

Eines sollte Ihnen klar sein: Ein Drei-Zimmer-Appartement im vierten Stock ohne Aufzug in einer kleinen Gemeinde, in der jeder zweite Laden schließt und nur noch ein Sportverein aktiv ist, lässt sich wahrscheinlich nur sehr schwer vermieten.

Wie stark sich Mietausfälle auf Ihre Rendite auswirken, lesen Sie unter Punkt »Die Miete immer im Blick – wie Sie feststellen, ob sich eine Immobilie rechnet«.

Barriere ade – auf dem Weg zur altersgerechten Wohnung

Die älteren Leser unter Ihnen kennen vielleicht noch den Buchtitel des Autors Erich von Däniken *Erinnerungen an die Zukunft*. Der Schweizer beschreibt darin Phänomene aus der Vergangenheit, die er auf einen frühen Besuch Außerirdischer auf unserem Planeten zurückführt. Viele der Phänomene werfen noch heute Fragen auf, die wir möglicherweise gar nicht oder erst in vielen, vielen Jahren erklären können.

So tief im Dunkeln wie von Däniken sollten Sie bei der Planung Ihrer Investments oder Ihrer Altersvorsorge nicht tappen: Wer darüber nachdenkt, eine Immobilie als Kapitalanlage zu kaufen, weiß idealerweise auch, ob er sie erst eine gewisse Zeit lang vermieten und dann selbst nutzen oder sie womöglich gewinnbringend verkaufen will.

Falls Sie vorhaben, Ihre Immobilie eines Tages selbst zu bewohnen, sollten Sie vor allem in zwei Punkten vorausschauend agieren:

✔ Bei der Wahl des Objekts: Es sollte Ihren späteren Bedürfnissen und Ansprüchen genügen.

✔ Beim Zeitpunkt, wann Sie die Wohnung beziehen wollen.

Wer beispielsweise gern bei einer Tasse Kaffee auf der Terrasse seine Zeitung studiert, sobald die Sonne scheint, sollte natürlich nach einem Objekt Ausschau halten, das ihm diesen Luxus auch weiterhin gewährt. Vielleicht wollen Sie auch unbedingt in der Nähe Ihrer Freunde und bisherigen Nachbarn bleiben. Bedenken Sie bei der Wahl der Wohnung auch, dass Sie im Alter möglicherweise gebrechlicher werden und nicht mehr ganz so locker die Treppen in den vierten Stock meistern können.

Idealerweise machen Sie sich eine Liste, was Ihnen Ihre eigene Wohnung später einmal auf jeden Fall bieten sollte. Nehmen Sie sich Zeit dafür, ehe Sie sich auf die Suche nach der entsprechenden Immobilie machen. Reden Sie ruhig mit Freunden und Bekannten darüber: Der eine oder andere hat unter Umständen in diesem Punkt schon Erfahrungen gesammelt.

 Lassen Sie sich nicht verleiten, nur darauf zu achten, was heute chic und hip ist. Behalten Sie stets das komplette Konzept für Ihr Immobilienprojekt im Auge. Wer langfristige Pläne rund um seine Immobilie als Kapitalanlage hat, sollte die Auswahl auch darauf ausrichten.

Damit sich Ihre Investition tatsächlich lohnt, müssen Sie vor allem beim Zeitpunkt, wann Sie die Wohnung oder das Haus beziehen wollen, auf der Hut sein: Wer hier chaotisch plant, setzt schnell mehrere 10.000 Euro aufs Spiel oder riskiert möglicherweise sogar finanzielle Engpässe. Wie Sie das Finanzamt an den Anschaffungs- und Renovierungskosten Ihrer zukünftigen Immobilie beteiligen, lesen Sie in Kapitel 14.

Die Miete immer im Blick – wie Sie feststellen, ob sich eine Immobilie rechnet

Bei Maklern und Baufinanzierern klingt alles oft sehr einfach: Vermietete Eigentumswohnungen lassen das Geld in der Kasse sprudeln; die Mieten steigen regelmäßig und die Immobilien gewinnen langfristig an Wert – sie eignen sich also ideal für den Vermögensaufbau und die Altersvorsorge. Mit ausführlichen Berechnungen belegen Makler und Co schwarz auf weiß ihre Behauptungen und strahlen ihre Kunden anschließend mit der Frage an: »Warum also noch warten?«

Natürlich haben die Berater von Kreditinstituten und Bauträgern recht – vorausgesetzt, die Kunden haben alle wichtigen Aspekte rund um den Kauf einer Immobilie als Kapitalanlage beachtet, das ideale Objekt gefunden und Finanzierung und Vermietung perfekt gelöst.

Eine exakte Kalkulation ist die halbe Miete

Der Kauf eines Apartments oder eines Hauses als Kapitalanlage ist kompliziert. Um sich bei der Kalkulation, ob sich der Kauf des ausgewählten Objekts überhaupt rechnet, nicht zu verheddern, sollten Anleger eine detaillierte Übersicht über alle anfallenden Kosten erstellen. Dazu zählen

- ✔ der Kaufpreis der Immobilie,
- ✔ die Zinsen für den Immobilienkredit,
- ✔ die Makler-, Notar- und Grundbuchkosten,
- ✔ die Grunderwerbsteuer,
- ✔ die Verwaltungskosten für das Objekt,
- ✔ die Instandhaltungskosten für die Wohnung oder das Haus.

Dem Betrag, den Sie am besten pro Jahr ermitteln, stellen Sie anschließend die Mieteinnahmen gegenüber. Auf diese Weise berechnen Sie die *Nettomietrendite* Ihres Objekts.

Unabhängige Experten raten, Immobilien, die weniger als vier Prozent *Bruttomietrendite* abwerfen, unbedingt zu meiden. Der Kauf eines Objekts lohnt sich ab vier Prozent; idealerweise halten Anleger nach Wohnungen oder Häusern Ausschau, die eine Rendite von sechs Prozent und mehr erreichen.

Die kleine Rechnung in Tabelle 13.3 zeigt Ihnen, wie Sie die Brutto- und Nettomietrendite eines Objekts ermitteln.

Diese Tabelle finden Sie unter www.fuer-dummies.de, damit Sie sie auf Ihre Mietpreise anpassen können.

Sie müssen für die Ermittlung der Bruttomietrendite also das Verhältnis Ihrer Mieteinnahmen ohne die dazugehörigen Betriebskosten zum Kaufpreis errechnen. Die Nettomietrendite

Brutto- und Nettorendite	In Euro
Kaufpreis	100.000
+ Nebenkosten (Grunderwerbssteuer, Makler, Notar- und Grundbuchkosten)	10.000
= Investitionskosten	**110.000**
Nettokaltmiete jährlich	5.000
– Verwaltungskosten jährlich	250
– Instandhaltungskosten jährlich	350
= Jahresreinertrag	**4.400**
Nettokaltmiete jährlich	5.000
= Bruttomietrendite	**5,0 Prozent**
Jahresreinertrag	4.400
= Nettomietrendite	**4,0 Prozent**

Tabelle 13.3: Brutto- und Nettomietrendite für ein Objekt mit einem Kaufpreis von 100.000 Euro

ermitteln Sie, indem Sie alle Kaufnebenkosten zum Kaufpreis addieren. Anschließend ziehen Sie von der Nettokaltmiete die Kosten ab, die Ihnen durch Instandhaltungsmaßnahmen und Verwaltungsaufwand entstehen – das sind in der Regel Kosten, die Sie nicht auf Ihren Mieter umlegen können.

Je exakter Sie Ihre Kalkulation beziehungsweise Ihren Finanzplan aufstellen, desto besser zeichnet sich ab, ob sich Ihr geplantes Investment lohnt. Die folgenden Tipps helfen Ihnen dabei ein wenig:

✔ Achten Sie auf eine attraktive Mietrendite: Die Nettomietrendite sollte mindestens vier Prozent betragen.

✔ Decken Sie die laufenden Darlehenszinsen mit den Nettomieteinnahmen ab; so müssen Sie nur für die Verwaltungs- und Instandhaltungskosten sowie die Kredittilgung aufkommen.

✔ Bringen Sie Eigenkapital mit ein; wie beim Kauf einer selbst genutzten Immobilie raten Experten zu mindestens 20 Prozent Eigenkapital.

✔ Ermitteln Sie einen detaillierten Liquiditätsplan, in dem die voraussichtlichen Einnahmen den Ausgaben gegenüberstehen.

✔ Kalkulieren Sie vorsichtig und gehen Sie nicht von überhöhten Wert- und Mietsteigerungen aus.

✔ Bilden Sie finanzielle Reserven, um unter Umständen ausfallende Mieteinnahmen auszugleichen.

Genaues Wissen über den örtlichen Mietmarkt ist unerlässlich

Damit Sie eine realistische Vorhersage treffen können, ob sich der Kauf des ausgewählten Objekts lohnt, müssen Sie den örtlichen Mietmarkt detailliert unter die Lupe nehmen – schließlich sind die Mieteinnahmen das A und O für den Erfolg Ihrer Kapitalanlage.

Informationen über örtliche Mietspiegel erhalten Sie unter anderem

✔ in spezifischen Internetportalen,

✔ bei der Stadt- oder Gemeindeverwaltung,

✔ bei den Interessenvertretern von Mietern und Vermietern,

✔ bei den lokalen Vereinen des Deutschen Mieterbundes,

✔ in Fachzeitschriften,

✔ bei den Maklern vor Ort.

Wer beispielsweise in Böblingen oder Sindelfingen eine Wohnung als Kapitalanlage kaufen will, findet unter www.mietspiegel.com einen aussagekräftigen Mietspiegel für die beiden Städte, den Sie auch in Tabelle 13.4 sehen.

Die Zahlen verraten Ihnen bei genauerem Hinsehen weit mehr als nur die Mietpreise in bestimmten Lagen pro Quadratmeter: So scheinen beispielsweise in Böblingen und Sindelfingen die Wohnungen mit einer Größe von mehr als 90 Quadratmetern nicht so oft nachgefragt zu sein wie die Apartments, die zwischen 61 und 90 Quadratmetern Wohnfläche bieten. Im Klartext: Ein Mietspiegel verrät Ihnen auch viel über den Bedarf an Wohnungen in der jeweiligen Gemeinde, in der Sie Ihr Investment tätigen wollen, – und bei einem guten Glas Rotwein oder einer frisch gemixten Saftschorle lassen sich die scheinbar endlosen Zahlenkolonnen auch genüsslich studieren und analysieren.

Ziehen Sie möglichst genaue Erkundigungen über den Leerstand in der betreffenden Gemeinde ein! Möglicherweise gibt es einzelne Straßen oder Viertel, in denen viele Wohnungen leer stehen, während Apartments in anderen Gemeindegebieten stark nachgefragt werden. Weiter hilft Ihnen auch eine Statistik über die Entwicklung der Immobilienleerstände, sofern die Kommune derartige Daten erhebt.

Ausgestattet mit Ihren fundierten Erkenntnissen über den Mietspiegel in Ihrem Ort können Sie nun Ihren Finanzierungs- und Renditeplan für Ihr ausgewähltes Objekt fertigstellen.

Auch wenn wir uns wiederholen: Holen Sie sich vor dem Kauf einer Immobilie als Kapitalanlage unbedingt mehrere Meinungen ein und lassen Sie sich auch von mehreren Kreditinstituten Finanzierungspläne erstellen.

Die Zeitschrift *Finanztest* machte vor einiger Zeit einen umfangreichen Test, wie gut Bank- und Bausparkassenfilialen ihre Kunden beraten, die sich eine Wohnung als Kapitalanlage für die Altersvorsorge zulegen wollten. Das Ergebnis war ernüchternd: Die Beratungen waren schlecht oder maximal mittelmäßig: Sie empfahlen unter anderem eine riskante Vollfinanzierung, bei der die Kunden den Kaufpreis der Immobilie komplett über einen Kredit finanzieren; sie kalkulierten mit viel zu hohen Mieteinnahmen, setzten viel zu hohe steuerliche Abschreibungen für das Objekt an oder ließen aus Versehen Ausgaben wie die monatlichen Beiträge für die Lebensversicherung weg, mit der bei Fälligkeit der Kredit getilgt werden sollte.

TEIL V Vermieten: die Immobilie als Kapitalanlage

Lage	Baujahr/Wohnfläche	Altbau bis 1959			1960-1969			1970-1979	1980-1989	1990-1999	Neubau ab 2000
		Einfache Ausstattung	Mittlere Ausstattung	Gute Ausstattung	Mittlere Ausstattung	Gute Ausstattung	Gute Ausstattung	Gute Ausstattung	Gute Ausstattung	Gute Ausstattung	Gute Ausstattung
Einfache	bis 60 qm²	3,95-4,55	4,15-5,60	4,15-6,20	4,55-6,40	5,70-7,05	6,00-7,25	7,10-8,70	7,70-10,10	7,75-10,50
	61-90 qm²	3,60-4,55	3,85-5,25	3,95-6,05	4,00-6,15	5,25-6,85	5,50-7,00	6,55-8,25	7,20-9,45	7,60-10,00
	über 90 qm²	3,40-4,35	3,55-5,10	3,75-5,55	3,95-5,55	5,00-6,35	5,20-6,80	6,15-8,25	7,10-9,10	7,25-9,20
Mittlere	bis 60 qm²	4,05-4,65	4,25-5,70	4,25-6,30	4,65-6,50	5,80-7,15	6,10-7,35	7,20-8,80	7,80-10,20	7,85-10,60
	61-90 qm²	3,70-4,65	3,95-5,35	4,05-6,15	4,10-6,25	5,40-6,95	5,60-7,10	6,65-8,35	7,30-9,55	7,70-10,10
	über 90 qm²	3,50-4,45	3,65-5,20	3,85-5,65	4,05-5,65	5,10-6,45	5,35-6,90	6,30-8,35	7,20-9,20	7,35-9,30
Gute	bis 60 qm²	4,30-4,90	4,50-5,95	4,50-6,55	4,90-6,75	6,05-7,40	6,35-7,60	7,45-9,05	8,05-10,45	8,10-10,85
	61-90 qm²	3,95-4,90	4,20-5,60	4,30-6,40	4,35-6,50	5,65-7,20	5,85-7,35	6,90-8,60	7,55-9,80	7,95-10,35
	über 90 qm²	3,75-4,70	3,90-5,45	4,10-5,90	4,30-5,90	5,35-6,70	5,60-7,15	6,55-8,60	7,45-9,45	7,60-9,55

Tabelle 13.4: Mietspiegel Böblingen/Sindelfingen; Nettokaltmieten ohne Heizung und Betriebskosten in Euro/qm² Wohnfläche

KAPITEL 13 Der andere Blick auf die Immobilie: worauf Anleger achten müssen

Wie Ihr Investitionsplan letztendlich aussehen könnte, zeigt Tabelle 13.5, die alle wesentlichen Zahlen rund um den Kauf einer Immobilie als Kapitalanlage enthält.

Objekt	
Kaufpreis	100.000 €
Kaufnebenkosten	5.000 €
Gesamtkosten	**105.000 €**
Mieteinnahmen jährlich	6.000 €
Instandhaltungskosten jährlich	300 €
Verwaltungskosten	200 €
Geschätzte Mietsteigerung jährlich	1,0 %
Geschätzte Kostensteigerung jährlich	1,0 %
Finanzierung	
Eigenkapital	5.000 €
Darlehen	100.000 €
Zinsbindung	15 Jahre
Zinssatz	2 %
Tilgungssatz	2 %
Kreditrate jährlich	4.242 €
Renditeberechnung	
Anlagehorizont	15 Jahre
Verkaufspreis	130.476 €
Restschuld	54.521 €
Objektrendite nach Steuern ohne Finanzierung	4,52 %
Überschuss	76.757 €

Tabelle 13.5: Investitionsplan Immobilie zur Vermietung

Damit Sie in dieser Tabelle Ihren Investitionsplan eintragen können, finden Sie sie unter www.fuer-dummies.de zum Herunterladen.

> IN DIESEM KAPITEL
>
> Die Finanzierungsoptionen der Banken
>
> Die Rolle des Eigenkapitals für den Erfolg bei einer Immobilie als Kapitalanlage
>
> Steuerliche Unterstützung durch den Fiskus

Kapitel 14
Geld anlegen in Steinen – so funktioniert es reibungslos

Wenn Sie sich erst einmal auf die Suche nach einem Mieter für Ihre Immobilie machen, haben Sie die meisten Herausforderungen rund um eine Immobilie als Kapitalanlage bereits gemeistert. Wer will, dass sich seine Investition in eine Immobilie als Kapitalanlage auszahlt, muss einige wesentliche Punkte berücksichtigen.

Die Pflicht: eine solide Finanzierung

Es klingt so einfach: »Ich kaufe mir eine Wohnung und vermiete sie.« Der Glaube, dass in solch einen Fall das Geld in der Kasse nur so sprudelt, ist leider nach wie vor weit verbreitet. Ganz so einfach ist es allerdings nicht. Wir haben Ihnen eine Checkliste zusammengestellt, die Ihnen einen Überblick gibt, was Sie alles bedenken müssen, wenn Sie sich eine Wohnung als Kapitalanlage zulegen wollen.

Zu den wichtigen Punkten zählen

- ✔ **das Eigenkapital**. Ein Einsatz von Ihrem angesparten Geld lohnt sich vor allem in Zeiten niedriger Guthabenverzinsung, denn zum einen ist das Geld in einer Immobilie solide angelegt und zum anderen belohnen viele Banken einen höheren Eigenkapitalanteil mit günstigeren Kreditkonditionen. Vorausgesetzt der Kreditnehmer konnte die Bank von seinen Finanzplänen und dem Objekt überzeugen.

- ✔ **die Rücklagen**. Allein mit der Anschaffung der Wohnung oder des Hauses ist es nicht getan: Überraschende Reparaturen oder Nachzahlungen sind nichts Ungewöhnliches, wenn Sie sich eine Immobilie als Kapitalanlage kaufen. Experten empfehlen, etwa 20.Prozent des Gesamtinvestitionsaufwandes zur Seite zu legen, um für den Fall der Fälle gut gerüstet zu sein. Bedenken Sie: Zahlt ein Mieter über einen längeren Zeitraum hinweg keine Miete oder Sie finden womöglich gar keinen Mieter, müssen Sie einige Monate finanziell überbrücken können.

✔ **die Rendite.** Lassen Sie sich nicht von traumhaften Renditekalkulationen blenden. Generell gilt: Je höher die Rendite des Objekts, desto höher ist in der Regel auch das Risiko. Clevere Kapitalanleger prüfen daher genau, worauf die Berechnungen basieren. Und sie versuchen auch zu ermitteln, ob die Annahmen auch langfristig Bestand haben. Bleiben Restzweifel, rechnen Sie idealerweise noch einmal neu oder trennen sich – auch wenn es womöglich wehtut – von dem Objekt.

Die Kür – der Fiskus zahlt mit

»Sparen Sie jetzt Steuern«, »Holen Sie sich Ihr Geld zurück«, »Nutzen Sie Steuererleichterungen« – so oder so ähnlich werben viele Immobilienfinanzierer, Bauträger und Co um Kunden, um ihnen eine Immobilie als Kapitalanlage zu verkaufen. Der Lockruf der Immobilienverkäufer mithilfe eines Objekts in den Genuss von Steuererleichterungen zu kommen, gilt jedoch nur für diejenigen, die ihre neue Immobilie an Dritte vermieten.

Welche Steuervorteile Sie einkalkulieren können

Der Fiskus hält für diese Immobilieneigentümer vor allem zwei Extras parat: Sie können von der Steuer absetzen

✔ den Kaufpreis für das Gebäude,

✔ die laufenden Kosten für das Objekt.

Wer sehr gut verdient und einen hohen persönlichen Steuersatz hat, kann seine Steuerlast mit dieser Variante deutlich reduzieren.

 Den Preis für das Grundstück, auf dem die Immobilie steht, darf der Eigentümer nicht von der Steuer absetzen.

Um die Steuervorteile zu berechnen, legt das Finanzamt für die Abschreibung des Kaufpreises zwei unterschiedliche Prozentsätze zugrunde:

1. Zwei Prozent für Gebäude, die nach dem 31. Dezember 1924 gebaut wurden. Hier geht der Fiskus von einer Nutzungsdauer von 50 Jahren aus. Kostet das Objekt ohne Grundstück beispielsweise 150.000 Euro, ergibt das eine jährliche Verringerung des zu versteuernden Einkommens von 3.000 Euro. Müssen Sie Ihr Einkommen zu einem Steuersatz von 40.Prozent versteuern, sparen Sie sich allein durch diesen Posten 1.200 Euro Steuer jährlich. Kaufen Sie das Objekt mitten im Jahr, berechnet das Finanzamt nur die verbleibenden Monate des Jahres anteilig.

2. Zweieinhalb Prozent für Gebäude, die bis 1924 errichtet wurden. In diesen Fällen reduziert der Staat die Abschreibungsdauer auf 40 Jahre. Kostet das Gebäude 150.000 Euro, verringert sich das zu versteuernde Einkommen um 3.750 Euro. Bei einem Steuersatz von 40.Prozent bedeutet das eine Steuerersparnis von 1.500 Euro pro Jahr.

Und noch ein Extra hält der Fiskus für Immobilieneigentümer bereit, die ihr Objekt vermieten: Neben der jährlichen Abschreibung des Gebäudes dürfen sie Verluste aus Vermietung und Verpachtung steuerlich geltend machen. Damit meint der Staat Beträge, die sich aus den laufenden Nebenkosten ergeben. Das können unter anderem sein

✔ Darlehenszinsen,

✔ Maklergebühren,

✔ Instandhaltungsarbeiten,

✔ Versicherungen,

✔ Wasser, Strom, Gas und Müllabfuhr.

Muss der Eigentümer den Rotstift zücken, nachdem er die Nebenkosten von den Mieteinnahmen abgezogen hat, wirkt das Minus unter dem Strich steuersenkend – der Verlust verringert also Ihre Steuerlast. Da gerade in den ersten Jahren meist üppige Darlehenszinsen anfallen, decken die Mieteinnahmen diese Nebenkosten meistens nicht.

Verkaufen Sie Ihre bis dato vermietete Immobilie innerhalb von zehn Jahren wieder, müssen Sie nicht nur den Betrag – sprich den Veräußerungsgewinn – versteuern, den Sie erzielt haben. Vielmehr fordert der Fiskus auch die bereits gewährten Steuervorteile zum Großteil wieder zurück. Falls Sie selbst in die Immobilie einziehen, müssen Sie dagegen nichts an Ihr Finanzamt zurückzahlen.

Wie sich solch ein Steuersparmodell in etwa auf Ihre Steuerlast auswirken könnte, zeigt das in Tabelle 14.1 gezeigte, stark vereinfachte Beispiel eines unverheirateten Käufers mit einem

Jahr	Einkommen	Steuerlast	AfA Denkmalschutz	AfA Altbau zwei Prozent	Einkommen neu	Steuerlast neu	Steuerersparnis
2016	60.000	17.965	12.600	600	46.800	12.204	5.760
2017	60.000	17.965	12.600	600	46.800	12.204	5.760
2018	60.000	17.965	12.600	600	46.800	12.204	5.760
2019	60.000	17.965	12.600	600	46.800	12.204	5.760
2020	60.000	17.965	12.600	600	46.800	12.204	5.760
2021	60.000	17.965	12.600	600	46.800	12.204	5.760
2022	60.000	17.965	12.600	600	46.800	12.204	5.760
2023	60.000	17.965	12.600	600	46.800	12.204	5.760
2024	60.000	17.965	9.800	600	49.600	13.382	4.583
2025	60.000	17.965	9.800	600	49.600	13.382	4.583
2026	60.000	17.965	9.800	600	49.600	13.382	4.583
2027	60.000	17.965	9.800	600	49.600	13.382	4.583
Summe		**215.574**	**140.000**	**7.200**		**151.160**	**64.414**

Tabelle 14.1: Steuerersparnis in Euro Altbauimmobilie als Kapitalanlage ohne Kapitaldienste (Quelle: www.capital-denkmal.de)

zu versteuernden Jahreseinkommen von 60.000 Euro, der in eine Immobilie mit einem Gesamtkaufpreis von 200.000 Euro zuzüglich Kaufnebenkosten investiert hat.

Die Bemessungsgrundlage für die Abschreibung/Absetzung für Abnutzung – kurz AfA – von älteren Gebäuden setzen wir mit 140.000 Euro (70 Prozent des Gesamtkaufpreises) an. Das Objekt ist Baujahr 1926. Als Bemessungsgrundlage für die lineare AfA des Altbaugebäudes nehmen wir die Hälfte des verbleibenden Gesamtkaufpreises an, also 30.000 Euro. Der Rest entfällt auf das Grundstück und wird nicht abgeschrieben.

Warum sich Renovierungen lohnen

Für Fans von gebrauchten Immobilien hält der Fiskus zusätzliche Steuererleichterungen bereit: Sie können ihre Steuerlast senken, wenn sie Renovierungsarbeiten an ihrer Immobilie vornehmen lassen. Die Kosten für neue Elektrik, ein neues Bad oder neue Tapeten dürfen Eigentümer innerhalb von relativ kurzen Zeiträumen abschreiben – innerhalb von mindestens zwei beziehungsweise maximal fünf Jahren.

Wer sich eine gebrauchte Immobilie gerade erst angeschafft hat, sollte mit den Renovierungsarbeiten ein wenig warten: Immer wieder wertet der eine oder andere emsige Finanzbeamte aufwendige Sanierungen in frisch erworbenen Apartments oder Häusern als sogenannte *anschaffungsnahe Aufwendung*. Die Folge: Die Kosten für die Erneuerung von Küche und Bad, Fußboden und Wänden oder Türen und Fenstern dürfen die Eigentümer dann nur mit zwei beziehungsweise zweieinhalb Prozent jährlich abschreiben. Wer dagegen drei Jahre nach dem Kauf verstreichen lässt und erst dann Hammer und Bohrer schwingt, profitiert von deutlich höheren Abschreibungsmöglichkeiten.

Anschaffungsnahe Aufwendungen sind laut den geltenden Richtlinien Instandsetzungs- und Modernisierungsmaßnahmen, die in den ersten drei Jahren nach dem Kauf der Immobilie anfallen – sofern die Kosten dafür 15 Prozent der Anschaffungskosten für das Objekt selbst übersteigen. Ohne Mehrwertsteuer!

Falls Sie genügend Geduld aufbringen und erst im vierten Jahr nach dem Kauf von beispielsweise zwei gebrauchten Eigentumswohnungen mit den Renovierungsarbeiten loslegen, kann das Ihre Steuerlast im Jahr vier und fünf deutlich verringern. Um wie viel genau, können wir Ihnen natürlich nicht sagen – holen Sie sich am besten den Rat Ihres Steuerberaters ein beziehungsweise lassen Sie sich eine Übersicht erstellen.

> **IN DIESEM KAPITEL**
>
> Die Suche nach dem idealen Mieter
>
> Ungeahnte Schwierigkeiten als Vermieter
>
> Die Inhalte eines Mietvertrags

Kapitel 15
Die ungewohnte Rolle als Vermieter

Wenn Sie sich erst einmal auf die Suche nach einem Mieter für Ihre Immobilie machen, haben Sie die meisten Herausforderungen rund um eine Immobilie als Kapitalanlage bereits gemeistert. Damit die Zweckgemeinschaft zwischen Ihnen und Ihrem Mieter reibungslos klappt und Ihre Renditepläne aufgehen, sollten Sie in diesem Kapitel stöbern.

Weiter bietet dieses Kapitel wertvolle Informationen, wie Sie unerwünschte Hausgenossen oder gar Mietnomaden meiden. Und Sie finden in dem Kapitel alle wesentlichen Inhalte, die ein Mietvertrag enthalten sollte.

So finden Sie den passenden Mieter

Ein Tässchen Tee mit leckeren Schokokeksen – wenn Sie sich daranmachen, den idealen Mieter für Ihre neu erworbene Immobilie zu suchen, sollten Sie keinesfalls gestresst sein. Angesichts der vielen Horrorgeschichten, die Sie regelmäßig im Fernsehen oder in der Zeitung über Mietnomaden oder demolierte Wohnungen entdecken können, wollen Sie natürlich vermeiden, dass Sie Monat für Monat um die Miete zittern oder alle sechs Monate nach einem neuen Mieter Ausschau halten müssen.

Nun, dann sollten Sie es sich gemütlich machen und eine Liste erarbeiten, was Ihnen an Ihrem zukünftigen Mieter wichtig ist und wie Sie sicherstellen können, dass er Ihren Ansprüchen und Erwartungen genügt. Schließlich geht es für Sie um den Erfolg Ihres Renditeobjekts – denn nur wenn die Miete für Ihre Immobilie zuverlässig Monat für Monat auf Ihrem Konto landet, geht Ihr Finanzierungsplan so auf, wie Sie ihn sich errechnet haben.

Allerdings ist die Aufgabe, vor der Sie jetzt stehen, alles andere als einfach: Schließlich können Sie den Bewerbern nicht in die Köpfe schauen. Aber mithilfe einiger cleverer Strategien finden Sie bestimmt den passenden Mieter für Ihr Objekt.

Halten Sie zunächst einmal Ausschau nach Interessenten

- ✔ in örtlichen Zeitungen und Anzeigenblättern,
- ✔ in Internetportalen,
- ✔ auf Schwarzen Brettern in Ihrem Büro, Ihrem Supermarkt, Ihren Lieblingsrestaurants oder Ihrem Sportverein.

Wer unter einer größeren Auswahl an Bewerbern für seine Immobilie auswählen und die Suche aktiv gestalten will, kann auf verschiedenen Wegen Interessenten anlocken:

- ✔ Schalten Sie Inserate im Internet, in Tageszeitungen, Anzeigenblättern oder auch bei örtlichen Radiosendern.
- ✔ Hängen Sie Zettel in Supermärkten, bei Ihrem Arbeitgeber, an Ihrem Auto oder an anderen Orten aus, um potenzielle Bewerber auf Ihre Immobilie aufmerksam zu machen.
- ✔ Vertrauen Sie Ihr Objekt einem oder mehreren Maklern an.

»Hast du nicht eine Wohnung, die gerade frei ist?« Oder: »Du, der Georg sucht im Moment nach einer Wohnung zur Miete, ihr kennt euch doch schon so lange!« So oder so ähnlich könnten Freunde bei Ihnen anklopfen, um sich in Ihrer Wohnung einzumieten. Es ist allerdings nicht unbedingt ratsam, eine Immobilie an Freunde zu vermieten. Im Falle eines Streits macht es Ihnen die persönliche Beziehung zu Ihrem Mieter unnötig schwer, Ihre Ansprüche und Rechte beispielsweise gerichtlich durchzusetzen. Wer seine Immobilie an Freunde vermietet, sollte unbedingt auf all den Formalien bestehen, die er auch gegenüber einer fremden Person einfordern würde.

Wollen Sie nicht auf Mund-Propaganda setzen, sondern eine Annonce in der Zeitung, dem Radio oder im Internet schalten, müssen Sie alle wichtigen Informationen über Ihre Immobilie kurz und knapp – aber unbedingt verständlich – vorstellen. Dazu gehören unter anderem

- ✔ die Größe der Immobilie,
- ✔ die Anzahl der Zimmer,
- ✔ die Höhe der Kaltmiete,
- ✔ die Höhe der Neben- und Betriebskosten,
- ✔ das Viertel, in dem das Objekt liegt,
- ✔ der Zeitpunkt, ab wann die Wohnung zu mieten ist,
- ✔ Angaben zur vorhandenen Einrichtung wie Einbauküche oder Einbauschränke,

✔ der Zustand der Immobilie,

✔ die Information, ob ein Lift in dem Haus vorhanden ist,

✔ sonstige Details, die Ihre Wohnung möglicherweise zusätzlich auszeichnen.

Damit Ihre Anzeige nicht in der Masse der Immobilieninserate im Internet oder in den Anzeigenblättern und Tageszeitungen verschwindet, sollten Sie die Annonce nicht nur ein wenig aufpeppen, sondern auch gleich so zuschneiden, dass sie die von Ihnen gewünschte Zielgruppe anspricht. Ein paar Beispiele gefällig?

✔ »Stilvolles Apartment für Genießer in gehobener Lage.« Hier winken sicherlich all die Wohnungssuchenden ab, deren Budget knapp ist.

✔ »2-Zimmer-Wohnung direkt am Jogging-Paradies.« Damit sprechen Sie Mieter an, die gern Sport treiben oder es bevorzugen, sich draußen die Zeit zu vertreiben.

»Parkplatzsuche ade! Kleines Apartment, an U-Bahn-Haltestelle gelegen.« Wer das liest, weiß nicht nur, dass die Wohnung in einem Viertel liegt, in dem es immer zu wenige Parkplätze gibt. Vielmehr weiß er auch, dass er trotzdem stets mobil ist, schließlich hält die U-Bahn vor der Haustür.

Originell, ulkig, fetzig!

Studieren Sie einmal an einem Freitag oder Samstag den Wohnungsmarkt in den großen Tageszeitungen! Sie werden staunen, auf welche witzigen und schrägen Ideen die Leute kommen, um die Aufmerksamkeit der Leser zu erregen – und das Beste an diesen ungewöhnlichen Einfällen: Sie scheinen meist zu funktionieren.

Peter K. beispielsweise ließ die Überschrift für sein Inserat verkehrt herum schreiben: »Nach diesem Schmuckstück verdrehen Sie sich garantiert den Kopf.« Es dauerte nur zwei Tage, bis der Münchner sein kleines Juwel vermietet hatte.

Familie Schmidt aus Norddeutschland bot ihre Fünf-Zimmer-Wohnung unter der Überschrift »Babyblues ade« an und konnte sich anschließend vor all den vier- und fünfköpfigen Familien, die unbedingt ihre Immobilie mieten wollten, nicht retten.

Sabine D. fragte in ihrem Inserat nur: »Obdachlos in Hamburg? Allein oder zu zweit? Neugierig?« Noch Wochen später riefen neugierige Wohnungssuchende an: Ältere Paare, junge Studenten, alleinerziehende Mamis, schweigsame Einzelgänger – am Ende entschied sie sich für eine Stewardess, die auf ihrer Mailbox die Nachricht hinterlassen hatte: »Gespannt auf die neue Mieterin? Rückruf genügt.«

Je nachdem, wo Sie sich Ihre Immobilie als Kapitalanlage gekauft haben, dürfte nach einer Anzeige einiges auf Sie zukommen: In großen Städten wie beispielsweise München kommt es häufig vor, dass sich bei einem Besichtigungstermin 50 Leute und mehr in dem Apartment oder dem Haus tummeln. Idealerweise treffen Sie schon vorab eine kleine Auswahl beziehungsweise laden nicht mehr als zwei bis drei Interessenten zu einem Besichtigungstermin ein, um nicht die Übersicht zu verlieren.

Natürlich wollen Sie in dieser Zeit Ihre Bewerber ein wenig kennenlernen. Damit das klappt,

✔ laden Sie am besten alle Personen zur Besichtigung ein, die später in der Immobilie leben werden;

✔ lassen Sie die potenziellen Mieter ein wenig über sich erzählen;

✔ lenken Sie das Gespräch auf die Themen, die für Sie relevant sind.

Um genauer herauszufinden, ob der Bewerber ein Kandidat wäre, dem Sie Ihre Immobilie anvertrauen, sollten Sie sich einige Fragen unbedingt beantworten lassen: Fragen Sie,

✔ ob der Interessent ledig, verheiratet, alleinerziehend oder verwitwet lebt;

✔ ob es offene Mietforderungen gibt;

✔ ob der Bewerber einen Antrag auf eine Verbraucherinsolvenz gestellt hat;

✔ wer der Arbeitgeber ist;

✔ wie lange er bei seinem Arbeitgeber schon beschäftigt und wie hoch das Gehalt ist;

✔ nach den Vermögensverhältnissen des Bewerbers.

Ob Beruf oder Familienstand: Wer genau hinhört, was sein zukünftiger Mieter über sich erzählt, kann häufig wertvolle Schlussfolgerungen daraus ziehen: Hat beispielsweise eine junge Bewerberin in einer Niederlassung ihres Arbeitgebers bereits eine führende Position inne, kann es durchaus sein, dass sie in absehbarer Zeit ins Ausland oder in die Firmenzentrale versetzt wird. Versuchen Sie daher bei Besichtigungsterminen stets, selbst das kleinste Gesprächsdetail zu registrieren.

Natürlich dürfen Sie bei Besichtigungsterminen einem potenziellen Mieter allerlei Fragen stellen. Beachten Sie aber, dass Sie ihn nicht uneingeschränkt ausquetschen dürfen. Es gibt Fragen, die juristisch nicht zulässig sind. Dazu zählen unter anderem Fragen nach

✔ früheren Mietverhältnissen,

✔ laufenden Ermittlungsverfahren,

✔ Vorstrafen,

✔ Parteien- und/oder Gewerkschaftsmitgliedschaften,

✔ einer Schwangerschaft.

Lügt ein Bewerber bei der Beantwortung einer zulässigen Frage und der Vermieter erfährt dies, kann er den Mietvertrag wegen arglistiger Täuschung anfechten.

Clevere Immobilienvermieter machen sich beim ersten Besichtigungstermin Notizen, um anschließend eine Vorauswahl zu treffen. Wer genau weiß, wie er sich seinen Mieter vorstellt, kann mittels der notierten Stichpunkte vergleichen, ob ein passender Bewerber unter den Interessenten war.

Sagen Sie einem Bewerber ab, müssen Sie keinen Grund für die Absage nennen. Es reicht, wenn Sie ihm mitteilen, dass Sie die Wohnung anderweitig vergeben haben.

Sobald Sie einen Bewerber klar als idealen Mieter für Ihre Immobilie favorisieren, lassen Sie ihn am besten eine sogenannte *Mieterselbstauskunft* ausfüllen. Dieses Dokument fordert ausführliche Angaben über

- ✔ den Mietinteressenten (Name, Adresse, Geburtstag, Geburtsort, Wohnort, Familienstand, Kinde(r), Personalausweisnummer),
- ✔ die Kontaktdaten des Mietinteressenten (Telefon, Handy, Fax, E-Mail-Adresse),
- ✔ die berufliche Situation des Mietinteressenten (Beruf, Arbeitgeber, Dauer des Beschäftigungsverhältnisses, aktueller Status, Nettoeinkommen und so weiter),
- ✔ die bisherigen Mietverhältnisse (bisheriger Vermieter, Ort, Art der Kündigung des Mietverhältnisses, Grund der Kündigung, Anschriften der vergangenen fünf Jahre, Angabe von Mietrückständen).

Weigert sich ein Bewerber, die Selbstauskunft auszufüllen, sollten Sie sich nach einem anderen Interessenten umsehen. Zwar sind Mietinteressenten gesetzlich nicht verpflichtet, Formulare zur Selbstauskunft auszufüllen. Da es in Deutschland jedoch üblich ist, eine Selbstauskunft zu geben, zerstören Bewerber, die sich weigern, das eben erst geknüpfte Vertrauensverhältnis.

Stellt sich heraus, dass der Interessent in der Selbstauskunft falsche Angaben gemacht hat, muss er, falls er bereits in die Wohnung eingezogen ist, die Immobilie sofort räumen und alle Schäden, die dadurch entstanden sind, ersetzen.

Beantwortet der Mietaspirant die Selbstauskunft zu Ihrer Zufriedenheit, steht dem Abschluss eines Mietvertrags nichts mehr im Weg.

Was ein Mietvertrag alles enthalten muss

Wahrscheinlich füllen schon mehrere Ordner Ihre Regale, in denen Sie Ihre Unterlagen rund um die gekaufte Immobilie abgeheftet haben: von ersten Finanzierungsberechnungen über den Kaufvertrag, vom Notar bis hin zu ersten Handwerkerrechnungen. Die dicken Wälzer dokumentieren in der Regel genauestens jeden Schritt.

Idealerweise kaufen Sie sich jetzt noch einen Ordner, schließlich wollen Sie bestimmt auch die Verträge und Unterlagen, die Sie für die Vermietung Ihrer Immobilie abgeschlossen haben beziehungsweise benötigen, an einem Ort sammeln.

Das wichtigste Dokument in Ihrem neuen Ordner ist der Mietvertrag: Dieser verpflichtet den Mieter, Geld für die Nutzung Ihrer Wohnung oder Ihres Hauses zu bezahlen.

Welche Art von Mietvertrag Sie mit Ihrem zukünftigen Mieter abschließen, liegt an Ihnen. In Deutschland gelten verschiedene Arten von Mietverträgen als rechtskonform:

- **Der mündliche Mietvertrag.** Wollen Sie Ihre Immobilie unbefristet vermieten, können Sie den Mietvertrag mündlich abschließen, wenn Sie sich mit Ihrem Mieter über die Höhe der Miete und den Nutzungszweck für das Objekt einig geworden sind. Die Kündigungsfristen für eine Immobilie richten sich nach den Kündigungsschutzregeln für Wohnungsmieter: Der Mieter darf demnach immer innerhalb von drei Monaten kündigen. Als Vermieter dürfen Sie anfangs nach drei Monaten kündigen. Lebt der Mieter bereits fünf beziehungsweise acht Jahre in der Immobilie, müssen Sie eine Frist von sechs beziehungsweise neun Monaten einhalten.

- **Der konkludente Mietvertrag.** Haben Sie sich mit Ihrem Mieter mündlich über Miete und Mietzweck geeinigt und regelmäßig über einen gewissen Zeitraum hinweg eine bestimmte Miete für ein Mietobjekt eingenommen, erfüllen Sie die Voraussetzungen für einen konkludenten Mietvertrag. Sie haben sich also durch das übereinstimmende Verhalten über die Eckdaten des Mietvertrages geeinigt.

- **Der schriftliche Mietvertrag.** Um auf Nummer sicher zu gehen, sollten Sie aber am besten einen schriftlichen Vertrag abschließen. Umfasst der schriftliche Mietvertrag mehr als eine Seite, müssen Sie alle Blätter fortlaufend nummerieren. Auch Anlagen wie beispielsweise den Wohnungsplan müssen Sie mit der entsprechenden Seitenzahl ausstatten.

Um später nicht unnötig in Schwierigkeiten zu kommen oder womöglich mit ihren Mietern vor Gericht zu landen, sollten Vermieter einige wesentliche Elemente in schriftlichen Mietverträgen festhalten:

- Name, Adresse und Telefonnummer oder E-Mail-Adresse des Vermieters und des Mieters

- Angaben über die vermietete Immobilie wie die Adresse, die Wohnräume, die Größe des Grundstücks, die Garage und Ähnliches

- Die Höhe der vereinbarten Miete und die dazugehörigen Nebenkosten sowie den Zahlungsrhythmus

- Angaben über das Konto, auf das der Mieter die Miete überweisen muss

- Die Mietdauer, sofern der Vermieter das Objekt nicht unbefristet vermieten will

- Hinweise auf die gesetzlichen Kündigungsfristen, sofern Vermieter und Mieter das Mietverhältnis nicht auf Zeit abschließen

- Angaben zur Kündigungsweise – idealerweise schriftlich

- Die Höhe der Mietkaution

✔ Verpflichtung des Mieters, während der Mietzeit Schönheitsreparaturen zu übernehmen

✔ Die Erlaubnis für den Mieter, Bagatellschäden bis zu einer gewissen Höhe selbst beziehungsweise durch Dritte zu beheben

✔ Richtlinien, inwieweit der Mieter Veränderungen an der Immobilie vornehmen darf

✔ Richtlinien, welche Elemente des Objekts der Mieter keinesfalls verändern, anbohren oder bekleben darf

✔ Die Erlaubnis beziehungsweise das Verbot der Weitervermietung

✔ Vorgaben, inwieweit der Mieter den Vermieter über wesentliche oder entstehende Schäden an der Immobilie informieren muss beziehungsweise für die Beseitigung von Schäden, die er nicht gemeldet hat, selbst aufkommen muss

✔ Das Recht, die Immobilie jederzeit zu besichtigen, sofern der Vermieter das mindestens 24 Stunden zuvor beim Mieter angemeldet hat oder ein wichtiger Grund vorliegt

✔ Das Recht, das Objekt von Interessenten besichtigen zu lassen, sofern der Vermieter die Immobilie verkaufen will oder das Mietverhältnis gekündigt ist

✔ Regelungen für die Rückgabe der Immobilie

✔ Hinweise auf die Pflicht des Mieters, Zu- und Gehwege ordentlich zu säubern und im Winter zu streuen

✔ Sonstige Vereinbarungen wie beispielsweise der Abschluss einer Haftpflichtversicherung

Übertragen Sie die Vermietung Ihrer Immobilie einer Hausverwaltung, wird in der Regel deren Name samt Kontaktdaten als Vermieter aufgenommen. Achten Sie darauf, dass Sie Ihrem Mieter vor Unterzeichnung des Vertrags nichts gestatten, was ihm die Hausverwaltung – sprich laut Vertrag der Vermieter – nicht genehmigt. Das führt nur zu unnötigen Streitigkeiten, denn die Hausverwaltung ist keinesfalls verpflichtet, sich an Ihre Zusagen zu halten – es sei denn, Sie haben dafür einen gesonderten Vertrag mit ihr abgeschlossen.

Haben Sie mit Ihrem Mieter einen Zeitmietvertrag vereinbart, beispielsweise über zwei, drei oder vier Jahre, müssen Sie aufpassen: Kündigen weder Sie noch Ihr Mieter den Vertrag fristgerecht innerhalb von drei Monaten, wird aus dem Zeitmietvertrag automatisch ein unbefristeter Mietvertrag. Bedenken Sie auch, dass es nicht zulässig ist, einen Zeitmietvertrag Jahr für Jahr zu verlängern. Im sechsten Jahr genießt Ihr Mieter vollen Kündigungsschutz.

Im Internet finden Sie mit den Stichworten »Mietvertrag«, »Vermieter« und »Muster« inzwischen Dutzende kostenlose Muster-Mietverträge für Vermieter zum Downloaden. Clevere Vermieter, die auf Nummer sicher gehen oder zusätzliche Extras oder weitergehende Richtlinien in den Mietvertrag einbauen wollen, holen sich idealerweise Rat von Spezialisten. Wohl in kaum einem anderen Rechtsgebiet gibt es so viel Anlässe, vor Gericht zu ziehen, wie rund um den Bereich Vermietung.

Auf welche Fallstricke Vermieter achten müssen

Ihr Mieter ist der entscheidende Schlüssel für die Anlagepläne rund um Ihre Immobilie: Egal, ob Sie eine Wohnung oder ein Haus vermieten: Wer regelmäßig Einkünfte mit seiner vermieteten Immobilie erzielen will, muss auf einige tückische Fallen aufpassen.

In Deutschland kämpfen viele Vermieter mit Mietausfällen. Die Eigentümerschutz-Gemeinschaft Haus & Grund schätzt, dass sich die Rückstände derzeit auf circa 2,2 Milliarden Euro belaufen. Die Zahlungsschwierigkeiten entstehen häufig durch

✔ den Verlust des Jobs,

✔ gesundheitliche Probleme,

✔ Trennung und/oder Scheidung vom Lebenspartner.

Die Übergabe

Es scheint nichts zu geben, was Vermieter noch nicht erlebt haben, wenn sie während der Zeit der Vermietung oder nach dem Auszug ihrer Mieter ihr Objekt in Augenschein nehmen. Die eine oder andere böse und kostspielige Überraschung lässt sich jedoch vermeiden, wenn sich Vermieter gut absichern.

Viele Mieter wollen sich beispielsweise Mühe und Arbeit sparen, wenn sie aus einer Wohnung ausziehen, und lassen kurzerhand große Teile ihres Mobiliars zurück. Da es Sie nicht nur Geld kosten würde, die Möbel Ihres Mieters eigenmächtig entsorgen zu lassen, sondern Sie auch Ärger mit dem Gesetz bekommen könnten, sollten Sie stets zwei wesentliche Aspekte beachten:

1. Setzen Sie dem Mieter per Einschreiben eine Frist, bis zu der er die Wohnung geräumt haben muss. Kündigen Sie gleichzeitig an, dass Sie anschließend alle zurückgelassenen Möbelstücke auf seine Kosten entsorgen lassen.

2. Protokollieren Sie genauestens, welches Mobiliar oder sonstige Gegenstände Sie wegwerfen, damit es später nicht zu Streitigkeiten kommen kann.

Vermisst Ihr Mieter das eine oder andere Stück, laufen Sie Gefahr, dass Sie dafür haften müssen, wenn Sie die Wohnung auf eigene Faust geräumt haben – und das kann Sie teuer zu stehen kommen. Stellen Sie sich vor, Ihr Mieter redet plötzlich von einer Standuhr, die ein Erbstück seiner Großmutter war ... Daher müssen Sie unbedingt eine Liste über die Dinge erstellen, die Sie auf den Müll verfrachtet haben.

Die Renovierung

Für Vermieter sind sie ein Horror, Menschen mit Ordnungssinn entlocken sie oft ein sprachloses »Wow«: Fotos von Wohnungen, die bis oben hin voller Altpapier, leerer Flaschen, abgenutzter Kleidung, prall gefüllter Plastiktüten und sonstiger Gegenstände sind. Gut nur, dass Fotos keine Gerüche transportieren!

Lange Zeit haben es Deutschlands Richter abgelehnt, mittels Gerichtsurteilen Mietern vorzuschreiben, wie sie ihre gemieteten Wohnungen nutzen dürfen – oder eben nicht. Räumungsklagen frustrierter Vermieter wiesen sie daher konsequent ab. Inzwischen jedoch müssen Vermieter nicht mehr tatenlos zusehen, wie sich in ihren Immobilien der Abfall bis zur Decke türmt – unter bestimmten Umständen dürfen sie sammelwütigen Mietern kündigen.

Damit Vermieter emsige Sammler mittels Räumung tatsächlich loswerden, sollten sie Fotos präsentieren können, die unter anderem

✔ dokumentieren, wie viel Müll sich in der Immobilie türmt;

✔ zeigen, dass die Fortbewegung in der Immobilie nur über eine Schicht von Sammelgut möglich ist;

✔ verdeutlichen, dass Bad und Dusche als Lagerfläche missbraucht werden;

✔ erkennbar machen, dass die Menge an Sammelgut nicht den haushaltsüblichen Mengen entspricht;

✔ zeigen, dass eine Reinigung der Immobilie in diesem Zustand gar nicht möglich und mit einem Schädlingsbefall zu rechnen ist.

All dies dokumentiert, dass der sammelwütige Mieter die Wohnung nicht zu dem Zweck nutzt, für den er die Immobilie eigentlich gemietet hat – und solch einen Zustand muss der Vermieter nicht hinnehmen.

Viele Richter berücksichtigen bei einem Gerichtstermin rund um eine vermüllte Wohnung auch das Gefahrenpotenzial, das von dem Sammelgut ausgeht. Dazu zählt unter anderem die Gefahr, dass sich Schädlinge in dem Gebäude breitmachen können, aber auch das Risiko, dass selbst ein minimaler Funke genügen würde, um die großen Abfallberge in Brand zu setzen.

Sie können sich angesichts derart vermüllter Wohnungen sicherlich vorstellen, dass die Kosten für eine Renovierung schnell in die Höhe schnellen – mehrere Tausend Euro sind in solchen Fällen oft gar nichts.

Doch selbst, wenn Ihr Mieter ein ordentlicher Mensch war und sorgfältig mit Ihrem Wohneigentum umgegangen ist – zieht er aus, besteht dennoch häufig Renovierungsbedarf. Schließlich wollen Sie, dass Ihre Immobilie wieder tipptopp hergerichtet wird. Je nach Vereinbarung im Mietvertrag muss Ihr Mieter möglicherweise dann noch

✔ die Wände frisch weißen lassen;

✔ gebrochene Fliesen auswechseln lassen;

✔ oder das total zerkratzte Ceranfeld auf dem Herd ersetzen lassen.

Selbst wenn Sie genauestens kontrollieren und Ihr Mieter alles einwandfrei übergibt, vor bösen Überraschungen sind Sie dennoch nicht sicher: Dann und wann kann ein Schaden sich auch erst zeigen, wenn der Mieter schon seit einigen Monaten ganz woanders wohnt. Für diese Fälle sollten Sie immer eine finanzielle Rücklage parat halten.

Eine Familie vermietete ihr frei stehendes Haus für zwei Jahre an ein Ehepaar. Im Mietvertrag hatte die Familie unter anderem verankert, dass sich die Mieter um die Außenanlagen und die damit verbundenen Arbeiten kümmern müssen. Im Garten der Familie standen viele große Bäume, die regelmäßig die Regenrinnen des Hauses verstopften. Nach dem Auszug der Mieter stellte die Familie zwar fest, dass die Regenrinnen in den zwei Jahren offensichtlich nie gereinigt worden sind, verfolgte das Thema aber nicht weiter. Nach ein paar Monaten jedoch zeigten sich an den Außenwänden feuchte Stellen und auch die Holzbalken sahen zunehmend schimmelig aus. Was war passiert? Die Mieter hatten sich nicht wie versprochen um die Regenrinnen gekümmert. Durch das nasse Laub drang nach und nach Wasser in die Hauswand und in einen der tragenden Balken des Hauses. Die Erneuerung des Balkens kostete die Familie weit mehr als 2.000 Euro. Ein Schaden, für den sie selbst aufkommen musste.

Setzen Sie sich gern in Ihren Sessel oder machen es sich in Ihrer Wohnküche gemütlich, wenn der Tag zu Ende geht und es langsam dunkel wird? Klasse, dann beobachten Sie doch einmal, wie Sie nach und nach immer weniger einzelne Details in Ihren Räumen erkennen können – von schwachen Flecken an der Wand oder auf dem Fußboden ganz zu schweigen!

Machen Sie bloß nicht den Fehler und nehmen Ihrem Mieter die Wohnung ab, wenn es draußen dämmert oder gar völlig dunkel ist. Bedenken Sie, die Übergabe einer Immobilie erfolgt normalerweise nach dem Auszug und das bedeutet, dass in der Regel keine Lampen mehr hängen. Schäden, die Ihr Mieter möglicherweise verursacht hat, können Sie unter solchen Umständen nur äußerst schwer erkennen. Oder sehen Sie im Zwielicht:

✔ Kratzer auf der Herdplatte?

✔ Schrammen im Parkett?

✔ Gebrochene Steckdosen?

✔ Fleckige Tapeten oder Wände?

✔ Verklebte Fenster?

Nein, wahrscheinlich nicht – und freiwillig werden Sie wohl nur die wenigsten Mieter auf Schäden hinweisen, die sie selbst verursacht haben! Damit Sie sich später nicht über Ihr eigenes dilettantisches Verhalten ärgern müssen, empfiehlt es sich, den Termin für die Übernahme Ihrer Wohnung stets um die Mittagszeit zu vereinbaren.

Als Vermieter haben Sie nur sechs Monate nach Auszug des Mieters Zeit, Beschädigungen in Ihrer Mietwohnung zu reklamieren. Entdecken Sie also noch Schäden, die Ihnen bei der Übernahme nicht aufgefallen sind, müssen Sie ein wenig aufs Tempo drücken.

Auch die Lust auf Zigaretten, Zigarren oder Pfeife vieler Mieter ist für jeden Vermieter ein Ärgernis. Während die Gäste in Restaurants in Deutschland schon lange nicht mehr rauchen dürfen oder in ausgewiesene Raucherzimmer verschwinden müssen, bleibt es Mietern selbst überlassen, zu entscheiden, ob sie sich in ihrer Wohnung eine Zigarette anzünden wollen oder nicht.

Lassen sich die Schäden jedoch nicht mehr durch Schönheitsreparaturen entfernen, kann der Vermieter Schadenersatz von seinem Mieter verlangen. In solchen Fällen liegt ein sogenannter *Raucherexzess* vor. Allerdings fällt es Vermietern nicht immer leicht, diese Forderung durchzusetzen, da es sich über die angeblichen Schäden trefflich streiten lässt.

Im Bann der Zigarette

Zwei Mieter, die in ihren angemieteten Wohnungen keinesfalls auf den Genuss ihrer Zigaretten verzichten wollten, kam ihre Sucht bitter zu stehen: Sie hatten durch den Konsum übermäßig vieler Glimmstängel erhebliche Tabakspuren auf den Tapeten beziehungsweise einem Teppich hinterlassen. Die Richter des Landgerichts Paderborn und des Amtsgerichts Magdeburg stuften den Zigarettenkonsum der beiden Mieter als Raucherexzess ein und standen den Vermietern Schadenersatz zu (Az. 1 S 2/00 und Az. 17 C 3320/99).

Wer den unangenehmen Geruch von Zigaretten in seiner Wohnung vermeiden will, sollte ausdrücklich ein Rauchverbot in den Mietvertrag aufnehmen.

Zahlungsausfälle

Selbst in quasi der letzten Sekunde vor ihrem Auszug bereiten viele Mieter ihren Vermietern noch Ärger: Sie haben das Objekt zwar pfleglich behandelt, ihre Miete immer pünktlich bezahlt und fristgerecht gekündigt – für die letzten drei Monate in der Wohnung oder dem Haus überweisen sie dann plötzlich keine Miete mehr mit dem Hinweis, dass der Vermieter die fälligen Beträge ja von der *Kaution* abziehen könne.

Und genau das sollten Sie auf keinen Fall tun! Schließlich ist die Kaution für eventuelle Schäden in Ihrem Objekt vorgesehen, die der Mieter verursacht hat. Oft genug reicht der Betrag, der üblicherweise drei Monats-Kaltmieten umfasst, nicht einmal für die Beschädigungen, die der Vermieter beheben muss. Leiten Sie daher sofort alle rechtlichen Schritte ein, sobald Ihr Mieter die erste Monatsmiete nicht bezahlt.

Pfiffige Vermieter sichern sich den ersten Zugriff auf die Kaution, indem sie eine Barkaution von ihren Mietern fordern.

Langjährige Mieter

Mancher Mieter beschert seinem Vermieter völlig unabsichtlich ungeahnte Probleme: Verstirbt ein Mieter in seiner Mietwohnung, werden seine Erben automatisch neuer Vertragspartner des Vermieters – sofern sie bekannt beziehungsweise überhaupt welche da sind.

Wissen die Vermieter nichts über die Kinder, Geschwister oder Enkel ihres verstorbenen Mieters, macht sich zunächst das Nachlassgericht auf die Suche nach möglichen Erben – und das dauert! In der Regel vergehen sechs bis acht Monate, ehe die Behörde ihre Suche beendet hat. Während dieser Zeit fällt aber die Miete aus, sofern der Vermieter die Wohnung nicht auf seine eigenen Kosten räumen und die Gegenstände einlagern lässt.

 Vermieten Sie Ihre Wohnung oder Ihr Haus an alleinstehende ältere Herrschaften, sollten Sie sich zumindest so weit um sie kümmern, dass Sie wissen, an wen Sie sich im Krankheits- oder im Sterbefall wenden könnten.

Mietnomaden

Manchmal aber nisten sich auch Mieter in freie Wohnungen oder Häuser ein, die überhaupt nicht planen, jemals Miete zu bezahlen. Je nach Quelle soll es in Deutschland von diesen sogenannten Mietnomaden zwischen 1.000 bis 15.000 geben, die gutgläubigen Vermietern das Leben schwer machen.

Als Vermieter sollten Sie natürlich keinesfalls mit Mietnomaden oder anderen unerwünschten Hausgenossen zu tun bekommen, denn dann wäre Ihre Idee, mit einer Immobilie Rendite zu machen oder fürs Alter vorzusorgen, stark gefährdet.

Um Zahlungsausfälle zu vermeiden und damit die Rendite zu riskieren, gelten für Vermieter generell ein paar wichtige Regeln:

✔ Holen Sie über Ihre zukünftigen Mieter so viele Informationen wie möglich ein.

✔ Lassen Sie sich nicht von eleganter Kleidung oder dem schnittigen Auto blenden, in der/dem ein Mietinteressent auftritt beziehungsweise vorfährt.

✔ Bitten Sie den Bewerber stets um eine Kopie seines Personal- oder Reisepasses.

✔ Fordern Sie eine Selbstauskunft des Bewerbers.

✔ Lassen Sie sich einen Gehaltsnachweis der vergangenen drei Monate geben.

✔ Bitten Sie um eine Schufa-Auskunft.

✔ Vereinbaren Sie im Mietvertrag eine Kaution von drei Monatsmieten.

✔ Händigen Sie die Schlüssel für Ihre Immobilie erst aus, wenn mindestens die erste Rate für die Kaution eingegangen ist.

Welche Fragen Sie Ihren potenziellen Mietern stellen dürfen, können Sie unter dem Punkt »So finden Sie den passenden Mieter« nachlesen.

Anhand der Regeln sehen Sie schon, dass Sie sich bei der Auswahl Ihres Mieters am besten nicht auf Ihre Menschenkenntnis verlassen, sondern sich idealerweise an möglichst vielen Fakten orientieren sollten. Vermieter, die bereits unschöne Bekanntschaften mit Mietnomaden gemacht haben, berichten beinahe übereinstimmend, dass diese Mietpreller alle sehr eloquent und wohlhabend aufgetreten seien.

Wie teuer Sie ein Mietnomade in Ihrer Wohnung zu stehen kommen kann, zeigt die Beispielrechnung in Tabelle 15.1. Um diese Schwierigkeiten finanziell zu überstehen, brauchen Vermieter einen sehr gut gefüllten Geldbeutel.

Art der Kosten		In Euro, gerundet
Rechtsanwaltskosten	Verfahrensgebühr, Termingebühr, Auslagenpauschale, Umsatzsteuer	1.700
Gerichtskosten	Gerichtsgebührentabelle	750
Gerichtsvollzieher	Gebühr	100
Vollstreckungsauftrag	Gebühr für den Rechtsanwalt	200
Spedition	Abtransport der verbleibenden Wohnungsgegenstände plus Einlagerung	6.000
Renovierung		10.000
Mietausfall	Zeitraum für sechs Monate Kaltmiete	6.500
Gesamt		**25.250**

Tabelle 15.1: Beispielrechnung Mietnomade: Kosten und Mietausfall

Juristen beobachten das Phänomen schon länger: Mietnomaden oder sogenannte *Einmietbetrüger* suchen sich nicht zufällig die Wohnung aus, in der sie sich kostenlos einnisten wollen. Vielmehr halten sie verstärkt in Regionen nach Opfern Ausschau, in denen viele Wohnungen leerstehen und die Vermieter sich freuen, wenn überhaupt ein Mietinteressent auftaucht.

Inzwischen gibt es in Deutschland verschiedene Organisationen – oft gemeinnützig –, die sich intensiv mit dem Thema Mietnomaden auseinandersetzen. Viele von ihnen können Ihnen helfen, weil sie

✔ Datenbanken über Mieter pflegen, die negativ aufgefallen sind,

✔ Informationen über die Maßnahmen bieten, die geprellte Vermieter ergreifen sollten,

✔ Tipps für eine akribische Mieterauswahl bereithalten.

Teil VI
Vermieten und Urlauben: ein Domizil in den Bergen oder am Meer

IN DIESEM TEIL ...

Immer mehr Deutsche interessieren sich für das Thema Ferienimmobilien und legen sich vorzugsweise im eigenen Land ein Ferienhäuschen zu. Die niedrigen Zinsen befeuern den Boom zusätzlich.

Das vermeintliche Betongold kann sich indes schnell als Ruine erweisen, wenn Sie die Grundregeln beim Immobilienkauf außer Acht lassen. In diesem Teil informieren wir Sie darüber, wie Sie das richtige Objekt finden und was Sie vor dem Kauf überlegen sollten. Die entscheidende Frage: Wollen Sie Ihr neues Objekt auch vermieten oder nicht? Wir erklären Ihnen die enorme Bedeutung einer soliden Finanzierung und zeigen die rechtlichen Fallstricke auf.

Außerdem erfahren Sie, warum Sie vor dem Kauf klären müssen, wer die Immobilie in Schuss hält, und dass Sie die Kosten von Verwaltern, Putzfrauen und Poolboys in die Kalkulation einbeziehen sollten.

> **IN DIESEM KAPITEL**
>
> Überzeugende Argumente: die Gründe für den Kauf einer Ferienimmobilie
>
> Aufwendige Suche: die Must-haves eines Ferienhauses oder einer -wohnung
>
> Klares Plus: die Vermietung der Ferienimmobilie

Kapitel 16
Träume realisieren: wann sich der Kauf lohnt

Jeder sechste Deutsche wünscht sich ein Ferienhaus als Zweitimmobilie. Solch ein Kauf kann eine gute Investition sein – gerade in Zeiten niedriger Zinsen. Sie haben, die richtige Strategie vorausgesetzt, eine nachhaltige Kapitalanlage. Studien kommen immer wieder zu dem Ergebnis, dass sich in Deutschland im Durchschnitt Renditen von knapp acht Prozent erzielen lassen, wenn man seine Ferienimmobilie konsequent an andere Urlauber vermietet.

In diesem Kapitel erfahren Sie mehr über die Hintergründe des aktuellen Booms rund um Ferienimmobilien. Wir geben Ihnen wertvolle Tipps, wie Sie das richtige Objekt finden und welche Fallen Sie vermeiden sollten. Und Sie lernen, das Für und Wider einer Vermietung Ihrer eigenen vier Wände abzuwägen.

Gründe für eine Ferienimmobilie

Interessanterweise steht bei diesen Käufern nicht mehr der Wunsch nach einem eigenen Domizil am Urlaubsort im Vordergrund. Das Thema Nummer eins ist mittlerweile die Altersvorsorge: 62,1 Prozent der Studienteilnehmer nannten diese als Kaufmotiv. In Zeiten niedriger Zinsen und hoher Unsicherheit über die Zukunft des Euro-Raums setzen viele Bundesbürger auf unvergängliche Investitionen in Stein. Zugleich lockt sie der Gedanke, nach der Pensionierung auch mal längere Zeit am langjährigen Urlaubsort verweilen zu können.

Die Motive für den Kauf einer Ferienimmobilie sind:

1. Altersvorsorge
2. Eigennutzung/Vermietung
3. Mieteinnahmen und Gewinn
4. Geld- und Kapitalanlage
5. Inflationsschutz
6. Steuervorteile

Sie sehen: Die Besitzer von Ferienimmobilien sind keine Träumer, sondern kalkulieren eiskalt. Und daran sollten Sie sich ein Beispiel nehmen!

Wie Sie das richtige Objekt finden

Bevor wir über das richtige Objekt für Sie sprechen, lassen Sie uns gleich vor dem größten Fehler warnen: der überhastete Kauf direkt nach einem Urlaub! So schön das Wetter auch war, so abwechslungsreich das Angebot in dem Ort, so nett die Nachbarn und so lecker das Essen in dem Restaurant um die Ecke: Das alles ist kein Grund, auf die Schnelle sechsstellige Beträge auszugeben oder schlimmer noch, hierfür einen Kreditvertrag zu unterschreiben. Aber mit diesem Buch unter dem Arm passiert Ihnen das ohnehin nicht!

Zu Beginn des Abenteuers Feriendomizil sollten Sie ein paar Grundsatzfragen klären:

✔ Haus oder Wohnung?

✔ Gebraucht oder neu?

✔ Alleinstehend oder in einer Anlage?

Bei den Antworten helfen die Tipps in Kapitel 3. Machen Sie sich aber immer wieder klar, dass Ihr Ferienhaus oder Ihre Ferienwohnung Ihnen nur einige Wochen im Jahr als Wohnsitz dient und sie ansonsten entweder leer steht oder Mieter beherbergt.

Tiefschwarz statt rosarot: Ein Ferienhaus ist eine Kapitalanlage

So nüchtern es auch klingen mag, so wahr ist er doch: Der Kauf einer Ferienimmobilie ist für Bundesbürger einer der größten Investitionen ihres Lebens. Um das richtige Objekt zu finden und vor allem, um nicht mehr als notwendig zu zahlen, bedarf es sorgfältiger und umfassender Recherche.

Dieser Leitsatz gilt unabhängig davon, ob Sie Ihr Erspartes investieren oder einen Kredit aufnehmen. Selbst jahrelange Magerzinsen rechtfertigen keine unüberlegte Anlage größerer Summen in ein Urlaubsdomizil. Denn wenn Sie hierbei einen Fehler machen, bekommen

Sie bei einem späteren Verkauf weniger raus, als Sie reingesteckt haben. Finanztechnisch sprechen wir dann von einem negativen Zins – und dagegen wirken 0,15 Prozent Zinsen auf Festgeld doch fast schon wieder attraktiv, oder?

Noch unangenehmer wird die Lage, wenn Sie sich das Geld geliehen haben. Mehr zum Thema Finanzierung von Ferienimmobilien lesen Sie in Kapitel 17. Klar: Der niedrige Zins lockt und vielleicht können Sie die Zinsen und auch die Tilgung noch aus Ihrem laufenden Einkommen bestreiten. Doch nehmen wir nur mal den schlimmsten Fall der Fälle ein: Sie oder Ihr Partner können nicht länger arbeiten oder Ihre Eltern oder Ihre Kinder brauchen finanzielle Unterstützung. Wenn Sie dann bei einem Notverkauf Ihres Hauses weniger als die Kreditsumme erzielen, bleibt vom Traumhaus am Traumstrand nur eines übrig: Schulden!

Leben Sie Ihren Traum von der Immobilie am Urlaubsort. Aber gehen Sie den Kauf mit der gleichen Ernsthaftigkeit wie den Erwerb einer Immobilie am Heimatort an.

Erst urlauben, dann kaufen: Zeitdruck ist ein schlechter Ratgeber

Es gibt nur noch ein Appartement mit Meerblick? Und bei der Finca stehen andere Interessenten Schlange? Dann sei es so. Bleiben Sie Ihrem Grundsatz treu, eine Immobilie erst auf Herz und Nieren zu prüfen und dann zu kaufen. Und das heißt auch, einmal außerhalb der Ferienzeiten in dem Ort vorbeizuschauen. Mancher Urlaubsort wirkt in der so gern als Nebensaison bezeichneten Jahreszeit wie eine Geisterstadt im Wilden Westen: Nur wenige Restaurants sind geöffnet, viele Läden mit Brettern zugenagelt. Der Strand wird nicht mehr gepflegt, die Wege nicht mehr geräumt. Fühlen Sie sich dennoch wohl? Dann ist alles gut. Besser noch, wenn Ihnen zumindest ein paar Urlauber begegnen. Denn das könnten die künftigen Mieter Ihrer Ferienwohnung sein.

Wer sich ernsthaft für eine Ferienimmobilie interessiert, sollte häufiger zu unterschiedlichen Zeiten dorthin reisen. Denn viele Urlaubsorte haben außerhalb der Hauptsaison einen ganz anderen Rhythmus – und den sollte man kennen.

Wer denkt, er könne in Deutschland jederzeit und an jedem Ort eine Ferienimmobilie kaufen, hat sich getäuscht. Die Kommunen beziehungsweise die Länder haben die rechtliche Handhabe, Wohnraum bevorzugt für die Bewohner ihrer Städte vorzuhalten. Bislang machen von dieser Regelung vor allem boomende Großstädte wie München Gebrauch. Sicherheitshalber sollten Sie sich aber vor Ort erkundigen, ob an Ihrem künftigen Wohnsitz niemand etwas gegen die Nutzung Ihres Wunschobjekts als Ferienhaus einzuwenden hat.

Recherchieren wie zu Hause: ein Objekt richtig prüfen

Aber was heißt das nun: Ein Objekt auf Herz und Nieren prüfen? Blättern Sie doch einfach mal zurück: Die Kapitel 3 bis 5 bieten zahlreiche Hinweise. Zum Teil gelten für Ferienimmobilien allerdings ein klein wenig abgewandelte Regeln. Dies zeigt ein Blick auf die vier wichtigsten Kaufkriterien:

1. Lage
2. Vermietungspotenzial
3. Kaufpreis
4. Standort

Die Lage des Feriendomizils

Die Lage ist ein alter Bekannter. So günstig ein Ferienhaus beispielsweise in der Uckermark oder im Teutoburger Wald auch erscheinen mag, so sehr gibt es doch gute Gründe für das vermeintliche Schnäppchen. Die Infrastruktur für Feriengäste ist schwach ausgebaut, die An- und Abfahrt eher mühsam und die Popularität bei Urlaubern begrenzt. Wenn Ihr Herz an einer solchen Region hängt und Sie sich vorstellen können, hier noch viele Jahre Urlaub zu machen, sollte Sie das alles nicht bekümmern. Aber wenn Sie auch auf Mieter schielen und eine Rendite erwarten ... dann schon!

Kaufen Sie Ihre Ferienimmobilie dort, wo Sie urlauben und leben wollen! Wenn Sie Ihr Objekt vermieten wollen, sollten Sie aber auch die Gewohnheiten anderer im Blick haben. Es ist kein Zufall, dass sich die meisten Ferienhäuser und -wohnungen in den Bergen oder an der Küste befinden.

Populäre Urlaubsregionen warten mit einem weiteren nicht zu unterschätzenden Vorteil auf: Sie sind in der Regel leicht erreichbar. Genau das erklärt die enorme Popularität von Mallorca oder der Nordseeküste – binnen weniger Stunden können Millionen bequem anreisen. Die Betonung liegt auf bequem. Denn die Begeisterung eines Münchners für ein Domizil im Bayerischen Wald kann nach ein paar Wochenenden im Stau auf der Autobahn und danach noch einer Stunde auf kurvigen Landstraßen schnell abkühlen. Generell ist es besser, wenn auch öffentliche Verkehrsmittel zumindest in die Nähe kommen – ansonsten wird es schon zur logistischen Meisterleistung, die Kinder für ein Wochenende aufs Land zu locken.

Ein Ehepaar aus Köln hatte nach langem Suchen sein Traumhaus gefunden: Ein Anwesen aus dem 18. Jahrhundert im Périgord – mit Pool, Auslauf für den Hund, einer parkähnlichen Einfahrt und mehreren Nebengebäuden. Ein Traum für die 50-Jährigen, deren Kinder gerade flügge wurden. Sie malten sich schon aus, wie ihre Enkel auf dem Hof spielen und Freunde in der alten Pförtnerloge eine Woche verbringen würden. Doch dann passierte wenig. Die Kinder kamen einmal pflichtschuldig und verwiesen danach nur noch auf volle Terminkalender; die Freunde winkten gleich ab. Denn das Haus lag im Nirgendwo: Der nächste größere Bahnhof mit Anbindung nach Paris war eine gute Stunde entfernt – und ein Flughafen war auch nicht in Reichweite. Auch das Ehepaar selbst war nach knapp zwei Jahren die lange Autofahrt aus dem Rheinland leid – und machte eine Kehrtwende um 180 Grad. Statt der Villa im Nirgendwo investierten sie in eine Wohnung in Küstennähe. Und siehe da: Über mangelnden Besuch von Kindern und Freunden mussten sie sich nicht länger beklagen.

Vermietungspotenzial

Lage und Vermietungspotenzial hängen eng zusammen. Je besser die Lage, desto leichter vermietet sich eine Wohnung oder ein Haus. In Sylt können Sie sich Ihre Gäste aussuchen. In anderen Regionen müssen Sie nehmen, was kommt. Unabhängig vom Standort gilt: Prüfen Sie die Substanz Ihrer neuen Immobilie: Fundamente, Statik, den Zustand der Heizung und der Elektrik und vieles mehr. In Deutschland gibt Ihnen mittlerweile der Energiepass Hinweise auf den energetischen Zustand eines Objekts. Gute Verkäufer können anhand von Rechnungen belegen, wann zuletzt welche größeren Reparaturen ausgeführt wurden. Achten Sie besonders auf:

✔ Heizung

✔ Fenster und Türen

✔ Dach

✔ Sanitärausstattung

Investieren Sie in einen Experten vor Ort, der das Objekt Ihrer Wahl vor dem Kauf gründlich unter die Lupe nimmt. Am besten erkundigen Sie sich bei anderen Eigentümern nach entsprechenden Sachverständigen; ansonsten holen Sie auf jeden Fall Angebote von mehreren Ortsansässigen ein, um zu vermeiden, dass Sie an einen Freund des Verkäufers geraten.

Der alte Bekannte

Die Hamburger Agenturbesitzerin war das graue Wetter an der Elbe endgültig leid und wollte in Mallorca eine Zweitwohnung erwerben. Wochenlang korrespondierte sie mit Maklern, flog mehrmals auf die Insel und hatte schließlich ein Objekt nach ihren Vorstellungen gefunden. Eine Wohnung direkt am Strand in einer gut gepflegten Anlage. Der Verwalter erklärte ihr anhand von Protokollen, was in den vergangenen Jahren alles gemacht worden sei, und begleitete sie auch, als sie nochmals die Wohnung inspizierte. So weit schien alles gut. Der Preis war verhandelt, der erste Entwurf eines Kaufvertrags lag vor, als die Dame mehr durch Zufall am Flughafen in Palma auf einen alten Bekannten traf, der sich mit Häusern auskannte. Spontan begleitete er sie in den Norden der Insel – und war entsetzt. Schon von außen murmelte er etwas von marode und kratzte ein wenig an dem frischen Anstrich herum. Doch drinnen war es eher noch schlimmer: Der Seewind hatte die Fensterfront stark angegriffen, die Bausubstanz selbst war alles andere als solide; Feuchtigkeit verbarg sich hinter den Wänden. Die Agenturbesitzerin stornierte kurzerhand sämtliche Vereinbarungen und begann von Neuem mit der Suche. Immer im Schlepptau: ihr neuer, alter Bekannter.

Die Substanz einer Immobilie ist das eine, ihre Umgebung das andere. Auch hier ist eine gründliche Recherche unerlässlich. Wie in Kapitel 5 geschildert, kommt kein Käufer umhin, sich mit den Plänen der Städte und Gemeinden für Infrastrukturprojekte auseinanderzusetzen. Und in Appartementhäusern sowie Wohnanlagen sollte man seine künftigen Mitbewohner sehr gründlich prüfen, bevor man sich bindet. Will ich wirklich in der Nähe dieser

Menschen die schönste Zeit des Jahres verbringen? Heavy-Metal-Fans können einem das ebenso verleiden wie Pekinesen-Liebhaber. Und so spießig das auch klingt, schauen Sie sich die Hausordnung an: Manche verbieten das Grillen, andere schreiben die Bepflanzung der Balkone vor und wieder andere bürden den Bewohnern zahlreiche Reinigungsdienste auf. Das muss man mögen – oder die Finger von der Immobilie lassen.

Hausordnungen in Ferienanlagen können unliebsame Überraschungen enthalten. Um späteren Streit mit den Mitbewohnern aus dem Weg zu gehen, sollte man sie daher auf jeden Fall gründlich vor einem Kauf studieren und im Zweifelsfall offene Punkte mit dem Verkäufer, dem Makler oder auch dem einen oder anderen Nachbarn klären.

Die Gretchenfrage: Eigennutzung oder Vermietung?

Bei allen Überlegungen um die Ferienimmobilie kommen wir immer wieder auf eine Frage zurück: Wollen Sie Ihr Domizil am Strand oder in den Bergen ausschließlich selbst nutzen oder soll es auch Dritten als Urlaubsresidenz dienen – und Ihnen Mieteinnahmen bringen? Umfragen belegen, dass der Anteil derer steigt, die eine Ferienimmobilie auch mit Blick auf spätere Mieter erwerben. Doch immer noch gibt es genug Menschen, die ihr Erspartes oder auch ihr Erbe in einen Zweitwohnsitz an dem Ort investieren, an dem sie sich am liebsten aufhalten. »Entspannung pur« lautet ihre Devise, wenn sie nach einer Autofahrt oder einem kurzen Flug die Haustür aufschließen und sich gleich daheimfühlen: Im Schrank hängen bereits die eigenen Klamotten, der Lieblingsrotwein liegt im Regal und das Bad ist auch mit allem ausgestattet, was sie gerne mögen.

Sind Sie ein Vermietertyp?

Aber was spricht nun für und was gegen die Vermietung? Tabelle 16.1 hilft Ihnen, in dieser Frage eine Entscheidung zu treffen.

Die Frage	Ich stimme zu	Ich stimme nicht zu
Ich muss die Immobilie finanzieren.		
Ich möchte mit der Immobilie eine Rendite erzielen.		
Ich will meine Ferienimmobilie steuerlich geltend machen.		
Ich will selbst nur wenige Mal pro Jahr dort Urlaub machen.		
Mir reicht eine Standardausstattung im Ferienhaus.		
Mich stört es nicht, wenn Fremde meine Sachen benutzen.		
Meine persönlichen Dinge, die ich im Ferienhaus brauche, lassen sich locker in ein bis zwei Koffer packen.		
Auch mit Ferienhaus will ich nicht auf Urlaube an anderen Orten verzichten.		
Das Ferienhaus ist Teil meiner Altersvorsorge.		

Tabelle 16.1: Vermietung einer Ferienimmobilie

Prüfen Sie, ob Sie ein Vermietertyp sind! Laden Sie sich die Tabelle von www.fuer-dummies.de und füllen Sie die Spalten.

Machen Sie sich die Antworten nicht zu einfach. Denken Sie ein wenig über die Themen nach – bei einem Spaziergang, bei einem Kaffee, im Gespräch mit Ihrem Partner und Ihren Freunden. Je mehr Sie instinktiv den Aussagen widersprechen, desto eher sind Sie der Typ für ein ausschließlich selbst genutztes Ferienhaus. Und das hat Charme: Es fängt mit einer auf Ihre individuellen Bedürfnisse zugeschnittenen Ausstattung an, geht über ein technisches Equipment nach Ihrem Geschmack und reicht bis zum gut gefüllten Kleider- und Vorratsschrank. Und wer jedes zweite Wochenende pendeln möchte, kann Mieter zwischendurch überhaupt nicht gebrauchen.

Jetzt kommen wir allerdings zur Schattenseite einer Entscheidung für die ausschließliche Eigennutzung: Eine solche Immobilie kostet und wirft keine Rendite ab. Ja, ja, das bezieht sich jetzt nur auf den schnöden Mammon. Denn selbstverständlich kann ein Appartement mit Seeblick einen unschätzbaren immateriellen Wert haben – und auch der sollte in Ihr Kalkül einfließen. Fakt bleibt aber: Sie kaufen im Prinzip ein zweites Eigenheim, das Sie finanzieren und unterhalten müssen.

Der Gedanke, fremde Leute in der eigenen Wohnung übernachten zu lassen, schreckt zu Beginn viele ab. Aber wenn man sich erinnert, wie sorgfältig man selbst schon mit einem Ferienhaus umgegangen ist, ändert sich eventuell der Blickwinkel. Und denken Sie daran: Die Rendite von Ferienimmobilien liegt häufig über fünf Prozent.

Leider nisten sich mancherorts auch immer wieder ungebetene Gäste in Ferienhäuschen ein. Sogenannte Besetzer beobachten einige Zeit, wie oft eine Ferienimmobilie frequentiert ist. Steht sie länger leer, verschaffen sie sich unerlaubt Zugang in die Villa oder die Wohnung am Strand. Im Laufe der Zeit verscherbeln sie dann nicht nur das Inventar der Immobilie, sondern machen oft auch fest installierte Gegenstände kaputt. Die Folge: Innerhalb kürzester Zeit verursachen solche mutwilligen Schäden Kosten, die sich schnell zu einem sechsstelligen Betrag summieren.

In einigen Ländern, beispielsweise in Spanien, wo viele Deutsche eine Ferienimmobilie besitzen, kann einem dann nicht einmal mehr die Polizei weiterhelfen. Haben Besetzer erst einmal einige Tage in der Immobilie verbracht, dürfen die Beamten sie nicht aus dem Haus oder der Wohnung verjagen.

Glücklich daher all die Ferienimmobilien-Besitzer, die sich Verwalter leisten können oder Freunde vor Ort haben, die regelmäßig bei der Immobilie vorbeischauen und sich im Ernstfall kümmern.

Die Kompromisslösung: Vermietung an Family, Friends und Fans

Wenn Sie zu dem Schluss kommen, eine Rolle als Vermieter sei nichts für Sie, und dennoch auf den einen oder anderen Euro extra nicht verzichten wollen, dann denken Sie doch mal über das Thema Vermietung light nach. Bei dem Modell kommen Ihnen nur Personen in die eigenen vier Wände, die Sie kennen: Familienmitglieder, Freunde und »Fans«; Menschen aus Ihrem Bekanntenkreis oder Ihrer Region, bei denen Sie keinen Zweifel hegen, dass Sie Ihr Haus im gleichen Zustand zurückerhalten, wie Sie es vermietet haben.

Aber kann man denn in diesem Fall Miete verlangen? Na klar! Diese Menschen machen Urlaub an dem aus Ihrer Sicht schönsten Ort der Welt in der schönsten Immobilie in dieser Welt. Es wäre doch eher merkwürdig, wenn jemand erwarten würde, dass Sie ihn dem Aufenthalt schenken, oder? Okay, bei Ihren Eltern und Ihren Kindern sieht das vielleicht anders aus. Aber die Praxis zeigt, dass gerade Eltern einen kostenfreien Urlaub nicht auf sich sitzen lassen und binnen weniger Tage mal den Garten auf Vordermann bringen, den Vorratsschrank auffüllen oder den längst schrottreifen Liegestuhl austauschen.

So lieb Ihnen Familie, Freunde und Fans als Gäste sind, so sehr bleiben es doch auch Mieter. Setzen Sie daher immer einen professionellen Vertrag auf, der Rechte und Pflichten klärt und auch einen Überblick über das Mobiliar enthält. Und haben Sie auch keine Scheu, Ihre Gäste auf den kaputten Fernseher oder die Überschwemmung im Badezimmer anzusprechen. Denn eigentlich ist es doch eine Selbstverständlichkeit, für Schäden einzustehen, oder?

Das Holzhaus in den Alpen hatte der Steuerberater eigentlich für seine Familie erworben – fünf begeisterte Skifahrer. Doch als die Kinder größer wurden, stieg die Begehrlichkeit bei deren Freunden, deren Eltern – und auch eigene Freunde fragten immer mal wieder vorsichtig, ob man nicht einmal vorbeischauen könne. Am Anfang rückte die Familie einfach zusammen und freute sich darüber, wenn Ihre Gäste für das Essen und gute Stimmung sorgten. Doch über die Zeit war der Mann dann doch zu sehr Kaufmann, um nicht ein kleines Vermietungsmodell zu entwickeln. Mittlerweile fährt die Familie nur noch jedes zweite Wochenende zum Skifahren und auch zum Wandern in die Berge. An den anderen Wochenenden quartieren sich Freunde und Freunde von Freunden ein und zahlen einen ortsüblichen Preis. Das Modell erweist sich als so attraktiv, dass der Steuerberater inzwischen im Internet sorgfältig die Immobilienangebote in der Region studiert. Eine zweite Wohnung am gleichen Ort würde erheblich mehr Rendite bringen als seine konventionellen Anlagen in Bundesanleihen und Festgeld.

Was Vermieter beachten sollten

Wer sich gegen eine Vermietung seiner Ferienimmobilie entschieden hat, muss jetzt nicht mehr weiterlesen. Na ja, vielleicht überfliegen Sie ja doch einmal die folgenden Seiten und überlegen danach noch einmal, ob Sie sich nicht doch damit anfreunden können.

Lage, Lage, Lage: Kurze Wege ziehen Mieter an

Wer sich für die Rolle als Vermieter entschieden hat, sollte bei der Suche nach dem richtigen Objekt einen Perspektivwechsel vornehmen: Welche Wohnung oder welches Haus hätten Sie denn gern als Mieter an diesem Ort? Ein wichtiges Kriterium ist zum Beispiel die Entfernung zum Strand. Viele Urlauber wollen sich nicht jeden Tag wie daheim ins Auto setzen. Auch das Auto selbst spielt eine wichtige Rolle: Viele erwarten einen Parkplatz vor oder am Haus – um es dort stehen zu lassen. Das bedeutet, dass sich auch Supermärkte und Restaurants in Laufweite befinden müssen. Und Laufweite heißt 500 Meter bis maximal einen Kilometer.

Je besser die Lage einer Ferienimmobilie, desto höher der erzielbare Preis. Und eine gute Lage zeichnet sich vor allem dadurch aus, dass sich Attraktionen, Supermärkte und Restaurants in der Nähe befinden, obwohl man nicht direkt an der Hauptstraße wohnt.

Bei der Immobilie selbst sollten Sie im Blick behalten, wie die meisten Menschen reisen – als Familie oder im Freundeskreis. Sprich: Das großzügige Loft kommt für erheblich weniger Reisende in Betracht als ein konventioneller Grundriss mit mehreren Schlafzimmern und wohlmöglich zwei Bädern.

Auch bei der Ausstattung gilt: Achten Sie nicht nur auf die eigenen Vorlieben. Verschaffen Sie sich doch im Internet einen Überblick, mit welchen Argumenten für bestimmte Immobilien geworben wird. Abheben können Sie sich beispielsweise mit folgenden Punkten:

✔ Extra-Kinderbetten und -stühle

✔ Leihfahrräder

✔ Mikrowelle

✔ Spülmaschine

✔ Ein zweites TV-Gerät

✔ Waschmaschine/Trockner

✔ WLAN

✔ Grill

✔ Gartenliege

✔ Umzäunter Garten (ein Muss für Hundehalter)

Bei der Ausstattung gilt generell: Ausrangierte Möbel von daheim haben in einer Ferienimmobilie nichts verloren. Auch das alte Geschirr oder das Besteck aus Jugendtagen kommt nicht gut an. Keine Sorge: Kein Feriengast erwartet Luxus. Das Standardsortiment großer Möbelhändler reicht völlig aus. Bei Matratzen und Sitzgelegenheiten sollten Sie allerdings nicht allzu sehr sparen: Denn wenn ein Gast schlecht schläft, ist die negative Online-Bewertung nahezu vorprogrammiert.

Eine gescheite Ausstattung kostet schnell 15.000 bis 20.000 Euro. Doch die Investition lohnt sich – gerade in Zeiten der sozialen Netzwerke. Weiterempfehlungen sind ein entscheidendes Marketing-Instrument und Gäste empfehlen nur solche Häuser und Wohnungen, in denen sie sich pudelwohl gefühlt haben.

Ob Ihre Ferienimmobilie und die gesamte Ausstattung wirklich etwas taugen, finden Sie am besten heraus, wenn Sie noch vor der ersten Vermietung dort selbst einmal Urlaub machen. Die Betonung liegt auf Urlaub. Versetzen Sie sich also in die Rolle Ihres Gastes, packen ein paar Koffer wie sonst auch und richten Sie sich in Ihrem Feriendomizil ein. Schnell merken Sie, was so alles fehlt – vom Klopapier bis zum Küchenhandtuch, von genügend Haken im Bad bis zum Kehrblech im Putzschrank. Wenn Sie selbst schon betriebsblind sind, bitten Sie einfach Ihre Familie oder enge Freunde, Probe zu wohnen. Die Investition lohnt sich.

Haben Sie daran gedacht? Was eine gute Ferienimmobilie ausmacht

Die folgende Checkliste hilft Ihnen, Ihre Ferienwohnung perfekt auszustatten:

- ✔ Begrüßungsmappe mit Informationen zu Ansprechpartnern vor Ort und Attraktionen
- ✔ Leistungsstarkes WLAN, gerade bei Familien sind zahlreiche Geräte gleichzeitig online
- ✔ Bettzeug und Bettwäsche: Planen Sie mit Reserven.
- ✔ Leselampen in Wohn- und Schlafräumen
- ✔ Geschirrspüler, Mikrowelle und Kaffeemaschine in der Einbauküche
- ✔ Für den Anfang: Tabs, Spülmittel, Spülbürste, Müllbeutel
- ✔ Für den Koch: Gewürze, Öl, Zucker – kostet nicht viel und lässt das Herz jedes Gastes höher schlagen
- ✔ Für zwischendurch: Besen, Kehrblech, Feudel
- ✔ Für Terrasse und Garten: Liegen und Grill
- ✔ Kindersicherung bei Treppen und Steckdosen
- ✔ Service für Kinder: Spielgeräte im Garten, ein paar Gesellschaftsspiele für Regentage; dazu Kinderbetten und -stühle auf Anfrage
- ✔ Das Willkommensgeschenk: Ein frischer Strauß Blumen auf dem Esstisch, zwei Flaschen Wasser im Kühlschrank und eine Flasche Wein auf dem Küchenbord – so fühlen sich Gäste willkommen.

Ohne Marketing droht Leerstand

In der Regel stehen potenzielle Mieter aber nicht Schlange, um Ihre Ferienimmobilie zu mieten. Sie müssen schon selbst aktiv Werbung betreiben und Ihre Immobilie anpreisen – entweder in Eigenregie oder mithilfe einer Agentur. Glücklicherweise ist es im Internet-Zeitalter gar nicht mehr so schwer, auf sich aufmerksam zu machen. Zahlreiche Internet-Portale machen es Ferienhausbesitzern leicht, ihre Immobilie Zehntausenden von Reiselustigen zu geringen Kosten zu präsentieren. Marktführer ist derzeit wohl FeWo-direkt.de mit mehr als einer Million Objekten im Bestand. Über eine Internet-Suche lässt sich herausfinden, wer in Ihrer Region ansonsten noch aktiv ist – und wo in der Folge auch viele potenzielle Gäste hinschauen. Nicht zu verachten ist darüber hinaus die eigene Website. Denn es gibt durchaus Menschen, die geben in einer Suchmaschine die Begriffe »Ferienhaus« und »Q-Dorf« ein; diese sollten direkt auf Sie stoßen.

Vernachlässigen Sie beim Marketing nicht die klassischen Wege: Ein Inserat in einer einschlägigen Zeitung kann sich ebenso bezahlt machen wie ein schlichter Aushang im örtlichen Fremdenverkehrsbüro. Schauen Sie einfach mal, was die Konkurrenz – sprich andere Immobilienbesitzer – so macht, und haben Sie keine Scheu, gute Ideen zu kopieren. Je jünger allerdings Ihre Zielgruppe ist, desto wahrscheinlicher ist es, dass sie im Internet auf Ihre Immobilie aufmerksam wird.

Aber wer ist nun Ihre Zielgruppe? Die Beantwortung dieser Frage hat Einfluss auf die Ausstattung Ihrer Immobilie. Daher denken Sie mal in Ruhe über die folgenden Personengruppen nach:

✔ Familien

✔ Ehepaare

✔ Freundescliquen

✔ Senioren

✔ Hundebesitzer

Während bei Familien Themen wie Kindersicherung und -betten von entscheidender Bedeutung sind, achten Tierhalter beispielsweise auf ausreichend Auslauf und eine Gartenumzäunung. Ältere Reisende schätzen komfortable Bäder, gut verdienende Ehepaare beäugen den Standard Ihrer Elektrogeräte kritisch. Sie sehen: Es macht Sinn, über die eigene Zielgruppe nachzudenken.

Damit ihre künftigen Zielkunden auf Ihrer Website beziehungsweise bei Ihrem Auftritt in den Portalen hängen bleiben, sollten Sie hier Zeit und auch ein wenig Geld investieren. Und das heißt allen voran: Investieren Sie in Bilder. Schöne, attraktive Bilder Ihres Domizils von innen und außen. Auch wenn mittlerweile die meisten Smartphones recht passable Bilder machen, sollten Sie sich damit nicht zufriedengeben. Packen Sie Ihre Kamera für den Urlaub aus oder fragen Sie sogar einen Fotografen. Denn gut ausgeleuchtete Räume und attraktive Details können den entscheidenden Unterschied ausmachen. Wer die Technik beherrscht, kann auch ein kurzes Video drehen.

Verwenden Sie für Ihren Auftritt eine sprechende Überschrift, die neugierig macht, und skizzieren Sie danach in wenigen Sätzen, warum man sich bei Ihnen besonders wohlfühlt. Nachfolgend sollten Sie Ihre Immobilie samt Ausstattung beschreiben. Nicht zu unterschätzen: der Preisfaktor. Verwenden Sie ein transparentes, nachvollziehbares Preismodell, ohne zig Sondergebühren und Sonderbestimmungen für Haustiere, Zustellbetten oder Ähnliches.

Und dann fehlt noch ein weiteres Killerkriterium: ein gut gepflegter Kalender. Wer sich für Ihre Immobilie interessiert, will direkt wissen, ob sie überhaupt noch zu haben ist. Fehlt ein solcher Kalender oder ist er veraltet, scheuen viele eine Buchungsanfrage. Oder wollen Sie der Erste sein, der ein »Traumappartement mit Meerblick« anmietet?

Kurz zusammengefasst, hier noch einmal die wichtigsten Inhalte Ihres Internetauftritts in Portalen wie auf der eigenen Website:

- ✔ Knackige, Lust auf Urlaub machende Überschrift
- ✔ Kurzer Einführungstext, der die Besonderheiten Ihrer Immobilie präsentiert
- ✔ Professionelle Fotos und/oder Video
- ✔ Stichwortartige Aufzählung der Ausstattung
- ✔ Transparentes Preismodell
- ✔ Aktueller Kalender zur Verfügbarkeit

Brauchen Sie bei all den Portalen wirklich noch eine eigene Website? Ja – und das aus drei Gründen:

1. So erwischen Sie diejenigen, die direkt einzelne Ferienhausbesitzer über Suchmaschinen ansteuern.
2. Sie können dort mehr Informationen als auf den Portalen bereitstellen.
3. Diese Website ist Ihre Visitenkarte im Netz, die Ihre Gäste Freunden und Interessierten weiterleiten können.

Viele Vermieter setzen darüber hinaus unverändert noch auf Hausprospekte, Broschüren und Ähnliches, aber im digitalen Zeitalter spricht das immer weniger Kunden wirklich an. Selbst 70-Jährige nutzen mittlerweile Tablets und schätzen die Informationen auf einen Blick. Wenn Sie allerdings etwas drucken, dann achten Sie auf einen professionellen Auftritt. Schlecht kopierte Handzettel und Schnellhefter will in der zweiten Dekade des 21. Jahrhunderts niemand mehr für sein Geld sehen.

Vermieter werden ist nicht schwer, Vermieter sein dagegen sehr

Sie haben einen Interessenten an der Angel? Herzlichen Glückwunsch. Allerdings wartet jetzt noch ein wenig Arbeit auf Sie. Denn der Mann oder die Frau erwartet:

- ✔ Zwei unterschriebene Mietverträge, von denen einer an Sie zurückgeht
- ✔ Eine Wegbeschreibung
- ✔ Ein Informationspaket mit einer Auflistung der vorhandenen und mitzubringenden Gegenstände

Viele Internet-Portale bieten ihren Kunden – und damit Ihnen als Ferienhausvermieter – Musterverträge an. Diese sollten Sie auf keinen Fall einfach ausdrucken und verwenden. Vielmehr dienen Sie Ihnen als Orientierungshilfe, damit Sie nichts Wichtiges vergessen. Bei einem Gespräch mit einem Anwalt erfahren Sie, ob Ihre Vorarbeit allen rechtlichen Erfordernissen genügt oder noch Lücken bestehen.

Sprechen Sie Ihren Mietvertrag vor der ersten Vermietung mit einem Anwalt durch. Die Investition macht sich beim ersten Streit mit einem Gast doppelt und dreifach bezahlt.

An dieser Stelle beschränken wir uns darauf, Ihnen die wichtigsten Elemente Ihres Mietvertrags zu nennen:

1. Genaue Adresse Ihres Objekts
2. Zeitraum der Vermietung mit An- und Abreisezeiten
3. Mietpreis für den gesamten Zeitraum
4. Nebenkosten wie Endreinigung und Wäschepakete
5. Zahlungsbedingungen (Anzahlung, Kaution, Restzahlung) – jeweils mit Termin
6. Stornobedingungen
7. Kontoinformation
8. Bestimmungen zu Sorgfaltspflichten und zur Beachtung der Hausordnung
9. Ansprechpartner

So weit alles klar? Dann denken Sie noch mal über den letzten Punkt nach: Ansprechpartner. Die Dusche ist kaputt, die Heizung fällt aus, der Mieter hat eine Reklamation. In all diesen und noch viel mehr Fällen erwartet er zu Recht eine rasche Reaktion. Wenn Sie die Zeit und Muße haben, können Sie sich natürlich selbst darum kümmern. Ansonsten sollten Sie von Beginn an einen Experten vor Ort einschalten. Mehr Informationen dazu finden Sie in Kapitel 17, da auch Nicht-Vermieter in der Regel einen Ansprechpartner vor Ort brauchen.

Entwickeln Sie ein simples Preismodell: jeweils ein Mietpreis für die Haupt-, Zwischen- und Nebensaison und wenige klar definierte Extrapakete (Reinigung, Wäsche). Auch Ihr Bezahlmodell sollte einfach sein: zehn Prozent als Anzahlung, 90 Prozent maximal 30 Tage vor Reiseantritt. Dazu sollten Ihre Stornokosten passen: zehn Prozent bis einen Monat vor Reiseantritt; 50 Prozent bis 14 Tage vorher; danach 90 Prozent – es sei denn, Sie finden einen neuen Mieter. Komplexe Preismodelle schrecken Gäste ab und können schnell Streitigkeiten hervorrufen.

Und wie finden Sie nun den richtigen Preis? Die Beantwortung dieser Frage kann Ihnen keiner abnehmen. Verschaffen Sie sich erst einmal einen Überblick, welche Preise in Ihrer Region für welche Immobilien üblich sind. Dann sind Sie am Zug. Vielleicht wollen Sie ja eine möglichst hohe Auslastung und bleiben daher bewusst fünf bis zehn Prozent unter dem ortsüblichen Niveau? Oder Sie setzen bewusst auf Urlauber, die für das gewisse Extra auch einen Extra-Preis zu zahlen bereit sind. Die Auslastung ist dann niedriger, aber über das Jahr hinweg stellen Sie sich nicht unbedingt schlechter, wenn Sie bedenken, dass Ihr Mietpreis ja auch laufende Kosten wie Strom und Wasser abdeckt. Also: kurze Antwort auf die Frage: Recherchieren Sie die gängigen Preise in Ihrem Markt, überlegen Sie sich eine Strategie und dann testen Sie sie aus.

Ihre Arbeit endet im Übrigen nicht, wenn Ihr Gast abreist. Bitten Sie ihn auf jeden Fall um ein Feedback und schaffen Sie eventuell auf Ihrer Website ein virtuelles Gästebuch. Die großen Ferienwohnungsportale fordern unabhängig davon ohnehin von ihren Nutzern ein Meinungsbild ein. Sie sollten die Bewertung aufmerksam verfolgen und bei Kritik rasch reagieren. Bei berechtigter Kritik sollten Sie erklären, wie Sie den Missstand abstellen, bei unberechtigter Kritik höflich, aber entschieden widersprechen.

Nehmen Sie negatives Feedback sehr ernst. Im digitalen Zeitalter bleiben kritische Stimmen in sozialen Netzwerken oder auf Portalen über Jahre stehen. Wenn Sie auf dem gleichen Weg reagieren, haben Sie zumindest die Möglichkeit, dass sich die Besucher der jeweiligen Website ein eigenes Bild machen können. Und manche Kritik ist wirklich so unsachlich formuliert, dass bei einer angemessenen Reaktion nichts hängen bleibt. Reagieren müssen Sie aber!

Wie Vermieter profitieren

Die letzten Seiten klangen alle nach Arbeit. Und in der Tat braucht es schon ein paar Tage und ein gewisses Organisationsgeschick, bevor die Infrastruktur rund um Ihre Ferienimmobilie steht. Sie müssen rechtliche Fragen klären, ins Marketing investieren und sich vor Ort klug machen, wer einen Wäscheservice anbietet und wer die Endreinigung übernimmt. Aber keine Sorge: Urlaubsregionen sind auf solche Themen vorbereitet und entsprechende Dienstleister warten auf Ihren Anruf. Na ja, gerade in der Hochsaison sind viele schon gut ausgelastet, aber mit etwas Glück und Beharrlichkeit finden Sie auch eine Putzfrau, einen Poolboy und einen Hausmeister für Ihr Objekt. Und dann können Sie mit Ihren eigenen vier Wänden Geld verdienen!

Regelmäßige Geldzuflüsse auf dem Konto

Bei Ferienwohnungen ist es üblich, dass der Gast schon vor Anreise die Gesamtmiete überweist. Mehr noch: Zusätzlich hinterlegt er eine Kaution für etwaige Schäden. Es gilt der Grundsatz: Schlüssel nur gegen Geld!

Ihr finanzielles Risiko ist damit begrenzt. Sie müssen allerdings schon selbst darauf achten, ob das Geld pünktlich eingeht, und im Zweifelsfall auch zügig mahnen. Erst freundlich und dann energisch. Auch wenn der Mieter noch so nett und die Kinder noch so niedlich sind: Wenn kein Geld auf dem Konto ist, sollten Sie den Schlüssel nicht herausrücken.

Eröffnen Sie ein eigenes Konto für alle Transaktionen rund um Ihre Ferienimmobilie. So sehen Sie auf einen Blick, ob der Gast schon bezahlt hat und wie viel Geld bereits an Dienstleister geflossen ist. Nur wer dieses Konto regelmäßig prüft, schützt sich vor Zahlungsausfällen und langwierigen Rechtsstreitigkeiten.

Und jetzt mal Butter bei die Fische, wie der Norddeutsche sagt. Was kann man eigentlich mit einer Ferienimmobilie verdienen? Gerade in beliebten Regionen mit einer hohen Nachfrage wie Bayern oder der Ostseeküste können kontinuierliche Mieteinnahmen im Vergleich zum Kaufpreis zu Bruttorenditen von bis zu zehn Prozent pro Jahr führen. Zehn Prozent pro Jahr! Dies ergab die bereits zitierte Studie von FeWo-direkt unter der Federführung der Maklerfirma Engel & Völkers. Interessanterweise sind derzeit die 1b-Lagen noch renditestärker als die 1a-Lagen. Bei Quadratmeterpreisen von mehr als 5.000 Euro fällt es selbst in der Hochsaison schwer, mehr als fünf Prozent Rendite zu erwirtschaften. Auf dem Festland sind dagegen acht und im Fall der Ostsee sogar zehn Prozent möglich. Es muss also nicht immer Rügen oder Usedom sein.

Im Durchschnitt erzielen Besitzer von Ferienhäusern und -wohnungen in Deutschland eine Bruttorendite von 7,9 Prozent. An der Ostsee sind auf dem Festland sogar Renditen von mehr als zehn Prozent pro Jahr möglich.

Wie sich der Fiskus an Mietobjekten beteiligt

Bruttorendite schön und gut. Aber darauf muss ich doch Steuern zahlen! Das ist richtig: Der Fiskus bekommt seinen Anteil auch von Ihren Einnahmen als Vermieter. Dafür gibt es in der Steuererklärung sogar eine eigene Anlage: die Einkünfte aus Vermietung und Verpachtung. Aber wo Einnahmen sind, werden in der Regel auch Ausgaben getätigt. Und die lassen sich steuerlich geltend machen.

Wenn Sie im Ausland eine Immobilie erwerben, werden Sie dort in der Regel steuerpflichtig und müssen auch dort eine Steuererklärung abgeben. Damit können Sie aber auch die entsprechenden Kosten steuerlich zum Abzug bringen – und wenn die Ausgaben die Einnahmen übersteigen, bessert das Finanzamt an Ihrem Urlaubsort sogar Ihre Urlaubskasse auf.

Und bei einer Ferienimmobilie fallen eine ganze Menge an Ausgaben an. Denken Sie nur mal an:

✔ Handwerkerrechnungen

✔ Ausgaben für Einrichtungsgegenstände (ggf. über mehrere Jahre abzuschreiben)

✔ Marketingkosten

✔ Energiekosten

✔ Verwaltungskosten

✔ Finanzierungskosten; sprich, der Fiskus beteiligt sich an Ihren Zinszahlungen.

Ach ja, und auch die Immobilie selbst können Sie steuerlich geltend machen und jährlich mit zwei bis drei Prozent abschreiben. Klingt gut – und ist gut. Es setzt allerdings voraus, dass Sie sämtliche Quittungen sorgfältig sammeln und für die Steuererklärung sauber aufbereiten.

Das Ganze funktioniert allerdings nur, wenn Sie die Absicht haben, mit Ihrer Immobilie auch Gewinn zu erzielen. Bei diesem Thema ist der Fiskus indes ungewohnt großzügig: Sie müssen nur belegen, dass Sie binnen 30 Jahre in die Gewinnzone kommen. In den ersten Jahren darf Ihr Häuschen ungestraft Verluste machen – und Ihre gesamte Steuerschuld sinkt. Keine Sorge: Diese Verluste entstehen nicht, weil sich keiner für Ihr Objekt interessiert. Vielmehr ist es ganz normal, dass Sie bei Mietobjekten in den ersten Jahren steuerlich in die Verlustzone rutschen. Dafür sorgen hohe Zinsanteile, die Abschreibung der Ausstattung und die beginnende Abschreibung für die Immobilie selbst.

Wenn Sie mehr als 17.500 Euro im Jahr mit Ihrer Ferienimmobilie einnehmen, droht die Umsatzsteuerpflicht. Bei Ihren Rechnungen müssen Sie dann sieben Prozent Umsatzsteuer ausweisen. Damit sind Sie dann auch berechtigt, die Umsatzsteuer Ihrer Lieferanten – und das sind in der Regel 19 Prozent – steuerlich geltend zu machen, für Handwerker und Dienstleister zahlen Sie nur noch Nettopreise. Eine einzige Ferienwohnung gilt in den Augen des Fiskus tendenziell aber eher als Teil Ihrer Vermögensanlage – erst mit Nummer zwei beginnt auf jeden Fall die Umsatzsteuerpflicht!

Gerade zu Beginn kann es sich lohnen, sich bei Ihrem Finanzamt als Kleinunternehmer von der Umsatzsteuerpflicht befreien zu lassen. Es reicht der Nachweis, dass Ihr Umsatz die 17.500 Euro nicht übersteigt. Das erspart Ihnen erst einmal einigen Papierkram und erhöht auch Ihre Nettoeinnahmen.

IN DIESEM KAPITEL

Eine sichere Finanzierung für Ihre Ferienimmobilie

Vorsicht vor rechtlichen Fallstricken

Folgekosten für Ferienhausbesitzer

Kapitel 17
Alpträume vermeiden: was bei Ferienimmobilien zu beachten ist

Ihr Entschluss steht fest: Sie wollen auch an Ihrem Urlaubsort in den eigenen vier Wänden leben? Nachfolgend finden Sie die wichtigsten Informationen im Überblick. Der Kauf einer Ferienimmobilie läuft in Deutschland nicht anders als der Kauf einer anderen Immobilie. Anders im Ausland: In diesem Kapitel erfahren Sie am Beispiel Österreichs und Spaniens, was Sie außerhalb des Bundesgebiets alles beachten müssen.

Weiter beschäftigt sich dieses Kapitel mit den Folgekosten einer Immobilie. Machen Sie sich frühzeitig mit dem Gedanken vertraut, dass Sie ohne Helfer vor Ort auf Dauer nicht auskommen. Das gilt sowieso, egal, ob Sie Ihr Objekt vermieten oder es selbst nutzen.

Die Finanzierung: immer mit Reserven planen

Seien wir ehrlich: Ein Ferienhaus oder auch nur ein Ferienappartement ist Luxus. Ein wunderbarer, erstrebenswerter und großartiger Luxus, aber eben Luxus. Machen Sie sich diese Tatsache immer bewusst, wenn Sie über die Finanzierung Ihres Traumobjektes nachdenken. Das gilt natürlich vor allem für Eigennutzer: Sie sollten Zinsen, Tilgungen und laufende Kosten für ihr Objekt aus freien Mitteln bestreiten können. Wer sich als Vermieter versucht, rechnet dagegen auch mit Einnahmen. Aber auch hier gilt: Bauen Sie Puffer in Ihre Finanzierung ein, sodass Sie auch einmal eine schlechte Saison verkraften können.

Spiel- statt Haushaltsgeld: Am Anfang steht der Budgetcheck

In Kapitel 7 finden Sie umfangreiche Informationen rund um Ihr Budget für den Hauskauf. Das lässt sich eins zu eins auf eine Ferienimmobilie übertragen. Falls es sich hierbei um ihre zweite Immobilie handelt und die erste noch nicht abbezahlt ist, sollten Sie noch konservativer planen. Im Kern sind folgende Ausgaben tabu, sprich: Sie müssen Ihre Zinsen und Tilgung neben all diesen Ausgaben zahlen können:

✔ Laufende Ausgaben fürs Wohnen (Miete oder Eigentum)

✔ Laufende Finanzierungen

✔ Altersvorsorge

✔ Versicherungen (Berufsunfähigkeit, Krankheit)

✔ Laufende Lebenshaltungskosten

✔ Laufende Rücklagen

Über andere Ausgabepositionen lohnt es sich dagegen nachzudenken. Das gilt allen voran für die Position Urlaub. Ferien finden ja künftig in den eigenen vier Wänden statt. Es spricht auch nichts dagegen, einmal alle Ausgaben auf den Prüfstand zu stellen, die nicht dem Lebensunterhalt dienen: Restaurantbesuche, Wellness-Tage und Ähnliches. Aber wie beim Eigenheim am Wohn- oder Arbeitsort gilt: Verzichten Sie nicht auf alles, was Sie heute genießen, um sich diesen einen Traum zu erfüllen!

So rechnen künftige Vermieter

Etwas aufwendiger gestaltet sich die Arbeit für künftige Vermieter. Sie brauchen einen eigenen Mini-Business-Plan. Wie so etwas genau geht, erklärt Ihnen unter anderem gleich ein ganz Buch aus dieser Reihe: *Existenzgründung für Dummies*. In Kurzform geht es darum, übersichtlich sämtliche Einnahmen und Ausgaben gegenüberzustellen und zu ermitteln, ob und wann Sie mit Ihrem neuen Business, Ihrem Ferienhaus, Geld verdienen.

Im ersten Schritt müssen Sie dazu Ihre künftigen Einnahmen kalkulieren. Vielleicht haben Sie schon mal über einen Preis für Ihr Häuschen nachgedacht. Ansonsten schauen Sie doch im Internet, was Vermieter in vergleichbarer Lage für eine vergleichbare Ausstattung so verlangen. Das reicht für eine erste grobe Kalkulation. Anders als bei einer Mietwohnung können Sie aber nicht davon ausgehen, dass dieses Geld 52 Wochen im Jahr fließt. In den Bergen gibt es Übergangszeiten mit zu wenig Schnee und zu schlechtem Wetter und auch an der See stehen in der Nebensaison viele Objekte leer. Je begehrter Ihre Lage, desto höhere Belegungsquoten können Sie planen. Und vergessen Sie nicht, dass Sie auch selbst ab und an Ihr Häuschen nutzen wollen.

Kalkulieren Sie Ihre Einnahmen mit einem Auslastungsgrad von 40 bis 50 Prozent. Alles andere ist unrealistisch, schon wenn Sie eigene Urlaubszeiten, variierende An- und Abreisezeiten sowie den Leerstand in der Nebensaison einkalkulieren.

Ihren Mieteinnahmen stehen nicht unerhebliche Ausgaben gegenüber. Diese beziehen sich auf

✔ Marketing und Vertrieb

✔ Laufende Verwaltung

✔ Laufender Unterhalt wie Strom, Wasser, Müll etc.

✔ Schönheitsreparaturen

✔ Versicherungen

✔ Steuer

Und dann kommen noch zwei dicke Batzen hinzu:

✔ Finanzierungskosten

✔ Abschreibung/Instandhaltungsrücklage

Auch angehende Jungunternehmer übersehen die beiden letzten Positionen gerne einmal und freuen sich vorschnell über einen Gewinn. Aber Ihr Haus altert, Jahr für Jahr. Irgendwann ist ein Anstrich fällig, später ein neues Dach und Heizungen werden auch nicht für die Ewigkeit gebaut. Solche Investitionen müssen Sie von Anfang an berücksichtigen, damit Ihr Haus sie auch verdienen kann. In Tabelle 17.1 finden Sie noch einmal Ihren Mini-Businessplan auf einen Blick. Nehmen Sie sich doch einfach mal einen Bleistift und schreiben Sie ein paar Zahlen in die rechte Spalte.

	Betrag in Euro pro Jahr
Mieteinnahmen	
./. lfd. Kosten für das Haus (Wasser, Strom)	
./. Marketing- und Vertriebskosten (Internetauftritt, Agentur vor Ort etc.)	
./. Verwaltungskosten (Makler vor Ort, Betreuer für das Objekt und so weiter)	
./. Reparaturkosten	
./. Versicherungen	
./. Buchführung, Steuerberater	
./. kommunale Steuern und Abgaben	
= operativer Gewinn	
./. Finanzierungskosten	
./. Abschreibung	
= Gewinn	

Tabelle 17.1: Mini-Business-Plan für vermietete Ferienimmobilien

Damit Sie den Minibusinessplan an Ihre Bedürfnisse anpassen können, finden Sie ihn unter www.fuer-dummies.de zum Download.

Wenn beim operativen Gewinn eine positive Zahl steht, haben Sie Grund zur Freude: Ihr neues Anlageobjekt schreibt schwarze Zahlen. Abschreibungen und Finanzierungskosten zehren zwar in den ersten Jahren in der Regel diesen Überschuss auf. Aber das ist aus drei Gründen nicht tragisch: Die Abschreibungen sind sogenannte kalkulatorische Kosten und spiegeln den Altersprozess ihrer Immobilie wider. Wenn Sie entsprechende Reparaturen bereits eingeplant haben, erwächst Ihnen hieraus kein Nachteil. Im Gegenteil: Der Verlust Ihrer Immobilie schmälert Ihre Steuerlast. Mehr dazu finden Sie in Kapitel 16. Und drittens bilden Sie mit dem Tilgungsanteil Ihrer Finanzierung nach und nach Kapital und werden damit reicher und nicht ärmer.

Wenn auf Dauer allerdings unter dem Strich ein Verlust steht, sollten Sie noch einmal gut überlegen, ob es nun wirklich gerade dieses Objekt sein muss. Nicht nur mit Blick auf Ihr Budget, sondern auch mit Blick auf das Finanzamt: Nach dessen Auffassung sind Dauer-Verlustbringer als Liebhaberei zu werten – die Steuervorteile sind dann futsch.

Die Kapitalgeber: Alle Varianten sind möglich

Ihr Businessplan ist auch eine hervorragende Grundlage für das Gespräch mit jedem Finanzier. Denn schließlich will der wissen, wie Sie Zins und Tilgung erwirtschaften wollen. Aber fangen wir beim Thema Kapitalgeber mal ganz vorne an.

Meine Familie und ich

Der erste mögliche Kapitalgeber sind Sie selbst: Gerade in Zeiten niedriger Zinsen stecken viele gut Betuchte ihr Vermögen in Immobilien. Vermutlich runzeln Sie jetzt die Stirn, da Sie nicht zu diesen »Happy Few« gehören. Aber stimmt das wirklich? Auf den Tages- und Festgeldkonten der Bundesbürger schlummern ebenso Milliarden wie auf dem guten alten Sparbuch. Und viele haben vor Jahren mal Einmalversicherungen zur Geldanlage abgeschlossen, die nun vor sich hindümpeln. Ganz zu schweigen von den Anleihen im Depot. Dies ist kein Aufruf, die Sparkonten zu plündern, aber eine Aufforderung, gründlich zu prüfen, wie klug Ihr Vermögen eigentlich angelegt ist. Und ein Mietobjekt kann in einer solchen Situation durchaus eine renditestarke Alternative sein.

Wenn Sie Ihre Ferienimmobilie vermieten wollen, kann es sich lohnen, Ersparnisse zu investieren. Denn die Rendite liegt aktuell weit jenseits der üblichen Magerzinsen auf dem Sparbuch. Aktuelle Erhebungen gehen gerade in den Top-Ferienregionen an der Küste und in den Bergen von Renditen von acht Prozent und mehr pro Jahr aus.

Wenn das Ersparte nicht ausreicht oder für andere Zwecke reserviert ist, sollten Sie auch mal einen Blick in die nähere Umgebung werfen. Unternehmensgründer sprechen gerne von der Triple-F-Finanzierung mit Familiy, Friends und Fools. Und warum sollten Sie sich nicht das Geld von Ihren Eltern oder Freunden leihen und statt Zinsen in Urlaubswochen zahlen?

Wer Geschäfte mit Familienangehörigen oder Freunden macht, sollte mit der gleichen Professionalität vorgehen wie mit Dritten. Sprich: Es braucht einen schriftlichen Darlehensvertrag, eine klare Regelung zu den Zinszahlungen und die Sicherheiten!

Meine Bank

Kapitel 8 beschreibt im Detail, was Sie für Ihre Verhandlungen mit Banken wissen müssen. Daher an dieser Stelle nur so viel: Nutzen Sie auf jeden Fall eines der zahlreichen Vergleichsportale im Internet, um einen Überblick zu gewinnen, wer aktuell welche Konditionen bietet. Falls Sie bereits eine Immobilie finanziert haben, sollten Sie mit diesem Wissen ausgestattet erst einmal zu Ihrer Hausbank gehen. Je weiter Ihre erste Immobilie bereits abgezahlt ist, desto bereitwilliger stellt diese Kapital auch für Ihr neues Objekt bereit. Schließlich wissen Ihre Gegenüber vor Ort bereits genau, wie pünktlich Sie zahlen. Und bei den Konditionen sind Sie in der Regel dann auch flexibler. Geld von der Bank gibt es im Wesentlichen in drei Varianten:

✔ Annuitätendarlehen: Sie zahlen pro Monat einen festen Betrag und über die Jahre sinkt der Zins- und steigt der Tilgungsanteil. Ein solches Darlehen ist heute die gängigste Variante.

✔ Tilgungsdarlehen: Dabei bleibt der Tilgungsanteil über die Laufzeit des Kredits hin unverändert. Ein attraktives Modell vor allem für Ältere, die sicherstellen wollen, dass sie bei Renteneintritt schuldenfrei sind.

✔ Endfällige Darlehen: Während der Laufzeit zahlen Sie »nur« Zinsen. Die Tilgung wird am Ende auf einen Schlag fällig.

Das endfällige Darlehen ist für Häuslebauer nur selten die beste Variante. Anders sieht dies für Vermieter aus. Denn sie können die gleichbleibend hohen Zinsen von der Steuer absetzen und gegen ihre Mieteinnahmen verrechnen. Aber Vorsicht: Ihre Ferienimmobilie muss in diesem Fall über die zehn oder 20 Jahre Laufzeit des Vertrags auch die Tilgung verdienen!

Noch liegen die Zinsen dank der Politik der Zentralbanken auf historisch niedrigem Niveau. Doch zum Jahresende 2015 mehrten sich die Anzeichen, dass sich zumindest in den USA die paradiesischen Zustände für Schuldner ihrem Ende näherten. Wer jetzt finanziert, sollte daher über lange Laufzeiten nachdenken, auch wenn er im Vergleich zu einer zehnjährigen Zinsbindung aktuell dafür einen Aufschlag zahlt.

Mein neuer Finanzierungspartner

Wenn Ihre Hausbank nicht anbeißt oder zu hohe Zinsen verlangt, sollten Sie sich nach einem neuen Partner umschauen. Die Beschäftigung mit zwei Institutsgruppen lohnt sich besonders:

1. Internetbanken
2. Regionale Institute

Die Internetbanken punkten vor allem mit günstigen Finanzierungskonditionen und rascher Abwicklung. Die Sparkassen und Volksbanken vor Ort dagegen kennen den Markt vor Ihrer Haustür aus dem Effeff. Selbst wenn Sie am Ende doch mit einer Internetbank oder Ihrer Hausbank ins Geschäft kommen, lohnt sich das Gespräch mit den Experten vor Ort. Sie machen Sie als neuen Vermieter auf Schwächen in Ihrem Businessplan aufmerksam (»Im November macht hier kein Mensch Urlaub«) und geben Ihnen die eine oder andere nützliche Adresse.

Egal, mit wem Sie letztendlich abschließen: Verhandeln Sie! Die Kreditinstitute stehen derzeit in einem harten Wettbewerb und sind bemüht, jeden Kunden zu halten beziehungsweise neue Kunden zu gewinnen. Ihre starke Stellung sollten Sie nutzen und den einen oder anderen Zehntel-Prozentpunkt bei den Zinsen noch herausholen.

Wenn Sie Ihre Ferienimmobilie über eine Bank finanzieren, sollten Sie auf jeden Fall eine Sondertilgung vereinbaren. Banken sind durchaus bereit, Summen von 10.000 Euro pro Jahr und mehr je nach Kreditbetrag zu akzeptieren – in der Regel dürfen Sie allerdings nicht mehr als zehn oder 15 Prozent des Gesamtbetrags auf einen Schlag tilgen.

Der Kauf: So kommen Sie zu Ihrem Eigentum

Das Objekt passt, die Finanzierung steht, dann steht dem Gang zum Notar ja nichts mehr im Wege. Teil IV beschreibt ausführlich, wie Sie in Deutschland an Ihr Eigentum kommen. Zwischen Ferienimmobilien und anderen Häusern wie Wohnungen gibt es keine Unterschiede. Doch wie sieht es in angrenzenden Ländern aus? Generell darf es in der EU keine Beschränkungen für EU-Bürger geben, sich niederzulassen. Es gilt das jeweilige nationale Recht – und das beinhaltet dann doch das eine oder andere Hindernis.

Das gilt allen voran für Österreich. Nicht nur »Kaiser Franz« Beckenbauer hat hier seinen Wohnsitz: Schätzungsweise mehr als 200.000 Bundesbürger residieren zwischen Tirol und der Steiermark. Als immer mehr Ortschaften gerade in den populären Regionen im Westen wie Tirol, Salzburg und Vorarlberg außerhalb der Saison zu Geisterdörfern zu mutieren drohten, schritt die Politik ein.

Das Zauberwort heißt »Freizeitwohnsitz« – und neue Freizeitwohnsitze werden nur noch sehr begrenzt genehmigt. Sprich: Wenn Sie eine Ferienwohnung von einem anderen Ferienwohnungsbesitzer kaufen, ist das in der Regel kein Problem. Wenn Sie dagegen auf das Holzhäuschen eines betagten Herrn in Ihrem Lieblingsort spekulieren, droht Ungemach. Es kann Jahre dauern, bevor die Behörden entscheiden, ob sie die Genehmigung erteilen oder nicht.

Wer ohne Genehmigung eine Immobilie in Österreich als Freizeitwohnsitz nutzt, muss sich auf ernste Konsequenzen einstellen. Im schlimmsten Fall droht eine Versteigerung per Gericht. Diese Bestimmung gilt im Übrigen nicht nur für »Piefkes« oder andere EU-Bürger, sondern auch für die Österreicher selbst.

Prüfe, wer sich ewig bindet. Bevor Sie eine Ferienimmobilie in Österreich erwerben, sollten Sie bei der zuständigen Gemeinde prüfen, ob ein behördlicher Bescheid für einen Freizeitwohnsitz vorliegt.

Beim Kauf eines Objekts in oder an den österreichischen Alpen sollten Sie auch die folgenden Punkte berücksichtigen:

1. Vorsicht vor mündlichen Zusagen. Zwar sind Makler und Banken beim Verkauf von Immobilien gesetzlich zur Schriftform verpflichtet. Doch ansonsten kann auch ein Handschlag unter Zeugen schon rechtskräftig sein.

2. Anders als in Deutschland braucht es keine notarielle Beurkundung des Vertrags. Allein die Unterschriften von Käufer und Verkäufer müssen notariell geprüft sein.

3. Bei der Zug-um-Zug-Abwicklung des Vertrags sollten Ausländer einen Anwalt einschalten, der Zugriff auf das sogenannte Treuhandbuch hat. So wird sichergestellt, dass der Kaufpreis für eine Liegenschaft erst nach Eintragung ins Grundbuch ausgezahlt wird.

4. Immobiliengeschäfte sind Ländersache. Die Bundesländer legen selbst fest, wo Freizeitwohnsitze gekauft werden dürfen. Eine Übersicht erhalten Sie bei den jeweiligen Gemeinden.

5. Es kann gerade für Bewohner aus Süddeutschland durchaus eine Überlegung wert sein, für das Traumhaus ihres Lebens den Erstwohnsitz zu verlegen. Das österreichische Steuersystem ist alles andere als unattraktiv.

Jetzt ist aber Österreich nur das zweitbeliebteste Land für Bundesbürger auf der Suche nach einem Platz an der Sonne oder im Schnee. Ganz vorn steht: Spanien – und hier allen voran Deutschlands Ferieninsel Nummer eins, Mallorca. Die gute Nachricht zu Beginn: Anders als in Österreich ist der Zugriff auf Immobilien nicht limitiert. Im Gegenteil: Seit Ausbruch der globalen Wirtschafts- und Finanzkrise im Jahr 2008 sind deutsche Käufer begehrter denn je. Viele Spanier haben sich in den Boom-Jahren übernommen und sich neben einer Wohnung in einer der Wirtschaftszentren auch noch ein Häuschen an der Küste zugelegt. Bei mehr als 20 Prozent Arbeitslosigkeit geriet vielerorts die Finanzierung ins Wanken – beste Chancen also für Schnäppchenjäger.

Das gilt allerdings nicht für die beliebtesten Feriengebiete: Es gibt einfach zu viele Deutsche, Engländer, Holländer und Skandinavier, die von einer Finca in Mallorca träumen oder an einem Strand rund um Barcelona die Wochenenden verbringen wollen. Das Angebot ist dennoch riesig – und die Preise variieren stark je nach Lage, Ausstattung und Zustand der Immobilie.

Andratx, Palma oder Santanyi: Wer hier über den Markt schlendert, kommt sich manchmal vor wie zu Hause – man spricht Deutsch. Entsprechend hoch ist das Preisniveau für Immobilien. Mit einem Blick auf die Landkarte stellte ein Frankfurter Top-Manager indes fest, dass die Entfernungen zwischen diesen Hot Spots und anderen Inselteilen gar nicht so groß ist – und er sich bei den Preisdifferenzen locker noch ein eigener Wagen für Mallorca leisten kann. Er nutzte seinen Sommerurlaub, um die Insel systematisch zu erkunden und blieb im Süden hängen: Nur eine gute halbe Stunde vom Flughafen entfernt, in Strandnähe und mit Meerblick erwarb er ein Haus am Hang zu einem Preis, zu dem er an den Hot Spots gerade einmal eine durchschnittliche Wohnung bekommen hätte.

Aber genug geplaudert. Sie wollen doch wissen, worauf Sie beim Finca-Kauf besonders achten müssen:

✔ Prüfen Sie die Eigentumsverhältnisse frühzeitig. Ihr Verkäufer sollte Ihnen den notariellen Kaufvertrag samt Eintragungsvermerk des Grundbuchamts sowie einen aktuellen Grundbuchauszug vorlegen können.

✔ Prüfen Sie die Baugenehmigung. Ähnlich wie in Deutschland können Sie auch in Spanien nicht einfach so ein Gebäude aufstocken oder ein paar Balkone dranzimmern. Gemacht wird es trotzdem. Und wenn Sie Pech haben, fällt das irgendwo einem pfiffigen Vertreter Ihrer Kommune auf – und Sie müssen aufwendig den entsprechenden Antrag nachreichen oder im schlimmsten Fall Ihr Gebäude nachbessern.

✔ Prüfen Sie den Anschluss an die Infrastruktur. Gerade im Hinterland sollten Sie sich per Rechnung beweisen lassen, dass Wasser und Strom regulär fließen.

✔ Prüfen Sie Ihre Worte. Ein mündlicher Vertrag kann in Spanien gültig sein.

✔ Setzen Sie einen schriftlichen Vertrag auf. Auch wenn es nicht notwendig ist, sollten Sie sämtliche Details Ihres Immobilienkaufs schriftlich fixieren. Gerade in den Urlaubsregionen sind Anwälte darauf vorbereitet, Sie bei Sprachproblemen und rechtlichen Details zu unterstützen.

✔ Bestehen Sie auf einem notariellen Kaufvertrag. Nur so läuft die Eintragung ins Grundbuch unproblematisch ab.

Generell gilt: Wer im Ausland eine Immobilie erwirbt, sollte sich auf jeden Fall rechtlich beraten lassen. Auch mit einer noch so sorgfältigen Recherche können Sie sich nicht in die Details der lokalen Gesetzgebung einarbeiten. Auch Sprachbarrieren sowie die Unkenntnis über Usancen im Rechtsverkehr erschweren das Handeln auf eigene Faust. Keine Sorge: In Urlaubsregionen wie Mallorca gibt es genügend Anwälte, die Deutsch sprechen und schon zahlreichen Mandanten zu ihrem Traumhaus verholfen haben.

Die Bewirtschaftung: Das kostet Sie Ihr Urlaubstraum

Endlich meins. So denken Sie zu Recht nach Abschluss eines notariellen Kaufvertrags und freuen sich jetzt über unzählige Urlaubswochen im eigenen Heim – und eventuell auch zahlreiche Mieteinnahmen in den Zeiten, in denen Sie arbeiten müssen. Doch was für das normale Eigenheim am Stadtrand gilt, gilt auch für die Immobilie am Strand oder in den Bergen: Sie macht Arbeit.

Ein Haus macht Arbeit: mit Profis alles in Schuss halten

Zu Hause können Sie mal eben durchwischen, am Wochenende den Garten harken und im Frühjahr und Herbst ein paar Schäden ausbessern – alles kein Problem. All diese Arbeiten fallen indes auch in Ihrer Ferienimmobilie an. Sie sollten daher gut überlegen, ob Sie die Wochenenden oder die ersten Urlaubstage mit Putzen und Reparieren verbringen, oder ob

Sie zumindest einen Teil dieser Arbeiten an Dritte auslagern. Die Antwort hängt sicher zuvorderst von Ihrem Budget ab.

Hinzu kommt der Umgang mit Ihrem Ferienhaus. Wenn Sie es nur selbst nutzen und zudem Spaß an der Hausarbeit haben, brauchen Sie sich gar nicht mehr so viele Gedanken zu machen. Wenn Sie dagegen vermieten wollen, können Sie entweder regelmäßig dorthin pendeln oder dann doch nach Profis Ausschau halten. Die wichtigsten Dienstleister sind:

✔ Reinigungskraft

✔ Gärtner/Poolboy in südlichen Ländern

✔ Allround-Handwerker für kleinere Reparaturen

Bei Mietobjekten übernimmt die Reinigungskraft die Endreinigung und bereitet Ihre Wohnung für die nächsten Mieter vor. Das ist durchaus eine verantwortungsvolle Aufgabe, denn der erste Eindruck hat entscheidenden Einfluss auf den gesamten Urlaub. Nehmen Sie sich daher die Zeit und arbeiten Sie Ihre Vertretung vor Ort gründlich ein. Echte »Perlen« haben zugleich einen Blick auf andere Handwerker, informieren Sie frühzeitig bei Schäden und mahnen Versäumnisse an. Aber auch hier gilt: Kontrolle ist besser. Zumindest am Anfang sollten Sie selbst kontrollieren, ob der Gärtner wirklich wie besprochen, alle zwei Wochen den Rasen mäht und die Hecken regelmäßig schneidet.

Mit Blick auf Ihre Schwierigkeiten, in Ihrer Stadt Handwerker oder Reinigungskräfte zu finden, werden Sie jetzt vielleicht nervös. Aber keine Sorge: In Urlaubsregionen gibt es in der Regel genügend Fachkräfte, die sich auf Ihre Anforderungen eingestellt haben. Ein Inserat in örtlichen Stellenbörsen, ein Gespräch mit anderen Vermietern oder der Kontakt mit Handwerkern aus der Region verschafft Ihnen einen Überblick.

Entwerfen Sie einen festen Plan, wie Ihre Ferienwohnung auf einen neuen Mieter vorbereitet werden soll – Zimmer für Zimmer, Arbeitsschritt für Arbeitsschritt. Eventuell bitten Sie die Reinigungskraft auch, Ihnen jedes Mal die ausgefüllte Liste mit allen Kommentaren zu mailen oder zu faxen. So erfahren Sie direkt, ob eine Tasse fehlt oder der Duschkopf Kalk ansetzt.

Ein Haus braucht Schutz: von Versicherungen und mehr

In Deutschland ist ganz klar. Ohne bestimmte Versicherungen finanziert Ihnen keine Bank eine Immobilie. Sie brauchen

✔ eine Wohngebäudeversicherung,

✔ eine Brandschutzversicherung,

✔ eine Kombination beider Produkte

Mehr Informationen dazu finden Sie in Kapitel 10. Vermieter sollten darüber hinaus noch an ein paar weitere Policen denken:

1. Eine Inhaltsversicherung – also eine Hausratsversicherung für Vermieter

2. Eine Haus- und Grundbesitzerhaftpflicht für alle Schäden, die in ihrer Immobilie entstehen könnten

3. Eine Versicherung für Betriebsunterbrechungen. Diese Police muss nicht sein, schützt sie aber vor unerwarteten Einnahmeausfällen.

Und dann gibt es noch eine Versicherung, die Ihnen kein Versicherungsunternehmen der Welt verkauft – das wachsame Auge in der Nachbarschaft. Wenn Sie neu in der Gegend sind, gehen Sie direkt zu Beginn auf Ihre Nachbarn zu und schildern Sie Ihre Situation. Wenn das auch alles Ferienhausbesitzer sind, ziehen Sie den Kreis weiter. Es ist unglaublich beruhigend, wenn es jemanden gibt, der ständig im Dorf wohnt und ein Auge auf Ihr Haus wirft. Das kann Ihre Reinigungskraft sein, aber auch ein Pensionär oder einfach ein netter Nachbar.

Ein Haus braucht seinen Meister: wann der Einsatz von Verwaltern Sinn macht

In Kürze sei gesagt: Verwalter sind vor allem bei Wohnungen und bei Mietobjekten sinnvoll. In großen Ferienanlagen kaufen Sie sie häufiger sogar gleich mit ein. Ein solcher Verwalter übernimmt die Koordination aller erforderlichen lokalen Dienstleistungen und ist Ihr Ansprechpartner vor Ort.

In vielen Fällen finden sich solche Experten bei Agenturen. Und die verwalten dann nicht nur Ihre Ferienwohnung, sondern vermarkten Sie gleich mit. Lohnt sich das? Sie geben zwar zehn bis 20 Prozent Ihrer Einnahmen ab, aber dafür hat nun ein Dritter Interesse daran, Ihre Wohnung möglichst weitgehend auszulasten. Es liegt an Ihnen und Ihrem Zeit- und Finanzbudget, ob Sie sich diesen Luxus leisten wollen oder nicht. Im Internet-Zeitalter kommen Sie auch auf anderen Wegen an Mieter und müssen nicht ständig fürchten, dass eine Agentur erst mal eigene oder besser zahlende Objekte voll zu bekommen versucht, bevor Sie aktiv Ihre Wohnung offeriert. Aber dafür müssen Sie auch etwas unternehmen – als Ferienhausvermieter sind Sie am Ende dann doch Unternehmer.

Teil VII
Der Top-Ten-Teil

Viele Checklisten und Mustertexte aus diesem Buch finden Sie unter www.fuer-dummies.de zum Download.

IN DIESEM TEIL ...

Hier erhalten Sie einen detaillierten Überblick, welche Aspekte Sie als Immobilienverkäufer beachten müssen, um Ihre Wunschimmobilie zu finden und möglichst risikolos zu finanzieren.

Sie erfahren, in welche typischen Fallen Sie tappen könnten, wenn Sie zu unbedarft in Ihre eigenen vier Wände investieren oder verschiedene Kriterien zu einem bestimmten Zeitpunkt vernachlässigen.

Wir führen für Sie zehn Internetadressen auf, die Sie ausführlich und übersichtlich über alle Aspekte eines Immobilienkaufs informieren und Ihnen erste Fragen zielgerichtet beantworten.

> **IN DIESEM KAPITEL**
>
> Objekt genau prüfen
>
> Finanzierung checken
>
> Langfristig absichern

Kapitel 18
Zehn Punkte, die Immobilienkäufer unbedingt beachten müssen

Ihr Traumhaus haben Sie vielleicht schon entdeckt und besichtigt. Jetzt würden Sie gerne die nächsten Schritte einläuten und sich konkret Gedanken über die Finanzierung beziehungsweise den Kauf des Wunschobjekts machen. Vielleicht sind Sie aber auch schon einige Schritte weiter und stehen kurz davor, Ihren Kaufvertrag zu unterschreiben oder den Termin beim Notar zu vereinbaren. Egal, in welcher Phase des Immobilienkaufs Sie gerade stecken, einige Aspekte gilt es, immer zu beachten beziehungsweise ständig zu überprüfen. In diesem Kapitel lesen Sie mehr über die Themen, die Sie als Immobilienkäufer unbedingt im Auge behalten müssen.

Ist das wirklich mein Ding? Warum Sie Ihr Wunschobjekt mit viel Bedacht auswählen sollten

Der Erwerb einer Immobilie ist für viele Käufer eine Lebensaufgabe: Jahrzehntelang stecken sie große Teile ihres Einkommens in das Haus oder die Wohnung, bis sie es endlich ihr Eigen nennen können. Angesichts eines solch großen finanziellen Engagements sollten sie sich nach einigen Jahren nicht über zu kleine Räume, den Lärm vom Kindergarten nebenan oder den weiten Weg zum nächsten Supermarkt ärgern müssen.

Wenn Sie den Sprung ins kalte Wasser wagen und sich eine eigene Immobilie anschaffen wollen, sollten Sie mit viel Bedacht vorgehen: Gehen Sie in sich und analysieren Sie genau, was Ihnen Ihre eigenen vier Wände bieten müssen und in welcher Umgebung und Nachbarschaft Sie sich Ihr Leben vorstellen.

Je genauer Sie sagen können, wovon Sie träumen beziehungsweise was Sie partout nicht wollen, desto leichter fällt es Ihnen, das geeignete Objekt zu finden. Fertigen Sie sich eine Liste mit allen für Sie ausschlaggebenden Punkten an, die Sie bei jeder Besichtigung zücken können.

Überstürzen Sie keine Entscheidung, auch wenn es weitere Interessenten an Ihrem potenziellen Objekt gibt: Unter Druck übersehen Sie womöglich den einen oder anderen Haken der Immobilie, der Ihnen später unnötig Ärger und Kummer bereitet. Bleiben Sie in der Entscheidungsphase so nüchtern und sachlich wie möglich.

Reicht mein Geld für die Traumimmobilie? Der Kaufpreis deckt längst nicht alle Kosten ab

350.000 Euro für den schnuckeligen kleinen Bungalow in bester Lage? Toll, da möchte doch jeder potenzielle Immobilienkäufer, dem das Objekt gefällt, sofort zuschlagen: »Die 350.000 Euro kriege ich schon irgendwie zusammen.« Leider, leider stecken aber in vielen Immobilienangeboten die beim Kauf fälligen Nebenkosten im genannten Preis nicht drin.

Ob die Gebühren für den Notar, die Grunderwerbssteuer oder der Grundbucheintrag – all das kostet noch jede Menge extra und richtet sich teilweise auch nach der Höhe des Preises für die ausgewählte Immobilie. Wer mehr über die Kaufnebenkosten erfahren will, findet in Kapitel 10 detaillierte Informationen und Beispielrechnungen. Das gilt übrigens auch, wenn Sie sich eine Ferienimmobilie im Ausland zulegen wollen. Auch hier fallen noch etliche Extra-Kosten an.

Da sich die Kaufnebenkosten je nach Objekt schnell zu einem satten fünfstelligen Betrag summieren können, haben sie natürlich große Auswirkungen auf Ihre Finanzierungspläne. Stellen Sie sich nur einmal Ihren Bankberater vor, wenn Sie ihn plötzlich nach einem 10.000 oder gar 20.000 Euro höheren Darlehen fragen, nachdem er sich schon bei der ersten Verhandlung lange geziert hat, bis er Ihnen den notwendigen Immobilienkredit gewährt hat!

Bewahren Sie sich stets den detaillierten Überblick über Ihre Finanzsituation beziehungsweise die Kosten, die durch den Kauf einer Immobilie auf Sie zukommen. Planen Sie nicht »irgendwie«, sondern auf Euro und Cent genau. Überprüfen und berechnen Sie Ihre Kalkulationen immer wieder neu, vor allem dann, wenn erste Abweichungen durch höhere Rechnungen entstehen.

Kalkuliere ich die Muskelhypothek exakt? Die großen Folgen falscher Annahmen und unlösbarer Aufgaben

Ihren Traum von den eigenen vier Wänden können Sie sich nur verwirklichen, wenn Sie eine gehörige Portion Muskelhypothek mit einbringen? Okay! Grundsätzlich ist das natürlich kein Problem, es sei denn, Sie spekulieren im Vorfeld mit einigen törichten Annahmen, was Zeit und Können für Ihren handwerklichen Einsatz angeht. Klar, in Ihrer bisherigen Immobilie war die eine oder andere Lampe schnell montiert, die Kinderzimmer blitzschnell neu gestrichen oder der Keller flink gefliest.

Wer aber tatkräftig Finanzierungskosten senken will und auf eine möglichst hohe Muskelhypothek setzt, muss sich zwei Dinge intensiv überlegen:

- ✔ Habe ich neben meinem Beruf wirklich so viel Zeit, um die geplanten Arbeiten alle selbst zu erledigen?
- ✔ Habe ich wirklich das Geschick und die Erfahrung, um die beabsichtigten Arbeiten fachgerecht erledigen zu können?

Kommen Sie zu dem Schluss, dass Sie problemlos die Elektrik installieren und den Dachstuhl montieren können, dann erstellen Sie idealerweise, lange bevor es auf der Baustelle losgeht, einen detaillierten Zeitplan. In dem Dokument sollten Sie bindend festlegen, bis wann Sie welche Arbeiten erledigen wollen.

Überprüfen Sie während der Bauphase immer wieder, ob Sie Ihren Zeitplan tatsächlich einhalten. Wer zu lange für seine Arbeiten braucht, läuft Gefahr, dass die nachfolgenden Handwerker nicht wie verabredet loslegen können. Im schlimmsten Fall geht auf Ihrer Baustelle für ein paar Wochen gar nichts mehr.

Das gleiche Missgeschick kann Ihnen auch passieren, wenn Sie sich Aufgaben vorgenommen haben, die Sie am Ende doch nicht selbst meistern können. Müssen Sie dann einen Fachmann bestellen, hat dieser unter Umständen keine Zeit oder er muss Ihre laienhaft begonnene Arbeit nachbessern – und das kann Sie schnell mal einige Tausend Euro kosten!

 Überlegen Sie sich ganz genau und am besten zweimal, was Sie tatsächlich an Zeit auf Ihrer Hausbaustelle investieren und welche Talente als Handwerker in Ihnen schlummern.

Kostbares Papier oder wertloser Fetzen? Der Kaufvertrag muss hieb- und stichfest sein

Bei den meisten ist es wahrscheinlich eine Partnerschaft fürs Leben: Wer sich heute entscheidet, eine Immobilie zu erwerben, geht in der Regel davon aus, sie den Rest seines Lebens zu bewohnen. Damit Ihnen nichts die Freude an Ihrem Eigenheim verdirbt, sollten Sie den Kaufvertrag bis ins kleinste Detail studieren – und zwar, bevor Sie ihn unterzeichnen!

Üblicherweise liest Ihnen der Notar den Kaufvertrag Wort für Wort vor und erklärt Ihnen, was dieser Satz oder jene Aussage bedeutet. Sollten Sie auf Anhieb nicht gleich verstehen, was er meint, fragen Sie unbedingt nach. Falls es Ihnen peinlich ist, dass Sie offensichtlich keine Ahnung von der vorgetragenen Materie haben – fragen Sie trotzdem! Zum einen sehen Sie den Notar wahrscheinlich nie wieder in Ihrem Leben. Zum anderen müssen Sie nun einmal genau über die juristischen Feinheiten beziehungsweise die Aussagen in dem Kaufvertrag Bescheid wissen, um alle Eventualitäten abschätzen zu können.

Und es gibt zahlreiche Punkte in einem Immobilienkaufvertrag, die später zu Streitigkeiten zwischen Verkäufer und Käufer führen können. Das wären unter anderem

- ✔ schlechte oder unwirksame Regelungen rund um die Gewährleistung
- ✔ nicht sichtbare oder verborgene Mängel an oder in der Immobilie
- ✔ fehlende oder ungünstige Fertigstellungsfristen bei einem Neubauobjekt
- ✔ fehlender oder ungünstiger Übergabetermin des Objekts
- ✔ ungeplante Übernahme von bestehenden Rechten im Grundbuch wie das Wegerecht

Haben Immobilienkäufer den Vertrag erst einmal unterschrieben, lassen sich Fehler kaum noch korrigieren geschweige denn komplett ausmerzen.

Sind gewisse Punkte in einem Kaufvertrag nicht oder nur unsauber geregelt beziehungsweise formuliert, können die daraus entstehenden Schäden dem Käufer üble Folgen bescheren: Unvermeidbare Reparatur- oder Sanierungskosten beispielsweise haben schon so manchen Immobilienbesitzer ungewollt in den Ruin getrieben.

Prüfen Sie Ihren Kaufvertrag vor der Unterzeichnung daher auf

- ✔ alle rechtlichen Risiken
- ✔ alle wirtschaftlichen Risiken
- ✔ nachteilige oder einseitige Regelungen

Welche Elemente und Inhalte ein Kaufvertrag genau enthalten muss, können Sie in Kapitel 11 detailliert nachlesen.

Machen Bauträger oder Handwerker alles richtig? Prüfen Sie die Baufortschritte regelmäßig

Klar, idealerweise hat Ihr Bauträger schon Hunderte Häuser errichtet und die Elektriker Tausende Steckdosen montiert! Fehler passieren unter solchen Voraussetzungen nicht. Und da Sie es auch nicht gerne haben, wenn Ihr Chef mal wieder mit gezückter Brille in Ihr Büro marschiert und Ihre Arbeit kontrolliert, wollen Sie die Dienstleister auf Ihrer Baustelle auch nicht mit täglichen Kontrollen nerven – zumal Sie ohnehin kaum Zeit haben. Eine lobenswerte Einstellung, aber wer für den Bau oder Kauf einer Immobilie viel Geld in die Hand nimmt, sollte auch konsequent darauf achten, dass all seine Vorgaben und Pläne möglichst ohne Pannen realisiert werden.

Nehmen Sie sich stets die Zeit,

✔ alle Zahlenangaben in den Plänen zu kontrollieren

✔ Absteckungen und Markierungen vor Ort zu prüfen

✔ vorgenommene Baumaßnahmen (Aushub der Baugrube, Deckenhöhe im Erdgeschoss und so weiter) zu checken

Suchen Sie das Gespräch mit den Handwerkern vor Ort. Hören Sie auf jedes noch so kleine Wort, das Ihr Gegenüber äußert. Achten Sie dabei auch genau auf den Unterton, der dabei mitschwingt. Ein skeptischer oder ironischer Ton kann Ihnen signalisieren, dass da etwas nicht stimmt.

Verzögern sich die Arbeiten oder tauchen Schwierigkeiten auf, sollten Sie nachfragen, woran es denn liegt. Unter Umständen enthalten die Pläne fehlerhafte Berechnungen oder falsche Zahlenangaben. Vielleicht waren aber auch Ihre Vorgaben nicht exakt genug.

Je eher Sie vor Ort feststellen, dass Mängel oder Fehler am Bau entstehen, desto eher können Sie gegensteuern und vermeiden, dass aus dem Missgeschick hohe Folgekosten entstehen.

Das Haus der anderen

Emil F. wunderte sich – und nach kurzer Bedenkzeit war er schockiert! Der Grund: Aufgrund des Objektplans wusste der Nürnberger genau, dass die Nachbarn auf der rechten Seite die Wände ihrer Räume mit einer durchschnittlichen Höhe geplant hatten. Da Emil F. jedoch knapp zwei Meter misst, hatte er die Deckenhöhe in seinem Reihenmittelhaus zehn Zentimeter höher als üblich einzeichnen lassen. Als er nach zwei Wochen Geschäftsreise auf der Baustelle vorbeischaute, staunte er nicht schlecht: Die Zwischendecke seiner Nachbarn war höher als in seinem Haus. Als er den Bauträger darauf ansprach, meinte dieser trocken: »Da haben wir wohl die Pläne vertauscht!« Emil F. hatte allerdings Glück im Unglück: Da er gemeinsam mit seinen Nachbarn nachweisen konnte, dass dem Bauträger der Fehler unterlaufen ist, wurde der Schaden auf Kosten des Unternehmens behoben.

Sparen lohnt! Geben Sie sich nur mit der besten Energiebilanz zufrieden

Im Vergleich zum Kaufpreis erscheinen die jährlichen Energiekosten für eine Immobilie natürlich gering. Wenn Sie die Ausgaben für Öl, Strom und Warmwasser aber auf zehn, 20 oder 30 Jahre hochrechnen, werden Sie staunen, was für hohe Beträge plötzlich zusammenkommen. Und bedenken Sie – dieses Geld müssen Sie parallel zu Ihren monatlichen Kreditraten aufbringen. Das kann, je nach Immobilie und persönlichen Verhalten, extrem teuer werden.

Dabei gibt es längst tolle Optionen, dass Ihre Immobilie eine tadellose Energiebilanz vorweisen kann. Ob Dämmung, Erdwärme oder Fotovoltaikanlage – es liegt an Ihnen, wie viel Energie Sie einfach so aus Ihrem Haus herausheizen oder wie viel Energie Sie selbst erzeugen wollen. Wenn Sie detaillierte Informationen über die drei großen Sparfaktoren rund um die Energiebilanz einer Immobilie suchen, blättern Sie am besten in Kapitel 10: Hier erfahren Sie alles über die Möglichkeiten, energieeffizient zu wirtschaften.

Wer sich vor dem Bau seiner Immobilie oder gleich nach dem Kauf eines gebrauchten Objekts intensiv damit auseinandersetzt, wo er die Energiebilanz seiner Wohnung oder seines Haus verbessern kann, ist auf dem richtigen Weg. Immobilieneigentümer, die das Ergebnis solch einer Analyse dann auch noch gleich in die Tat umsetzen und dabei auf die bestmögliche Energiebilanz für ihre Immobilie pochen, sind auf der Überholspur: Sie konzentrieren sich bewusst darauf, möglichst wenig Geld für Energie zu verschwenden beziehungsweise möglichst effizient mit den Rohstoffressourcen umzugehen.

Prüfen Sie die Pläne für Ihre Immobilie: Vielleicht gibt es ja noch alternative Möglichkeiten, um die Energiebilanz des Objekts zu verbessern. Erwägen Sie auch, völlig neue Wege zu beschreiten: warum »nur« ein Niedrigenergiehaus? Warum kein Haus, das rund um das Thema Energie tatsächlich völlig autark ist? Ziehen Sie immer wieder alle Optionen in Betracht und versuchen Sie, das beste Resultat im Rahmen Ihrer finanziellen Möglichkeiten für sich herauszuholen.

Beobachten zahlt sich aus! Behalten Sie das Zinsniveau im Auge

Auch wenn der Kaufvertrag unterschrieben in Ihren Unterlagen verschwunden und die Kreditvereinbarungen mit Ihrer Bank schon lange ordentlich in Ihrem Immobilienordner einsortiert sind – die Konditionen für Ihr Immobiliendarlehen sind nicht in Stein gemeißelt! Sie legen sich zwar für einen gewissen Zeitraum fest, für den die vereinbarten Bedingungen Ihres Baukredits gelten sollen. Das heißt aber nicht automatisch, dass Sie daran bis zum letzten Tag gebunden sind.

Betrachten Sie nur einmal die Veränderungen der Bauzinsen in den vergangenen fünf Jahrzehnten: Da ist quasi alles drin – Zinssätze von acht Prozent und mehr bis hin zu niedrigen

Bauzinsen für gerade einmal zwei bis drei Prozent. Vermutlich können Sie sich jetzt schon denken, worauf wir hinauswollen: Verändert sich das Zinsniveau für Immobilienkredite deutlich – sprich sinkt es um einige Prozentpunkte –, eröffnet Ihnen das verschiedene Optionen: Sie können

✔ Ihren aktuellen Kredit umschulden, um günstigere Konditionen zu vereinbaren. Dafür müssen Sie sich allerdings erst ausrechnen, wie teuer Sie die Vorfälligkeitszinsen kommen könnten, die das Kreditinstitut in diesem Fall von Ihnen verlangt.

✔ Abwarten, bis Ihr bisheriger Kredit fällig wird, und dann neue Konditionen aushandeln. Erwägen Sie dafür ruhig auch, die Bank zu wechseln, wenn Sie ein Kreditinstitut finden, das Ihnen bessere Konditionen bietet als Ihre bisherige Bank.

Sollten Sie Ihren Immobilienkredit gerade erst abgeschlossen haben, ist es dennoch wichtig, die Entwicklung des Zinsniveaus für Bauzinsen weiter zu beobachten. So bleiben Sie auf dem Laufenden und wissen für den neuen Verhandlungszeitpunkt halbwegs genau, welche Angebote auf Sie zukommen könnten beziehungsweise ob die Bank Ihnen eine zeitgemäße Offerte unterbreitet.

Worauf Sie bei den Verhandlungen für einen Immobilienkredit noch achten müssen, können Sie in Kapitel 8 nachlesen.

Wie finanzstark ist der Bauträger? Warum Sie möglichst viel über Ihren Partner wissen sollten

Wer sich dazu entscheidet, eine Immobilie zu bauen, ist in der Regel auf die Hilfe eines Bauträgers oder eines Bauunternehmens angewiesen. Ob Aushub der Grube, Errichtung der Mauern oder Befestigung des Dachstuhls – Ihr Bauunternehmer oder Bauträger erledigt alle anfallenden Arbeiten rund um den Bau Ihres Hauses. Selbstverständlich geht er für Sie nicht in Vorkasse: Vielmehr müssen Sie je nach Vereinbarung und fertigen Bauabschnitten größere Abschlagszahlungen leisten.

Da diese Beträge weit über 100, 1.000 oder auch 10.000 Euro hinausgehen, prüfen clevere Bauherren vor der Unterzeichnung des Vertrags die Bonität ihres Bauträgers oder ihres Bauunternehmens. In Deutschland passiert es immer mal wieder, dass angehende Eigenheimbesitzer plötzlich vor ihrem Rohbau stehen und ihnen der Bauträger mitteilt, er könne nicht mehr weitermachen, weil er insolvent und von der bereits gezahlten Abschlagszahlung nichts mehr übrig sei.

Natürlich können Sie in solch einem Fall vor Gericht ziehen und versuchen, noch möglichst viel herauszuholen. Den Ärger und vor allem die Zeit können Sie sich unter Umständen sparen, wenn Sie sich vor Baubeginn – soweit möglich – über die Bonität des Bauträgers oder des Bauunternehmens erkundigen.

Prüfen Sie, wie lange der Anbieter schon am Markt agiert und welchen Ruf er genießt. Holen Sie sich Referenzen ehemaliger Bauherren ein. Eine positive Bankauskunft über den Bauträger oder das Bauunternehmen gibt Ihnen eine gewisse Sicherheit vor einer Pleite und Sie können auch darauf setzen, dass er für eventuell auftretende Baumängel haftet – sprich sie ausbessert oder bezahlt.

Ehe sich Bauherren mit ihrem Bauträger einigen, sollten sie unbedingt das vorliegende Angebot mit zwei oder drei weiteren Offerten vergleichen. Was auf den ersten Blick vielleicht günstig erscheint, können andere, größere Bauträger oder Bauunternehmen möglicherweise noch toppen.

Ist noch Geld auf der hohen Kante? Bauen Sie ein Rücklagenpolster auf

Fühlen Sie sich in Ihrem eigenen Zuhause pudelwohl? Feiern Sie regelmäßig mit Freunden tolle Feste, weil Sie endlich einen Garten besitzen, in dem sich der Grill perfekt einfügt? Entspricht alles im Haus genau Ihren Vorstellungen – von der Haustür bis zum Dachfenster? Fantastisch! Dann haben Sie wohl eine der größten Herausforderungen in Ihrem Leben mit Bravour gemeistert.

Vor lauter Euphorie sollten Sie aber nicht vergessen, die finanziellen Rücklagen für Ihr Eigenheim regelmäßig zu checken. Prüfen Sie,

- ✔ ob Sie jährlich eine auf Ihre Immobilie passend zugeschnittene Summe zurücklegen.
- ✔ ob Sie für Sonderausgaben wie eine neue Heizungsanlage oder ein neues Dach ausreichend Kapital auf die Seite geschafft haben.
- ✔ ob Sie Ihr Rücklagenpolster möglicherweise neu kalkulieren müssen, weil sich die Rahmenbedingungen komplett verändert haben.

Mussten Immobilieneigentümer die Rücklagen für ihre Wohnung oder ihr Haus anbrechen, weil eine große Reparatur anstand, sollten sie sich natürlich sofort wieder daran machen, neu anzusparen. Je schneller sie wieder eine satte Summe auf dem Konto sammeln, desto weniger müssen sie mögliche Schäden fürchten.

Informationen, wie hoch eine Rücklage für eine Immobilie in etwa sein sollte und wie Sie das Geld ansparen können, finden Sie in Kapitel 10 »Was Sie alles bezahlen müssen«.

Reicht das Geld nicht? Ziehen Sie die Rettungsleine rechtzeitig

Im Volksmund heißen sie oft »*Scheidungshaus*«: Immobilien, die es günstig zu kaufen gibt, weil sich die bisherigen Eigentümer trennen und einer allein das Haus nicht mehr halten

KAPITEL 18 Zehn Punkte, die Immobilienkäufer unbedingt beachten müssen

kann. Während sich der neue Eigentümer über das Schnäppchen freut, stehen die ehemaligen Lebenspartner oft vor einem Scherbenhaufen – emotional und finanziell.

Unabhängig davon, aus welchen Gründen Eigenheimbesitzer nicht mehr genügend Geld besitzen, um die Immobilie abzuzahlen – wer merkt, dass er finanziell nicht mehr zurande kommt oder sich übernommen hat, der sollte die Reißleine unbedingt rechtzeitig ziehen. Wer Monat für Monat jeden Cent dreimal umdreht, um dann am Monatsende trotzdem mit leeren Händen dazustehen, tut sich keinen Gefallen, wenn er seine Immobilie weiter halten will.

Idealerweise stellen Immobilieneigentümer, die knapp bei Kasse sind, noch einmal genau all ihre Einnahmen und Ausgaben gegenüber. Bringt auch ein Gespräch mit dem Bankberater keine neuen, positiven Erkenntnisse, sollten sie reagieren und sich von ihrem Haus oder ihrer Wohnung trennen.

Der reguläre Verkauf einer Immobilie bringt dem Eigentümer in der Regel einen besseren Preis als beispielsweise eine Zwangsversteigerung durch den Kreditgeber.

Erstellen Sie einmal jährlich eine aussagekräftige Übersicht über Ihre Finanzen – je detailreicher der Finanzplan, desto besser können Sie Ihre Situation einschätzen. Behalten Sie alle wesentlichen Zahlen auch während des Jahres genau im Auge. Wer weiß, wann er sein Budget überstrapaziert, kann rechtzeitig gegensteuern und überflüssige Ausgaben reduzieren.

> **IN DIESEM KAPITEL**
>
> Regelmäßige Prüfung aller Zahlen, Daten und Fakten
>
> Mut zu Korrekturen
>
> Auseinandersetzung mit klassischen Stolperfallen

Kapitel 19
Zehn Fallen, in die Sie nicht tappen sollten

Ob im Internet, im Freundeskreis oder in Gesprächen mit Fachleuten – wer eine Immobilie erwerben will, sollte sich frühzeitig über alle Eventualitäten Gedanken machen. Auch wenn Sie sich sicher sind, dass Ihnen die klassischen Fehler beim Kauf Ihrer Wohnung oder Ihres Hauses nicht passieren, die vielen anderen Immobilienkäufer schon unterlaufen sind, sollten Sie für Hinweise offen sein und Warnungen nicht in den Wind schlagen. Manchmal kann selbst eine kleine, scheinbar unwichtige Entscheidung eine schwerwiegende Kettenreaktion auslösen.

Mit einem gewissen Abstand fragen Sie sich dann womöglich, wie Ihnen das passieren konnte beziehungsweise warum Sie so viel mehr Geld in die Hand nehmen mussten als geplant. In diesem Kapitel erfahren Sie, welche Fallen bei der Finanzierung einer Immobilie auf Sie warten. Sie lesen Tipps, wie Sie diese Stolpersteine souverän umgehen.

Unrealistisch kalkulieren

Keine Frage, die Euphorie ist groß, wenn Sie erst einmal beschlossen haben, sich eine eigene Immobilie zuzulegen. Wahrscheinlich würden Sie am liebsten sofort in den nächsten Baumarkt oder das nächste Fachgeschäft stürmen und sich Fliesen, Parkett, Wandfarbe oder ganze Einrichtungen wie das Bad kaufen. Mit Feuereifer stürzen Sie sich auf die anstehenden Aufgaben – und lassen dabei ab und zu fünfe gerade sein.

Und das kann böse Folgen haben: Wer beim Kassensturz auf seinem Konto die eine oder andere Ausgabe weglässt oder großzügig rundet und mal hier 100 Euro oder mal dort 1.000 Euro nicht aufführt, muss am Ende womöglich die Reißleine ziehen und sich vom Kauf seines Wunschobjekts verabschieden. In der Regel verfügen Immobilienkäufer nicht unbegrenzt über Reserven, mit denen sie beispielsweise eine monatliche Finanzlücke von 500 oder mehr Euro überbrücken können. Aber genau diese Lücken können entstehen, wenn Sie Ihre Einnahmen und Ausgaben unrealistisch kalkulieren.

Je ungenauer Sie rechnen, desto eher kann es passieren, dass Sie nach dem Kauf der Immobilie finanziell ins Schleudern kommen, weil für die monatliche Kreditrate doch nicht so viel Geld vorhanden ist wie ursprünglich von Ihnen veranschlagt. Hinzu kommt, dass beim Kauf oder Bau einer Immobilie häufig noch weitere Kosten entstehen, mit denen Sie anfangs noch gar nicht gerechnet haben – und das belastet das Budget natürlich schwer.

Listen Sie Ihre Einnahmen und Ausgaben so detailliert wie möglich auf! Kontrollieren Sie mehrmals, ob Sie bei Ihrer Aufstellung wirklich alle Posten berücksichtigt und realistische Zahlen und Daten verwendet haben. Sehen Sie an der einen oder anderen Stelle Potenzial, Ausgaben einzusparen, sollten Sie sich ganz sicher sein, dass Sie tatsächlich auf Ihr monatliches Automagazin oder zu jedem Jahresbeginn auf den neuesten Laptop verzichten können. Die Finanzierung Ihrer Immobilie bleibt Jahre, oft sogar Jahrzehnte ein Thema für Sie, da sollten Sie so analytisch wie möglich Ihre Finanzlage prüfen und bewerten. Tipps und Hinweise, wie Sie realistisch und exakt kalkulieren, finden Sie in den Kapiteln 7 und 10.

Auf Gutachter und Experten verzichten

Zugegeben, guter Rat kann manchmal sehr teuer sein, aber allein aus diesem Grund sollten Sie nicht ausschließlich auf Ihr Gefühl bei anstehenden Entscheidungen rund um Ihre Immobilie vertrauen. Vieles lässt sich beim Bau oder Kauf einer Wohnung oder eines Hauses natürlich selbst entscheiden, aber manche Entscheidungen können so umfangreiche Folgen nach sich ziehen, dass es clever ist, sich mindestens eine – wenn nicht sogar zwei – Experten und ihre Einschätzung einzuholen – es sei denn, Sie sind vom Fach! Die Bereiche, in denen Sie möglicherweise auf Tipps und Hinweise von Fachleuten angewiesen sind, summieren sich schnell: Etliche Fragen können sich ergeben bei der

- ✔ Finanzierung der Immobilie
- ✔ Einschätzung über den Zustand der gebrauchten Immobilie
- ✔ Wahl der idealen Heizungsanlage
- ✔ Erstellung eines Zeitplans, sofern Sie selbst Hand an den Bau Ihres Hauses anlegen
- ✔ Entstehung der neuen Immobilie
- ✔ Abnahme der neuen Immobilie

Ein Gutachten muss Sie auch nicht automatisch mehrere Hundert Euro oder mehr kosten. Viele Expertenmeinungen gibt es heutzutage auch schon umsonst, beispielsweise wenn es um die Finanzierung eines Objekts geht. Manche Fachleute stellen für die getane Arbeit keine Rechnung, wenn sie anschließend den Auftrag für Sanierung, Dämmung oder die Montage der Heizungsanlage erhalten.

Wollen Sie einen Gutachter beauftragen, sollten Sie all Ihre Fragen im Vorfeld akribisch notieren. Es wäre doch zu ungeschickt, wenn der Experte extra kommt und dann nur die Hälfte Ihrer Fragen beantwortet, weil er von Ihnen einen ungenauen Auftrag erhalten hat, oder? Erkundigen Sie sich vorher, wie der Experte normalerweise abrechnet und wie viel Sie für sein Gutachten in etwa hinblättern müssen.

Wer mehr über die Qualifikationen und Preise von Sachverständigen lesen will, findet in Kapitel 5 »Auf Herz und Nieren prüfen« die notwendigen Informationen.

Zu niedrige Tilgungsraten festlegen

Zugegeben, es ist nur allzu verständlich, dass Sie angesichts der tollen Kreditkonditionen Ihrer Bank jubeln, wenn Ihr Budget für den Kauf eines Eigenheims vielleicht gerade so ausreicht. Viele Kreditinstitute, Bauträger oder Wohnungsbaugesellschaften erstellen Finanzierungsbeispiele, die einen geradezu überwältigen: Sie bieten einen Immobilienkredit mit zehn Jahren Zinsbindung und einem Prozent Tilgung. Das Ergebnis: eine verlockend niedrige Kreditrate!

Lassen Sie sich nicht blenden: Bedenken Sie, dass Sie mit solchen Konditionen ein hohes Risiko eingehen. Eine einfache Rechnung genügt, um Ihnen zu zeigen, welche Folgen es haben kann, wenn Sie Ihre Tilgungsrate gleich zu Darlehensbeginn zu niedrig ansetzen:

Kreditnehmer Hans Klug nimmt einen Baukredit über 200.000 Euro mit einem Zinssatz von 4,3 Prozent auf. Er tilgt ein Prozent der Kreditsumme jährlich. Somit muss er monatlich nur 833 Euro für die Kreditrate aufbringen.

Angesichts solcher Darlehenskonditionen setzt er sich Folgen aus, die ihn später möglicherweise finanziell große Schwierigkeiten bereiten:

✔ Die Minitilgung führt zu einer Kreditlaufzeit von weit mehr als den üblichen 30 Jahren.

✔ Während der Zinsbindungsfrist von zehn Jahren steigen die Bauzinsen möglicherweise an und verteuern den Kredit erheblich.

Bleiben wir bei unserem Beispiel, bedeutet der geringe Tilgungssatz für Hans Klug, dass er nach zehn Jahren noch immer mit 175.000 Euro bei seiner Bank in der Kreide steht. Klettern die Zinsen in dieser Zeit beispielsweise von 4,3 auf sieben Prozent, würde sich seine Rate um 500 Euro verteuern: Statt 833 müsste Herr Klug dann satte 1.333 Euro monatlich für seinen Baukredit aufbringen.

 Liegen Ihnen Kreditangebote für Ihren geplanten Immobilienkauf vor, sollten Sie nicht allein auf eine niedrige Monatsrate pochen. Vielmehr müssen Sie darauf achten, dass Sie Ihre Raten langfristig bezahlen können. So vermeiden Sie mit großer Sicherheit, dass Ihnen eine Erhöhung der Bauzinsen finanziell das Genick bricht.

Weitsichtige Bauherren lassen sich idealerweise Angebote mit unterschiedlichen Tilgungssätzen berechnen. Auf diese Weise sehen sie perfekt, wie sich ein Tilgungssatz von einem, zwei oder drei Prozent auf die Höhe der Rate auswirkt, und können anschließend entscheiden, ob ihr Budget eine höhere monatliche Belastung hergibt oder nicht.

Wer beispielsweise auf einen Tilgungssatz von zwei Prozent bei einer Zinsbindung von 15 Jahren pocht, muss zwar mit einer 200 oder 300 Euro höheren Rate rechnen. Nach Ablauf der Zinsbindung jedoch hat er schon etwa die Hälfte seines Kredits zurückgezahlt – ein höheres Bauzinsniveau lässt sich unter solchen Umständen finanziell besser verkraften.

Die Extrakosten rund um das Baudarlehen übersehen

Sie zahlen Parkplatzgebühren, Kurtaxe, GEZ-Gebühren und, und, und ... Da liegt es doch auf der Hand, dass Sie auch für Ihren Immobilienkredit Gebühren entrichten müssen, oder? Was so naheliegend und banal klingt, vergessen leider viele angehende Immobilieneigentümer. Sitzen sie ihrem Bankberater gegenüber, denken die meisten von ihnen über die Kreditsumme, die monatlichen Raten, den Darlehenstilgungssatz oder den aktuellen Zinssatz für Baudarlehen nach – aber eben nicht über anfallende Kreditgebühren.

Die Banken, Bausparkassen und Versicherer fordern in der Regel

- ✔ Kontoführungsgebühren
- ✔ Darlehensgebühren
- ✔ Bereitstellungszinsen für das Darlehen
- ✔ Bearbeitungsgebühren
- ✔ Schätzkosten

Leider passiert es nur allzu häufig, dass die Bankberater ihre Kunden nicht explizit auf die zusätzlichen Extrakosten hinweisen. Vielmehr fallen die Gebühren plötzlich an. Die Summe der Extrakosten richtet sich nach der Höhe des aufgenommenen Kredits und das kann angesichts der stattlichen Beträge, die Baudarlehen normalerweise umfassen, mächtig ins Geld gehen.

Verbraucherschützer weisen immer wieder darauf hin und Sie sollten die Zahlen im Kopf haben, wenn Sie gerade dabei sind, einen Immobilienkredit auszuhandeln: Nebenkosten in Höhe von einem Prozent der Darlehenssumme erhöhen den Effektivzins bei einer zehnjährigen Zinsbindung um 0,15 Prozentpunkte. Diese zusätzliche finanzielle Belastung müssen Sie einkalkulieren, damit sie kein Loch in Ihre Kasse reißt.

Unter Zeitdruck agieren

Wir hätten kein Buch von mehr als 300 Seiten geschrieben, wenn es zum Kauf einer Immobilie nicht wirklich viel zu sagen gäbe. Als Kaufinteressent müssen Sie unzählige Details und Kleinigkeiten bedenken, herausfinden und entscheiden. Es gilt beispielsweise zu recherchieren,

- ✔ wie viel Haus Sie sich überhaupt leisten können.
- ✔ wo das aktuelle Niveau für die Bauzinsen liegt.
- ✔ ob die Kommune zinsgünstige Darlehen oder Sonderkonditionen für junge Familien bietet, die ihre eigenen vier Wände kaufen wollen.
- ✔ in welchem Zustand sich das Wunschobjekt präsentiert.
- ✔ ob der Bauträger wirklich etwas taugt.
- ✔ inwieweit Sie selbst Hand beim Bau des Hauses anlegen können und wollen.

Und, und, und ... diese Liste ließe sich problemlos fortsetzen. Da jedoch die Recherche zu jedem einzelnen Punkt extrem wichtig ist, sollten Sie Ihre Kaufentscheidung auf keinen Fall übers Knie brechen!

Nehmen Sie sich ausreichend Zeit für alle wesentlichen Fragen rund um den Kauf Ihrer Wunschimmobilie. Lassen Sie sich weder von Ihrem Makler, dem Verkäufer oder dem Bankberater zu einer Entscheidung drängen. Auch wenn Ihnen auf diese Weise vielleicht das ausgewählte Häuschen durch die Lappen geht – ehe Sie nicht alle Punkte ordnungsgemäß und vor allem zu Ihrer Zufriedenheit beantwortet und gelöst haben, sollten Sie keinesfalls einen Kaufvertrag unterschreiben.

Ich steige dann mal aus!

Jahrelang stand das großzügige Einfamilienhaus am Rand einer kleinen Stadt in Bayern leer: Der Kaufpreis war so hoch, dass die Interessenten gar nicht erst in die Verhandlung eingestiegen sind: »Das ist uns viel zu teuer« – lautete unisono die Meinung der Immobiliensuchenden, die das Haus besichtigt hatten.

Als nach nahezu vier Jahren ein neuer Interessent beim Verkäufer anklopfte, lag der Kaufpreis schon deutlich unter dem bisherigen. Der interessierte Kaufaspirant pokerte und pokerte, weil er das Haus unbedingt haben wollte, und drückte den Preis tatsächlich noch ein wenig nach unten. Als dann aber angeblich ein zweites Gebot für die Immobilie vorlag, das den von ihm gebotenen Betrag deutlich überstieg, stieg der Interessent sofort aus. »Der Verkäufer hat mich wahnsinnig gedrängt, er würde das Haus gerne mir verkaufen, aber dafür müsste ich eben mindestens die Summe bezahlen, die der zweite Bieter in den Raum geworfen hat. Der Verkäufer hat mich wieder und wieder angerufen.«

Er ließ sich nicht drängen, stieg aus der Verhandlung aus und baute einige Kilometer entfernt ein neues Haus für seine Familie und sich. Als er knapp eineinhalb Jahre später zufällig an seiner damaligen Wunschimmobilie vorbeiradelte, stellte er erstaunt fest, dass der bisherige Eigentümer die Immobilie noch immer zum Kauf feilbot. »Gott sei Dank habe ich mich damals nicht zum Kauf drängen lassen, das hätte mich mehr als 20.000 Euro extra gekostet«, freute er sich anschließend.

Zu wenig Geld für die Instandhaltung zurücklegen

Vielleicht gehören Sie ja zu diesem Typ Mensch, der immer mindestens 10.000 Euro und mehr auf dem Sparkonto haben muss, um gut schlafen zu können. Wunderbar, dann dürfte es Ihnen auch nicht schwerfallen, Jahr für Jahr Geld für Ihre Immobilie zurückzulegen. Mit diesem Betrag bezahlen Sie größere Reparaturen oder Modernisierungsmaßnahmen, die im Laufe der Zeit bei jeder Immobilie auftreten beziehungsweise anfallen – egal, wie alt sie ist.

Wer sich jedoch schwer tut, regelmäßig Rücklagen für Probleme oder Reparaturen zu bilden, von denen er heute noch gar nichts weiß, der geht einige Risiken ein. Falls Sie zu dieser Sorte Mensch zählen, sollten Sie Ihre Einstellung so schnell wie möglich ändern: Legen Sie Monat für Monat zumindest einen kleinen Betrag für eine Instandhaltungsrücklage zurück. Die Instandhaltungs- und Reparaturkosten eines gebrauchten Hauses beispielsweise verschlingen jährlich schnell mal 2.000 bis 8.000 Euro.

> ### Väterchen Rost
>
> Das »O je« des Heizungsexperten ließ Hausherrn Peter S. nichts Gutes ahnen. Als der Fachmann zur Seite trat und ihn bat, in den Kessel zu schauen, war dem Immobilieneigentümer sofort alles klar: Der Rost hatte sich schon Zentimeter dick in den Heizkessel reingefressen. Schnell stand fest, es muss ein neuer Heizkessel für die Ölheizung her und damit auch eine neue Steuerung, neue Pumpen und neue Leitungen. Als acht Wochen später die neue Ölheizung montiert war und die Rechnung ins Haus flatterte, war Peter S. seiner Frau sehr dankbar, dass sie immer darauf bestanden hatte, Geld für die Instandhaltung zurückzulegen. Mehr als 16.000 Euro musste der Hausherr hinblättern – eine Ausgabe, mit der er zu diesem Zeitpunkt nie gerechnet hätte.

Falls Sie nachlesen wollen, wie viel Geld Sie idealerweise für die Instandhaltung Ihrer Immobilie zurücklegen, finden Sie dazu in Kapitel 10 viele wertvolle Details.

Nur auf die eigene Menschenkenntnis vertrauen

Wir wollen Sie keinesfalls misstrauisch machen oder gar aufhetzen! Wer aber ernsthaft erwägt, eine Immobilie zu kaufen, kommt mit vielen Leuten in Kontakt, die an dem Kauf verdienen wollen: Das sind unter anderem

- ✔ der Verkäufer
- ✔ der Bankberater

- ✔ der Makler
- ✔ der Gutachter
- ✔ der Notar
- ✔ der Architekt
- ✔ der Bauträger

Logisch, der Verkäufer will einen möglichst hohen Verkaufspreis erzielen, der Bankberater an den Darlehenszinsen verdienen, der Makler eine satte Provision einstreichen, und, und, und ...

Gehen Sie in den Gesprächen und Verhandlungen stets davon aus, dass Ihnen der jeweilige Gegenüber immer glaubhaft versichern wird, dass seine Konditionen beziehungsweise Forderungen absolut angemessen und fair sind. Je nach Typ unterstützt Ihr Gesprächspartner seine Aussagen mit einem charmanten Lächeln, einem vertraulichen Gesprächston oder vielleicht auch mit Unterlagen, die belegen sollen, dass es »nun wirklich nicht günstiger geht«.

Lassen Sie sich nicht einwickeln, unabhängig davon, wie nett und charmant Ihr Verhandlungspartner auftritt. Selbst wenn Sie der Meinung sind, über eine gute Menschenkenntnis zu verfügen, und davon ausgehen, dass Ihr Gegenüber nur das Beste für Sie will, sagen Sie zu keinem Angebot »Ja«, wenn Ihnen kein Vergleichsangebot vorliegt oder Sie sich noch nicht detailliert über die Lage am Markt oder die aktuell gültigen Konditionen erkundigt haben.

Behalten Sie während der Gespräche und Verhandlungen stets im Hinterkopf: je höher der Kaufpreis Ihres Objekts, desto höher der Profit Ihrer Verhandlungspartner. Sind Sie sich unsicher, ob das Angebot fair und angemessen ist, holen Sie sich am besten eine zweite oder vielleicht sogar eine dritte Meinung ein.

Ihre Alarmglocken müssen allerdings nicht bei jedem Gegenüber laut schrillen, nur weil er nett ist. Ein großer Teil der Verhandlungen beim Kauf einer Immobilie laufen fair und offen ab.

Auf Sondertilgungen verzichten

Die Rechnung ist ebenso einfach wie überzeugend: Wem es gelingt, ab und zu – oder vielleicht sogar jährlich – seinen Immobilienkredit mit zusätzlichen Geldbeträgen zu bedienen, der spart sich teure Zinszahlungen und viel Kapital. Pochen Sie bei den Verhandlungen mit Ihrer Bank stets darauf, dass sie Ihnen das Recht auf Sondertilgungen für Ihr Darlehen einräumt. Allzu gerne machen die Kreditinstitute das Angebot natürlich nicht – denn jeder Cent, den der Kreditnehmer schneller zurückzahlt als ursprünglich gedacht, verringert den Gewinn der Bank an den Zinsen.

Welche Konditionen für Sondertilgungen normalerweise üblich sind, können Sie in Kapitel 8 genau nachlesen.

Um bei den Sondertilgungszahlungen möglichst flexibel zu sein, sollten Sie auf folgende Punkte gegenüber Ihrem Kreditinstitut bestehen:

✔ Die Erlaubnis, monatlich Sonderzahlungen leisten zu dürfen

✔ Keinen oder einen möglichst geringen Mindestbetrag für die einzelnen Sondertilgungen

✔ Das Recht, mindestens fünf oder mehr Prozent des ursprünglichen Darlehensbetrags jährlich tilgen zu können

Rechnen Sie sich einmal aus, wie viel Zinsen Sie sparen, wenn Sie »nur« jeweils fünf Prozent des Kredits jährlich sondertilgen. Das Ergebnis wird Sie beeindrucken!

Falls finanziell machbar, legen clevere Immobilieneigentümer Monat für Monat einen Betrag für die Sondertilgungen zurück. Wem das nicht gelingt, der sollte zumindest versuchen, einmal im Jahr einen gewissen Geldbetrag für eine Sondertilgung aufzuwenden. Bedenken Sie stets, auch Kleinvieh macht auf Dauer jede Menge Mist.

Zu viele Kompromisse eingehen

Der Grundriss der ausgewählten Immobilie oder des schmucken Ferienhäuschens, das Sie unbedingt kaufen wollen, entspricht nicht ganz genau Ihren Vorstellungen? Ihre Hausbank bietet Ihnen einen Immobilienkredit zu 0,5 Prozentpunkten teurer als die anderen Kreditinstitute, aber es ist nun mal Ihre Hausbank? Die Armaturen fürs Badezimmer, die Ihnen gefallen, kosten ein kleines Vermögen? So viel können Sie dafür nicht ausgeben, also nehmen Sie lieber die etwas Billigeren?

Beim Kauf einer Immobilie gibt es viele Gelegenheiten, Kompromisse einzugehen! Ein Problem kann für Sie dann entstehen, wenn Sie zu viele Kompromisse akzeptieren: Jede alternative Lösung alleine stört Sie wahrscheinlich gar nicht. Summieren sich aber die Kompromisse, kann das auf Dauer zu großer Unzufriedenheit führen.

Wägen Sie gut ab, welche Kompromisse rund um Ihre eigenen vier Wände für Sie wirklich tragbar sind und welche nicht. Bedenken Sie stets, dass Sie vermutlich einige Jahrzehnte in dem Haus oder der Wohnung verbringen und jeden Tag mit den Lösungen konfrontiert werden, die für Sie nur zweite Wahl waren.

Müssen Sie eine Entscheidung treffen, ob es nun die optimale Lösung oder vielleicht doch nur die zweitbeste Lösung wird, sollten Sie unbedingt drei Fragen beantworten:

1. Kann ich den Kompromiss akzeptieren, ohne mich im Nachhinein darüber zu ärgern?

2. Habe ich wirklich alle Alternativen gefunden und analysiert?

3. Nehme ich die Kompromisslösung nur an, weil mich Bankberater, Handwerker und Co dazu drängen oder weil ich es tatsächlich selbst so will?

Ihre Antworten auf diese Fragen zeigen Ihnen in der Regel klar, wie groß Ihre Bereitschaft ist, beispielsweise anstelle der teuren hellgrauen Fliesen aus Italien doch die günstigeren dunkelgrauen Quadrate eines deutschen Herstellers zu akzeptieren.

Nehmen Sie sich Zeit, um die großen Dinge rund um Ihre zukünftige Immobilie zu entscheiden. Manche Entscheidungen haben eine weitreichende Wirkung – passt dann nicht alles so, wie Sie es sich vorstellen oder gewünscht haben, beschert Ihnen das unter Umständen zusätzliche Kosten. Von dem Ärger für Sie ganz abgesehen!

Allein nur für die Immobilie buckeln

Es gibt Menschen, die müssen täglich mindestens zehn bis 15 Kilometer rennen, sonst sind sie nicht glücklich! Es gibt Männer, die noch nie samstagabends eine Sportschau verpasst haben! Und es gibt Frauen, die nie ungeschminkt das Haus verlassen ... Manche Menschen fühlen sich nur wohl, wenn sie bestimmte Dinge tun.

Manche Leidenschaften lassen sich wie die Beispiele problemlos und ohne großen Aufwand ausleben. Schwieriger wird es hingegen, wenn die Leidenschaft oder der Wille, etwas Bestimmtes zu realisieren, ein großes finanzielles Risiko mit sich bringt – so wie der Kauf einer Immobilie.

Immer wieder erzählen Immobilieneigentümer, dass sie wegen des Haus- oder Wohnungskaufs

✔ schon seit Jahren nicht mehr in den Urlaub gefahren sind.

✔ jeden Cent in die Immobilie stecken.

✔ sich selbst nichts mehr Schönes leisten können.

✔ ständig den Taschenrechner zücken, um zu kontrollieren, ob das Konto die erforderliche Ausgabe noch erlaubt.

Eine eigene Immobilie ist sicherlich ein Traum für viele, doch unter hohem finanziellem Risiko verwandelt sich selbst das schönste Traumobjekt schnell zum Albtraum für den Eigentümer. Lassen Sie sich nicht zu sehr von Ihrem Willen oder Ihren Wünschen tyrannisieren, unbedingt eine eigene Immobilie kaufen zu müssen, wenn Sie es sich eigentlich noch nicht leisten können.

Selbst wenn alles wie gewünscht geplant, gebaut und eingerichtet ist: Wer sich für seine Immobilie finanziell so einschränken muss, dass er sein bisheriges Leben gar nicht mehr führen kann, der findet sein Traumobjekt angesichts des permanenten finanziellen Drucks wahrscheinlich irgendwann unerträglich und kann es nicht mehr genießen!

Kalkulieren Sie Ihren Immobilienkauf stets mit einem finanziellen Puffer! Überlegen Sie sich gut, wo Sie sich finanziell einschränken könnten – ohne dass es Ihre Lebensqualität einschränkt, wenn es auf Ihrem Konto eng werden sollte. So bewahren Sie sich die Freude an Ihren eigenen vier Wänden und an Ihrem Leben.

IN DIESEM KAPITEL

Informative Internetseiten für alles Wesentliche rund um den Kauf einer Immobilie

Hilfreiche Portale für Baufinanzierung

Weiterführende Tipps für Kapitalanleger

Kapitel 20
Die zehn wichtigsten Internetadressen für Immobilienkäufer

Für potenzielle Immobilienkäufer ist das World Wide Web eine unerschöpfliche Fundgrube. Von Tipps für eine erfolgreiche Immobiliensuche, Daten und Fakten über alle möglichen Finanzierungswege für Ihre eigenen vier Wände bis zu sämtlichen Nebenkosten, die auf einen Immobilieneigentümer zukommen, finden Sie dort alles.

In diesem Kapitel haben wir für Sie zehn Internetseiten ausgewählt, die wichtige Inhalte und Tipps für den Kauf und die Finanzierung einer Immobilie enthalten.

www.aktion-pro-eigenheim.de

Ob verbesserter Schallschutz im Haus, die Verschönerung der Gartenwege durch Pflasterklinker oder ein kleines Abc über die Vorteile von Porenbeton – www.aktion-pro-eigenheim.de bietet Bauherren und Immobilieneigentümern auf den ersten Blick viele, viele Details, die rund um die eigenen vier Wände wichtig sein könnten: Sie finden Informationen über

✔ Fördermittel

✔ Finanzierung

✔ Hauskauf/Hausbau

✔ Bauen/Renovieren

- ✔ Heizung/Solar
- ✔ Garage/Garten
- ✔ und vieles mehr

Besucher der Seiten finden zudem einen Baukonfigurator, eine Datenbank, in der sie Energie-Berater in ihrer Nähe finden, und auch die Möglichkeit, Kataloge und Informationsmaterial via E-Mail rund um die einzelnen Gewerke zu bestellen.

Das eigentliche Herzstück des Portals ist jedoch die umfangreiche und stetig wachsende Datenbank, in der die Organisation inzwischen die Förderprogramme für bau- und kaufwillige Familien von mehr als 800 Kommunen in Deutschland zusammengetragen hat. Wer auf der Suche nach Fördermitteln für den Bau oder Kauf einer eigenen Immobilie ist, findet dort

- ✔ Art und Höhe des Förderprogramms der jeweiligen Gemeinde
- ✔ Auflistung der Förderbedingungen, zu denen die entsprechende Kommune ihre Fördermittel vergibt
- ✔ Aufzählung der Antragsberechtigten
- ✔ Ansprechpartner inklusive aller Kontaktdaten der Kommune

In regelmäßigen Abständen pickt die Organisation Kommunen heraus, um deren Förderprogramme detailliert vorzustellen.

Wer herausfinden will, ob seine Stadt oder sein Dorf den Bau oder Kauf einer Immobilie – mit was für Mitteln auch immer – fördert, muss in der Datenbank nur seine Postleitzahl eingeben. Darüber hinaus kann er noch festlegen, ob die Datenbank auch die förderbereiten Kommunen ausspucken soll, die sich in zehn, 20 oder bis zu 100 Kilometern Entfernung des Wohnorts befinden.

Ehe Sie selbst alle Rathäuser in Ihrer Gemeinde und den umliegenden Kommunen mühsam telefonisch abklappern, um nach Förderprogrammen zu fragen, und womöglich am Ende eines langen Tages nichts Genaues in Erfahrung gebracht haben, brauchen Sie auf www.aktion-pro-eigenheim.de nur ein paar Klicks, um alle wesentlichen Informationen zu sammeln.

www.immobilienscout24.de

Sie suchen eine 3-Zimmer-Villa mit großem Garten im Stadtzentrum? Oder wollen Sie lieber eine Dachterrassenwohnung im Erdgeschoss? Möglicherweise halten Sie aber auch Ausschau nach einem unbebauten Grundstück im Grünen, von dem Sie nur zwei Minuten bis zur nächsten U-Bahn-Haltestelle brauchen?

Klar, wir übertreiben, aber wer sich auf www.immobilienscout24.de auf die Suche nach dem idealen Kaufobjekt macht, findet für nahezu jeden Wunsch ein Angebot – selbst wenn es noch so absurd erscheint. Jetzt aber ganz im Ernst: Die Seiten von Immobiliensocut24, eines der größten deutschen Immobilienportale, sind ein idealer Ausgangspunkt, um nach einem passenden Objekt Ausschau zu halten beziehungsweise weitere Informationen rund um den Kauf einer Immobilie zu sammeln. Das Portal bietet Informationen über

✔ Kaufobjekte

✔ Immobilienfinanzierung

✔ Hausbau

✔ Umbau

✔ Immobilienbewertung

Egal, ob Sie sich nur einen ersten Überblick über Kaufobjekte, Preisniveau oder die Kaufnebenkosten verschaffen wollen oder schon gezielt nach dem idealen Häuschen forschen – das Internetportal enthält alle nötigen Daten und Fakten rund um das Thema Immobilienkauf.

www.haus-selber-bauen.com

Sie haben viel Erfahrung mit handwerklichen Tätigkeiten und obendrein ausreichend Zeit, um sich Ihr Wunschobjekt zumindest teilweise selbst zu bauen beziehungsweise herzurichten? Sprich: Sie bringen einen Teil Ihrer Finanzierung als Muskelhypothek ein? Vermutlich sind Sie angesichts solcher Pläne schon auf der Suche nach allen wesentlichen Informationen rund um den Bereich »Selber bauen und Heimwerken«. Wunderbar, dann sind Sie auf den Internetseiten von www.haus-selber-bauen.com genau richtig. Das Portal ist mit allem ausgestattet, was ein engagierter Do-it-yourself-Hausbauer so wissen muss. Neben zahlreichen Basisinformationen finden Sie:

✔ eine Liste aller notwendigen Bauetappen

✔ Material- und Maschinenpreise von A wie Abbrucharbeiten bis Z wie Zwischenwand

✔ Handwerkerpreise für alle Bereiche rund um die Immobilie

✔ fundierte Tipps, wie Sie den Bau Ihres Häuschens erfolgreich planen

✔ Lexikon mit gängigen Fachbegriffen

✔ Aufzählung klassischer Fallstricke, die sich beim Bau eines Hauses oft ergeben

Darüber hinaus finden emsige Häuslebauer noch praktische Handbücher und Checklisten, in denen maßgeschneidert für die jeweiligen Bedürfnisse Informationen, Tipps und Rechenhilfen stecken. Dafür müssen sie zwar ein paar Euro hinblättern, doch angesichts der Mammutaufgabe, die vor ihnen steht, dürfte sich diese Investition schnell auszahlen.

www.bundesfinanzministerium.de

Das Bundesministerium der Finanzen – wie es ganz offiziell heißt – bietet auf seinen Seiten im Internet gute Informationen rund um die staatliche Förderung für Eigenheime. Viele

Details sind zwar schwer zu finden, aber die Suche beispielsweise nach den Ausführungen über Wohnriester-Verträge lohnt sich.

Mittels praxisnaher Beispiele beschreibt das Bundesfinanzministerium, wie die Riester-Rente beziehungsweise Wohnriester-Verträge funktionieren. Um die Leser nicht mit Fachbegriffen zu überfordern, hat die Behörde ein ausführliches Glossar eingerichtet, das interessierte Besucher der Seiten mit einem Klick jederzeit öffnen können.

Folgen Sie dem Pfad »Bürgerinnen und Bürger«, »Alter und Vorsorge«, um erste Informationen zur Riester-Rente zu finden. Wer nicht lange suchen will und die Details zum Wohnriester gleich auf dem Bildschirm haben möchte, gibt in die Suchfunktion am besten »Wohn-Riester« und »Wohnförderkonto« ein. Anschließend muss er in der Trefferliste nur noch die Seite »So funktioniert der Wohnriester« aufrufen.

www.baufi24.de

Es ist wohl eines der bekanntesten Webportale für Baufinanzierungen im Internet – der Auftritt von www.baufi24.de. Wer ernsthaft erwägt, eine eigene Immobilie zu kaufen, tummelt sich früher oder später auf den Seiten eines der größten deutschen Portale für die Finanzierung der eigenen vier Wände. Auf den Seiten finden Sie unter anderem

- einen Machbarkeitsrechner für Ihre Baufinanzierung
- einen Baufinanzierungsrechner
- einen Anschlussfinanzierungsrechner

Sie erfahren weiter, wie Sie sich den Traum von den eigenen vier Wänden ohne jegliches Eigenkapital verwirklichen, wie hoch die Grunderwerbssteuer in welchem Bundesland ist und wo das aktuelle Hypothekenzinsniveau liegt.

Wer auf der Suche nach der idealen Baufinanzierung für sich ist beziehungsweise seine Pläne für den Kauf einer Immobilie konkretisieren will, dem bietet www.baufi24.de einen umfangreichen Service: Das Portal vergleicht die Baufinanzierungsangebote von mehr als 300 Banken, Sparkassen und Volksbanken für Sie – und berücksichtigt dabei auch noch zusätzlich die Angebote von Bausparkassen und die Fördermittel der KfW-Bank.

www.mietspiegel.com

Wer erwägt, sich eine Immobilie als Kapitalanlage anzuschaffen, muss sich nicht nur ausführlich über den Mietmarkt in der ausgewählten Region informieren, um mit seinem Projekt ansehnliche Renditen zu erwirtschaften. Vielmehr sollten sich diese Immobilieneigentümer auch rund um das Thema Vermietung gut auskennen. Das Portal www.mietspiegel.com ist eine optimale Basis, um alle notwendigen Informationen zu finden. Die Seiten bieten Wissen über

- die Mietspiegel vieler deutscher Gemeinden und Städte
- zahlreiche Mieturteile

✔ alle wesentlichen Rechte und Pflichten von Mieter und Vermieter

✔ die Entwicklung der Mieten in Deutschland

Außerdem hält das Portal noch eine ausführliche Literaturliste über Bücher, Broschüren und Texte rund um das Thema Miete parat.

www.wohnungsboerse.net

Möglicherweise haben Sie schon ein oder mehrere Objekte für einen Kauf in die engere Wahl gezogen? Vielleicht machen Sie sich vorher noch die Mühe und stöbern ein wenig auf den Seiten der PWIB Wohnungs-Infobörse GmbH. Das Unternehmen bietet auf seinem Portal Wohnungen und Häuser zur Miete und zum Kauf an – und zwar provisionsfrei! Inzwischen finden sich mehr als 100.000 provisionsfreie Mietwohnungen, Häuser und Kaufimmobilien in der Datenbank der Wohnungsbörse.

Die Seiten enthalten

✔ Kaufpreisinformationen für Objekte in ganz Deutschland

✔ Umgebungsdaten rund um das Objekt

✔ kostenlose Download-Angebote wie Mietverträge, Selbstauskunft und Ähnliches

Zusätzlich finden sich allerlei Informationen rund um die Immobilie. Dazu zählen unter anderem

✔ Mietspiegel

✔ die Entwicklung der Immobilienpreise in Deutschland

✔ Immobilienmakler, die provisionsfreie Objekte in ihrem Bestand haben

www.demda.de

Falls es Sie auf die Internetseiten der Deutschen Mieter Datenbank KG verschlagen hat, sollten Sie nicht die Nerven verlieren! Fangen Sie bitte nicht an zu überlegen, ob Sie Ihre Immobilie als Kapitalanlage doch nicht besser selbst nutzen! Auf den Seiten der Deutschen Mieter Datenbank lässt sich nämlich schnell der Eindruck gewinnen, dass in Deutschland jede Menge Mietnomaden und anderes böses Gesindel unterwegs ist, die ehrliche Leute um ihr verdientes Geld bringen wollen.

Ganz so schlimm muss es nicht kommen und dabei kann Ihnen das Portal helfen. Wer mehr über seinen Mietinteressenten erfahren will, kann hier erhalten

✔ Bonitätsauskünfte

✔ Wirtschaftsauskünfte

✔ Melderegisterauskünfte

✔ Rechtsberatung rund um das Thema Gläubiger, Schuldner und Immobilie

✔ Vollstreckungsauskünfte

✔ telefonische Rechtsberatung

Auch über aktuelle Rechtsänderungen beispielsweise im Mietrecht informiert das Portal.

Seinen Service lässt sich die Deutsche Mieter Datenbank allerdings etwas kosten. Wer detaillierte Auskünfte über einen Mietinteressenten einholen will, muss schon mit einer Gebühr ab 15 Euro rechnen – je nachdem, welche Informationen beziehungsweise wie viele Informationen er bekommen möchte.

Ehe Sie etliche Euro hinblättern, um das eine oder andere Detail über Ihren potenziellen Mieter zu erfahren, sollten Sie zunächst die konventionellen Wege nutzen: Fragen Sie nach Einkommensabrechnungen und Ähnlichem.

www.bsb-ev.de

Wenn Sie dieses Buch gelesen haben, wird Ihnen bei der Lektüre sicherlich aufgefallen sein, dass Sie rund um Ihre eigene Immobilie vieles falsch machen können. Das gilt vor allem dann, wenn Sie eine gebrauchte Immobilie umbauen oder gar eine neue Immobilie selbst bauen wollen.

Der Bauherren-Schutzbund, eine gemeinnützige Verbraucherschutzorganisation – kurz BSB –, hat sich darauf spezialisiert, Immobilienkäufern, die bauen oder renovieren, mit Rat und Tat zur Seite zu stehen. Der Verein hat für beratungssuchende Interessenten ein Netzwerk geknüpft, das unabhängige Beratung und individuelle Betreuung vor Ort möglich machen soll.

Der BSB bietet Auskünfte für

✔ einen Immobiliencheck

✔ einen Modernisierungscheck

✔ einen Instandhaltungscheck

✔ den Grundstückserwerb

✔ baubegleitende Qualitätskontrolle

✔ Gutachten und Beweissicherung

✔ Gewährleistung

Wer auf der Suche nach geeigneter Lektüre ist, kann auf den Seiten ebenfalls fündig werden: Sie dürfen nicht mit fesselnder Prosa rechnen; falls Sie aber tatsächlich planen, ein Haus zu bauen, dürfte das eine oder andere Heftchen für Sie genau das Richtige sein. Beim BSB finden Sie unter anderem

✔ Ratgeber

✔ Publikationen aller Art

✔ Checklisten für verschiedenste Projekte rund um die eigene Immobilie

www.zukunft-haus.info

Kennen Sie diese Situation: Der Urlaub ist quasi schon in greifbarer Nähe, aber leider müssen Sie noch zwei, drei große Projekte zu Ende bringen oder haben vielleicht noch eine schwierige, aber wichtige Verhandlung vor sich? So richtig Freude will also noch nicht aufkommen, obwohl die Koffer schon im Schlafzimmer stehen, um gepackt zu werden?

So ähnlich geht es wohl vielen Immobilienkäufern, die sich auf ihre eigenen vier Wände freuen, aber erst noch einige wesentliche Dinge klären müssen – und dazu zählt beispielsweise die energieeffiziente Ausstattung ihres Häuschens oder ihrer Wohnung. Da die Themen »Energie sparen« und »Energieeffizient bauen« in Deutschland groß und größer werden, kommen Sie nicht umhin, sich intensiv mit diesen Herausforderungen auseinanderzusetzen. Das Portal www.zukunft-haus.info der Deutschen Energie Agentur (Dena) enthält alle wichtigen Aspekte rund um diesen Bereich, über die sich Immobilieneigentümer informieren sollten. Dazu gehören unter anderem

✔ Energiespartipps

✔ Informationen über erneuerbare Energien

✔ Hinweise für den Energieausweis

✔ Informationen über energieeffizientes Sanieren

✔ Ratschläge und Hinweise für energieeffizientes Bauen

✔ Listen mit Effizienzhäusern zum Anschauen

✔ Informationen über Gütesiegel für Effizienzhäuser

Klicken Sie die einzelnen Aspekte an, erhalten Sie weiterführende Details wie

✔ Rechtliche Informationen rund um energieeffizientes Bauen

✔ Baufahrpläne

✔ Notwendige Maßnahmen

✔ Beispielgebäude

Wie bei allen nutzwerkorientierten Portalen finden Sie auf den Seiten natürlich auch Checklisten und eine Datenbank, die Berater für energieeffizientes Bauen in ganz Deutschland auflistet.

Wer sich viel Zeit nehmen will, um sein Eigenheim zu bauen oder zu sanieren, kann das Angebot nutzen, den monatlichen Newsletter kostenlos zu abonnieren. Er informiert beispielsweise über Fördersummen, bessere Rohstoffnutzung und andere Energie-Themen. Falls Sie trotz all der vielen Details auf den Seiten noch immer offene Fragen haben, können Sie sich weiter durchklicken: Auf der Startseite finden Sie in der rechten Spalte Hinweise auf weitere Internetseiten, die weitere Informationen und detailliertes Wissen über das Thema Energieeffizienz enthalten.

Stichwortverzeichnis

A

Abnahme 257
Abschreibung 277
Abstandsfläche 90
Abtretung von Kreditforderungen 155
Abwasserentsorgung 201
Abwassergebühr 201
Allgemeine Geschäftsbedingungen 246
Altbau 29, 54
   Nachteile 264
   Steuerersparnis 277
   Vorteile 264
Altersvorsorge 46, 115, 117, 183
Altlast 256
Amtsgericht 254
Anderkonto 193
Annonce 30
Annuitätendarlehen 136–137, 315
   Nachteile 137
   Vorteile 137
Anschlussfinanzierung 137, 141
Anschlusszins 142
Arbeitnehmersparzulage 162, 166
Arbeitslosenversicherung 214
Arbeitsplatzverlust 213
Architekt 56, 127
   Auswahl 56
   Honorar 57, 59
Auflassung 238
Auflassungsvormerkung 193, 237, 254
Aufwendung
   anschaffungsnahe 278
Ausführungsplanung 58
Auskunftspflicht 155
Auslandsimmobilie 318
Avalzins 153

B

Bank 131
Bankauskunft 132
Bauabnahme 58
Bauen
   energieeffizient 177
Bauherren-Schutzbund 348
Baulast 90
Bauleiter 128
Bauleitung 58
   Objektüberwachung 58
Bauphasen 57
Bauspardarlehen
   Sondertilgung 145
   Zuteilung 164
Bausparprinzip 160
Bausparsofortdarlehen 169
   Nachteile 171
Bauspartarif 161
Bausparvertrag 33, 136, 159
   Abschlussgebühr 162
   Abschlussphase 161
   Bauspardarlehen 160
   Bausparsumme 160
   Bewertungszahl 164
   Darlehensphase 161, 165
   Mindestlaufzeit 163
   Nachteile 167
   Phasen 161
   Sofortdarlehen 168
   Sparphase 161
   Vorteile 165
   Zahlungsrhythmus 163
   Zuteilungsphase 161, 163
Bauträger 59, 326, 329
   Angebot 62
   Gewährleistungsansprüche 64
   Seriosität prüfen 60
Bauträgervertrag 62–63
Bauüberwachung 58
Bau- und Leistungsbeschreibung 247, 249
Bauunternehmen 329
Bauvertrag 34, 235, 245, 247
Bauzinsen 103
Bebauungsplan 30, 88–89
Bemessungsgrundlage 195
Bereitstellungszins 149
Berufsgenossenschaft Bau 130
Berufskrankheit 130
Berufsunfähigkeit 115, 118
Berufsunfähigkeitsversicherung 118
Besichtigung 282
Bewertungszahl 164
Bezugstermin 236
Bonität 132
Briefgrundschuld 150
Buchgrundschuld 150
Bundesland
   als Finanzier 34
Bundesverband Deutscher Fertigbau 66
Bürgschaft 150, 153
Business-Plan
   Vermieter 312

C

Courtage 104

D

Dämmung 32
Darlehen
   endfällig 136
   endfälliges 140, 315
   KFW 175
Darlehenskonditionen 335
Demografie 52, 265
Deutsche Energie Agentur 349
Dienstleister
   Ferienimmobilie 319

E

Eigenanteil 134
Eigenheim 28
Eigenheimrentengesetz 184
Eigenkapital 275
Eigenleistung
   Wert 128
Eigentümer 251
Eigentümergemeinschaft 93
Eigentümerversammlung 94, 239
   Protokolle 239
Eigentümerwechsel 193
Eigentumsübergang 244
Einheitswert 205
Einmietbetrüger 291
Einzugstermin 238
Emotionen 107
Energieausweis 217, 228
Energieautark 231
Energiebilanz 215–216, 219, 328
Energieeffizienz 215, 219–220, 231
Energieeinsparverordnung 218, 227
Energiekosten 209, 214
Energiepass 228, 299

Energiesparpotenzial 220
Entwurfsplanung 58
Erben
 Mietvertrag 289
Erdreichwärmetauscher 216
Ermittlungsverfahren 282
Erwerbsminde-
 rungsrente 118
Existenz 48

F

Fallstrick 286
Fenster
 dreifach verglast 216
 intelligent 216
Ferienanlage
 Hausordnung 300
Feriendomizil
 Auswahl 296
Ferienimmobilie
 Finanzierung 311
 Folgekosten 311
 Kapitalgeber 314
 Kauf 311
 Preisfindung 307
 Preismodell 307
 Rendite 309
 Steuern 309
 Vermarktung 304
 Vermietung 302
Ferienimmobilien
 Analyse 297
 Kaufkriterien 297
Ferienwohnung 295
 Ausstattung 304
Ferienwohnungsportal 308
Fertighaus 66
Fertighausersteller
 Vertrag 67
Festpreis 236
Finanzamt 254
Finanzierung 31
Finanzplanung 111
Fiskus 36
Folgekosten 214
Förderprogramme 173
 kirchliche 181
 kommunale 179
Fotovoltaikanlage 216, 232
Freizeitwohnsitz
 Genehmigung 316
 Österreich 316

G

Garantieversprechen
 150, 153
Gebäudedaten 248
Gebrauchtimmobilie 54, 198
Gebühren
 kommunale 204

Gehaltsnachweis 290
Gemeinschaftseigentum 239
Genehmigungsplanung 58
Generalunternehmer 64
 Vertrag 65
Geothermie-Anlage 220
Gericht
 Gebühren 193
Gesamtbaukosten nach
 DIN 276 64
Gewährleistung 236, 239
Gewährleistungsbürg-
 schaft 258
Gewerke 58
Gewerkschaftsmitglied-
 schaft 282
Globalgrundschuld 64
Grauwasseranlage 216
Grenzzinssatz 142–143
Gründach 216
Grundbuch 30, 83, 150,
 236–237, 244, 254
 Abteilung I 84
 Abteilung II 84
 Abteilung III 84
 Aufbau 84
 Aufschrift 84
 Bestandsverzeichnis 84
 Deckblatt 84
 Flurstück 84
 Parzelle 84
Grundbuchamt 254
Grundbucheinsicht 83
Grundbucheintrag 238
Grunderwerbsteuer
 193, 195, 254
 Bemessungs-
 grundlage 196
 Senkungsmöglich-
 keiten 197
Grundlagenermittlung 57
Grundpfandrecht 236
Grundschuld 150, 236
Grundschuldbestellung 193
Grundsteuer 195, 204
Grundsteuermesszahl 204
Gutachten 239, 334

H

Haftung 236
Handwerker
 kontrollieren 326
Haus
 Vor- und Nachteile 53
Hausbau
 Leistungsphasen 58
Haus- und Grundbesitzer-
 haftpflicht 320
Hausverwaltung 285
Hebesatz 205

Heizkosten 209, 220
Heizung 32
Heizungssanierung
 Förderung 225
Heizwärmebedarf 231
Helfer-Versicherung 130
Holzpelletheizung 216, 222
 Kosten 223
 Nachteile 222
 Vorteile 222
Holzpellets 220
Hypothek 150
Hypothekendar-
 lehen 136, 141

I

Immobilien
 im Wandel der Zeit 156
 ländlicher Raum 42
Immobilienaktie 264
Immobilienannonce 280
Immobiliendarlehen 328
Immobilienfonds 264
Immobilienkaufvertrag
 236
 Rücktrittsrecht 236
Immobilienkredit 128,
 132, 136, 147
 Sicherheiten 150
Immobilienmarkt 41
 lokaler 100
Immobilienunterhalt 200
Immobilienverband
 Deutschland (IVD) 77
Immobilienversi-
 cherungen 206
Immobilienwebsites 69
Inflationsschutz 46
Infrastruktur 52
Infrastrukturprojekt
 30, 89, 91
Inhaltsversicherung 319
Inserate 280
Insolvenz 258
Instandhaltung 338
Instandhaltungskosten 211
Instandhaltungsrücklage
 30, 93, 211, 338
Internetbank 315
Inventar 196
Investitionsplan
 Vermietimmobilie 273

K

Kapitalanlage 35, 263,
 269, 275, 279
Kapitallebensversi-
 cherung 140
Kassensturz 111, 117, 191
Kaufgegenstand 242

Kaufnebenkosten 191, 193–194, 324
Kaufpreis 31, 99, 191, 244
　drücken 106
Kaufpreisverhandlung 102
Kaufvertrag 34, 235, 325
　Bestandteile 236
Kaution 289
KfW 140, 174
　Förderprogramme 174
Kirche 34, 181
Klimawandel 215
Kommune
　als Finanzier 34
Kontoführungsgebühr 149
Krankheit 213
Kredit 136
Kreditgebühren 336
Kreditkonditionen
　flexible 214
Kreditstundung 214
Kündigungsfrist
　Mietimmobilie 284

L

Lage 42–43, 81, 265
Lage des Kaufobjekts
　Entscheidungskriterien 82
Lebensqualität 42
Lebensversicherung 171
Leerstand 271
Lehmputz 216
Leistungsbe-
　schreibung 58, 246
Lüftung 216

M

Makler 76, 104, 280
　Leistungsspektrum 79
　Provision 193
　Qualifikation 77
Maklerprovision
　senken 77
Makler- und Bauträgerver-
　ordnung 62
Maklervertrag 80
Mallorca 317
Mietausfall 286
Miete
　Durchschnitt 44
Mieter 279
　sammelwütiger 287
Mieterselbstauskunft 283
Mietinteressenten 347
Mietmarkt 263, 270
Mietnomade 290, 347
Mietrendite
　brutto 269
　netto 269

Mietspiegel 271
Mietvertrag 36, 283
　Arten 284
　Ferienimmobilie 307
　konkludenter 284
　mündlicher Abschluss 284
　schriftlicher 284
Modernisierungsemp-
　fehlung 217
Müllentsorgung 201
Müllgebühr 201
Muskelhypothek 111, 121, 124, 128, 144, 325, 345
Musterhaus 66
Muster-Mietvertrag 285

N

Nachbar 29, 86
Nachbarschaftscheck 86
Nachbesserung 257
Nebenkosten 280
Neubau 29, 54
　Nachteile 264
　Vorteile 264
Neuimmobilien 56
Niedrigenergiehaus 230
　KfW-Förderung 177
Notar 235–236, 251, 326
　Gebühren 193
　Kosten 193
Notaranderkonto 254
Notarberuf 253
Notartermin 251–252
Nutzungsrecht 85

O

Objektsuche
　Eigenanzeige 71
　Initiativanfrage 72
　Internet 69
　Schwarzes Brett 71
　Tageszeitung 70
　Zwangsversteigerung 74
Offenlegungspflicht 155
Österreich
　Immobilienkauf 316

P

Parteimitgliedschaft 282
Passivhaus 230
　KfW-Förderung 177
Petersche Formel 211
Preisverhandlung 100
　persönlich 102
　telefonisch 102

Q

Quadratmeterpreis 100

R

Raucherexzess 289
Räumungsklage 287
Regenwasseranlage 216
Regionalbank 315
Rendite 36, 276
Renovierung
　Kosten 199
　Mietimmobilie 287
Renovierungskosten 200
Rente 115
Rentenlücke 117
Reparatur
　Rücklage 211
Riester-Immobilie 185
Riester-Rente 183, 346
Risikoaufschlag 132
Risikolebensversicherung 119, 150–152
Rücklage 191, 211, 275, 330

S

Sachverständigenkosten 96
Sachverständiger 96, 299
Sanierungsbedarf 212
Schenkung 189
Schlichtung 256
Schlichtungsverfahren 257
Schlüsselfertigkeit 60
Schlusszahlungsrate 257
Schufa 133, 148, 290
Selbstauskunft 283
Sicherheitseinbehalt 258
Sicherungsabtre-
　tung 150, 152
Solaranlage
　Nachteile 223
　Vorteile 223
Solarenergie 220
Sondereigentum 239
Sonderkontingent 148
Sondertilgung 135, 139, 145, 149, 339
Sonnenkollektor 216, 223
Spanien 318
　Ferienimmobilie 318
Staat 33
Straßenreinigung 201
Straßenreinigungs-
　gebühr 203
Strom 32
　Kosten sparen 229
Stromkosten 209, 228

T

Teilungserklärung 239
Teilungsplan 242
Tilgung 44
Tilgungsdarlehen 139

Tilgungskredit 136
Tilgungsplan 138
Tilgungsrate 257, 335
Treuhandbuch 317

U

Überbrückungsdarlehen 169
Übergabe
  Mietimmobilie 286
Übergabetermin 256
Unfallversicherung 120, 129

V

Vakuum-Paneel 216
Veräußerungsgewinn 277
Verbraucherinsolvenz 282
Vergabe- und Vertragsordnung 246
Verhandlungsstrategie 31, 100
Verkehrswert 96, 100
Verkehrswertgutachten 74
Verluste 277
Vermieter 275, 279
Vermietung 346
Vermietungsobjekt 264
Vermietungspotenzial 299
Vermögen 45
Vermögensbildung 48
Vermögensminderung 48
Vermögenswirksame Leistungen 162, 166
Versicherung 33
  Brandschutz 206
  Wohngebäude 206
Versicherungsdarlehen 172
  Nachteile 172
  Vorteile 172
Vertragserfüllungsbürgschaft 258
Vertragswerk
  einheitlich 198
Verwalter
  Ferienimmobilie 320
Verwandtendarlehen 188
Verwandtschaft 188
VOB 246
  Fallstricke 246
Vollstreckungsunterwerfung 237
Vorplanung 57
Vorstrafe 282

W

Wärmedämmung 225
  Kosten 226
Wärmepumpe 220
Warmwasser
  Kosten sparen 229
Warmwasserkosten 228
Warmwasserspeicher 216
Wegerechte 236
Wertverlust 48
Wohngebäudeversicherung 206
  Umfang 207
Wohngeld 242
Wohn-Riester 183
  Nachteile 186
  Vorteile 186
Wohn-Riester-Vertrag 346
Wohnung
  vermüllte 287
  Vor- und Nachteile 53
Wohnungsbauprämie 162, 166
Wohnungskauf 235, 239

Z

Zeitmietvertrag 285
Zinsbindung 141, 158
Zinsbindungsfrist 137, 142
Zinsbindungsrechner 143
Zinsen
  variabel 144
  Vorfälligkeit 329
Zinsniveau 328
Zinssatz 141
  variabler 144
Zinsvergleich 147
Zinsverluste 103
Zwangsversteigerung 74
  Gepflogenheiten 76
  Risiken 74